宋代商业史研究

启真馆 出品

社会经济史译丛

［日］斯波义信　著

宋代商业史研究

庄景辉　译

ZHEJIANG UNIVERSITY PRESS
浙江大学出版社

宋《雪山行旅图》（桥畔热闹的交通与商业）

中国的海船戎克

日本镰仓时代《华严缘起绘卷》（海船戎克）

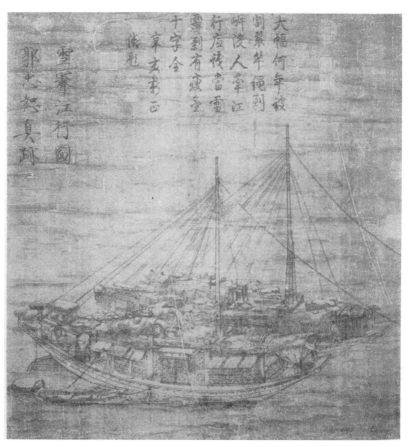

宋初郭忠恕《雪霁江行图》（江船的拽航、推进）

北宋张择端《清明上河图》（开封城前热闹的桥畔与河船的推进）

《清明上河图》（荷役）

《清明上河图》（河船的摇橹与牵挽）

《清明上河图》（开封热闹的商店与街道）

南宋玉涧《山市晴峦图》（山村的市）

宋《江帆山市图》（山村的市与商船）

日本（祥启？周文？）《山市图》　　日本（周文派？）《山市晴岚图》

总　序

　　就中国社会经济史的研究而言，中文与外文（主要为英文）学术圈各自相对独立，尽管现在信息交流与人员往来已经较为频繁，两个学术圈有所交叉，但主体部分仍是明显分离的。相互之间对彼此的学术动态可能有所了解，但知之不详，如蜻蜓点水，缺乏实质性的深度交流，中外学者在这方面都颇有感触。而西方世界的社会经济史研究，相对于中国社会经济史研究，在中国学术界的影响更为有限。关于海外中国研究、外国人视野下的中国历史、制度经济学等，由于相关译丛的努力，越来越多地被引入中国学术界。由于欧美、日本及其他地区的经济史、社会史等研究日趋成熟，其前沿性成果更需要我们及时获知，以把握当前社会经济史的学术动态和未来可能的发展方向。与此同时，越来越多的西方学者对研究中国产生了兴趣，一则因为中国经济的崛起，一则因为如果不了解占人类五分之一人口的国度的历史，就不可能真正了解人类发展，他们希望与中国学术界有更多的交流。

　　就有关中国的史料与数据而言，中国学者对英文的原始史料涉猎有所局限，遑论荷兰文、西班牙文、葡萄牙文、法文等，这些语种中有关华人与中国的记载，是在中文正史与野史中几乎看不到的世界。而这些史料，在中西方的比较研究，中国与外部世界的关系等领域，都具有不可替代的作用。有待开发的史料还有域外汉文文献资料，包括朝鲜半岛、越南、日本等地的汉文古籍，以及东南亚、美国等地华人的文献与文物。仅从这个角度而言，引介和翻译海外学者的研究成果也日益显得重要。

就学科而言，由于专门化人才培养与学术研究的日益深入，各学科形成自身的特定概念、范畴、话语体系、研究工具与方法、思维方式及研究领域，对此但凡缺乏深入而全面的把握，相关研究就很难进入该学科体系，而其成果也难以获得该学科研究人员的认可。而专业人才培养、评审与机构设置等制度更强化了这种趋势。专门研究是如此精深，以致许多学者无暇顾及其他学科与研究领域，见树木而不见森林，学术视野因此受到局限，甚至出现学科歧视与偏见，人类追求知识的整体感与宏观认识的需求亦得不到满足。

同时，不同学科的一些特定话语和方法，其实许多是可以相通的，学术壁垒并非如想象中的不可逾越的鸿沟。一旦打通障碍，架起沟通的桥梁，游走于不同学科之间，其收获有时是令人惊喜的，原创性的成果也常在跨学科的交叉中产生。如从历史源头与资料中原创出经济学理论，或以经济学方法与工具研究历史问题获得新思维，诺贝尔经济学奖得主希克斯、弗里德曼、哈耶克、库兹涅茨及为人熟知的诺斯、福格尔等，都取得了令人瞩目的成果。

因此，"社会经济史译丛"的宗旨与取向为：第一，在学科上并不画地为牢局限于经济史和社会史，也将选择与之相关的思想史、文化史，或以历史为取向的经济学与社会学研究成果，更欢迎跨学科的探索性成果。第二，在研究地域和领域的选择上，将不局限于译者、读者、编者和市场自然倾斜的中国社会经济史，本丛书将力推西方社会经济史的前沿成果。第三，译丛除一般性论述的著作外，也接受史料编著，还精选纯理论与方法的成果。在成果形式方面，既选择学术专著，也接受作者编辑的论文集，甚至以作者自己的外文论著为蓝本加工创作而后翻译的中文成果。在著作语种的选择上，除英文作品外，还特别扶持其他语言论著的中译工作。我们希望本译丛成为跨越和沟通不同语种成果、不同文化、不同地域、不同学科与中外学术圈的桥梁。

龙登高
2009 年 5 月于清华园

序 言

斯波义信教授为日本著名的经济史家，早岁蜚声国际。1980 年春，我在日本京都大学获晤斯波教授，并承其惠赠大著《宋代商业史研究》一书。当时因时间关系，匆匆一别。归后细读是书，深佩著者治学谨严，全书资料丰富，可为《宋史·食货志》补充材料，亦可作宋代经济史读，每以未能面聆教益为憾。后于厦门、京都两地数度晤谈，稔知先生近又致力于中国华侨在日活动史迹的搜集与探讨，深感兴趣。

庄君景辉移译全书已毕，行将付印，嘱略缀数言，刊诸卷首。我以斯波之书，全文具在，读者自可寻味得之，无俟言说。关于宋代商品经济在中国史上之地位，我于 20 世纪 40 年代亦曾注意及此，并论及它对此后中国封建大统一起着积极的作用（说详拙稿《宋元之际江淮海商考》，现收入《傅衣凌治史五十年文编》）。从此忙于他业，不再继续，今读斯波文章，倍感亲切，十分敬佩。同时，我又提出，教授的学风既能吸取日本传统各家汉学的长处，又能利用新的科学研究方法，不囿成说，衍出新解，足供我国史学界学习与借镜。

最后，作为一个中国学人，我要感谢斯波义信教授为中国经济、文化交流做出了重要的贡献。用此，以代序言。

傅衣凌

1986 年 8 月 6 日

中译本序

　　承蒙厦门大学历史系傅衣凌教授的举荐和人类学系庄景辉讲师的
努力，拙著《宋代商业史研究》得以中译本出版，著者欣幸之至。值
此谨向两位先生致以最衷心的谢意！

　　拙著系二十年前著者就读于东京大学研究生院时，受到日本学界
先辈加藤繁、宫崎市定等先生之研究业绩的启迪，为搜集、整理有关
宋代商业史的基础文献资料而执笔写成的。著者才学疏浅，在问题的
拟定范围和分析方法方面均欠成熟，而且所涉猎的文献为数也很有限，
这不能不为本书的写作带来一定的困难而使本书存在许多不足，真是
深感惭悚的事。譬如，从宏观上看，对国家财政、生产力、财产制、
财富分配、社会价值、社会流动性、货币流通水平、商业组织水平等
整个经济体制的论述还不很充分。同时，从微观上看，对地域分析中
不可或缺的资源分布、人口动态、交通水平和运输费用、社会分工水
平、各种产业市场的形成等的考察也不够完整。这些，都尚待著者今
后做进一步的努力和研讨。

　　拙著在日本出版时，中日学术交流还远不及今天这么繁荣，自然

也就未能充分摄取可资借鉴的中国诸先学以及同行的研究成果。而且，作为一个外国人，要学习中国历史、了解中国，著者深深地自觉能力有限。因而，借拙著中译本出版的机会，恳切期望得到中国学者直率的批评和指正，并给著者以新的教示。

斯波义信

1986 年 6 月

于东京大学东洋文化研究所

序

抓住宋代（960—1279）商业的发展这一极其显著的历史事实，将其作为当时中国在政治、社会、经济、文化领域全面的时代变革中经济史之一个构成要素，并根据史料所提供的客观事实，对此做基本的说明，这便是贯穿本书全部论述的主题。

那么，宋代商业发展的历史事实，在中国史研究方面具有什么意义？我们在研究史上究竟处于哪一阶段？以前曾从哪个角度探究研究对象并取得了哪些成果？我们应担负什么样的课题而如何去进行研究？对于这些问题，笔者将在第一章"问题的基本考察"中加以探讨。然而，根据上述设问，在此必须指出如下两个焦点问题。

第一，从历史事实看，中国的商业早在春秋战国时期就已经初步发展起来，此后历西汉、唐、宋、明、清，随着农业社会的成熟、国家形态的成长而相应地扩大了。这种起源很早而且始终如一的商业发展潮流，与当时唐宋时代的变革有何内在联系？也就是说，一方面，在旧体制逐渐趋于解体的宋代，应该如何来限定可以说在当时起着"结构性"作用的商业的质、量及其外延；另一方面，尽管这种社会结构的内部组织已产生变化，但在南宋、元、明初，为什么集权体制愈发强化，社会仍不断趋向稳定，而生产者的地位却得不到明显提高？要直接回答这个问题是很难的，务必引用某些史实来加以解释。

第二，从历史事实可观察到的另一问题是：虽然随处可见商业发展的种种迹象，但为什么在研究史上对商业发展的评价却往往褒贬不一？关于这一点，首先应该考虑到，在法制和制度史的研究与社会和经济史的研究这两个研究领域之间，由于研究对象的选择、用作素材的史料、作为前提的各种概念，以及研究的重点等迥然不同，各自的评价也就不一样了，特别是以往的研究都偏重于制度史形态的分析，很少通过有目的地、全面地收集有关资料来进行社会和经济史方面的分析研究。并且，可以指出，往往被人们用来作为类推手段的种种概念，如历史派经济学的发展阶段论，或近代社会成立史论，以及城市、乡村两重社会结构论等，都被人们从其学说的历史背景及与此相应的历史实体的脉络中切割开来，并随意地加以利用。尽可能地修正这种研究方法内在的若干偏差，并从所有历史事实中挖掘出用于评价商业发展的丰富而又可靠的客观素材，也是一个很重要的课题。

本书大体上是针对上述这些课题而进行论述的。笔者的叙述重点，当然在于尽量地公布研究史的现状所需要的、新颖而准确的直接资料。但并没有考虑到个别证据综合起来会形成一个统一的历史现象。与其如此，倒不如说是想通过术语和范畴概念的准确规范和应用来提高对论证性质的认识，求得史实考证与历史理论考察的统一，试图由一定的历史条件下所具有的最大限度的合理性的解释转向对原理的探索。笔者才疏学浅，从商业史以及宋代史所限定的范围看，甚感自己无论在实证方面，还是理论上都存在着许多不足，有待将来补正。对此，衷心希望诸先学和学友们不吝赐教。

本书在写作过程中得到了多位先生的热情帮助。尤其是东京大学、东京大学大学院、东洋文库的山本达郎先生、榎一雄先生，在笔者迄今为止的研究道路上经常给予亲切的指导、建议和鼓励，并在研究中提供了诸多方便，这些都是难以忘怀的。此外，对为笔者提示研究主题并直接予以教导和指正的周藤吉之先生和西嶋定生先生、已故的仁井田陞先生、松元善海先生、青山定雄先生、中嶋敏先生、天野元之助先生、中村治兵卫先生，以及东洋文库、宋史委员会、历代食货志研究会的诸位先生的指导和鼓励，还有常对笔者的研究给予勉励和帮助的熊本大学的松本雅明先生等，衷心地深表谢意。必须提及的是，笔者从诸先学和同行的论著中受益匪浅，而且得到了东洋文库及静嘉堂文库、内阁文库、东洋文化研究所、国立国会图书馆等各方面的鼎力相助。

本书系接受昭和四十二年度（1967 年）文部省科学研究费补助金（研究成果出版费）出版的。值此向负责审查本书的柴田实先生、佐藤圭四郎先生、田山茂先生，以及文部省的有关诸方，一并表示深深的谢忱。

斯波义信

昭和四十三年（1968 年）1 月 15 日

目　录

第一章　问题的基本考察

　　唐末至宋（9 至 13 世纪），是中国史重要的年代划分时期之一。科学地阐明该时期所出现的"商业的繁荣"乃至"商品、货币经济的发展"这一周知的历史事实，是当前的课题。然而，为了充分地阐明这一历史事实，先确认其基本的史实，明确观点和概念内容，以及对学说、研究史的倾向、实证的成果与问题点做一大致的考察，是很有必要的。诚然，关于唐宋变革时期，以今日的研究状况来看，要进行全面的叙述、下全面的论断为期尚早，还必须做大量的工作。因此，尽管只在限定的范围中作慎重的有限研究，但对问题的最终解决，实际上也能够提供必要的史实。可是个别实证的综合未必能形成统一的历史形象，而根本的特征和固有的发展，则往往淹没于错综细微的偶然事件的堆积中。本章拟在进入个别的分析之前，对其做一番考察。

第一节　考察的端绪

一　历史事实——宋代"商业的繁荣"

作为唐宋变革时期特点的"商业的繁荣"，基本上包含以下诸点：

第一，显著的城市化现象（urbanization）[1]。基于唐宋时代发达农业生产力的巨大的农业财富，一方面，通过租税、地租、富商的投机包买等，经由城市吸收再由城市放出，形成了城市的购买力，促进了首都和位于商道上的城市以及拥有特产手工业的城市的发达，从而丰富了城市的商业活动。其结果，改变了过去主要依存于官僚消费和统治需要的城市性质，增加了工商业机能的比重，给城市与农村的社会关系带来了新的面貌。另一方面，在农村地区，直接生产者间的分工关系有着一定程度的发展，产生了无数的集市。这种集市（market），虽然形成了闭锁的地方性自给自足市场圈，但通过中间商人的媒介活动，成为全国性商业流通机构的下层机构，于是农产品聚集、外流，远地商品也流向农村。"市制崩溃"这一人们所熟知的大转变，正表明了维持着过去那种政治都市与周边农村之关系的传统商业和市场规制，已经不能适应城乡的社会分工所产生的新形势了。

第二，全国性市场圈的形成及农业的商品经济化[2]。一方面，随着具有全国声望的自然手工业物资的生产在各地集中和特产化及其商品流通量的增加，便出现了票据交易、金融机关的利贷、信用惯例等高度的货币经济现象，以及运输机构的发达和运输契约惯例等。另一方面，预示着对农民和手工业者进行货币经济渗透的日常必需品、特有农产品的广泛的商品流通也出现了。例如，一部分作为城市工商人口、非谷物产地人口、下层农民的低级食品的主要谷物商品化，早稻、占城稻等开始大量流通。

第三，经济体制的转变[3]。以贡租和自家消费之自给经济为前提、按身份高低来限定土地所有的范围、原则上排除法令未规定的土地私有的唐代均田制、租庸调杂徭的经济体制，丧失了其存在的客观条件，取而代之的是两税法新体制的建立。在继承唐制的宋朝，以两税法为中心的经济体制，特别是王安石变法以后的经济体制（当然不是宋初作为纯粹的单税制度的两税，而是用各种繁多的附加税、间接税、人头税、内地税等作为补充的体制），是以土地私有的普遍成立以及商品、货币经济的划时代发展为前提的。关于土地制度的变革问题，已有诸先学之研究。假使要列举商品、货币经济与体制的具体联系，则有诸如配合小额交易的普遍而大规模的铜钱铸造，采取铜本位的流通政策（相反，在民间私有经济领域则以银的流通为普遍现象），国家发行纸币以及信用证券之类，推行通过在租税中增加货币收入来支撑的募兵制和募役制等一系列给俸官僚制，内地税的普遍设立，等等。此外，两税法以资产为赋课对象，并以纳钱为原则，强制纳税者实行货币经济，使他们更加依附于商业资本。

尽管以上举证指出的都是表面现象，而且含有对引用近代成果之强调，但仍要承认其作为通说的事实。

二 基本的观点

众所周知，只要对中国史的长期社会发展过程做考察，就不难发现，自古以降，春秋战国、三国、唐宋、明末清初各个时期，是划分时代差异性的重要过渡时期。特别是唐宋之变革期，可以称为划分过去两千年庞大的官僚制社会之分水岭的转折期。

鉴于前述交换经济的性质，为了究明其历史意义，应该重视它在处于这一转折期开始的宋代，同社会、经济、政治、法制、文化等总的转变现象的内在联系。因此，我们的重点是，一方面，要在商人、商品、货币、城市、经营形态、流通组织等商业史固有领域进行多方面的考察；另一方面，还要将交换经济的诸性质正确地放在当时整个社会经济秩序（经济的社会构成）中来定位，把商业的范围和界限与这一定位（坐标）的关系搞清楚。

为此，当前必须研究以下两点。其一，陈灿、王孝通等对旧式商业史的叙述所采用的结构，即把城市史和工商业史从农村史完全脱离，商业史叙述城市、行会、货币、贸易等，农业史则阐述庄园的形成、发展和崩溃，并根据这种史料的搜集、史料价值的判断以架构体系，这种方法大概是不适于在整个变化中去把握与社会构成的内在具体联系的。相反，必须把商业史和农业史相互制约地统一起来，并将当时生产发达的程度所限定的社会分工的发展，如实地加以叙述。其二，在史料和方法方面，涉及私人经济领域与官方经济领域、私法领域与公法领域之双方的资料，在进行有目的的全面搜集、具体分析时，要从质和量上来限定交换经济公私对象的社会比重。

三 二三假说和用语

在考察具体事实之前先规定概念内容，这恐怕是与史学方法背道而驰的。但是，为了把富有偶然性并充满典型的庞杂史料以经济史的角度加以整理，科学地加以表述，而使用特定的用语、规定概念内容来进行探讨，作为展开问题研究的前提，这大概是允许的吧。

在中国，商业（单纯的商品、货币流通）很早就发达起来了。虽然有如南北朝曾一度衰退到自然经济状态那样的时期，但商业在古代、中世、近世的哪个社会中都存在，特别是在春秋战国、秦汉、唐宋、明清各王朝之盛期，皆存在着种种发达的货币经济现象。正如马吉尔（Л. Мадьяр）和魏复古（K. A. Wittfogel）所推测的，在中国，早期社会分工发达，而与此相应的农业经济对市场的依赖、国内商业的发达很早便开始出现了，中国农村绝非自古就是纯粹的自然经济[4]（当然应该考虑地区的偏差和城市化的发达程度）。可是，近来的研究者们已经认识到，像这样自古就存在的商业资本，既不是近代的产业资本，也不是从属于产业资本的近代商业资本，更不是高度发达资本主义经济中出现的金融资本，毋宁说它是前近代的商业资本[5]。

所谓前近代的商业资本，究竟是一种什么性质的资本？假如引用冈田与好对最新欧洲经济史中有关前近代商业资本的各种学说所归纳的定义，即"社会生产共同体的组成是以生产使用价值为基础，也就是以商品生产的不发达或发展程度低下为固有的基础，一方面利用诸商品量的交换比例的偶然性和任意性，同时又通过名副其实的不等价交换，榨取同一产品市场价格的差额，而不是以单纯的购买价格与贩卖价格的差额作为'利润'的一种独特的'资本'"[6]。这就是说，只要商品流通及货币的诸机能有一定程度的发展，则前近代的商业资本不论在古代、中世还是近世，都存在于前近代生产方式的任何阶段，并与之共生，发挥其补足诸共同体需要的作用，同时以同一产品在地区间的价格差额为自己的利润。而且，前近代的商业资本在形态上会产生、发展成以商人为各种共同体间交换媒介的"两地间商品交易"（inter-local trade）乃至"远程商业"（long distance trade）。这种前近代的商业资本是前近代社会的自然产物，不构成不同时代的不同类型。不过，可以说随着社会结构的改变——例如奴隶制关系逐渐消亡，直接生产者参加商品流通——远程商业的质和量也相应地要发生变化（譬如交易商品的对象也从奴隶主的奢侈品变为反映局部地区农村的商品流通的日常必需品）。

这时，商业会使旧生产方式发生何等程度的分解？这并不取决于商业，而是要看该生产方式的巩固程度和内部组织如何。

对于商业的定位，前近代商业学说的进化修正了以往先入为主的看法。特别引人注目的是卡尔·比尤哈的"经济发展阶段论"（即闭锁家内经济→城市经济→国民经济）和历史学派经济学的"自然经济→货币经济"的阶段进化的各种假说。即在今天，别说对古代社会，就是对一向被认为是最具有自然经济基调的西欧中世纪社会的商业（远程商业）的作用，人们都予以高度的评价。并且人们普遍认为，商业不是社会发展的例外的、异质的因素，在近代以前以满足需要为主的经济秩序中，商业作为经济秩序的补充的、从属的契机，而使其包含构成性的、同时并存的因素。当我们评价远远地超过欧洲中世纪的古代中国商业的作用时，这种关于商业的最近学说的演变是具有重要意义的。

另一方面，关于前近代商业的最近学说，也让人认识到商业是社会的自然产物，统治阶级也在一定程度上推动了商业的发展。货币经济、商业、商人资本、营利活动、营利思想，不是过去所认为的那种伟大时代的解放力，商业所起的作用是由该社会结构的组成决定的。

这种说法，对于我们研究为适应社会经济的各种变化而延续了两千年的官僚制古代中国的国家与商业的关系，是很有启发的。

第二节　问题史的考察

这种实证的、文献主义的研究，预取若干假设和历史现象为大前提一定是不可避免的。那么，什么是过去主导有关宋代商业史的个别研究的观点呢？

第一，实际上，唐宋之变革是与贯穿中国历史的文化、政治、社会及经济重心的南移相适应的一种广义上的文明史解释方式。由桑原隲藏在《从历史上看南北中国》一文提出并得到许多人支持的这种主

张 [7]，是一种文明史观或见解，他并没有揭示出一种系统的说明方法，但我们不能忽略在历史发展过程中地理因素所反映的这种见解，因为它具体、动态而准确地抓住了历史事实。就其研究而言，从隋唐南北统一到南宋立国的这一政治过程，提高了江南的社会地位；三国以来开始进行的江南经济开发，在宋代大规模地展开，使得南方的经济（生产）可与北方的政治、军事（消费）上的优越相抗衡。南北方之间地区分工造成大量的物资流动，提高了交通和商业的机能，导致了国内商业城市的兴隆、商业的集中和产品的特产化。同时，职业机会的增多，促使了人口的南迁，而消费的增加和物价的腾贵又刺激了再生产。这种看法，在中国经济发展的理解方面，运用了地域史的观点，且对于历史动态的观察是有效的。这与冀朝鼎的《中国历史上的基本经济区》（"The Key Economic Area in Chinese History"，1935）从经济地理角度说明农业先进地区的形成及其移动所产生的经济社会诸关系的变化的观点也有联系。应该指出，比起一般的研究，这种重视具体联系的见解是值得参考的。[8]

第二，内藤虎次郎在《中国论》[9]中述及宋元明清的社会经济时，正确地指出了产业的地区分工、特产品市场的形成、前期商人和手工业者的活动、交通的发达等远程商业的发达情况。此后，这一见解又经加藤繁在《中国主要产业的发达》[10]《中国经济史概说》[11]、宫崎市定在《宋元的经济状态》[12]、日野开三郎在《产业的发达》《商业的发达》《货币及金融》《商业城市的发达》[13]《宋代农村生活概观》[14]、青山定雄在《宋代的交通》[15]等文中分别根据独自的构思和史料处理而加以发展。以至于在标准的教科书上，费了很多篇幅来叙述庄园经济的发展和远程商业的发达，作为 10 世纪以降经济发展的基本因素。然而，对于探讨这个时期商业的性质、历史意义及其社会地位时应注意考察的问题，比如关于各种商品所具有的时代重要性和生产形态的差别等的实证（如后所述），这些研究不能不说是薄弱的。

内藤虎次郎后来在《概括的唐宋时代观》一文中说："唐宋交替时代，正是实物经济的终期与货币经济始期的相交替时期。"[16]这从经济史的角度表达了内藤所主张的在唐末五代贵族文化向庶民文化转变的文明史观的一个方面，反映了唐宋史的转变与发展理论的统一。这一从自然经济向货币经济发展的思维形式，被王志瑞（《宋元经济史》），全汉昇（《中古自然经济》[17]《唐宋政府岁入与货币经济的关系》[18]），陶希圣、鞠清远等《食货》同人，宫崎市定（《宋代以后的土地所有形态》[19]）等许多唐宋史家在经济史研究方面采用。在这种思考方法的影响下，唐宋的城市经济史（尤其是唐宋法制史、人口史、社会史）、货币金融制度史、交通贸易史、财政史（两税、商税、专卖制度史）等各领域得以活跃地开拓出来。不过，如前所述，这种假说的效用有它的局限。它一方面忽视了前期商业在各个时代早已存在的明显事实，一方面又有片面强调货币经济的解放力之嫌。并且，如果由货币经济引起的变革确实是社会结构内部的变革，那么它与庄园制的全面崩溃这种农村史的问题也应是相关联的。这一点，尽管我们能用来论证的资料还不足，但近来这种假说主张货币经济的概念也要有界限，即使进行财货的积累，它也不是生产性的，而是表现为"最终财富"。商人资本发现了以土地所有制为其最高（或者最后）的致富基础，它不再进行产业投资了。这种假设，还指出了农业的租佃关系也以北宋时代为出发点，逐步加重隶属关系这种时代逆行现象。

第三，"自然经济→货币经济"理论，今已呈现出其界限，明清史家则提出了新的问题，这大概是根据近代社会成立史论而进行的批判。战后的明清史研究抛开了财政史的记述，在经济史领域取得了很大的分析成果，特别是围绕着作为世界史的划分时期的近代资本主义（产业资本）在中国的形成时期问题，前些年曾借翦伯赞等访日的机会，进行了对中日两国学术界的比较史标准以及实证成果之评价的整理工作，显示战后明清史的研究达到了很高的水平，收获良多。关于这方面的详细情况，田中正俊《中国历史学界的"资本主义萌芽"的研究》[20]、佐伯有一《有关日本的明清时代研究的商品生产评价》[21]《中国历史学界关于资本主义萌芽的争论之后》[22]，有比较全面的论述。这些论述都把资本主义概念与近代产业资本的经济结构等置，因而对其范畴规定得严密而狭义，把中国的资本主义萌芽推到明末清初以后，此理论的另一面，把明以前的货币经济现象，放置于前资本主义的性质中。的确，对于历来唐宋史家共通的概念不明确和经济史体系的不完备，这种批判从另一个角度促使他们做深刻的反省。藤井宏《关于中国新与旧〈织工对〉分析的诸问题》[23]、菊池英夫《关于以唐宋为中心的所谓"雇佣劳动"的诸研究》[24]，便是根据上述课题，来检讨资本主义发生期的短工和长工的出现，以及雇佣劳动的概念是否存在，并对唐宋文献中经常出现的所谓"雇""佣"的联系和翻译概念上的问题进行了研究，指出了宋以后雇佣劳动开始萌芽，而这种萌芽是前近代性的。这种比较史的研究，今后尚须推而广之。然而，近代社会成立史论的学术课题，说到底总是"近代"的成立。因此，前近代社会的成立并不被认为是近代社会的成立，而从它的解体和否定中探索近代化的转机时，又过低地估计了消极因素所起的积极作用。对于近代史家提出的这个问题，唐宋史家也应该从史实中去发现理论，以史料本身说明发展，从独自的问题领域中重新构成前近代社会的成立和发展的理论。

第四，法学公式化乃至法制史、法社会学的观点和方法，对于在未开拓的领域确立系统的研究，无疑是极其有意义的。然而，正如大家所知道的，中国的行政法、刑法等公法秩序自古就很发达，而许多私法的规定则是由民间习惯形成的，交易法、产权法等也只散见于公法规定之中。因此，历来有关中国法学的概论著作，如浅井虎夫《中国法制史》《中国法典编纂沿革史》、东川德治《中国法制史研究》《典海》、桑原隲藏《中国法制史论丛》、广池千九郎《东洋法制史（序论·本论）》、程树德《九朝律考》、陈顾远《中国法制史》、杨鸿烈《中国法律发达史》等，都以实定法为主要对象，把重点放在各王朝全盛时期的叙述上。由于素材和概念装置都与那种结构相适应，因而对于我们的课题来说，不能作直接的参考。倒是"临时台湾旧惯调查会"编《台湾"私法"》第一、三卷（上、下），"台湾总督府"编《清国行政法》第二、三卷，中田薰《法制史论集》第一、二、三卷，"中国农村惯行调查刊行会"编《中国农村惯行调查》第二至六卷，仁井田陞《唐宋法律文书研究》等，大量发掘了中国财产法（尤其是交易法）关系中私法的一些事实，明确了问题以及资料出处和范围。特别是毕生致力于系统整理中国法制史的仁井田陞，把始于复原唐令的唐、宋、元、明实定法的法制研究，与包括法律习惯、规范意识在内的法社会学的研究统一起来加以推进，而且，把考察的坐标轴放在社会构成上，努力树立为法律史的发展正确定位的方法。《中国法制史研究》[25] 全四卷中的"土地法·交易法、家族村落法、法与习惯·法与道德"，以这一角度为出发点，提供了丰富的为法学所公式化、从文献学方面仔细分析过的各种事实和问题，以及小说、故事、日用百科辞书等乃至一般的法制史料，构造了一个对当前的商务和金融关系的分析极有价值的研究框架。同时，在历史学家方面，加藤繁、日野开三郎、青山定雄、周藤吉之、中嶋敏、中村治兵卫、河上光一等对《食货志》的文献学研究，曾我部静雄的宋代财政史研究等制度史研究，根岸佶、日野开三郎、今堀诚二的商事惯行研究，都在唐宋的城市法、财产法、货币制度方面积累了学术传统，成为支撑宋代法制史的一翼。这种历史学家的法制研究所呈现的把实定法领域与私法的日常惯行统一起来，从法制的背后透视社会发展的倾向，是值得注目的。

第五，从以上的考察可见，宋代商业史经过过去数十年研究成果的积累，现在的问题不只是要在事实上确认唐宋的商业发展、交换经济的性质，探讨流通的各种形态，对个别的情况从质量上加以规定，同时，还要把这种商业发展的意义、时代的性质和社会的比重，作为直接的研究课题。问题的涉及面是很广的，必须从各个不同的角度展开研究。其考察的中心，是确定商业在唐宋经济社会结构中的位置，把商业作为社会内部结构变化的一环、作为社会分工深化的一种表现来理解。承认唐末五代的时代变革并由此进入新时代的历史观点，本来是由文化领域提出来的。由于这种变革是从自然经济到货币经济的一种经济史的表现，研究的问题便会在经济史、财政史、法制史（城市法制、财政制度史）领域加深，从而使城市史、工商业史、交通贸易史、财政史、货币金融史、专卖制度史和部分产业史得以开拓。但是，我们不能不从中看到阶段进化论方法的影响和由近代类推解释的反映，以及片面强调货币经济解放时代的一面。这期间，随着明清经济史的研究与实证工作的充实，根据近代社会成立史论而进行的系统整理工作也取得了进展，强调了明代以前社会的前近代性和前资本主义性质。在这种情况下，唐宋史学者应从自己的研究领域重新构造时代的形成和发展的理论，以科学的客观的表现方法来加深对商业定位问题的研究。因此，把自然经济与货币经济相对立的想法是不恰当的。最近不断发展的关于前近代商业的学说，对前近代社会远程商业的作用有越来越重视的倾向，认为：在以满足前近代的需要为基调的社会，商业是补充的契机和构成的因素；商业资本的发达虽然能使传统的体制崩溃，但未必具有发展新生产力的可能性。过去，前田直典在《东亚古代的终结》[26]一文中曾推论说："自古以来商业和城市的发达使唐宋的变革具有特点，建立起特殊的政治机构和社会体制，使商业得到了进一步的发展。"不过，这种推论是否正确，还有待于今后考证。总之，唐宋变革期的商业机能，与其片面地解释为"解体的""解放的"，倒不如说是"构成性的"和"相互制约的"。只有这样，才能适当地评价历史事实，开拓新的研究领域。

第三节　实证的现状与问题点

一　远程商业的形态和内容

宋代商业史的中心课题之一，就是要从多方面来探讨全国性市场的形成过程。宋代的商业，具体说就是宋与辽、西夏、金、蒙古、西域各国、西南各部族、日本、高丽、南海各国（东南亚、印度、伊斯兰诸国）的不同国家和不同民族间的贸易，以及国内各地区间、城市间、各村落共同体间、城市与农村之间（即价格不同的分散的各地方市场间）的经纪商业的展开。把这种交换经济中距离长的两地间的商品流通称为"远程商业"看来是恰当的。宋代远程商业有由客商（经商、舶商、行商）经营的国内贸易和海外贸易两个主要形态。海外贸易是在交通技术条件低劣的情况下，于经济不发达、距离相当远的地方之间进行，以市场性高的奢侈品交易为主的临时投机商业。国内贸易则是在交通发达的条件下，以国内产业的地区分工为支柱而进行的两地间的商品交易，并逐渐转变为坐商（批发店、批发组织）。无论是国内贸易还是海外贸易，都有质和量的限定，这对于决定当时商业的性质是很重要的。因此，当前必须具体研究清楚远程商品流通、远程商人、中转城市的各种机能。至于远程商业的发展及其规模，毕竟是由市场即购买力（与其时代的、社会的制约）来决定的。关于这一点，必须同时将唐中叶以后生产力的发展、生产的特殊化、农工分离、农民经济自给性的解体、阶级分化、贡租、俸禄、剩余产品、商业利润向城市的集中、城市人口与消费的扩大、作为农民在局部地区流通商品集结点的市场和小工商城市的广泛出现、交通的发达等社会分工发展的现象，彼此联系起来加以探讨。实证的现阶段只是说明了贸易关系、城市法制、市场和一些产业而已，可以说这些问题几乎还都未触及。下面，我们将对 A 交通和运输、B 全国市场的形成、C 远程商业等依次予以探讨。

A　交通和运输

1. 交通运输的一般形态（结构、劳力、所有关系）和特点

交通史作为经济问题，就是劳动力及商品移动的问题，具体包括劳动力的构成与性质、交通技术、交通工具的生产与商品流通、出资与经营、海上保险、契约惯例的发达等方面。作为远程商业发展基础的海上、内陆和内河交通方面的研究，至今几乎都还没有进行。其原因并不在于史料有限，只要精心查阅，同时代的史料中不乏有关资料，并且也应从明清、民国的史料和外国史料及游记来加以类推和补充。例如陆上交通方面，有交通路线、交通手段（车、人、驮兽）、劳动力、交通工具的所有、向交通业的投资及其经营、牙行、雇佣契约关系等因素；水上交通方面，有航线、船舶结构和种类、劳动力、所有权、经营、船行、契约的诸关系、其他运输企业的地方性集中、造船业、输送商品的质和量、与国家的关系（官营、民营运输业的社会比重）等各种因素，在可能的实证范围内，都应进行直接史料的搜集和分析。刚开始时，假如精读一下桑原隲藏的《宋末提举市舶西域人蒲寿庚的事迹》[27]这部以海上贸易史概观为主的涉及交通技术、贸易船的形态、港湾城市的机能、垄断贸易商人的产生、贸易商品、关

税与国家的贸易政策、关系法制等各个方面的著作，其基本事实及论证手段，都能够得到很大的启发。

宋代的交通运输，本来就不是那种无差别的自由发展的民间交通运输。以包含租课、官方物资、官僚和军队运输的官用交通为优先而维持其畅通，这一点可以说是宋代物资移动的基本性质。但同时，宋朝的政策是以统制和保护商业作为体制的补充因素，对商人和直接生产者的以交通为媒介的交易，对民间的交通，承认其有限的交通自由，并通过征收交通税、关税、交易税来吸取一部分利润。民间运输业便在这种状况下，以当时的经济发展为背景而开始发展起来。它一方面与官用交通的超经济性质相抗衡，一方面经受市场的价格竞争来坚持维护自己的利益，并通过这种成功和挫折的过程，显示本身在社会上的存在（第二章《宋元时代交通运输的发达》对以上问题做了基本的资料分析）。

2. 漕运、市舶、商税制度

要说明上述宋代的交通，首先必须对物资移动的基础条件完善且史料保存也非常完整的官用交通，即漕运、陆运、驿传、递铺的各种制度，做法制方面的系统整理工作。特别是漕运制度，是有关财政机能的重要的内河交通组织的法制，因此，史料保存也很丰富，并且我们所要解决的问题的线索，多半包括在这一法制中了。在漕运领域中，青山定雄多年来发表了《宋史食货志译注（一）》"漕运" [28]、《唐宋的汴河》《唐代的水路工事》《唐宋时代的转运使及发运使》《宋代漕运的发达》[29] 等，对历史地理、财政制度史、政治史的研究有大量积累，搞清楚了关于法制的诸项目和历史沿革的主要领域。同时，试图从经济地理的角度，整理关于运河、内河交通网的池田静夫的《北宋时期水运的发达》[30]《中国水利地理史研究》[31]《江南文化开发史》[32] 等论文，从记述漕运的法制中提出交通技术问题的日野开三郎的《山河与平河》[33]，研究从漕运制度的官船自给主义转化为雇佣民船的大崎富士夫的《宋代漕运经营形态的变革——以客船的起用为中心》[34]，均分别提出了不同的问题。特别是池田的着眼于交通的社会机能，日野的探讨交通的具体惯行，大崎的试图把握民营形态中的新力量等，都在考察的视点上给我们以新的启示。我们一方面要努力把法制体系化，与此同时，通过对流通过程的分析，有必要认清在法制背后生产本身的发展。今后，要扩大对流通史领域和劳动问题的考察，有待于以更广泛的视野来展开研究。

市舶制度在唐中叶以后发达起来[35]，经宋元明而与清代的海关制度相接续。论及这一制度的关税性质，它与陆上的商税制度有共同之处，而且是一并产生的。在这种意义上可以说，市舶制的建立，是与交通技术的发达、两地间商品流通的发展相适应，从国家的商业政策中孕育出来的。因此，在研究市舶制领域中，要把交通史和贸易史方面与法制和政策方面联系起来加以说明。前述桑原隲藏《蒲寿庚的事迹》在论证唐宋元朝伊斯兰贸易圈的东渐、东亚的中华国际贸易圈的形成、造船航海技术的进步、航线及沿岸贸易城市的繁荣、关税制度的发达等事实的基础上，究明了市舶制的沿革、法制和特权商人的性质。藤田丰八《宋代之市舶司与市舶条例》[36]的重点则在于整理中国方面的法制史料以叙述制度的沿革。又方豪《宋泉州等地之祈风》[37]、宋晞《宋泉州南安九日山石刻之研究》[38]、吴文良《泉州九日山摩崖石刻》[39]《泉州宗教石刻》[40]、庄为玑《续谈泉州港新发现的中外交通史迹》[41]、林钊《介绍两块有关中外交通史的碑刻》[42]等文章，介绍了最近发现的交通史料。

至于国内的流通，有商税制度。商税是由过税、住税、力胜税、头子钱、席角钱、包角钱、契税等繁杂的税目组成的。其中最为重要的是通过税（过税、住税）和船舶税（力胜税）。商税的征收，是通过设于全国的州治、县治、镇、店、市等都会的商税务、商税场进行的。强制商人通行国家的公路（禁止通行私小路）、贩卖国家的商品，以确保征税。中央监督权直接掌握的税关，只设至州县治和商业特别集中的小城镇为止，在最基层的市场上设置的半自治的"土产税场"扮演着自给自足的补充性商业角色，政府给予承认并保护和奖励，但实际的征税多半放任土豪和商人自理。这种全国的内地关税组织的形成，正如加藤博士所指出，是在唐中叶以后才实现的。它是城市化现象的发展，两地间商品贸易的展开以及农村局部地区一定程度的流通的表现。因此，商税课税额的全国统计[43]，为探讨国内流通的发展提供了重要线索。不过，商税收入虽然名义上是属中央财政，构成租税收入的重要部分，但随着地方财政的恶化，地方官府便滥设税关，地方官吏、土豪亦任意征税，结果阻碍了商品流通，违背了国家的利益[44]。

关于商税，加藤繁《宋代商税考》[45]根据宋代商税制度的一般形态、商税征收机关、商税统计，对流通过程做了基础整理；青山定雄《唐五代的关津与商税》[46]论证了唐五代商税制的普遍成立；宋晞《北宋商业中心的考察》《宋代的商税网》[47]，利用《宋会要辑稿》商税杂录的统计，分析了流通过程，提供了宋代商税的概况；他还在《北宋商税在国计中的地位与监税官》[48]一文中探讨了商税的财政比重与监督组织。又梅原郁《宋代商税制度补说》[49]补充了加藤的论证，提出了一些深入探讨问题的新史料；幸彻《北宋的过税制度》[50]论证了宋代征收过税曾采取过一州一征的措施；大崎富士夫《宋代的税务》[51]论证了税务行政上的运用。还有，幸彻《北宋时代的官营场务监当官》[52]《北宋时代监当官的地位》[53]《北宋时代盛时监当官的配置状态》[54]，考证了中央对税务、场务的监督权。他的《北宋头子钱的发展过程》[55]一文，论证了作为附加税的头子钱。此外，河原由郎《熙宁元丰间生产发达地区的农耕生产与商税的关系》[56]、蒙文通《从宋代的商税和城市看中国封建社会的自然经济》[57]，则论证了通过商税商品经济向农民经济浸透的程度。斯波《宋代的力胜税》[58]论证了作为船舶税、商税之附加税的力胜税的性质。另请参照本节"C 远程商业"部分。

B 全国市场的形成

自唐至宋经济的发展，特别是农业生产力的发展，由于地区的不同，造成了生产发展的不平衡，和因原来自然条件的差异而出现的特产品的分布。这时，由于两地间商品的流通和交通诸条件的发达，在广域的经济空间中便相互建立了不同商品的分工关系，同时加强了以农业生产为主的各产业的商品生产化倾向。并且，国内外市场的扩大和城市消费的增加，最能促进生产的集中和分工的产生，从而形成了全国性特产品市场。因此，我们就不难理解宋代商业在这种全国性商品交易体系中，随着特产化的迅速发展而出现的流通领域的繁荣现象。对这种商品特产化的分析，要求对生产→集货→流通→消费的商品分配体系的各环节，按不同商品在各个地区的质和量进行分析，并重视其在商品的全部产业中所起的作用以及该生产体占的社会比重。

作为通论性的考察，加藤繁在《中国经济史概说》一书特别是其中的食物生产、衣料生产和工艺等几章，以渊博的知识对各种产品生产地的形成沿革和生产工艺的发展做了归纳；日野开三郎《宋代农村生活概观》[59]也总结了他多年对物产史的研究，概述了商业资本对农村的影响，特有农产品、特产品在全国范围内的形成；天野元之助《宋代农业及其社会结构》[60]，亦论证了农产品等诸产业的特产化；西嶋定生《以十六、十七世纪为中心的中国农村工业之考察》[61]将中国历史上农业明显倾向商品经济化（单纯商品生产）的发端定在宋代，是一篇对明代工农业分离普遍出现的概观和重要说明；藤井宏《新安商人的研究》[62]尖锐地指出以宋代为转折时期，随着全国市场的形成而出现了日常的物资流通和农村的城市化，是一篇很有启发性的力作。

1. 自然特产品的生产与流通

对自然（农业）特产品的生产和流通的研究，过去没有多大展开。这大概是由于生产→集货过程的直接资料缺乏。不过，当然也有精查史料，或者从关于流通过程和财政关系的史料中，限定于质和量的方面进行间接证明的方法。周藤吉之《南宋苎麻布的生产及其流通过程》[63]，通过广泛地搜集史料，仔细地论证了从日常衣物原料苎麻生产地的分布和政府的原料、制品调拨量中所反映出的生产集中以及原料、制品的流通过程。特别值得注意的是他从南宋时期找到的城市的预贷商人（布商）通过预付生产资本，用批发制来控制广大农村的织布副业的例子。同样，周藤还在《南宋麦作的奖励与二茬制》[64]中，缜密地究明了北方的主要作物小麦由于南宋各城市的嗜好、酿造业的发达、政府收购马料等获得了广大的市场，并在华中各地区水田复种（稻麦二茬制）和作为山地作物而普及开来，还成为作为直接生产者佃户杂项收入的财源的商品作物，以及小麦的生产→流通→消费过程。全汉昇《南宋稻米的生产与运销》[65]、宋晞《北宋稻米的产地分布》[66]《北宋商人的入中边粮》[67]、加藤繁《中国稻作的发展——特别是品种的发展》[68]《中国占城稻栽培的发展》[69]、西山武一《中国水稻农业的发展》[70]、天野元之助《陈旉的〈农书〉与水稻耕作技术的发展》[71]《中国农业史研究》[72]、高桥贞雄《中国的籼及我国占城稻的由来》[73]、日野开三郎《宋代稻作贷给种及播种亩额考》[74]《米》[75]《稻》[76]、斯波《南宋米市场的分析》[77]等文章，究明了稻米的生产→流通→消费的各种状况，特别是贡租物稻米除通过特权流通机构来集散，还由于非谷产地、手工业和特有农产品产地城市人口的增加、小规模的慢性饥荒等，造成商品任意向远地流通，导致直接生产者的主要谷物商品化。又由于在流通过程中人们普遍存在的有计划的经营思想（对产品与品种的选择），从而出现了为官僚、富民、地主的消费而生产贡租米（即粳米、晚稻）和为农民、下层市民的消费而生产下等米（即籼米、占城稻）的分化。如在华中、华南分期生产的早稻和占城稻这种普及食品，就是以租贡米以外的消费者为对象。他们的方向在于把这些被确认的事实整理为系统的论述。

关于特有农产品茶叶，此前有石山福治《中国茶叶史论》[78]、矢野仁一《茶的历史》[79]、山下寅次郎《中国历代煎茶考》[80]、加藤繁《宋金贸易中的茶、钱和绢》[81]《中国经济史概说》[82]、角田健三《宋代北苑研膏茶的发达》[83]、佐伯富《宋代的茶商军》[84]、凑逸子《宋代茶商的活跃》[85]、河上光一《宋初的茶业和茶法》[86] 等文，对于茶嗜好的普及、国内外的市场、生产的集中和分化、生产形态（茶户和园户的经营形态）、品种名称的分化、茶商的流通组织（由国家专卖的特权流通组织和非法的走私组织）等，做了基本说明。但各种基本事实并不那么明确，系统的论述乃是将来的课题。另一方面，关于茶专卖制度的法制事实和各种形态，已有了比较精密的论证。例如已出版的佐伯富的《宋代茶法研究资料》[87]，就是一部经过周全搜集、整理的史料集。在个别的研究方面，有松井等《北宋对契丹的防备与茶的利用》[88]《宋代的茶法茶马》[89]，曾我部静雄《宋代榷茶开始年代考·附三说法》[90]、加藤繁《宋代的茶专卖与官鬻法》[91]、河上光一《宋初的茶业与茶法》[92]、佐伯富《宋初茶的专卖制度》[93]《宋代林特的茶法改革》[94]《宋代仁宗朝的茶法》[95]、河上光一《宋代四川榷茶法的开始》[96]《宋代四川的榷茶法》[97]。此外，最近吉田寅、千叶觊写的《唐宋专卖制度史研究的动向》[98] 一文，总结了过去研究的成果和问题。这些研究，就国家的垄断掌握了生产和贩卖的哪一部分（完全专卖与不完全专卖），以及与国家财政有什么关系，做了各个方面的质的限定，取得了成果。但它们尚未厘清这种特权生产体及其流通组织在当时整个产业体系中，占有怎样一种社会比重的问题。

关于盐业的生产结构和流通组织，池田诚《宋代解州官营盐业之结构》[99]阐明了制盐劳动脱离农业的情况。吉田寅《〈熬波图〉与宋元时代制盐技术》[100]《南宋的盐业经营——以生产方面为中心》[101]，张子高编著《中国化学史稿》[102]、戴裔煊《宋代食盐生产及统制方法之研究》[103]《宋代钞盐制度研究》[104]、河上光一《北宋淮南盐的生产结构与收盐机构》[105]、草野靖《南宋时代的淮浙钞盐法》[106]、河原由郎《北宋时期淮南路禁榷下的盐法——以与直接生产者的关系为主》[107]、钱公博《宋代解盐的生产和运销制度》[108]、程光裕《宋代川茶之产销》[109]等文章，论证了个别地区的制盐技术、制盐劳动等生产体的生产形态，并对通过盐场、盐仓进行特权收售的机构及以农民为盐业市场对象的官盐消费和私盐的交易组织等做了考证。又宫崎市定《西夏的兴起与青白盐问题》[110]、小幡信一郎《青白盐与乌池、白池》[111]、藤本光《论广马与广盐及其关系》[112]，则论证了作为国际贸易品的盐的需求、流通以及统制政策。此外，张家驹《宋代福建之盐政》[113]《南宋两浙之盐政》[114]、河上光一《北宋两浙之盐法》[115]《宋代福建盐政小论》[116]、河原由郎《北宋时期河北路盐政之考察》[117]，对专卖法做了周详的分析。有关这方面的研究，尚可参考吉田寅、千叶煲的《唐宋专卖制度史研究的动向》一文。

关于酿造业，武田（丸龟）金作的《宋代的榷酤》[118]将宋代的酒专卖制度分为官酿官卖法和民酿民卖法二项来考察，并说明了专卖收入；曾我部静雄的《宋代民间经营的坊场》[119]则重视酿造业的发展过程，论证了募役法之后施行实封投状的买扑制的成立。最近有篠田统著的《宋元酒造史》[120]出版。从产业史来看，买扑制的普及、经营结构、市场问题是个亟待说明的课题。在其他方面，关于糖业，有加藤繁的《中国经济史概说》；关于染织业的明矾的买卖制度，有佐伯富的《宋代明矾之专卖制度》[121]；关于香料，有林天蔚的《宋代香药贸易史稿》[122]，山田宪太郎的《东亚香料史》[123]和《十三至十五世纪中国南海胡椒输入考》[124]。至于药材、水果、蔬菜、油脂、海产品、木材、桑叶、漆、家畜、染料、矿石等自然物资及其两地间的流通，目前尚未见研究。

2. 手工业特产品的生产与流通

在这一领域，鞠清远《唐宋官私工业》[125]，加藤繁《中国经济史概说》一书中养蚕制丝、麻布、木棉及棉布、漆器、陶瓷器、丝织品各项，西嶋定生《以十六、十七世纪为中心的中国农村工业之考察》[126]，薮内清编《天工开物研究》[127]，吉田光邦《宋代的生产技术》[128]等论证，成了研究的起点。周藤吉之《南宋的农锻冶和农具的贩卖》[129]，指出了农锻冶业已广泛分布于农村和小城镇式的村落的事实，认为这是封锁性庄园经济在一定程度上解体的现象。另外，宫崎市定《宋代的煤和铁》[130]《关于中国的铁》[131]，在笹本重己《广东的铁锅》[132]之后，进一步论证了宋代的城市制铁业与煤炭的利用这一技术革新相结合，取得了很大的发展，并作为国际贸易品在与异民族的交易中起了重要作用。至于宋代的制铁业，除造船、铸铁和制造武器等官用消费外，在国内外究竟拥有多大市场的问题，尚有待于今后研究。当时，铁器已在江浙等商业先进地区和造船业发达的港湾城市流通，而且制铁业、铁加工业兴起并由粗铁产地向外输出的事实是可以肯定的。同时，也不能否认以农具、锅釜类为主的铁器开始普遍流通。总之，需要我们去探讨的是这种社会比重究竟达到了怎样的一种程度。对此，日野开三郎从数量上索求政府的收铁额，他在《北宋时代铜、铁的产量》[133]和《北宋时代铜铁钱的铸造额》[134]中估计北宋时期铁的年产量为一万五千至二万五千吨。而哈特威尔（R. Hartwell）《北宋时期中国铁与煤工业的革命（960—1126）》[135]则把年产量推算为七万五千到十五万吨。但是，吉田光邦《关于宋代的铁》批判了以上两说，估算最低产量是三万五千至四万吨。他认为宋代产铁的用途主要是铸币（湿式收铜法）和兵器，而产量的增加和制铁技术的一些革新，大概对生产也没有起到有效作用。这种限定从生产技术和产量来研究的方法是很有效的，希望也能用来研究铜及其他矿物。又千叶燨《北宋的矿山经营》[136]《南宋初期的矿业》[137]，根据劳动力和经营形态进行探讨的方法，对于了解生产体的性质也很重要。如千叶燨《北宋的兵器工业》[138]、吉田光邦《宋代的军事技术》[139]、古林森广《宋代的官营武器工业》，对于武器制造业的研究亦采取了上述探讨方法，是很值得参阅的。

关于衣料生产，加藤繁《中国经济史概说》《宋金贸易中的茶、钱和绢》[140]、周藤吉之《南宋苎麻布的生产及其流通过程》[141]、日野开三郎《柜·附窖》[142]、柳田节子《宋代农家经营的养蚕》[143]、杜光简《唐宋两代产丝地域考》[144]、史宏达《南宋闽广地区的棉纺织生产》[145]、天野元之助《〈农桑辑要〉与棉作的发展》[146]、陈振中《元朝统治下的汉族地主和植棉事业的普遍发展》[147]，对生产的分布、集中、生产结构、生产技术、产量、流通过程进行了基本分析。在财政关系方面，周藤吉之《宋史食货志译注（一）》"布帛"[148]、曾我部静雄《南宋时代和买绢及折帛钱的研究》[149]、日野开三郎《五代藩镇的举丝绢与北宋朝的预买绢》[150]、梅原郁《北宋时代的布帛与财政问题——以和预买为中心》[151]《关于南宋折帛钱的一个考察》[152]，做了详细研究。两税自不必说，就连和买、预买本来也是纳贡生产，但大量的、经常的纳贡需要，促成了主要产地的形成。随着生产力的提高，过去只生产自给品的、与农村农业相结合的纺织业不断商品化，揽户、柜户等牙行的活跃逐渐助长了集约生产。对于这一点，有必要在今后进一步地研究。还有，染色、刺绣等有关产业也必须要研究清楚。

此外，关于造纸业，有张子高编《中国化学史稿》[153]、凌纯声《宋元以后造楮钞法与树皮布纸的关系》[154]、斯波《宋代的造纸业》[155]。关于造船业，除了鞠清远《唐宋官私工业》[156]之外，有张家驹《宋代造船工业之地理分布》[157]、谷霁光《宋元时代造船事业之进展》[158]、斯波《宋代航运业的基础结构》[159]。关于漆器业，除加藤繁《中国经济史概说》外，有冈田让《宋代无纹漆器》[160]、沈福文《漆器工艺技术资料简要》[161]、杨有润《王建墓漆器的几片银饰件》[162]、冯汉骥《前蜀王建墓出土的平脱漆器及银铅胎漆器》[163]、蒋缵初《谈杭州老和山宋墓出土的漆器》[164]、罗宗真《淮安宋墓出土的漆器》[165]、魏松卿《元代张成与杨茂的剔红雕漆器》[166]、王世襄《记安徽省博物馆所藏的元张成造剔犀漆盒》[167]等的研究。关于陶瓷器，冯先铭《新中国陶瓷考古的主要收获》[168]的出土发掘调查展望和陈万里《宋末——清初中国对外贸易中的瓷器》[169]的概论，提供了研究的线索[170]。

C　远程商业

宋代远程商业的展开，如前所述，乃基于特产品市场在国内与海外的开发。但要确认其扩大到广阔的东亚商业圈的情况，就必须具备关于贸易路线和贸易商品丰富而准确的知识。过去，对于海外互市贸易的研究，有桑原隲藏《蒲寿庚的事迹》、藤田丰八《东西交涉史研究·南海篇》、森克己《日宋贸易研究》[171]《来航日本高丽的宋商人》[172]《日宋交通与宋代典籍的输入》[173]、秋山谦藏《宋代的南海贸易与日宋贸易的联系》[174]、金庠基《高丽时代史》[175]《丽宋贸易小考》[176]、藤田丰八《宋代输入之日本货》[177]、曾我部静雄《日宋金货币交流史》[178]、加藤繁《日本和宋代的金银价格及其贸易》[179]、日野开三郎《五代时代契丹与中国的海上贸易》[180]、田村实造《辽宋交通与辽国内经济的发达》[181]、张亮采《宋辽间的榷场贸易》[182]、宫崎市定《五代史上的军阀资本家》[183]《西夏的兴起与青白盐问题》[184]、前田正名《河西历史地理学研究》[185]、加藤繁《宋金贸易中的茶、钱和绢》[186]《宋代和金国的贸易》[187]、大崎富士夫《宋金贸易的形态》[188]、全汉昇《宋金间的走私贸易》[189]、日野开三郎《五代的马政与当时的马贸易》[190]、藤本光《论广马与广盐及其关系》[191]、全汉昇《宋代广州的国内外贸易》[192]、程维新《宋代广州市对外贸易的情形》[193]、关履权《宋代广州的香料贸易》[194]、沧洲《唐宋两代广州之对外贸易》[195]、武堉干《唐宋时代上海在中国对外贸易上之地位观》[196]、刘铭恕《宋代海上通商史杂考》[197]、刘兴唐《宋代陆上的国际贸易》[198]、林天蔚《宋代香药贸易史稿》[199]、山田宪太郎《十三至十五世纪中国南海胡椒输入考》[200] 等研究。关于国内贸易，除前述特产品流通的研究文章外，还有全汉昇《南宋杭州的消费与外地商品之输入》[201]《北宋汴梁的输出入贸易》[202]、日野开三郎《世界历史大系·东洋中世史（三）》"产业的发达、商业的发达"[203] 及《五代闽国对中原的朝贡贸易》[204] 的研究。

根据这些研究，可以看到，在宋朝与周边各国之间，继续存在着唐朝以来包括东渐的伊斯兰贸易圈在内的国际贸易圈，和以已可称为世界货币的金银贵重金属与宋朝的铜钱对流为中心的高档市场性货物的移动。具体地说，这些高档货物，输入宋朝的有：南海的香料、象牙、热带植物、珍珠、玳瑁、棉花、金；日本的木材、硫黄、金、珍珠、水银、螺钿；西北各族的珠玉、毛皮、马、羊、骆驼、银、药材；西南各族的马、宝石。宋朝则向南海输出了铜钱、银、谷物、奢侈织品、文具、瓷器、木材、书籍；向日本输出了铜铁、奢侈织品、香料、书画、文具、瓷器；向西北各族输出了茶、香料、热带植物、果实、蔗糖、奢侈织品、瓷器、书籍、文具、药材、铜钱、银；向西南各族输出了盐、书籍、奢侈衣料。一般说来，这些研究偏重于海外贸易，还缺乏系统的全面的资料搜集和叙述。开展对这些贸易品种类的研究，是今后的课题。然而，我认为把上述对流关系从量和质上限定在以宋代全国性市场圈为中心的广泛国际贸易圈中，选出基干商品来探讨对流关系的性质，在了解商业性质上似乎是很重要的。

二　城市和行会的转变

中国的城市，是与古代文明的产生一起出现的。但隋唐以前城市的性质，可以说一是根据政治和军事目的而建设的消费城市，二是工商业城市和生产者城市。其外部以城垣围绕起来，内部有以官衙和官邸为中心的整体区划。工商业是在城内法定的工商业区域即"市"之中，于严格统制之下进行的。商人和工匠只是在王朝统治必要限度内才被允许在市内居住。陶希圣《唐代管理"市"的法令》[205]曾论证这种商业区的法制在唐代也依然存在；仁井田陞《市的交易制度与物品价格表——与唐关市令的关系》[206]，从文献上证明了唐代施行市制法的事实。宫崎市定《汉代的里制与唐代的坊制》[207]、曾我部静雄《中国及古代日本乡村形态的变迁》[208]，则在从汉代的里制演变为隋唐的坊制和宋代的厢隅制的城市行政组成的沿革中，展望了政治城市的变迁。平冈武夫《唐代的长安与洛阳》[209]从文献和考古学的最新成果方面，复原和考证了代表政治都市的长安、洛阳城的规划，说明了其象征性的意义。从古代到隋唐，中国城市的这种状态，即农村与城市的分工关系、城市化的发达，总的说来还是很微弱的，城市在整个经济和社会生活中占着很小的比重。而且，由于政治、军事机能的终了造成城市命运的完结，或者靠流动的客商进行的商品交易只是偶发的，因此，作为地方财源而为后世所重视的商税（即内地税）也并未发达，农村经济活动的集结点即定期市、村市的存在还是分散的。

不过，大约以 10 世纪为分期，中国城市迎来了明显转变。这就是"市制的崩溃""远程商品流通的增大和大市的出现""工商行会的迅速发展""工商和生产者城市的产生""地方流通的发达和农村市场的普及""客商控制下的地方流通机构的形成"等等。随之，在治安、征税和行政上，城市与农村的关系也就必须是流动和复杂的了。当然，这些转变现象并不限于以统一的形式在全国统一进行，而是与旧有遗制并存，以地区不平衡的状态出现的。但基本的倾向，确实是一种划时代的转变。此外，中国城市问题的展望，还可参阅仓持德一郎《中国城市发达概观》[210] 和《历史教育》1966 年 12 月特集号《中国城市的发达》，古林森广《宋代的城市与行会》[211] 以及拙稿《关于中国城市的研究概况》[212]。

A　城市

10 世纪前后城市变化的特点，在法制上是市制的崩溃，在经济及社会上是由远程商业的发展带来的城市本身的发达，和随着农民经济的发展而来的农村的城市化。这两个方面必须统一地探讨。从法制方面抓住市制的崩溃现象，考察和论证中国城市发达史上制度转变的契机的是加藤繁。他的《唐宋时代的市》[213]《宋代都市的发达》[214] 考证了 10 世纪前后工商业发展的结果，过去那种限制营业时间和场所的市制不仅不能适应新形势，而且其存在已经有名无实，随之，街巷制度即坊制实际上也崩溃了。后来，前述陶希圣、仁井田陞、宫崎市定、平冈武夫、佐藤武敏（后面述及）等人的有关唐代城市制度的研究成果，具体地证实了加藤繁的看法。如果从周礼到唐代法的"市"之法制沿革今后得以复原，能够与宋、元、明、清的城市法进行比较，那么，加藤繁的启示将会结成中国城市法的系统化这样丰硕的果实。同时，城市的变迁，要抓住农村与城市的相对关系。关于这一点，必须注意城市和农村在行政、警察、税役等法制方面的构成及沿革。

从城市的经济、社会方面展开研究，尽管是加藤繁的意图[215]，但他没能充分做到，使得这方面仍是一个空白领域。尤其是人口史的研究，是了解城市规模及其分布的重要分析法。假如能够从这些方面加以研究，是很有意义的。过去，桑原隲藏的《从历史上看南北中国》、加藤繁的《论南宋首都临安的户口》[216]《临安户口补论》[217]、池田静夫的《南宋首都临安户口再探》[218]，只是研究了残存的若干统计的临安人口数。散见于地志和编年史中的人口统计，商税额及盐的消费量等统计，也应在今后发现利用它的方法。然而，人口史研究之不振，原因并不只是在于史料的不足。城市在法律、经济和社会上究竟与农业和土地所有制相对独立到什么程度，工商阶层在城市居民构成中的比重，市民的职业构成，市民财产是怎样维持和增值的，市民身份中政治与身份诸关系的位置等根本事项的理解与实证，在法制和社会经济两方面还都没有解决，也没有着手进行研究。要说明这些问题，当前必须注意宫崎市定《中国村制的成立》[219]、宫川尚志《唐五代的村落生活》[220]、日野开三郎《五代镇将考》[221]、梅原郁《宋代地方小城市之一面——以镇的变迁为中心》[222]《宋代的地方城市》[223]等有关农村城市化的研究，以及从两税、屋业钱、房钱、家业钱、营运钱等城市独自的课税方面来研究的草野靖《宋代的屋税和地税》[224]。

有关城市性质的基础事项，整理工作尚无进展，但在远程商业发展中商业城市的建立方面，却积累了较多的研究，例如全汉昇《唐宋时代扬州经济景况的繁荣与衰落》[225]、石桥五郎《唐宋时代的中国沿岸贸易港》[226]、中村久四郎《唐代的广东》[227]、藤田丰八《宋元时代之海港杭州（附上海、胶州）》[228]、成田节男《宋元时代泉州的发达与广东的衰微》[229]、池田静夫《宋元时代的澉浦港》[230]、张星烺《中世纪泉州状况》[231]、全汉昇《宋代广州的国内外贸易》[232]、程维新《宋代广州市

对外贸易情形》[233]、沧洲《唐宋两代广州之对外贸易》[234]、武堉干《唐
宋时代上海在中国对外贸易上之地位观》[235]、全汉昇《南宋杭州的消费
与外地商品之输入》[236]《北宋汴梁的输出入贸易》[237]、曾我部静雄《开
封与杭州》[238]、那波利贞《宋都汴京的繁华》[239]、张家驹《宋室南渡后
的南方都市》[240]、张其昀《南宋都城之杭州》[241]、岑家梧《南宋之都市
生活》[242]、孙正容《南宋时代临安都市生活考》[243]、徐益棠《南宋杭
州之都市的发展》[244]、徐嘉瑞《北宋首都（汴京）的民众生活及其艺
术》[245]、费海玑《北宋汴京生活纪略》[246]、仓持德一郎《宋代城市平江
之一瞥》[247]、谢和耐（Gernet）《蒙古入侵前夜的中国日常生活》[248] 等。
然而，除全汉昇对首都经济圈的研究之外，从包括当时的内陆商路及
海上商路的广域流通圈，论位于贸易路线上的城市之商业性质，不能
不说还是个薄弱环节。当前需要分别从商业性质和地区供求关系上，
对开封、寿州、密州、杭州、苏州、明州、绍兴、福州、泉州、广州、
建康府、江陵府、成都府等重要城市的发展加以探讨，同时也必须注
意与此有关的商业城市中大市的开办情况。唐宋以后，在远程流通的
节点城市中聚集来自四面八方的顾客而开办的大市，有开封的相国市、
绍兴的灯市、成都的药市、衡岳的药市、惠州的药市、徽州的佛会、
福州的庆赞大会、海南岛的香市等。若把四川的蚕市等中小规模的市
都算上，全国真有无数的大市。这方面的研究有加藤繁《唐宋时代的
市》[249]、鞠清远《唐宋时代四川的蚕市》[250]、白乐日（Balazs）《中国的
集市》[251]、斯波《宋代江南的村市和庙市》[252]，但对开办大市的真正研
究仍是今后的课题。

　　然而，中国城市的转变，不限于原来大都会的发展。农村的城市
化，新兴的工商、交通聚落向城市的发展，也迎来了划时期的新局面。
具体地说，10 世纪以前，在市制建立前，州治、县治才是城市的中心
点，在州县治以外的乡村设工商区即市，原则上是不允许存在的，即

使有，也作为例外措施而被默认。它能与偶发的流通相适应，不至于触发制度的矛盾。但10世纪以后，在行政单位的乡村间断地开办市场地即墟，以其市场地为中心而形成了村落的小都会（虚市、草市），交通、商业聚落（步、埠、店、码头），乃至工商城市（镇），州县城墙外的郭市区（草市）等中小规模的城市聚落，并急速地发展了起来。结果使得农村与城市间的，可以说以纯粹的分工为前提而构成的乡村与坊郭的行政区划，并不能反映实际情况。镇和比较大规模的市由于治安与税收的关系而被指定为准州县治的行政地区，但对于小规模市集的大量出现，政府却没有在行政上采取使其与农村有原则性差别的特别措施。然而，在农村→农村市场地→半农村城市→中、小城市这样的城市产生的反复过程中，包括工商城市在内的城市经济网，便日益稠密起来，实际上使农村经济走向依存于市场的方向。对于这种市场地成长为中小城市的研究，有加藤繁《唐宋时代的市》[253]《唐宋时代的草市及其发展》[254]、周藤吉之《宋代乡村中小都市的发展——特别以店、市、步为中心》[255]、曾我部静雄《唐宋以前的草市》[256]《唐宋时代的草市》[257]、日野开三郎《唐宋时代都市的发达与镇》[258]《五代镇将考》[259]《中国称之为埠的地名及其沿革》[260]《唐代堰埭草市的发达》[261]、池田静夫《码头与埠头》[262]、梅原郁《宋代地方小城市之一面——以镇的变迁为中心》[263]《宋代的地方城市》[264]、何格恩《唐代岭南的虚市》[265]、全汉昇《宋代南方的虚市》[266]、斯波《宋代江南的村市和庙市》[267] 等论文。目前，这方面的研究，尚未摆脱形态分析的范围，资料没有充分查尽。假如就个别地区来论证这些集市的分布和上下级市场的重叠关系，将会使研究更加深入。

B　行会

随着10世纪前后城市的转变，与其不可分离的城市工商行会也勃兴起来。最早注意这种历史现象的是和田清的《关于会馆公所的起源》[268]，继其研究之后，加藤繁在他的《唐宋时代的商人组合"行"》和《论唐宋时代的商人组合"行"及清代的会馆》[269] 二文中指出，市制度的崩溃，使工商业者丧失了过去在官方批准的同业商店街——行中所实行的实质上的营业垄断，于是他们结成新的同业商店组合——行，作为其对策，要求国家保护，以图垄断营业。他又从这种解释及与西欧中世行会的比较史的观点出发，整理了行的组织与机能，分析了元、明、清行会和会馆的发达。此后，鞠清远的《唐宋官私工业》从加藤所云之商业行会中辨别出手工业行会和工匠行会（行、作），并指出在同业行会内存在着与对内平等相互扶助的原理背道而驰的阶层间不平等的事实。后来，全汉昇在《中国行会制度史》中整理了国内外对行会的研究史，通过对问题的全面探讨，发现工农业分离的萌芽发生在战国时代，而手工业行会则是在工农业分离时开始出现的。他认为工商业行会——行的实际出现时期，是在城市间商品流通频繁、国家经由城市来掌握商品流通的隋代以后。同时对唐宋的工商行会在质和量上做了个别的限定，具体地说明了其种类、组织、对外的垄断（强制加入和控制市场）、保证生业的伦理原则、对内平等的不彻底（阶层的对立）、国家的统制等项，然后对元、明时代的情况做了估评。根岸佶则参考上述之研究，在所著《中国的行会》[270] 中指出，古来市制对同业聚居的限制，使得工商同业行会在六朝时代自发地产生萌芽，在唐宋变革时期，工商区行会向工商同业行会的转变明显化，唐宋以后则出现了商业行会、手工业行会和同业行会三足鼎立的局面。

这些成果，主要是根据西欧中世纪城市行会而做的类推和解释，有助于对研究项目进行基础整理。然而，与此同时，我们必须清楚地识别行会由于中国与西欧的社会结构的差异而存在的不同和特性。中国的城市是众所周知的消费城市，它的有限购买力是靠官僚消费来支撑的。城市经济政策，企图强制城市吸收商业的贩卖强制、通路强制等，是适应当时城市化现象来统制市场地的手段，而且行会的组织化也是由上方推进的。可以肯定，10世纪前后的经济发展，是在中央与地方、官治与自治、城市与农村的相互关系中产生和转变的。不过在市制崩溃后，原来政府直接控制下的城市经济政策，某些部分的确是交予放任而自治的新兴的城市行会了。但是，以集权的统一支配的存在为前提，在依赖自己的消费和购买力的多数中国城市里，行会在政治上闹独立和争取自治的运动是很少的，结果便兼有补充官宪行政空白的作用。于是，10世纪前后，与城市转变现象同时产生的城市行会，在体制的再构成中，始终未贯彻对内的平等和成员间生业保障的原则。最近的研究如佐藤武敏《唐代行会的新资料》[271]《唐代的市制与行》[272]、小野寺郁夫《宋代城市的商人组织"行"》[273]、古林森广《宋代商业行会素描》[274]《宋代的工匠及其组织》[275]等，探讨了中国城市行会产生过程的特性。佐藤认为，行的共同行为是与国家的市场管理相应而协助国家的，有的是自治的，大概是由前者向后者发展过来的：市制崩溃后，由于自治机能的明显化等，中国的行会便在唐代产生了。小野寺则根据当时用语本身的意思来具体、全面地考察宋代行的种类、机能和性质，重视行的组织与官府商业管理的关系。古林分析了宋代工匠组织的性质，下结论说宋代同业组合还没有分化发展到能明确区分出商人组合"行"和手工业组合"作"的存在形态，而是商人行会和手工业行会个别分化前的广义的同业行会（Craft Gild），手工业组合和工匠组合只不过在"社共同体"中能看到其萌芽。

三　流通组织（配给组织）的整备

随着全国市场圈的形成与商品流通的明显增长，商业流通组织和消费机构也充实起来了。中国的商业组织，如果从传统的商与贾的分类来说，可分为客商（周游各地的行商和流动商人）和坐贾（零售商人），不过唐宋以后的商业组织更为复杂。在联结生产者与零售商乃至消费者的配给系统中，有着具有经纪兼代销商机能的牙行、牙侩，具有批发店、仓库机能的店户、居停、停塌、邸店、船行，作为流动批发商人的客商、经商，进行外国商品贸易的舶商，定居零售商的铺户，流动零售商的小经纪、步担、贩夫等商人作为中介。以谷物而言，除生产者作为贩夫直接向城市的经纪兼代销商出售外，城市的谷物经纪商还通过定期市或农村的牙人囤积谷物，再经由城市的批发商把它卖给零售商或贸易商。如在都市杭州，就成立了收集各种精选的谷物，再向国内推销的配给组织。纺织品也一样，农村机户的制品经过称作柜户的牙人集中收购，送到配给组织。麻织品亦先集中于农村牙人即邑驵手里，再通过流动批发商卖给零售商和代销商。

这种经纪兼代销商，及介于生产者与消费者和零售商之间的商业组织，是在 10 世纪以后特别明显地发达起来的。原来，这种经纪业的起源可以追溯到秦汉时代，但其机能的发展却是在唐宋以后。稻叶岩吉《驵侩、牙侩及牙行》[276]、小林高四郎《唐宋牙人考》[277]，基本论证了这个问题。此外，加藤繁《唐宋时代的仓库》[278]《居停和停塌》[279]，探讨了仓库业与批发兼代销商。他在《宋代的商业习惯"赊"》[280]中，还论证了由牙行作为媒介的零售商与批发商双方之间的信用的授受，并推测大概信用票据的惯行已发展出纸币的机能。日野开三郎《柜·附窖》[281]、周藤吉之《南宋苎麻布的生产及其流通过程》[282]、斯波《南宋米市场的分析》[283]《宋代航运业的经营结构》[284] 等论文，对丝织品、麻织品、米谷的流通组织和船行做了论证。但是，除此之外，对于当时史料屡屡出现的客商、经商、店户、揽户、包揽人、邑驵、铺户、盘街、小经纪、贩夫、步担、牙行等各种商人，在商业组织中如何产生机能分化，怎样进行企业性活动，以及服从于什么行会统制的问题，还没有全面地有目的地对史料进行整理。而且，围绕盐、茶、酒等特权流通组织的研究也是一个空白。有关盐和茶方面，可分别参考河上光一《北宋淮南盐的生产结构与收盐机构》[285] 和佐伯富《宋代的茶商军》[286] 的研究。

四　商业利润与商业资本

这里，笔者拟抓住 10 世纪以后商业的繁荣在于远程批发商业的繁荣这一点，对远程商品流通及其特产品市场的形成，以及批发商业的据点商业城市、商业组织做一番考察。

下面，必须研究一下这种两地间批发商业是如何获取商业利润，并从中形成了一种怎样的财富的问题。首先，可以列举作为冒险商人的海上贸易商（舶商、经商）和陆上贸易商、行商（客商、经商、行商）的庞大财产的形成，来作为这种财产的创造和资本积累的例子。

海上商业与陆上商业相比，伴随着航海的自然的、社会的危险要多得多，而且是一种以与远地交易为主的临时投机的贸易。但由于其利润高，所以海上航线成了大批冒险商人的活动场所。唐宋以来，在山东、江苏、浙江、福建、广东、广西等沿岸地带，海上贸易商获得了以香料、丝绸、陶瓷之类世界性商品的中转为主的远洋贸易和以沿岸地区之间的特产品交易为媒介的沿岸贸易的转让利润，并使出口港湾城市及其后方农村的产业蓬勃兴起。而且，由于农村产业的发展终究会被城市吸收，因此农村的富农、商人和贫困农民为了分得一份集中于城市的商业利润而流入港湾城市从事运输业和商业。海上贸易商从原来的土地所有者和商人之中大批地涌现出来，他们雇佣贫困农民为水手，从事航海活动。其经营形式，起初是单独出资，即以自己的船只运送的原始形态，这对于初期的海上企业来说，固有的特殊性（航海的危险性和装卸费用之大）便显得越来越突出。为了分散这种危险和费用，则出现了贸易商人、船长和陆上出资者以一定比例约定每次出海回航后的利润分配的惯行、分股出资（合股）的惯行，以及船舶共有组合的企业形态，形成了商人资本的初期集中。关于这一点，桑原隲藏《蒲寿庚的事迹》、今堀诚二《十六世纪以后合伙的性格及其推移》[287]、吉川幸次郎《两个僧侣海商》[288]、斯波《宋代福建商人的活动及其社会经济背景》[289]《宋代航运业的经营结构》[290] 都做了论证。

陆上贸易也同样，商人单独或几个、十几个人结成商队〔火（伙）伴〕往来于市场地之间。为了克服对市场情况的不了解并有利于获取两地间的商业利润，这时也出现了合资经营的原始形态。临时的商人组合"纠合火伴"，不同行业的企业联合或支店网组织"纠集同行"，以及资本集中度高的"连财合本"，就是共同企业结合的三种代表形态。但是，小企业在共同经营中不完全失去对各自企业的主导权，这一点可以说是与后世的合股不同的宋代合资经营的原始特征。总之，陆上贸易商彼此之间，或商人与其出发地的富农阶层、富裕市民阶层、当地商人阶层之间，当契约期到了之后，在按一定比例的利润分配的原则之下，建立临时的出资关系。

而且，随着全国市场圈的形成和商业组织的发达，贸易商人自己携带商品到各地行贩的流动商业转入了特殊的专业化商人（干人或经商）之手。结果，大商人定居城市并拥有自己的资本，通过出资来间接控制流动的中小商人，或者通过信用交易来进行各地市场间的大规模的经纪商业。开封、杭州、建康、成都等地区市场圈的中心城市，作为大规模商品交易网的中心而繁荣起来，商人之间的信用交易惯行也发达了。与此同时，为了得到城市里远程商业的利润分配，农村的富农、商人、贫困农民阶层都向城市集中。他们当中便出现了转化为城市地主的依靠昂贵的地租收入积累财产者，以及同时在工商业、金融业、运输业、仓库业投资以求增值财富者。另一方面，由于市民阶层的经济和社会的分化而产生了大批贫民，他们隶属于富裕阶层，依靠向后者贷款经营零星职业（盘街、勘宅、小经纪）来保障生活。事实证明，当时，以远程批发商业为财富源泉的商业资本家、金融业者在港湾城市和地区市场圈的中心城市获得了巨大的财产。

然而，这种市民财产的形成，毕竟要受到"城市"有限购买力的影响，要受国家和体制的意外征佣，以及要与国家垄断商业组织展开不利的竞争，所以是有条件的，因此无须给予过高的评价。虽然这种巨大财产的积累和初期的集中是事实，但其财货只是商业资本，或者是非生产性的消费，一般还没有投放于生产的产业资本。城市富豪财产的投资对象，主要是土地、利贷等金融业、投机业及其他商业，还有高价奢侈品、建筑物的消费和购买官爵等。特别是由金融业进行的利贷资本的积累，是当时商业活动最显著的表现。它以极高的利率贷款给小农民、手工业者以及地主、商人和官僚，在短期内获得巨大的财富。当时的金融业大多还没有从商品交易资本分离出来，因此，其利润比单纯的商品交易要大，具有更大的积累能力。

关于上述商业和高利贷资本积累的研究，有宫崎市定《五代史上的军阀资本家》[291]《中国近世生业资本的借贷》[292]《合本组织的发达》[293]，曾我部静雄《宋代的质屋》[294]，仁井田陞《唐宋法律文书研究》[295]《中国法制史研究·土地法、交易法》[296]，日野开三郎、草野靖《关于唐宋时代的合本》[297]，日野开三郎《宋代长生库的发达》[298]等论著。但是，关于商业资本家的世谱、财产形成的过程、投资的倾向和内容（金融资本也同样）等具体项目，还完全没有研究。

五　国家与商业

最后，谈谈上述前期资本的活动与体制有什么关系，国家如何统制商业，以及商业怎样用于加强国家的商业控制和商业诸政策、政治寄生的特权商人和特权流通组织等问题。所谓国家对商业的控制、商业诸政策，就是货币、信用制度，两税法中除土地税以外的各种税收（家业钱、营运钱、屋税、楼房基地钱、房钱、契税、牙税等）、茶盐酒专卖和商税、抽解等流通过程中的诸税，市易、回易、回图、市籴、和市、杂买等国家商业政策，以及市制、免行钱等市场管理的各种政策。

关于货币和信用制度，有加藤繁《唐宋时代金银之研究》[299]《南宋时代银的流通以及银和会子的关系》[300]《日本和宋代的金银价格及其贸易》[301]《宋金贸易中的茶、钱和绢》[302]《交子的起源》[303]《官营后益州的交子制度》[304]《北宋四川交子的界分》[305]《陕西交子考》[306]《交子、会子、关子的语意》[307]《南宋初期的见钱关子、交子和会子》[308]、日野开三郎《北宋时代铜铁钱的铸造额》[309]《北宋时代铜铁钱的需给》[310]《北宋时代铜铁钱行使地域的划定政策》[311]《交子发达考》[312]《论便钱的语义及唐宋时代票据制度的发达》[313]《南宋纸币"见钱公据"及"见钱关子"的起源》[314]《论北宋时代票据"见钱交引"及纸币"钱引"的起源》[315]《南宋临安府的私下会子》[316]、草野靖《南宋时代的淮浙盐钞法》[317]《南宋时代淮南路的通货问题》[318]《南宋行在会子的发展》[319]、彭信威《中国货币史》（下册）、戴裔煊《宋代钞盐制度研究》、宫崎市定《五代宋初的通货问题》[320]、桑原隲藏《唐宋时代的铜钱》[321]、熊谷雄幸《会子考》[322]、曾我部静雄《日宋金货币交流史》[323]《南宋的纸币》[324]《南宋会子的伪造》[325]《南宋行使的铜钱》[326]《宋代的钱荒》[327]、荒木敏一《宋代的铜禁》[328]、中嶋敏《关于北宋钱的重量》[329]《关于北宋徽宗朝的大钱》[330]《中国湿式收铜的沿革》[331]、朱偰《两宋信用货币之研究》[332]《交子之界分发行额及式样单位考》[333]《会子之界分发行额及单位考》[334]、朱希祖《两宋盛行铁钱之因果》[335]、李埏《北宋楮币起源考》[336]、李逸友《内蒙古巴林左旗出土北宋银锭》[337]、孙家骥《台湾宋钱考》[338]、加藤繁《柜坊考》[339]、曾我部静雄《柜房与禁房及牢房》[340]、日野开三郎《唐都长安的金融业者》[341]等实证成果。根据这些成果，可以说明，在中国，劣金属货币——铜钱自古以来就作为法定货币而处于本位货币的地位。

虽然汉代出现了一定程度的货币经济，但在南北朝分裂时期又暂时衰落了，物品货币——绢的使用占据了统治地位。然而，唐代以后，随着货币经济的发达，铜本位政策复活并扩大了。为了满足以活跃的商品流通为前提的财政需要，政府掌握了矿山开发权和铸造权，调整通货的形状、发行额、法定比价、流通区域来统制货币制度。北宋后半期创造了中国历史上最大的铜钱铸造额和流通量纪录。但是，五代的经济分裂造成了铁、铅等劣金属货币在地方上流通，妨碍了宋朝向全国普及铜钱单本位的通货政策，并在边远地带出现了铁钱流通集团，结果却达到了兼有的防止铜钱外流的使命。另一方面，在民间经济领域，古代发展起来的贵金属货币，特别是银，已在南方普遍流通，并有着逐步代替铜材料开始告缺的铜货币之倾向。在此期间，以自唐代以来在诸个别资本相互竞争中发达起来的信用惯行为背景，由于在四川使用铁钱不便，纸币开始直接成为支付手段，政府则强制规定通用纸币为代用货币。这在货币史上是划时代的。在南宋，纸币由兑换券发展到不兑换券，并增加了流通量，但因筹措军费造成财政膨胀而滥发起来。

当时的通货政策，目的在于增加直接生产中的小额交易，调查与全国性市场的形成相适应的货币需要，并克服度量衡制度的不统一所带来的那种在全国各分散市场圈的流通和价格组织的地区扩散性，形成经济的统一体。可以说，这一政策在某种程度上取得了成功。然而，被投放的通货，尽管应该通过租税系统回流到国家，进行对流循环，但东亚商业圈的世界通货是金银和使用精炼技术铸造的宋钱——后者由于其素材价值而在国外即使作为商品也受到尊重，因此大量流向国外，或被宋人收藏改铸，造成慢性的铜货供应不足和铜矿资源的枯竭，给北宋末、南宋初的通货政策带来了很大的影响。这种货币制度和政策的侧面问题，将通过实证的积累而逐渐被解释清楚。不过，目前尚未能充分说明诸个别市场和不同商品形成的价格组织、物价史，以及参与价格形成的商人、直接生产者与通货的具体关系。加藤繁《唐宋时代金银之研究》、全汉昇《北宋物价的变动》[342]《宋末的通货膨胀及其对于物价的影响》[343]《南宋初年的物价大变动》[344] 等有关物价与市场的基础研究，今后应该继承和发展，有必要使之系统化。关于度量衡也一样，可以说几乎还未开始研究。

　　而且，说明国家对商业的控制、商业政策与特权商人以及流通组织，这对于了解前期资本的寄生和垄断的性质是很重要的。其一，由两税法的课税对象衍生出了如屋税、坊郭基地钱这样的城市税；其二，对于课税对象，国家还考虑到除农业用地（田土物力）以外的有关营业和商业活动的资产（浮财物力和营运物力）；其三，对于家业实力（质库、坊郭、停塌、店铺、租牛、赁船）之类非农业性营利，不问城市、农村一律课税。这三点都表明商业的普及和国家对商业的严格控制。并且，从酒的专卖特别是买扑坊场法，一方面可以看出民间资本向官营企业浸透这样的上升力，同时，成批的小资本通过官方批准和由官府划定贩卖地区这种调停机能来排除彼此之间的竞争，以保证垄断营业。同样的事情，也能从茶盐专卖的通商地区及其特权流通组织中，以及参加和市、市籴、漕运的和雇等商人与国家的相互依存关系中看到。市易法大概是以要从更高的角度来调停这种通过竞争而获得垄断的大资本与在竞争中失败的小资本的矛盾为目的的，但史实表明是不成功的。关于这些问题，曾我部静雄《宋代财政史》[345]《宋代民间经营的坊场》[346]、日野开三郎《税·财政》[347]《五代的沿征》[348]、宫崎市定《中国近世生业资本的借贷》[349]、式守富司《王安石的市易法》[350]、草野靖《宋代的屋税和地税》[351]、梅原郁《宋代地方小城市之一面》[352]、佐伯富《近世中国的都市与农村》[353]等文章，指出了富有启发的问题，很值得参考。

注释

[1]　参考加藤繁《中国经济史考证》（东京：东洋文库）上卷第 14–18 页
（1952），下卷（1953）第 40、41、48 页中有关城市、定期市的各论文提及的问题
和实证。Etienne Balazs, ed. by A. F. Wright, *Chinese Civilization and Bureaucracy*, "12.
Fairs in China", "13. Chinese Towns", Yale University Press, 1967. 藤井宏：《新安商人
的研究（一）》，《东洋学报》36，1。

[2]　参考加藤繁《中国经济史概说》（东京：弘文堂，1944）及《中国经济
史考证》下卷第 53–57 页（东京：东洋文库，1953）的有关产业史的论文。桑原
隲藏《从历史上看南北中国》一文所提及的问题和实证，载《白鸟博士还历纪念
东洋史论丛》，池内宏编，东京：岩波书店，1925。日野开三郎：《宋代农村生活
概观》，载《西日本史学会创立十周年纪念论文集》。天野元之助：《宋代的农业及
其社会结构》，《人文研究》14，6。周藤吉之：《宋代经济史研究》第 2、3、5、6
篇论文，东京：东京大学出版会，1962。宫崎市定：《北宋史概说》《宋元经济状
态》，《亚洲史研究》1，京都：东洋史研究会，1957。西嶋定生：《中国经济史研
究》第一部《中国古代农业的发展过程》第一节"中国农业史的问题点"，第三部
《商品经济的发展及其结构》第一章"以十六、十七世纪为中心的中国农村工业
之考察"，东京：东京大学出版会，1966；《东洋史入门》第 37–42 页，东京：有
斐阁，1967。

E. Bretschneider, *On the Study and Value of Chinese Botanical Works, with Notes
on the History of Plants and Geographical Botany from Chinese Sources*, Foochow:
Rozario, Marcal Co., 1870; *Botanicon Sinicum, Notes on Chinese Botany from Native
and Western Sources*, 1882; *History of European Botanical Discoveries in China*, 1898.

[3]　参考中田薰：《法令时代的土地私有权》《日本庄园系统》，载《法制史
论集》2（东京：岩波书店，1938）。仁井田陞：《中国、日本古代的土地私有制》，
载《中国法制史研究·土地法、交易法》，东京：东京大学出版会，1960。加藤
繁：《中国经济史概说》（东京：弘文堂，1944）；《中国经济史考证》（东京：东
洋文库）上卷第 9–11 页（1952），下卷第 22–31、34–36 页（1953）各论文；《唐
宋时代金银之研究》，东京：东洋文库，1926。宫崎市定：《五代宋初的通货问
题》，京都：星野书店，1943。Lien-sheng Yang, *Money and Credit in China*, Harvard
Univ. Press, 1952. 彭信威：《中国货币史》，上海：上海人民出版社，1958。西嶋
定生：《关于中国古代社会结构特质的问题点》，载《中国史的时代区分》，东京：
东京大学出版会，1957。日野开三郎：《两税法的四个基本原则》，《法制史研究》
11。曾我部静雄：《宋代财政史》，东京：生活社，1941；《日宋金货币交流史》，东

京：宝文馆，1949。

[4] Л. Мадьяр, Экономика Сельсково Хозяйства в Китае, изд. II-ое, 1931. (Государственное Сочиально-Экономическое Издательство, Москва.) K. A. Wittfogel, *Wirtschaft und Gesellschaft Chinas: Versuch der wissenschaftlichen Analyse einer grossen asiatischen Agrargesellschaft,* Leipzig, 1931. E. Balazs, *Chinese Civilization and Bureaucracy,* P. 56.

牧野巽：《中国古代家族并非经济的自给自足体》，《社会科学评论》5。宇都宫清吉：《西汉时代的都市》，载《汉代社会经济史研究》，东京：弘文堂，1955。

[5] 安达生恒：《商业资本与中国经济》，东京：有斐阁，1953。

[6] 参考冈田与好：《前期资本的历史性质》，载大塚久雄、高桥幸八郎、松田智雄编：《西洋经济史讲座（一）》，东京：岩波书店，1960；同书大塚久雄：《绪言》；近藤晃：《中世远程贸易与各商业城市》。

[7] 参考加藤繁：《从经济史上看北中国和南中国》，《社会经济史学》（旧）12，11、12，又载《中国学杂草》，东京：生活社，1944。和田清：《中国史序说》，载《东亚史论数》，东京：生活社，1943。王充恒：《宋代南方经济发达的研究》，《现代史学》1、3、4。速水一孔：《从历史上看中国之南北》，《中国》18，9。星斌夫：《中国中部开发史概观》，《历史公论》7，12。浅野利三郎：《从历史地理上看中国之南北》，《历史地理》52，3。冈崎文夫、池田静夫：《江南文化开发史》，东京：弘文堂，1940。池田静夫：《中国水利地理史研究》，东京：生活社，1940。G. W. Skinner ed., *The City in Late Imperial China*, 1977, pp. 211–249.

[8] 重视地域观点的研究，可参考加藤繁：《宋代的户口》，《中国经济史考证》下卷，东京：东洋文库，1953。青山定雄：《关于隋唐宋三代户数的地域考察（一）（二）》，《历史学研究》（旧）6，4、5。周藤吉之：《宋代官僚制与大土地所有》，载《社会构成史大系》8，东京：日本评论社，1950；《南宋稻作的地域性》《南宋稻的种类和品种的地域性》，载《宋代经济史研究》，东京：东京大学出版会，1962。柳田节子：《宋代土地所有制所呈现的两种类型：先进地区与边境地区》，《东洋文化研究所纪要》29。那波利贞：《从文化史上观察四川省成都（上）（下）》，《历史与地理》12，5、6；《所见过的南唐文化之价值》，《历史与地理》4，2、3。北山康夫：《唐宋时代福建开发之一考察》，《史林》24，3。日比野丈夫：《唐宋时代福建的开发》，《东洋史研究》4，3。竺沙雅章：《宋代福建的社会与寺院》，《东洋史研究》15，2。斯波义信：《宋代福建商人的活动及其社会经济背景》，载《和田博士古稀纪念东洋史论丛》，东京：讲谈社，1960；又本书第六章第一节。

[9] 第177、290–292页，东京：创元社，1938。

[10] 载《中国经济史考证》下卷，东京：东洋文库，1953。

[11] 东京：弘文堂，1944。

[12] 《亚洲史研究》1，京都：东洋史研究会，1957。

[13] 《世界历史大系·东洋中世史（三）》，东京：平凡社，1934。

[14] 载《西日本史学会创立十周年纪念论文集》，1960。

[15] 《世界历史大系·东洋中世史（三）》，东京：平凡社，1934。

[16] 《历史与地理》9，5。

[17] 《历史语言研究所集刊》10。

[18] 《历史语言研究所集刊》20。

[19] 《亚洲史研究》4，京都：东洋史研究会，1964。

[20] 《中国史的时代区分》，东京：东京大学出版会，1958。

[21] 同上。

[22] 《社会经济史学》27，3。

[23] 《东洋文化》9。

[24] 《东洋学报》43，3。

[25] 东京：东京大学出版会，1960，1962，1964。

[26] 《历史》1，4。

[27] 东京：岩波书店，1935。以下简称《蒲寿庚的事迹》。

[28] 和田清编，东京：东洋文库，1960。

[29] 以上各篇载《唐宋时代的交通与地志地图研究》，东京：吉川弘文馆，1963。

[30] 《东亚经济研究》23，2-6；24，1。

[31] 东京：生活社，1940。

[32] 东京：弘文堂，1940。

[33] 《东洋史学》14。

[34] 《史学研究》10。

[35] 和田久德：《唐代市舶使的创置》，载《和田博士古稀纪念东洋史论丛》，东京：讲谈社，1960。

[36] 载《东西交涉史研究·南海篇》，东京：荻原星文馆，1943。

[37] 《台大文史哲学报》，1951，3。

[38] 《学术季刊》3，4。

[39] 《文物》1962，11。

[40] 北京：科学出版社，1957。

[41] 《考古通讯》1958，8。

[42] 《文物参考资料》1957，9。

[43]　《宋会要辑稿·食货一五·商税杂录》，《食货一六·商税二》。

[44]　补充参考 E. Balazs, "Une Carte des Centres Commerciaux de la Chine à la fin du XIe siècle", *Annales Histoire Sciences Sociales*, Oct. -Dec., 1957. Vol. 12, No.4.

[45]　载《中国经济史考证》下卷，东京：东洋文库，1953。

[46]　载《唐宋时代的交通与地志地图研究》，东京：吉川弘文馆，1963。

[47]　载《宋史研究集》3。

[48]　载《宋史研究集》5。

[49]　《东洋史研究》18，4。

[50]　《史渊》83。

[51]　《史学研究》5。

[52]　《东方学》27。

[53]　《东洋史学》26。

[54]　《东洋史研究》23，2。

[55]　《东洋史学》22。

[56]　载《史学研究三十周年纪念论丛》。

[57]　《历史研究》1961，4。

[58]　《东方古代研究》11。

[59]　载《西日本史学会创立十周年纪念论文集》，1960。

[60]　《人文研究》14，6。

[61]　载《中国经济史研究》，东京：东京大学出版会，1966.

[62]　《东洋学报》36，1、2、3、4。

[63]　载《宋代经济史研究》，东京：东京大学出版会，1962。

[64]　同上。

[65]　《历史语言研究所集刊》10。

[66]　载《宋史研究集》1。

[67]　载《宋史研究集》6。

[68]　载《中国经济史考证》下卷，东京：东洋文库，1953。

[69]　同上。

[70]　《农业综合研究》3，1。

[71]　《东方学报》（京都）19、21。

[72]　东京：茶水书房出版，1962。

[73]　《日本作物学会纪事》16，12。

[74]　《史渊》40。

[75]　《西日本史学》8、9。

[76]　《史渊》50。

[77]　《东洋学报》39，3。

[78]　《东亚经济研究》5，3。

[79]　载《续史的研究》，《近代中国政治与文化》，东京：イテ゜ア书院，1926。

[80]　载《桑原博士还历纪念东洋史论丛》，东京：弘文堂，1931。

[81]　载《中国经济史考证》下卷，东京：东洋文库，1953。

[82]　东京：弘文堂，1944，第46—52页。

[83]　《大东文化学报》5。

[84]　《东洋史研究》4，2。

[85]　《金泽大学法文学部论集·哲史篇》5。

[86]　《东方学》6。

[87]　京都：东方文化研究所，1941。

[88]　载《满鲜地理历史研究报告》5。

[89]　《东亚经济研究》1，2。

[90]　《史林》17，1。

[91]　载《中国经济史考证》下卷，东京：东洋文库，1953。

[92]　《东方学》6。

[93]　载《京都大学文学部五十周年纪念论丛》，京都：京都大学，1956。

[94]　《东方学》17。

[95]　《冈山史学》10。

[96]　《东方学》23。

[97]　《史学杂志》1，11。

[98]　《史潮》97。

[99]　《史林》33，6。

[100]　《历史教育》11，9。

[101]　《东洋史学论集》5。

[102]　北京：科学出版社，1964。

[103]　《中山文化季刊》1，2。

[104]　上海：商务印书馆，1957。

[105]　《史学杂志》73，12。

[106]　《史渊》86。

[107]　《法制史研究》12。

[108]　《大陆杂志》28，5。

[109] 《学术季刊》2，2。

[110] 《亚洲史研究》1，京都：东洋史研究会，1957。

[111] 《京城帝国大学史学会志》10。

[112] 《东京学艺大学研究报告》4。

[113] 《中国经济》4，5。

[114] 《食货》1，6。

[115] 《社会经济史学》29，6。

[116] 载《铃木俊教授还历纪念东洋史论丛》，东京：大安株式会社，1964。

[117] 《史学杂志》73，9。

[118] 《史学杂志》5，5、6。

[119] 载京都帝国大学文学部编《纪元二千六百年纪念史学论文集》，京都：内外出版印刷，1941。

[120] 载薮内清主编《宋元时代科学技术史》，京都：京都大学人文科学研究所，1967。

[121] 《东亚人文学报》1，4。

[122] 香港：中国学社，1960。

[123] 东京：东洋堂，1942。

[124] 《国民经济杂志》102，3。

[125] 上海：新生命书局，1934。

[126] 载《中国经济史研究》，东京：东京大学出版会，1966。

[127] 东京：恒星社，1953。

[128] 载薮内清主编《宋元时代科学技术史》，京都：京都大学人文科学研究所，1967。

[129] 载《宋代经济史研究》，东京：东京大学出版会，1962。

[130] 《东方学》13。

[131] 《史林》40，6。

[132] 《东洋史研究》12，2。

[133] 《东洋学报》22，1。

[134] 《史学杂志》46，1。

[135] R. Hartwell, "A Revolution in the Chinese Iron and Coal Industries during the Northern Sung, 960—1126A.D.", *The Journal of Asian Studies*, Vol. 21, 1961—1962。

[136] 《东洋史学论集》2。

[137] 《东洋史学论集》3。

[138]　《东洋史学论集》5。

[139]　载薮内清主编《宋元时代科学技术史》，京都：京都大学人文科学研究所，1967。

[140]　载《中国经济史考证》下卷，东京：东洋文库，1953。

[141]　载《宋代经济史研究》，东京：东京大学出版会，1962。

[142]　《东洋史学》18。

[143]　载《和田博士古稀纪念东洋史论丛》，东京：讲谈社，1960。

[144]　《责善》2，5。

[145]　《史学月刊》1958，5。

[146]　《东洋学报》37，1、2、3。

[147]　《史学月刊》1958，11。

[148]　和田清编，东京：东洋文库，1960。

[149]　《史林》23，2、3。又载《宋代财政史》，东京：生活社，1941。

[150]　《史渊》15、16。

[151]　《史林》47，2。

[152]　《史林》48，3。

[153]　北京：科学出版社，1964。

[154]　载《庆祝朱家骅先生七十岁论文集》。

[155]　《熊本大学法文论丛》20。又参考本书第三章第二节。

[156]　上海：新生命书局，1934。

[157]　《大风》100。

[158]　《文史杂志》4，5、6。

[159]　《东洋史研究》24，4。又参考本书第二章第一节。

[160]　《博物馆》174。

[161]　《文物参考资料》1957，7。

[162]　同上。

[163]　《文物参考资料》1961，11。

[164]　《文物参考资料》1957，7。

[165]　《文物》1963，5。

[166]　《文物参考资料》1956，10。

[167]　《文物参考资料》1957，7。

[168]　《文物》1965，9。

[169]　《文物》1963，1。

[170]　补充参考爱宕松男：《宋代文化与陶瓷》，《世界陶瓷全集（12）宋》，

东京：小学馆，1977 年。

[171]　东京：国立书院，1948。

[172]　《朝鲜学报》9。

[173]　《斯文》37。

[174]　《史学杂志》4，12。

[175]　首尔：东国文化社，1961。

[176]　《震檀学报》7。

[177]　《东洋学报》8，2。

[178]　东京：宝文馆，1949。

[179]　《社会经济史学》3，3。

[180]　《史学杂志》52，7–9。

[181]　载《中国征服王朝的研究》（上），京都：东洋史研究会，1964。

[182]　载《东北师大科学集刊》，1957，6。

[183]　《人文科学》2，4。

[184]　《亚洲史研究》1，京都：东洋史研究会，1957。

[185]　东京：吉川弘文馆，1964。

[186]　载《中国经济史考证》下卷，东京：东洋文库，1953。

[187]　同上。

[188]　《广岛大学文学部纪要》5。

[189]　《历史语言研究所集刊》11。

[190]　《东洋学报》29，1、2；30，2、4。

[191]　《东京学艺大学研究报告》4。

[192]　《历史语言研究所集刊》8。

[193]　《食货》1，12。

[194]　《文史》3。

[195]　《新民月刊》2，3。

[196]　《上海社会科学丛刊》，1935。

[197]　《中国文化》5。

[198]　《文化批判》2，4。

[199]　香港：中国学社，1960。

[200]　《国民经济杂志》102，3。

[201]　《历史语言研究所集刊》7。

[202]　《历史语言研究所集刊》8。

[203]　东京：平凡社，1934。

[204] 《史渊》26。

[205] 《食货》4，18。

[206] 载《中国法制史研究·土地法、交易法》，东京：东京大学出版会，1960。

[207] 《东洋史研究》22，4。

[208] 东京：吉川弘文馆，1963。

[209] 京都：京都大学人文科学研究所，1951。

[210] 《历史学研究》（旧）7，11。

[211] 《历史教育》8，8。

[212] 《法制史研究》23。

[213] 载《中国经济史考证》下卷，东京：东洋文库，1953。

[214] 同上。

[215] 《中国经济史考证》上卷第344、377页，东京：东洋文库，1952。

[216] 载《中国经济史考证》下卷，东京：东洋文库，1953。

[217] 同上。

[218] 《文化》5，12。

[219] 《东洋史研究》18，4。

[220] 《冈山大学法文学部学术纪要》5。

[221] 《东洋学报》25，2。

[222] 《史林》41，6。

[223] 《历史教育》1966，12。

[224] 《史学杂志》68，4。

[225] 《历史语言研究所集刊》11。

[226] 《史学杂志》12，8、9、11。

[227] 《史学杂志》28，3、4、5、6。

[228] 载《东西交涉史研究·南海篇》，东京：荻原星文馆，1943。

[229] 《历史学研究》（旧）6，7。

[230] 《东亚经济研究》21，4。

[231] 《史学年报》1，1。

[232] 《历史语言研究所集刊》8，3。

[233] 《食货》1，12。

[234] 《新民月刊》2，3。

[235] 《上海社会科学丛刊》，1935。

[236] 《历史语言研究所集刊》7。

[237] 《历史语言研究所集刊》8，2。

[238] 东京：富山房，1940。

[239] 《历史与地理》10，5。

[240] 《食货》1，10。

[241] 《史地学报》3，7。

[242] 《现代史学》2，1、2。

[243] 《文澜学报》1。

[244] 《中国文化》4，1。

[245] 《语言文学专刊》1，1。

[246] 《大陆杂志》11，4。

[247] 《日本大学文学科年报》1。

[248] J. Gernet, *La Vie Quotidienne en Chine à La Veille de L'invasion Mongole 1250—1276*, Paris, 1959.

[249] 载《中国经济史考证》上卷，东京：东洋文库，1952。

[250] 《食货》3，6。

[251] E. Balazs, "Fairs in China"，*Chinese Civilization and Bureaucracy* (ed. by A. F. Wright).

[252] 《东洋学报》44，1、2。

[253] 载《中国经济史考证》上卷，东京：东洋文库，1952。

[254] 同上。

[255] 《史学杂志》59，9、10。

[256] 《东亚经济研究》4，6。

[257] 《社会经济史学》24，1。

[258] 《史学杂志》49，7。

[259] 《东洋学报》25，2。

[260] 《历史教育》13，9。

[261] 《东方学》33。

[262] 《文化》6，6、10。

[263] 《史林》41，6。

[264] 《历史教育》1966，12。

[265] 《食货》5，2。

[266] 《历史语言研究所集刊》9。

[267] 《东洋学报》44，1、2。

[268] 《史学杂志》33，10。

[269]　载《中国经济史考证》上卷，东京：东洋文库，1952。

[270]　东京：日本评论新社，1953。

[271]　《中国史研究》2。

[272]　《东洋史研究》25，3。

[273]　《金泽大学法文学部论集·史学篇》13。

[274]　《全历研究纪要》2。

[275]　《东方学》33。

[276]　《东亚经济研究》5，2、3。

[277]　《史学》8，1、3。

[278]　载《中国经济史考证》上卷，东京：东洋文库，1952。

[279]　同上。

[280]　同上。

[281]　《东洋史学》8。

[282]　载《宋代经济史研究》，东京：东京大学出版会，1962。

[283]　《东洋学报》39，3。

[284]　《东洋学报》50，1。

[285]　《史学杂志》73，12。

[286]　《东洋史研究》4，2。

[287]　《法制史研究》8。

[288]　载石田干之助等著《东方学会创立十五周年纪念东方学论集》，东方学会，1962。

[289]　载《和田博士古稀纪念东洋史论丛》，东京：讲谈社，1960。

[290]　《东洋学报》50，1。

[291]　《亚洲史研究》3，京都：东洋史研究会，1963。

[292]　同上。

[293]　同上。

[294]　《社会经济史学》21，5、6。

[295]　东京：东方文化学院东京研究所，1937。

[296]　东京：东京大学出版会，1960。

[297]　《东洋史研究》17，1。

[298]　《佐贺龙谷学会纪要》4。

[299]　东京：东洋文库出版，1926。

[300]　载《中国经济史考证》下卷，东京：东洋文库，1953。

[301]　同上。

[302] 同上。

[303] 同上。

[304] 同上。

[305] 同上。

[306] 同上。

[307] 同上。

[308] 同上。

[309] 《史学杂志》46，1。

[310] 《历史学研究》（旧）6，5–7。

[311] 《东洋学报》24，1、2。

[312] 《史学杂志》45，2、3。

[313] 载《九州帝大法文学部十周年纪念哲学史学文学论文集》，东京：岩波书店，1937。

[314] 《史学杂志》48，7–9。

[315] 《社会经济史学》（旧）8，1–3。

[316] 《社会经济史学》（旧）11，9。

[317] 《史渊》86。

[318] 《东洋学报》44，4。

[319] 《东洋学报》49，1、2。

[320] 京都：星野书店，1943。

[321] 《历史与地理》13，1。

[322] 《立正大学论丛》6。

[323] 东京：宝文馆，1949。

[324] 载《宋代财政史》，东京：生活社，1941；东京：大安株式会社，1966。

[325] 《文化》7，2。

[326] 《社会经济史学》（旧）13，3。

[327] 《文化》3，3。

[328] 《东洋史研究》4，1。

[329] 载《和田博士还历纪念东洋史论丛》，东京：讲谈社，1951。

[330] 同上。

[331] 《东洋学报》27，3。

[332] 《东方》35，5。

[333] 《东方》35，15。

[334] 《东方》35，16。

[335] 《东方》35，10。

[336] 《浙江大学文学院集刊》4。

[337] 《考古》12。

[338] 《台湾风物》11，8。

[339] 载《中国经济史考证》上卷，东京：东洋文库，1952。

[340] 《文化》5，9。

[341] 《东洋史学》23。

[342] 《历史语言研究所集刊》9。

[343] 《历史语言研究所集刊》10。

[344] 《历史语言研究所集刊》11。

[345] 东京：生活社，1941。

[346] 载京都帝国大学文学部编《纪元二千六百年纪念史学论文集》，京都：内外出版印刷，1941。

[347] 《世界历史大系·东洋中世史（三）》，东京：平凡社，1934。

[348] 《史渊》13。

[349] 《亚洲史研究》3，京都：东洋史研究会，1963。

[350] 《历史学研究》（旧）6，10。

[351] 《史学杂志》68，4。

[352] 《史林》1，6。

[353] 《都市问题》30，4。

第二章　宋元时代交通运输的发达

在宋代，与社会机构的发达相应的官用交通，即与贡租、官僚、军队、公文等的移动有关的组织，进入了一个划时代的发展时期，这是大家所知道的事实[1]。并且，当时社会生产力的发达促进了商品流通和社会分工的新发展。结果，作为农村局部地区的流通以及远程商品和人的移动媒介的民间运输业，在社会上开始抬头，并出现了不可忽视的或与官用交通相竞争，或一面利用、寄生，一面扩大自己的新局面。换句话说，探讨官用交通组织的法制及其赖以存在的体制问题，是很重要的；但同时厘清以同等的比重上升的民间运输业的自律能力及其与社会体制的相互关系，也是宋代交通史的重要课题。

关于上述观点，过去诸先学积累下来的大量研究，在究明事实和确定方法等方面都给我们以许多宝贵的启示。但必须承认，叙述的重点多偏重于对官用交通制度的理解。为了从这种研究现状中，更进一步地探讨上述课题，本章试对宋元时代的运输业，特别是当时技术水准所限定的航运业的形态及其企业的集中，航运业内部的结构，尤其是劳动和经营的诸性质的直接资料，尽可能地加以搜集、整理与分析，试着对上述课题有一个比较全面的认识。

这一章的写成，关于构想和分析方法，以及文献资料等，得到了"临时台湾旧惯调查会"《台湾"私法"》、"台湾总督府"《清国行政法》、"满铁调查部"（天野元之助等）《中国中部民船业》、"中国中部戎克协会"《戎克：中国的帆船》、上坂西三《中国交易机构的研究》等具体的调查资料，以及桑原隲藏[2]、藤田丰八[3]、天野元之助[4]、周世德[5]、仁井田陞[6]、青山定雄[7]、宫崎市定[8]、森克己[9]、岩生成一[10]、今堀诚二[11]、星斌夫[12]、森田明[13]、山胁悌二郎[14]、大崎富士夫[15]、大塚久雄[16]、富永佑治[17]等先辈的出色成果的许多启发。还受到了东洋文库、静嘉堂文库、内阁文库各位先生的关照，特别是已故的仁井田陞生前允许借阅了他的《启札青钱》和《万用正宗》等珍贵藏书，并就运输契约方面给予诸多教诲。此外，还从榎一雄那里得到了有关明李昭祥《龙江船厂志》、包遵彭《郑和下西洋之宝船考》[18]等方面的教示，特此谨记，深致谢意。

第一节　航运业的基础结构

一　船舶的种类和形态

正如"南船北马"[19]"南舟北帐"[20]之俚谚所说，至迟自三国、六朝以来，以华中、华南为主要活动地域的航运业，作为中国交通运输的一种代表形态，开始崭露头角了[21]。隋唐时期的南北统一，为市场扩大以及不久之后宋代全国性市场的成立，提供了重要的前提。唐崔融已经看到了全国规模的水运业的发达和商品贸易息息相关，且以半暴力的运输企业家和劳动力的方式存在：

且如天下诸津，舟航所聚，旁通巴汉，前指闽越。七泽十
薮，三江五湖，控引河洛，兼包淮海，弘舸巨舰，千轴万艘，交
贸往还，昧旦永日。……一朝失利，则万商废业。万商废业，则
人不聊生。其间或有轻诚任侠之徒，斩龙刺蛟之党，鄱阳暴谑之
客，富平悍壮之夫，居则藏锤，出便辣剑。[22]

而且，李肇更具体地记述了由自然条件所制约的技术差异，华中、华
南的主要江河流域原有的水运业相对集中，各地广泛出现了专业的企
业家和运输劳动者的情况：

凡东南郡邑无不通水，故天下货利，舟楫居多。转运使岁运
米二百万石输关中，皆自通济渠（即汴河也）入河而至也。江淮
篙工不能入黄河。蜀之三峡，河之三门，南越之恶溪、南康之赣
石，皆险绝之所，自有本处人为篙工。……扬子、钱塘二江者，
则乘两潮发棹，舟船之盛，尽于江西……江湖语云：水不载万。
言大船不过八九千石。然则大历、贞元间，有俞大娘航船最大，
居者养生送死嫁娶，悉在其间。开港为圃，操驾之工数百，南至
江西，北至淮南，岁一往来，其利甚博，此则不啻载万也。洪鄂
之水居颇多，与屋邑殆相半。凡大船必为富商所有……[23]

这样的唐代航运业，已在技术方面多少克服了各种江河水域的自然交
通障碍，而随着其阶层的激烈分化，在一定程度上实现了全国企业及
交通手段的集中与合理化（多样化）[24]。然而，带有这种意味的航运
业技术的进步，则是在此后生产力高度发展的宋代才更迅速地发展起
来的。

宋代交通技术的发达，在表面上，首先可以从船型、船种的多样化看出来。下面，就文献记载分类列举证明宋代（以元代记载作补充）船舶的形态、种类的多样化和专业化。

A　地域上的专业化

1. 黄河船＝河船、汴船、淮船、楚州船、合肥船[25]、吴船、越船、秀船、魏塘船[26]、松江船[27]、余杭船[28]、浙江船、湖船、严船、婺船、衢船、徽船、温州船、鄞船、明州船、台州船、南船（主要是温州、台州、福州、广南的海洋船）、闽船＝福建船、福州船、漳州船、广船、广东船、广西船、海南蕃船、池州船、楚船、鼎州船、入峡船[29]、嘉州船、蜀船。

2. 海船（神舟、舶船、钻风[30]＝海鳅、三板[31]＝划船、魣鱼船[32]、湖船[33]、海湖船[34]、乌头船[35]、大航船[36]、窜船＝戈船[37]）、江船、河舟。

B　用途上的专业化

1. 客舟、航船（舸船[38]、舫船、飞蓬船）、落脚头船[39]、大滩船[40]、红油舸滩[41]、红坐船[42]、平坐船、屋子船[43]、脚船[44]、马船、纲船＝漕船＝漕运舫子、米船、盐船、粪船、网渔船、打渔船、钓鱼船、杂般船、渡船、柴水船、厨船。

2. 战船［楼船[45]、斗舰[46]、走舸[47]、海鹘[48]、蒙冲（艨艟）[49]、游艇[50]、刀鱼[51]、云梯[52]、海鳅头[53]、暖船］。

C　形态上的特殊化

1. 舶[54]、舸、舰、舸[55]、舠[56]、航、艇。

2. 大料船、小料船、万斛舟。

3. 尖底船、平底船、浅底船、腾浅船[57]、桨船、多桨船[58]、棹橹船、大棹船（广东西[59]）、钓槽船、橹船、橹桨船、四橹海船、八橹战船、车船、五至十三车船、一车十二桨船、五车十桨船、铁壁铧觜船[60]、铁头船[61]、梭板船[62]。（以上仅特殊者附注）

上面只不过是列举了文献之能确证者，但已可以推知宋代的水路交通手段达到了何等多样地集中和分化的程度。即 A 地域上的专业化，显示出在宋代于新开拓的海洋水域以及内河水路之诸要冲，克服了自然交通障碍，以全国市场的形成为目标，各地区原有漕运业的相对集中；B 用途上的专门化，反映了由运输对象的性质所决定的交通手段的分化；C 形态上的特殊化，标示着船体构造、动力技术的发达。

为了更具体地搞清楚这一交通手段的发达状况，下面试做船舶及其动力（推进力）的构造方面的探讨。

二　船舶的构造和动力

在交通劳动过程的诸契机（劳动力、交通手段、运输对象）中，交通手段对于交通技术条件可以说具有决定性的意义[63]。交通手段包括道路、搬运工具和动力，所谓技术的进步，最重要的是搬运工具和动力的发达[64]。这里，我们根据这一观点，以船舶的构造和动力的技术发展为主来考察。

水路的开拓，譬如海洋航道的开辟、内河水路网的改良、人工水路（运河）的开凿、水位调节装置（堰、闸）的修建，对缩短地理距离所起的巨大作用自不待言[65]。并且，人们进一步认识了各水路的物理性质，如海洋的海道（大海、深海）和平海（浅海、濒海、沿海）、江海，内河的山河（黄河的河阴、三门峡间、长江的三峡等）、平河（湖州、秀州、苏州、常州、镇江府、江阴军等）、重湖、大江等分类，设计出与这种种自然条件相适应的技术构造[66]。本节之论述，也充分考虑到这些自然条件的制约及其克服的过程。

当时，船舶的装载能力是用斛（石）或料来表示的。斛与料实际是同单位[67]，似乎来源于米的装载量。《武经总要前集》卷一一《战船》记云："凡水战，以船舰大小为等，胜人多少皆以米为准，一人不过重米二石。"装载能力被称为"力胜"（deadweight tonnage）[68]，其计算的方法，估计与现代民船吨数的算法即

$$长（尺）\times 宽（尺）\times 深（尺）\div 40 立方尺 [69]$$

大概相差并不太大。《万历温州府志》卷六《战船》有这样的记载可资参考：

> 其量船之法，但从中，身长则前至艎门下、后至舵楼，梁内阔则止丈走风梁上面，两傍除去栏河，方为实数。

船体之大小大致是用船力胜（＝装载吨数＝重量吨数 deadweight tonnage）、船身长、船面宽（主桅部分的船宽）、船深（舷侧的高度）、桅高等来表示的。

A 海洋船

1.远洋船（海舶） 直到唐代，远洋仍是外国船舶活动的范围。然而，在克服了技术障碍的宋代，中国船便开始活跃于东亚和东南亚海域了。海船的基地是福建、广南、浙江沿岸，也在长江下游的建康、镇江[70]、杭州[71]、澉浦镇[72]、华亭县、海盐县、青龙镇、顾泾镇、江阴军[73]停泊。《忠穆集》卷二《论舟楫之利》记载福建、广南的海舶建

造技术是很先进的：

> 南方木性，与水相宜，故海舟以福建为上，广东西船次之，
> 温明州船又次之。北方之木与水不相宜，海水咸苦，能害木性，
> 故舟船入海，不能耐久，又不能御风涛，往往有覆溺之患。

《宣和奉使高丽图经》卷三四《客舟》对这种福建、两浙的中型海洋贸易船的构造做了详细的描述：船长十余丈，深三丈，宽二丈五尺，可载二千石，船员（篙师水手）六十人。船舷以全木巨枋（船腹用材）挼叠而成，船面平坦，反之船底则尖如刀刃。船舷两侧固定有作吃水线兼缓冲用的竹囊，以增强对风浪的抵抗力。船头和船尾不装货物，以加大浮力。中部分隔为三舱，前舱位于两樯（头樯和大樯）之间，不安置艎板（甲板）[74]，底置灶和水柜，其下层用作水手之卧室。中舱分为四室（装货），后舱是被称为"廦屋"的楼房状客室，设有窗栏供向外观望。其次是船具，在船首两颊间架设有车轮，上面缠绕藤索，吊着用锚型木钩夹着石头的碇石，抛泊时以放此碇石为主，遇风涛之际，则在其两旁援用游碇辅助。船尾配有在海洋航行用的大小（深浅两用）二舵，于浅海航行，当廦之后，插下二棹（与舵并称三副）。入港或进海峡，则用船舷边上的十只桨推进，但主要的还是以风帆为推进力，故客屋的高度亦受到限制。船上设二樯，头樯高八丈，大樯十丈。顺风则张布帆五十幅，偏风则用容易操纵的利篷，微风时在大樯顶上挂小帆十幅（野狐飘），以助风势。

这种船的构造，可以揣测与镰仓时代作的《华严缘起绘卷》中描绘的二桅十四橹船和见于《荣西禅师归朝宋人送别图》的宋商杨三纲的船相类似。

那么，以上述船型、动力为标准，让我们接着对各种海舶的形

态、构造加以考察。

船体　有如《梦粱录》卷一二《江海船舰》所载："海商之舰，大小不等。大者五千料，可载五六百人；中等二千料至一千料，亦可载二三百人。"可见一千料乃至五千料的巨大装载能力是海船的第一个特征。往高丽的使节所乘坐的"神舟"，据载其构造约为前记二千石客舟的三倍。其实，朱彧《萍洲可谈》卷二记述的"甲令：海舶大者数百人，小者百余人……舶船深阔各数十丈"，《岭外代答》卷六《木兰舟》"浮南海而南，舟如巨室，帆若垂天之云，柂长数丈，一舟数百人，中积一年粮，豢豕酿酒其中……盖其舟大载重，不忧巨浪而忧浅水也。又大食国更越西海，至木兰皮国，则其舟又加大矣。一舟容千人，舟上有机杼市井"，马苏第（Masoudi）云航往波斯湾的中国船有乘员四百至五五百人[75]，和德里（Odoric）所说的可容七百人的海舶[76]，伊本·白图泰（Ibn Batūta）言及的一千人以上的大海舶[77]，也未必是夸张。并且，在浙江、福建、广南沿岸，那种装载一两千石米的船往来频繁（参考表 2.1），也是事实。船舶装载力的巨大化，正意味着商品贸易量的巨大化，但另一方面，初期因海上交通固有的危险性之大、装卸费之多以及贡赋等损失"不利小舶"[78]，也是值得留意的。船舶的大型化，在船宽和船深方面表现得特别突出。船之所以宽大，除受装载量的影响外，也顾虑到如"一丈面船冒风涛非便"[79]那样对风浪的抵抗。船深三丈乃至五丈，船底呈尖形，吃水深，其原因亦在于对抗波浪的冲击。因此，提高抵抗浪涛的能力，是海舶的第二个特征。这又是与船体、船具的坚牢性这第三个特征相关联的。船体中的船舷用材称为枋。当时海舶的巨枋以杉木为主，也用松木。福建、处州是这种特殊木材的供给地，其不足的部分则由日本输入。马可·波罗（Marco Polo）记载说，船材以松木为主，为使船体坚实牢靠，侧面采用二重松板建造[80]。周密《癸辛杂识续集》卷上《海蛆》对此做了说明:"凡海舟必别用大木板护其外,不然则船身必为海蛆所蚀。"在船具方面,舵的材料特别是舵杆的用材是很重要的。同上书载:"柁梢之木曰铁棱,或用乌婪木,出钦州,凡一合直银五百两。"《岭外代答》卷六《柁》亦云:

> 钦州海山,有奇材二种:……一曰乌婪木,用以为大船之柁,极天下之妙也。蕃舶大如广厦,深涉南海,径数万里,千百人之命,直寄于一柁。他产之柁,长不过三丈,以之持万斛之舟,犹可胜其任;以之持数万斛之蕃舶,卒遇大风于深海,未有不中折者。唯钦产缜理坚密,长几五丈,虽有恶风怒涛,截然不动,如以一丝引千钧于山岳震颓之地,真凌波之至宝也。此柁一双,在钦直钱数百缗,至番禺、温陵,价十倍矣。然得至其地者亦十之一二,以材长甚难海运故耳。

记述了钦州的坚硬长乌婪木、铁棱木特产化,作为海舶舵材在泉州、广州造船修船之地高价贩卖。此外,为保证浮力,对船体进行水密加工,在完成钉、捻缝工事中,使用了大量的石灰、缲衲[81]以及桐油,这与一般船舶是一样的。这些造船用材的产地,也是适于发展航运业的地方。

推进力 航行于深海的海舶,其推进力是帆。马可·波罗记桅以四根为普遍,也有五六根的;伊本·白图泰记最多者为十二根;《加泰罗尼亚地图集》(*Catalan Map*)上记的南洋贸易船是五桅五帆[82];明代郑和的西洋航海船(一至七号)是九桅至三桅[83]。然而,《宣和奉使高丽图经》《华严缘起绘卷》《龙江船厂志》《武备志》《筹海图编》诸书所载之中小型海船是一至四桅。一般的中小型船,只有头樯(桅)和大樯(桅)二根。头桅在船首,大桅竖于船中央稍前的位置上。《天工开物》卷中《舟车第九·漕舫》有"凡舟身将十丈者，立桅必两，树中桅之位，折中过前二位，头桅又前丈余"的记载，足以参照。帆为布飘（布帆）和利篷（席帆），以适应顺风、偏风之用（前述）。赵鼎臣云"闽船不用帆，以竹箬为之"[84]，《萍洲可谈》卷二载帆以席作也，仅其一端系于桅柱，犹如门扉可利用所有方向之风力。席帆似乎较为多用。帆的张挂方法，如《华严缘起绘卷》、《龙江船厂志》卷二《轻浅利便船》、《武备志》卷一七一《叭喇唬船》和《网梭船》之图那样，四角帆是把上端吊挂在桅柱上，把与帆之一侧边各节联结的帆索系于船舷。三角帆则是一端挂于桅柱，一端结帆索。微风时加用小篷，即如前记之"野狐飘"。廖刚《高峰文集》记述帆行能力时云：

> （海船）则又必趁风信时候，冬南夏北，未尝逆施，是以舟行平稳，少有疏虞，风色既顺，一日千里，曾不为难[85]。

利用信风的技术提高了船舶行驶的速度，从福建到高丽是五、七乃至二十日[86]，从福建到浙江只要三数日[87]，从明州到密州所需不过三日[88]。另一方面，无风、出入港口和穿越浅海峡口时，则依靠漕力。橹桨插入船舷的槽穴划行[89]，也以操棹辅助。停泊用碇石、游碇（前述）。据周密《癸辛杂识续集》卷上《海蛆》载，也有用数万斤重的四爪铁猫（锚）。

2.浅海船　在河北、山东至淮南、两浙、福建、广南的布满沙洲、岛屿和多潮流的沿岸浅海，以及淮河、钱塘江、长江的下游河口，吃水深的大型远洋帆船的航行是困难的，当然成了小型轻便海船活动的地方。例如从广南、福建、温州、台州运载重货前往杭州的南船，因阻于浙江的高潮与沙堆，必须在余姚县改装运河船，经由西兴渡到达杭州[90]。绍兴二年以来，由称为"湖船"的以明州为据点的浅海专用的装卸船倒运，从海上直航杭州[91]。湖船是一种比帆行更有赖于漕力的多桨船。明州所造的"湖船底战船"，便是载重八百料，船长八丈三尺，宽二丈，乘员二百人，装备四十二只桨的轻便船[92]。楚州亦配置有"海湖船"[93]，绍熙年间楚州建造的"双桅多桨梁头阔丈二三海船"[94]和淳熙年间建康以海船样式造的"多桨飞江战船"[95]，恐怕也是以漕力为主的吃水浅的同类船。多桨船尤多航行于福建[96]、广南[97]沿海一带。

此外，还有称为"刀鱼船""舠鱼船""鱽鱼船"的轻捷船。刀鱼、鱽鱼大概是由体形细长而命名的，舠是小舟的意思。同为鱽鱼船的钱塘江、长江河口的江海船与沿海海船，其形态也有差异。沿海的鱽鱼船俗称"钓撸船"，是一种船首为小方形（俗称荡浪斗），尾阔，底尖如刀状，船宽一丈二尺，长五丈，乘员五十人的轻便船[98]。《淳熙三山志》卷一四《海船户》有福建沿海九县征发民间舠鱼船三百七十三只的记载，这些都是船宽在一丈二尺至二丈的撸桨船，也包含舟畢船（别名戈船）。《龙江船厂志》卷三把"三板船"（一橹四撸）与划船视为同类，大概戈船是与划船一样的。《梦粱录》卷一二《江海船舰》记述小型的海船云："余者谓之'钻风'，大小八橹或六橹，每船可载百余人。此网鱼买卖，亦有名'三板船'。"这种被称为"钻风船"和"三板船"的渔船，大概也是多桨舠鱼船。《天工开物》卷中《舟车第九·海舟》记述元明小型运粮遮洋浅船亦云"钻风船（即海鳅）。所经道里……皆无大险"；明《学庵类稿》也有"先是海运船有千料者，有四百料者，名钻风海船"的记载。总之，"钻风船"也是小型的航行于沿海的浅海船。又《金陵新志》卷一〇《江防》载"飞虎战舰，傍设四轮，每轮八楫，四人旋幹，日行千里"，同类的海鳅船也是轻捷的多桨轮船。《梦粱录》卷一二《江海船舰》把严、婺、衢、徽、温、台、明、越各州的船运载各地特产往来于浙江下游海域者称为"长船等只"，恐怕与所谓鲥鱼船也是同一类的。还有称为"海鹘"的轻便战船。《武经总要前集》卷一一载："海鹘者，船形头低尾高，前大后小，如鹘之形。船上左右置浮板，形如鹘翼翅，助其舡，虽风涛怒涨而无侧倾。"以其图观之，于船之左右两舷与橹桨一起设有伸出舷外的浮板（腰舵、辟舵），作为助增浮力的一种装置。嘉泰年间池州造的"池州式样海鹘船"为一千料，船宽一丈八尺，长一十丈，十一舱，中舱深八尺五寸，船底板阔四尺、厚一尺，拖泥鱼龙板（船腹底部的舷材）厚三寸，橹两舷各五支，辟、舵各一枚，容水手四十二人、战士一百〇八人，是无桅多桨的轻捷船之一种。

上述之浅海船，其特征是装载量小，吃水浅，以漕力为主要推进力。又《开庆四明续志》卷六《三郡隥船》记载说，明、温、台三州所登记的船，船宽一丈以上者三千八百三十三只，一丈以下者一万五千四百五十四只，可见浅海船绝大多数是小型船舶。

表2.1　海洋船

船　种	力　胜	身长	面阔	其　　他	备　考
海舶（大）	5000料			500～600人	《梦粱录》卷12
海舶（中）	1000～2000料			200～300人	《梦粱录》卷12
客　舟	2000石	10余丈	2丈5尺	60人（水手篙师），船深3丈，2樯	《高丽图经》
海　舶	2000料		3丈	底阔3尺	《宋会要辑稿·食货》50–18
鲥鱼船（橹桨船）			1丈2尺～1丈3尺	16人（梢工1，招头1，碰手1，水手13）	《三山志》卷14
鲥鱼船（橹桨船）			1丈4尺	18人（梢工1，招头1，碰手1，水手15）	《三山志》卷14

续表

船种	力胜	身长	面阔	其他	备考
魛鱼船（橹桨船）			1丈5尺～1丈6尺	21人（梢工1，招头1，碇手2，水手17）	《三山志》卷14
魛鱼船（橹桨船）			1丈7尺～1丈8尺	24人（梢工1，招头1，碇手2，水手20）	《三山志》卷14
魛鱼船（橹桨船）			1丈8尺	29人（梢工2，招头1，碇手3，水手23）	《三山志》卷14
魛鱼船（橹桨船）			2丈	33人（梢工2，招头1，碇手3，水手27）	《三山志》卷14
魛鱼船（橹桨船）			2丈1尺以上	40人（梢工2，招头2，碇手3，水手33）	《三山志》卷14
魛鱼船		5丈	1丈2尺	50人，工费400余贯	《宋会要辑稿·食货》50–8
湖船底战船	800料	8丈3尺	2丈	200人，桨42，工费1607贯700有奇	《宋会要辑稿·食货》50–22，23
双桅多桨船			1丈2尺～1丈3尺	工费500贯	《宋会要辑稿·食货》50–31
明州王绍祖船			3丈5尺		《开庆四明续志》卷6
池州海鹘	1000料	10丈	1丈8尺	水手42人，战士108人，底阔4尺	《宋会要辑稿·食货》50–32，33
八橹战船	400料	8丈		工费1159贯	《宋会要辑稿·食货》50–11
四橹海鹘		4丈5尺		工费329贯	《宋会要辑稿·食货》50–11
海船（米船）	数百石、千石				《石林奏议》卷15
海船（米船）	1000～2000斛				《宋会要辑稿·食货》38–13

B　内河船

1. 江船　航行在长江上的船，由于活动水域不同，其形制也各异。主要是，从嘉州至江陵为蜀舟的航行江段，由江陵到建康、镇江为所谓江船（湖南北、江东西船）的活动范围，自建康、镇江而达江口水域为海舶、海船出入的地方。

活跃于镇江、江陵间的船舶，有五百石乃至二千石的坐船、客船；有三五百石乃至一千石的漕船；有四五百石乃至二千五百石的战船；此外，也有称为"万石舟"的装载一万二千石以上的大船 [99]。关于江船的形态，有元王恽《秋涧先生大全集》卷四《江船二咏》：

帆

尺簧编黄芦，节联数须只。长短随所宜，张弛易为摘长者二十七节，广二丈余。一傍系脚索，若纲纲捴缉。北人布为帆，南俗蓬以荻。舟师贪重载，高挂借风力。顺流与溯波，巨鹚添羽翮。望从远浦来，一片云影黑。乱冲渚烟开，重带江雨湿。百里不终朝，用舍从顺适。夕阳见晚泊，堆叠纷襞积。水虽物善利，其助乃尔益。

橹

江船一钜鱼，橹柂乃尾鬣。当其渊水深，棹弱不拔乏。故令施航后，前与棹力合。济川具有五，此物乃其甲。一声天际来，欸乃中流发。我浮大河东，并岸行若狎。终朝卧舷间，兰桨但空插。缅怀刳木皇，智创万古法。

由此可见，江船的推进所用帆、橹、柂、棹、桨五具俱全。但其中主要的动力乃是帆行与漕力。在唐代，江西编蒲为帆，大者达数十

节 [100]，而与北方的布帆不同，把黄芦、荻编成箦状，长二十七节，宽二丈余。这与陆游乘坐的二千石江船（蜀舟）在苏州买的帆桅高五丈六尺、二十六节 [101] 这一情况基本上是符合的。帆的张挂方法与海船一样，把系结其一端、各节如网似的帆索拴在船舷的脚索上。下雨和碇泊时，叠成襞状。漕力是船首的棹和船尾的橹、柂同时并用，几乎不使用桨。江船的航行速度，永州零陵市户吕绚花二千贯建造的驶向浙中的大舟"日行五百未为多" [102]。《五代会要》卷一五《度支》记云：

> 漕运水陆行程……水行溯流，舟之重者，汴河日三十里，江四十里，余水五十里；空舟，汴河日四十里，江五十里，余水六十里；沿流之舟，轻重同制，河日一百五十里，江一百里，余水七十里。

另外，关于江船的牵航，五代宋初画家郭忠恕《雪霁江行图》描绘有江船拉纤的情景。从船上的人物推测，这只江船大概是船长约八丈，宽约八尺，桅高四丈，载重二百至四百石左右的客货船。牵航时是把纤绳系于桅柱上端，从桅顶向船尾两舷拉数条绳索以维持桅柱，沿船舷跳板撑篙和在舵楼操舵来助推。还有，与海船一样，在船舷捆扎有作吃水兼缓冲用的竹囊。江船的纤绳在湖北、四川地方被称为"百丈"，杜甫《秋风二首》诗中有"秋风淅淅吹巫山……吴樯楚柂牵百丈"之句。《入蜀记》也记载了在江陵乘往嘉州去的入峡船以六梃橹、两车百丈（竹制）溯航三峡之险的情形：

> 倒樯竿，立橹床。盖上峡惟用橹及百丈，不复张帆矣。百丈以巨竹四破为之，大如人臂。予所乘千六百斛舟，凡用橹六枝，百丈两车。 [103]

又江汉之郢州襄阳间，有三十六滩之险，这里也由小舟分散装载，用竹制百丈牵引溯航[104]。拉纤在河岸有挽路，纤工把牵板挂在肩上拉着（参照《清明上河图》），没有挽路之处，则用小舟牵航[105]。

2. 吴船　长江三角洲是水运交通最发达的地带。航行于这一水域的吴船，是一种适航于河湾港滩和灌溉渠道的小型平底船，因此吃水浅，性能也多样化。元袁桷《清容居士集》卷八《吴船行》载：

> 吴船团团如缩龟，终岁浮家船不归。……不忧江南云气多，止畏淮南风雨作。……维舟未解碇舟牢，尽日弯篙仰天视。吴人不解碇舟，终日操篙。

其文记云，吴船形如缩龟，以操篙为主要推进力，碇泊时不用钉。从方回《桐江续集》卷一三《听航船歌十首》也可见秀州魏塘镇的小航船（客货船），备有舵、船篙，又用牵板拉纤推进，航行范围达三江八堰（两浙、淮南）。吴船的装载量，是漕船者为二百五十至一千石，是客舟者为二百至三百石。《嘉泰吴兴志》卷一八《事物杂志·舟》载：湖州的大舶数百千斛，"轻槛华丽，率用撑驾"，小舟"仅进三五人，人用一楫"。除此之外，还记述安吉县有刳木舟，长兴县有短舟及未满百斛备四、五橹的贩鲜鱼舟。漕船的水运行程规定为秀州、杭州间四日二时；苏州、杭州间八日；湖州、杭州间八日二时；常州、杭州间十一日四时；江阴军至杭州十六日[106]。

3. 越船　《清容居士集》卷八《越船行》云：

> 越船十丈青如螺，小船一丈飞如梭。平生不识飘泊苦，旬日此地还经过。三江潮来日初晚，九堰雨悭河未满。……劝君莫作

越船妇，一去家中有门户。沙上摊钱输不归，却向邻船荡双橹。

绍兴、明州地方的内河船，大者外观如青螺，小者如飞梭，用双橹推进。其航行范围与吴船一样，从两浙到大运河沿线。

4. 淮船　对于航行于大运河沿线的淮船，《清容居士集》卷八《淮船行》记云：

> 淮船船薄薄如纸，客行船头怒如鬼。布衫漆黑鹊双拳，邂逅相争浑欲死。船长不识丹臒巧，却识江云侣飞炮。风来急鼓响咚咚，转橹争篙复喧闹。淮东烧盐白如玉，我船轻行一万斛。淮阴米麦如京坻，我船破浪帆如飞。为语吴侬莫相胜，昔日汝辈同婴儿。……转篷它日望江南，犹胜当年吹出塞。

淮船船体极为细长，以篷帆、橹、篙为推进力。汴河漕船的装载量为二百五十石至五百石，按法规为三百石，但在仁宗朝修真州闸等诸埭被废以后，官船载七百石，民船载八百石亦成为可能[107]，部分两浙的平底船和江南、湖南北的江船也能航行了。张择端《清明上河图》所描绘的开封运河船，大概主要是东南地方的座船、航船和漕船等。它们或系索于桅柱牵航，或罢橹而用竹篙和拉纤前行，或卸下舵以前后二橹推进，并且船体也附加有作缓冲用的竹囊和板。

5. 黄河船　《清容居士集》卷八《河船行》*亦记云：

> 黄河之船如切瓜，黑金铺钉水爬沙。高桅不肯着船底，四面绹索相交加，轮囷薪稿浮山来，淮船争避吴船开。往回南北任衣

---

* 《钦定四库全书》本作"河桥行"。——编者注

食，不学荡子多嫌猜。好风千帆乱流去……船前养驴豕同圈，借力于驴共牵挽。莫嫌我鞭太粗毒，大胜江南人代畜。

黄河船的外形正如剖开的半个瓜，船体用铁钉铺钉，高楗，而用几条绹索系结于船舷拉紧固定着。除靠帆行推进外，在船首饲养驴，牵航时把驴赶上陆拉着走。航行于黄河的潼关、开封间的是六百石的漕船[108]，航行于御河（永济渠）、潮河等支流的则在二百至四百石左右[109]。又洛口有浅船[110]，而在陕西、甘肃的支流，黄河船就进不了了。元沙克什《河防通议》对黄河船做了记载：

> 船每一百料，长四十尺，面阔一丈二尺，底阔八尺五寸，斜深三尺。[111]

这是了解吃水浅、平底的黄河船之构造的好材料。又同书卷下《水运》算出上水重船日行三十五里，轻船日行五十里；下水重船日行一百里，轻船日行二百里。这与江南三角洲的船平均日行四十五里、江船五百里左右做比较是饶有兴味的[112]。

表2.2　内河船

船　　种	力　胜	身　长	面阔	其　他	备　考
江船（蜀舟）	2000 石			樯高 5 丈 6 尺	《入蜀记》卷 1、3
入峡船（蜀舟）	1600 石				《入蜀记》卷 5
战船（鄂州）		20～30 丈			《入蜀记》卷 4
战船（鄂州）	2500 石				《入蜀记》卷 5
万斛舟	12000 石				《郴行录》
万斛舟	20000 石				《容斋四笔》卷 9

船　　种	力　胜	身　长	面阔	其　他	备　考
楼船（鼎州）		20～30 丈		战士 700～800 人，车船工费 20000 贯	《宋会要辑稿·食货》50–15
漕　船	1000 料			荆湖至真州	《宋会要辑稿·食货》46–3
1 车 12 桨船	400 料			建康	《宋会要辑稿·食货》50–22
铁壁铧觜船	400 料			水手 20 人，战士 70 人，底阔 8.5 尺	《宋会要辑稿·食货》50–33，34
漕　船	1000 石	9 丈 2 尺	1 丈 1.5 尺	芜湖	《夷坚支丁》卷 7
客　舟	300 石			饶州	《夷坚志补》卷 25
漕　船	500 石			吉州	《宋会要辑稿·食货》50–25
灵渠船	1000 料				《岭外代答》卷 1
漕　船	500 石			两浙	《东坡全集》卷 56
粮　船	600～1000 石			浙西	《梦粱录》卷 12
粮　船	200～300 料			浙东	《宋会要辑稿·食货》47–18
铁头船	500～600 石			浙西	《梦粱录》卷 12
粮　船	350 料			浙西	《宋会要辑稿·食货》50–25
粮　船	250 料			浙东	《宋会要辑稿·食货》50–12
盐　船	200 石			扬州—杭州	《宋会要辑稿·食货》46–4
湖　船	1000 料	20 丈		100 人	《梦粱录》卷 12

续表

船　种	力　胜	身　长	面阔	其　他	备　考
湖　船	500 料	10 余丈		30～50 人	《梦粱录》卷 12
湖　船	200～300 料	数丈		20～30 人	《梦粱录》卷 12
汴河纲船	250～350 料				《宋会要辑稿·食货》46–6
汴河纲船	400～500 料			400 料 30 只、500 料 25 只一纲	《宋会要辑稿·食货》46–6
汴河座船	1000 料				《宋会要辑稿·食货》47–13
开封平底船	300 料			两浙造船	《宋会要辑稿·食货》50–6
开封平底船	500 料			江南、湖南北造船	《宋会要辑稿·食货》50–6
广济河座船	100～300 料			广济河、五丈河就航	《宋会要辑稿·食货》50–6
广济河杂般座船	300 料			广济河、五丈河就航	《宋会要辑稿·食货》50–6
黄河渡船	300～800 料	70 尺	1 丈 8 尺	300 料 15 人，下水装 16250 斤	《河防通议》卷下
潮御河船	300 料			（粮船）	《欧阳文忠公文集》卷 117
御河船	300～400 料			卫河以下就航	《文潞公文集》卷 23
黄河船	600 料			三门造船	《宋会要辑稿·食货》45–3
粮　船	200～600 料			扬州	《元典章》卷 59
梭板船	500～700 料			淮安府	《元典章》卷 59
漕　船	300～700 料			大运河官船	《梦溪笔谈》卷 12

船　　种	力　胜	身　长	面　阔	其　他	备　考
漕　船	800 石			大运河私船	《梦溪笔谈》卷 12
汴河船	10000 斛； 8000～9000 斛				《参天台五台山记》 卷 4
西湖船	500 料； 1000 料	20～30 丈； 50 丈		30～50 人； 100 余人	《西湖老人繁胜录》
象山渡船		7 丈	2 寻		《攻媿集》卷 59
严州—徽州	400 斛				《景定严州图经》 卷 3

三　航运企业的集中与专业化

航运业的发达是受如上述交通手段与技术（航道、船体、动力）的发展所制约的，又由于依存于公共设施（航道、佣船），便产生了海洋船、内河船各种复杂机能的分化。然而，从经济上看，交通手段与技术的发达，一面有赖于社会生产力的发达，一面则促进社会分工，扩大市场，并刺激了制造交通工具所必需的各种材料的生产。这不只限于生产力水平高、商品流通发达的地区。尽管山区自然条件恶劣，也出于这一缘故而使产业彻底地特殊化，成了社会分工的一环，并通过商品流通来扩大经济关系的范围，导致了新兴运输业的产生。宋代浙江、福建、江南、湖南北航运业的集中和特殊化，也从这样的侧面提供了大量的有意义的事实。

关于宋代航运业的地方性集中，《宋会要辑稿·食货四六·水运》所载之宋初全国官营造船场的造船统计数字足以概观。

至道末　三千三百三十七艘
天禧末　二千九百一十六艘

虔州六百○五艘 [113]　　　吉州五百二十五艘

明州一百七十七艘　　　婺州一百○五艘

温州一百二十五艘　　　台州一百二十六艘

楚州八十七艘　　　　　潭州二百八十艘

鼎州二百四十艘　　　　凤翔斜谷六百艘

嘉州四十五艘

以上是内河漕船的特别统计。这些造船基地都是各河流和海域的运输据点，同时也是提供造船材料（木材、铁钉、桐油、石灰、麻皮、炭等）的好地方。宋代公私造船业的所在地，现据文献记载列举如下：

两浙　温、明、台、越、严 [114]、衢、婺 [115]、杭、同州澉浦镇、湖 [116]、秀、同州华亭县、苏、同州许浦镇、镇江、江阴

福建　福、兴化、泉、漳

广南　广、惠、南恩、端、潮

江东　建康、池、徽、太平

江西　赣、吉、洪、抚 [117]、江

湖北　鄂、江陵、鼎、荆南

湖南　潭、衡、永 [118]

四川　嘉、泸、叙、眉、黔

淮南　楚、真、扬、无为

华北　三门、凤翔、开封、东西京濒河 [119]

在两浙的江南三角洲以及浙江流域诸州，不仅造船技术的确很有进步，航运业者亦进一步专业化。如果从造船材料的生产基地来看，明州、温州显然具有良好的条件，造船规模也是相当大的。温州是处

州产的优质杉木[120]、漆[121]、桐油和柏油的集散地与输出港，永嘉县的白沙镇乃是在宋代靠木材的转运而兴起的市镇[122]。明州则有舶来福建生铁的加工业，又因为温、明是浙江屈指可数的外港，也有广南、福建和日本海船输入船材[123]，所以在仁宗皇祐年间就已于两州置官营造船场，并在温州设买木场了。此后，虽然对每州的造船做了限定，但南宋官船的需求量激增，甚至连两浙的漕船那样的内河船的建造也被课[124]。结果温州的木材供应枯竭，造船数量也很有限，不得不征用民间的商船和渔船以为官船[125]。当时沿岸的明、温、台三州所登记的船，船宽一丈以上者三千八百三十三只，一丈以下者一万五千四百五十四只。船舶之所有者"船户"基本上是拥有田产的半农航运业者，相对的雇佣劳动者"水手"，则是沿岸零散的渔民，阶层分化很是明显。随着征用的激化，"船户"采取以六十户共同出资建造六只民船，把半数充作征用船而组织起自卫经营的"义船法"[126]。庆元中，湖州在城的航船共一百八十五只[127]。

福建、广南分别据有泉州、广州外港，造船技术素称发达，正所谓"南方木性，与水相宜，故海舟以福建为上，广东西船次之，温明州船又次之"[128]。然而，在广南，造船材料来之不易，"深广沿海州军，难得铁钉、桐油"[129]，更不用说铁棱木、乌婪木等舵材之缺乏了。与此相反，福建出产丰富的优质杉材[130]，对枋木的流通除抽解外，甚至有课枋木税之议[131]。同时，铁的产出也较丰富，泉、福等州更以生铁贩往明州等两浙市场[132]。桐油、石灰、炭等也能够自给[133]。再加上，"福建一路，多以海商为业"[134]，又有那种把积极参加中转贸易看作是后进地区的发展途径的风气，便扩大了福建特产品的市场。"漳、泉、福、兴化，凡滨海之民所造舟船，乃自备财力，兴贩牟利而已"[135]，像这样的航运业者和海运之雇佣劳动者大批地涌现出来，仅福州沿海九县所登记的海船户的船舶就有三百七十三只[136]。不过，"大抵海船之家，少上中户，轻生射利，仅活妻孥者皆是"[137]，这些航运业者似乎多半也是由于阶层的分化而离开乡村的农民。

在江南方面，航运业最集中的地方是唐以来的江西。江船之船材主要是楠[138]、松[139]、杉[140]，赵善括《应斋杂著》卷一《船场纲运利害札子》对江西的造船及其用料做了记载：

> 江西上游，木工所萃，置立船场，其来久矣。采松桧，截杞梓，钉多庾粟，油溢漏泉。

可见材料的生产，江西也是很丰富的。特别是赣州，完全可以自给。吉州之造船用取，即取自辖下的永新、龙泉县所产之枋木，衡州茶陵县商人贩运来的木材[141]和赣州、袁州产的木材[142]。建康府的造船用材是由上游贩载来的[143]，因此造船的数量不能不受到限制。江南的水运业与浙江、福建一样，在这个耕地比较少的地区，可以看到那种以山村社会内部生产力的发展为契机，通过商品流通来实现扩大经济活动的倾向。徽州便是它的一个典型，把茶、纸、漆、木材业的特产运送到浙江、江西市场的过程，即是水运开发的过程[144]。

在湖南北方面，船材的供给地是衡州茶陵县、辰州、沅州、靖州等内地，主要是松木[145]。潭州是桐油的产地，冶铁业也发达[146]，是湖南水运的中枢。在湖北是以江陵为水运据点[147]。唐李肇所云"洪鄂之水居颇多，与屋邑殆相半。凡大船必为富商所有"[148]，已记述了江西、湖北一带水上生活者广泛涌现，以及船主即富裕商人的现象。范致明《岳阳风土记》亦记云：

> 中民之产，不过五十缗，多以舟为居处，随水上下。渔舟为业者，十之四五，所至为市，谓之潭户，其常产即湖地也。

这里把离开乡村的零散农民出身的水上生活者和渔民称为"潭户"[149]。这些渔民是家庭协作的小规模经营单位，大抵从属于富商兼营的航运业，通过分掌商品贸易的末端部分而参与转让利润的分配，借以维持生计。叶适对这当中的情况做了如此记载：

> 江湖连接，无地不通，一舟出门，万里惟意，靡有碍隔。民计每岁种食之外，余米尽以贸易。大商则聚小家之所有，小舟亦附大舰而同营，展转贩粜，以规厚利。父子相袭，老于风波，以为常俗。[150]

以上的论述证明：在宋代，社会生产力的发达，克服了全国性交通的自然障碍，民间的航运业尽管仍依存于官用交通，但因在技术上改良了本身的交通手段（各种船舶、动力）而突破了地理距离，实现了运输量的增大，也扩大了市场。同时，全国各地水运要冲的航运业的集中和专业化，给无论是先进还是落后的地方，平原还是山村，都带来了促进腹地农村社会分工的契机，刺激了制造交通工具所必需的材料的生产和贩卖。

假如承认这些事实，那么进一步做航运业的劳动力的分析和经营形态内部的考察也是很必要的。并且，还要厘清在全国市场圈的形成过程中，各地区市场圈生产的集中和特殊化与交通的关系，以及新旧运输业与官用交通的具体关系，特别是就佣船组织而言。

第二节　航运业的经营结构

一　劳动的诸性质

船舶交通劳动的具体劳动过程，是由路径（海洋、内河、运河等）、船型、船种以及推进工具等交通手段的状态和发达程度所决定的。[151] 一般说来，由于船的大小以及海洋船、沿岸渔船、内河船等的区别，劳动的性质和规模也就完全不一样了。考虑到这种差异性，下面对构成民船经营基础的具体劳动的组成、劳动力的结合，以及劳动报酬等事项，逐一进行探讨。

（一）船内劳动

A　海洋船

远洋航行的"海舶"，无论是船体构造，还是经营规模，抑或乘员人数都很大。而且，船内作业的劳动编成也截然分化。具体地说，船夫有上级船夫与下级船夫之分。上级船夫是操舵、撑篙、摇橹、掌帆、投拔锚、测定方位水深等推进劳动之熟练者，是指挥、监督劳动的一方，对乘员、船舶、水难和货物的运输、买卖、处置等负责任；下级船夫受上级船夫的指挥，被驱使从事以漕运劳动为主的装卸、炊事等杂役。为了了解宋元时代这种劳动是如何配置及怎样表现的，这里指出如下六种代表性的资料，并以唐、宋、元、明、清的十二条旁证资料为补充，把上述问题搞清楚。

1.纲首　杂事　梢工　贴客　水手

《宝庆四明志》卷六《市舶》，有对来航明州的南海、占城、西平和泉州、广州船只的抽解率（关税）的规定条文，其中依次记述了海舶乘员的职制阶层（贴客除外）。

2. 纲首　副纲首　杂事

朱彧《萍洲可谈》卷二载："甲令：海舶大者数百人，小者百余人，以巨商为纲首、副纲首、杂事，市舶司给朱记，许用笞治其徒，有死亡者籍其财。"说明"纲首""副纲首""杂事"是充当一船指挥监督的三种职务，由同船海商中之巨商选任，官府保证其在船内的刑罚权和财产处理权。

3. 一船头（曾聚）　二船头（吴铸）　三船头（郑庆、林少郎）

成寻《参天台五台山记》卷一"延久四年三月十五乙未"条记述由肥前国壁岛出发的成寻等入宋僧搭乘的唐船上有指挥者"船头"。这也许是与上引纲首、副纲首、杂事相应的三种职务。三船头有两名，大概是正副职。

4. 〔舶商　船主〕纲首　事头　火长　同船梢水人

元《通制条格》卷一八《关市·市舶》载，发现私贩和未经请给公凭公验而下海者，"舶商"以下至"火长"等罪。又诈称水难而私贩货物时，"舶商"以下至"火长"刑各一百七，"同船梢水人"刑各七十七，其所负担责任之轻重在两者之间加减。以上从经营的角度列记了当事者的职掌，明确地记述了除"舶商"（陆上出资者）、"船主"（陆上船主）以外，在"纲首"至"火长"与"梢水人"（梢工和水手）之间，有着阶层的差别。

5. 纲首　直库　杂事　部领　梢工　碇手

在《通制条格》卷一八《关市·市舶》和《元典章》卷二二（即《户部》八）《市舶》，又可见航海时海商根据职掌之阶层雇募船夫的记载。

6. 〔财主〕纲首　直库　梢工　杂事等　部领等（碇手）　人（作）伴[152]

据《通制条格》（同上条）和《元典章》（同上条）记载，当舶商取得官府批准航海时，在牙人保证下必须向官府请给公凭的细目，按规定应登记船的结构以及上述船员的职责分工和姓名等。"财主"（陆上出资者）当然不是船员。"人（作）伴"是仆役之意，这里一定是指狭义的"水手"，也就是对下级船夫的称呼。

以上述及的只是片断的资料，为了更具体地明确船员的职制，下面列几则有关唐、宋、元、明、清、民国以及日本的海事惯行的资料，做对照补充。

（1）圆仁《入唐求法巡礼行记》卷一举出遣唐使船的乘员有"大使、判官、录事、知乘船事、史生、射手、水手"，另有"使头以下至于水手"的记载。这个"使头"又作"水手长"，说明有水手之劳动监督者的存在。还有，船上将推进劳动的指挥者称作"船头"。

（2）宋吴自牧《梦粱录》卷一二《江海船舰》云：

> 且论舶商之船，自入海门，便是海洋……风雨晦冥时，惟凭针盘而行，乃火长掌之，毫厘不敢差误。

把航海责任者、操作罗盘的航海长称为"火长"。"火"即"伙伴""伙计"的"伙"，大概是作业长、责任者之意。

（3）宋洪迈《夷坚三志己》卷六《王元懋巨恶》，在述及泉州海商王元懋经营南海贸易时云：

> 使行钱吴大作纲首，凡火长之属一图帐者三十八人，同舟泛洋，一去十载……

记述了以行钱（雇船长、机能资本家[153]、后世商家之董事）任"纲首"，用"火长以下三十八名乘员"出洋航海的事情。

（4）宋徐兢《宣和奉使高丽图经》卷三四《客舟》云：

> 每舟篙师水手可六十人，惟恃首领熟识海道，善料天时人事，而得众情。故若一有仓卒之虞，首尾相应如一人，则能济矣。

把航海之指挥监督者用"首领"来表示。

（5）《开庆四明续志》卷六《三郡隘船》记载，在浙江之明、温、台三州，对官府雇佣的民船应支给的犒钱，自"水手头目以下，等第支犒约三万缗"。"水手头目"肯定是水手的劳动监督者。

（6）元任士林《松乡先生文集》卷四《送叶伯几叙》，不仅详细描述了海舶入明州象山县天门山下，埠头上欢迎他们的热闹景象，还特别记述了作为劳动监督的"三老""倚桅长揖"和作为航海长的"长年""顿指南车（罗针盘）坐浮庋（船棚）上"指挥的情形。其云：

> 少则帆影抑扬，棹歌出没，径列步（埠）下。市侩布立岸上，遥呼问海伴故旧。三老倚桅长揖，载输委市……又尝观富人之舶，挂十丈之竿，建八翼之橹。长年顿指南车坐浮庋上，百夫建鼓番休整如官府令。柂碇必良，绋缆必精，载必异国绝产……

（7）元陶宗仪《南村辍耕录》卷八《长年》，对"长年""三老"做了说明：

> 吾乡称舟人之老者曰长年。长，上声，盖唐已有之矣。杜工部诗云：长年三老歌声里，白昼摊钱高浪中。《古今诗话》谓：川峡（四川、湖北）以篙手为三老，乃推一船之最尊者言之耳。因思海舶中以司柂曰大翁，是亦长年三老之意。

在陶宗仪之乡里台州黄严地方，称一船之有长老资格的船夫为"长年"，把操舵之长叫作"大翁"，并且，类似"长年三老"之称，作为内河之惯例，从唐代就已经这样称呼了。

（8）明张燮《东西洋考》卷九《舟师考》，有关于明代海舶的上级船夫之记载：

> 海门以出，洄沫粘天，奔涛接汉，无复崖涘可寻、村落可志、驿程可计也。长年三老，鼓栧扬帆，截流横波，独恃指南针为导引。……每舶舶主为政，诸商人附之，如蚁封卫长，合并徙巢。亚此则财副一人，爰司掌记。又总管一人，统理舟中事，代舶主传呼。其司战具者，为直库。上樯桅者，为阿班。司椗者，有头椗二椗。司缭者，有大缭二缭。司舵者，为舵工，亦二人更代。其司针者名火长，波路壮阔，悉听指挥。书云有常，占风有候，此破浪轻万里之势，而问途无七圣之迷者乎。

据此可知，"舶主"就是船主，而且是最大的出资者、贸易商以及蚁附于他、按份出资的一批小商人的企业主。"财副"即是一名会计责任者。"总管"则为船主之代理人。还列举了"直库"（管武器）、"阿班"（掌帆）、"头椗""二椗"（属锚役）、"大缭""二缭"（掌帆索）、"舵工"（分正副掌舵）、"火长"（操作罗针盘的航海长）等。航海长即"火长"，习惯上称之为"长年三老"，其职掌是用鼓指挥棹的操作，监督扬帆，用罗针盘测定方位。

（9）清初史料有林春胜（号春斋）、林信笃（号凤冈）编的《华夷变态》，其卷二二《甲戌五十八番潮州船头吕庙官誓词》《山东之胶州江之商船由南京之内松江府上海县逆风漂着萨摩江之唐人共以誓词申口之和》以及《漂着长崎御用留内、平户领江仕候唐人共申口之和》等，顺序记有船头〔胁船头〕、财副〔胁财副〕、客头（长）、伙长、舵工〔副舵工〕、总管、水手之职别及其姓名。

（10）同书《长崎土产》《唐馆》项，详细注记了如下自福建、浙江、广东方面来航长崎的海舶之乘员职名：

> 正船主大船头、副船主胁船头、财副笔者勘定役、总管司一船之诸用、客长船中客、板主持船主、伙长按针役也。把船中水手称伙计。按针役为考针教方位，下知水手操船之役也。故以所谓水手之长称为伙长、舵工取楫役也、头捉捉役、香工向船神供香花、押工头梁木工、押工平木工、直库鼓役、大缭帆纲役也，大帆之役、二仟第二帆役、三仟第三帆役、亚板上梳之役、总哺炊事役、老大水手头、工社长崎之俗称水手为 Kusa，误也。泉州话称之为 Garg xia、小厮小者也。

所云虽有"亚班"与"阿班"之不同，但大体上与前引《东西洋考》记述的相吻合。另外，见于同书《抬妈祖》条之插图说明，所谓"直库"，是指当唐船入港后，轮流奉迁船神天妃于长崎的三座寺庙时，在行列中持六尺棒于前面引导天妃者。恐怕是海神的守护，与船内的警卫有关。

（11）船主（船头家、船户、船主）、出海、财副（亲丁）、舵水人（五头目——舵工、大缭、亚班、头锭、押工）这些职称见于"临时台湾旧惯调查会"第一部调查第三回报告书《台湾"私法"》卷三下第四编"商事及债权"第八章"海商"之记载。由此看来，在台湾地区，"船主"是用以称呼船舶所有者的，船舶之使用者，人们往往敬称其为"船头家"。但在有关律令典籍中，公法上称之为"船户"或"船主"。关于"出海"，其记云：

出海是船舶最高之使用人，代表船主以船号依船舶经营商业，或从事批发交易（随船），或做普通运输，与陆上商店的董事极为相似。……出海是由船主选任的。当船主是由合股而组成的时，在其股东之一人作为出海上船的情况下，则采取由合股的其他股东（船主）选任的形式，以便于计算大公司的利益。……出海负责雇入舵工以下的五头目，又要装备米、柴、水等日需品以及其他船舶索具。……出海需备有船照或船牌，又当出港时要纳厘金税并接收给单，出洋时必须纳关税并接收税单。……航海中监督指挥舵工以下的船员，使船舶安全到达目的港。又入港时，要向所在官府办理入港手续。

这与前述之"纲首"差不多，亦相当于日本的所谓"冲船头"[154]。关于"财副"，其记云：

财副又曰亲丁，是随广东省汕头地方的称呼而叫财副的，用于曾仔船。所谓亲丁，是随福建省原地方的称呼而这样叫的，用于斗头船和斛船等。财副是船主为监督出海执行职务而选任的，以负责金钱的出纳及记入账簿。其职务该当陆上店铺的银柜及账柜者。

类似日本的所谓"上乘人"[155]。关于"舵水人"，其记云：

舵水人是舵工及水手的略称。水手广义的是指大缭、亚班、头锭、押工及水手；狭义的是指除大缭、亚班、头锭及押工外的水手，而把舵工、大缭、亚班、头锭及押工称为五头目。

"五头目"中，"舵工"掌驶船航行，"大缭"在舵工的指挥下掌操舵、调篷，"亚班"（阿班）在舵工的指挥下掌桅索及滑车，"头碇"在舵工的指挥下管锚的投拔，"押工"（做杉板、舢板）是船上之木匠，负责附属杉板（舢板）的使用与维修。除此之外，大型船舶还加设船舱和装货的管理者"舱口"，以及负责炊事方面的"总铺"。还有，狭义的"水手"从事各种杂役，一般没有特定的任务。在小型船上，据说不像上述那样固定分担职责，而是相互流动，通融交替。

（12）《民国定海县志·风俗》云：

> 管理舵工之人，曰老大、曰耆民。
> 管理货客之人，曰出海。

又记"轮船办理各事，各分三部"：

> 主驾驶者曰船主、曰领港、曰大副、曰二副、曰水手等；
> 司汽机者曰老鬼、曰二鬼、曰三鬼（火夫俗名铁鬼）；
> 主营业者曰买办、曰账房、曰泰利、曰茶房。

这大概是轮船（蒸汽船）上近代职掌的甲板部、机关部、事务部的分类，而套用了传统的称呼。

上面列举的十几条资料，是有关船内劳动的各种职掌的公称、俗称及其在各时代的发展。这些称呼虽然有不少不同之处，但实际上许多基本点是共通的。以这些共通点为线索，试将宋代海洋船的船舶劳动的作业整理如下：

1. 上级船夫——船长〔船主、船户、船头、纲首（副纲首）〕

"船主""船户"是官方记录的通称。顾名思义，它是在公法上从所有权的角度命名的。因此，船舶所有者与事实上的船长是很难区别的。在自船自运的情况下，这是可行的。但当雇船长和多人船主中的机能资本家是船长时，相当于后世之"出海"的当然是"纲首"。"纲首"或"都纲"[156]的"纲"，本来是货物的组合之意[157]，而用于海商方面，则大概有着临时的海商伙伴（组合）之组长的意思。"纲首"或"船主"是从合作经营的海商中选任的，"副纲首"（胁船长）辅佐。"船头"之称，唐代就已经出现[158]，但像《台湾"私法"》中所称，似乎是一种敬称而不是一般的称呼。船长的任务是担负自己的职责，或受船主雇佣从海商伙伴中选任，负责采货、修船、装货和雇请梢水（梢工和水手），在航海中被委于有关乘员、船舶和货物买卖处理的一切权限，负担所有责任。（关于船长的任务将在后面述及。）

2. 上级船夫——干部船员〔杂事、事头、直库〕

假如以"纲首"相当于"出海"来考虑，"杂事"应该可以认为是"财副"，即会计责任者。不过，从字义上看，作为事务长也就是"总管"[159]倒更适当。在宋元时代，"财副"与"总管"的机能也许尚未分化，此待后考；"直库"为"司战具者"[160]"鼓役"[161]，与船神也有关系[162]，姑且从《东西洋考》作"武器库之长"解。

3. 上级船夫——劳动监督〔三老、长年、大翁、头目、首领、部领、使头、火长、梢工、碇手〕

"长年三老"或"水手头目"[163]"同船梢水人"[164]称呼，与后世之"舵水人""五头目"[165]一样，相当于水夫（水手）的劳动监督者。广义地说也可包括水夫，但按日本的海事惯行[166]，船头以下的劳动监督者总称"水主"，与"年轻伙计"（水夫）是有区别的，不包括狭义的水手，承担上级船夫的职责。在劳动监督之职称中，"头目""首领""部领""使头"等，是直接以其地位和任务来表示的；而"长年""三老""火长"当然是互相分别的系统，即"三老""长年""大翁"之称呼等于后世之"老大""耆民",除是老龄的推进劳动之熟练者这一点很明确外,也暗示着劳动的结合和募集是以家父长作业关系为核心而进行的。在文献上最早出于唐代的"三老"(后述),更可追溯到汉代掌管乡村教化和自治的长老之称。可以推测,由于唐代农村在某种程度上的解体,农村内部社会秩序的统制者之故称,通过人口外流而被转用到航运业中。另外,"火长"就是后世之"伙长"[167],即水手("伙计")之长,"火"与"伙"以音 huǒ 相通,作共同伙伴之意,与"伙伴""伙计"也类似。总之,"火长"和"伙长"之称,应是商业与交通一体化,后海商以临时的商人组合进行航海的遗迹,可以认为经营的意思是较强的。附带说,后世的"伙计"之称,是合资企业和商家之二掌柜的意思。

"火长"的任务,是用罗针盘测定方位和指挥橹桨类推进工具。"梢工"是称为"司柁"或"舵工"的操舵责任者。"碇手"是后代的"头碇",负投拔锚之责任。以上负劳动监督之"五头目"这样的职掌上的分化,恐怕发生在明清时期。宋元时代大概还泛称为"长年三老"等。

4.下级船夫——水夫〔水手、火工、火人、火下、夫儿、人夫、作伴〕

狭义的水手,是在上述劳动监督者的指挥下,随时流动从事摇橹、撑篙、掌帆、投拔锚等推进劳动和装货、牵挽等的杂役。《萍洲可谈》卷二所云"海舶大者数百人,小者百余人"的乘员,其大半是水手。又《唐国史补》卷下记载"操驾之工数百",可见在大船上有数百名水手是必要的。二千石的海舶,正如《宣和奉使高丽图经》卷三四说的,"每舟篙师水手可六十人",有五六十人的水手。马可·波罗对中国船也记述:在有船员二三百人的大船上,每支大桨需要水手四人[168]。伊本·白图泰亦同样有"大船备桨二十,每支如桅大小,由十五至二十名水手同声共操"的记载[169]。

B 沿岸海船

航行于沿海水域和大河河口的钻风船、三板船、鲂鱼船、湖船等小型船舶，大多兼营渔业与运输，乘员数也相对比海舶要少，劳动者的编成是单纯而流动的，称呼一般多用"梢工""篙师""水手"等广义词包括。例如下表所列举的船员只有梢工和水手之分。

表2.3　《宋会要辑稿·兵二九之三二·道防》所载船舶与乘员配置

船舶等级	船面阔	梢工	水手	合计
上级	2 丈 4 尺以上	2 人	40 人	42 人
中级	2 丈以上	1 人	35 人	36 人
下级	1 丈 8 尺以上	1 人	25 人	26 人

又如下表所列举的船员有梢工、招头、碇手、水手之分。

表2.4　《淳熙三山志》卷一四《海船户》所载船舶与乘员配置

船面阔	梢工	招头	碇工	水手	合计
1丈2人～1丈3尺	1 人	1 人	1 人	13 人	16 人
1丈4尺	1 人	1 人	1 人	15 人	18 人
1丈5尺～1丈6尺	1 人	1 人	2 人	17 人	21 人
1丈7尺～1丈8尺	1 人	1 人	2 人	20 人	24 人
1丈8尺	2 人	1 人	3 人	23 人	29 人
2丈	2 人	1 人	3 人	27 人	33 人
2丈以上	2 人	2 人	3 人	33 人	40 人

"梢工"即所谓"船头"、船长。"招头"类似于"长年三老""头目""火长""老大"那样的劳动监督（后述）。"碇手"为后世之"头碇"。"水手"就是从事杂役劳动的下级船夫。不过，如后面将述及的，在浙江沿岸，船面阔一丈以下的小型船占绝大多数，因此，上举例子

作为沿岸渔船应该当成大型船之事例来考虑。

C 内河船

内河船的推进除用帆外，更多的是利用撑篙、摇橹、牵挽等。由于一般均属小型船，所以劳动的编成是既单纯而又流动的，在称呼上也把"梢工""篙手""水手"各自用于广狭两义，不太细分。

1.上级船夫〔梢工、篙手（棹手）、柁工、招头、三老、长年、三长老〕

成寻《参天台五台山记》卷三"熙宁五年九月廿五日"条记述航行于汴河驶往开封去的船舶云，"梢工屑福……梢工者，日本梶取名也"，把操舵手（柁工、柁师、司柁、楫师）之长称作"梢工"。操舵是内河船舶推进的重要职掌，因而，"梢工"广义上有着作为推进劳动、装货和船夫的总指挥——船长的意味。在官方记录中，除船主外，也用"梢工"一称来指船上的最高责任者。

"篙师"（篙工、篙手、棹工）也同样有广狭二义。狭义的是指能熟练操篙的船夫，在多急流的内河，这也是重要的职掌。但若与梢工、舵工论地位之高低，则篙工属低也。如《宋会要辑稿·食货四四之二一》云：

> 逐纲至鄂改拨入襄阳者，自柁工以迄篙工，必更用识水程者为之。

同书《食货四五之九》"纲运令格"亦云：

> 诸盐粮纲封印有损动者，梢工杖八十，篙手减一等。

又同书《食货四五之一二》还说：

> 诸平河全沉失粮船，梢工徒三年，篙子减一等。

从以上记录中梢工与篙手之间的责任等级差别便可得到说明。"篙手"即"舟梢"，是船长雇佣的人[170]，这种仅次于船长的重要职掌"篙手"，广义地说是上级船夫的总称，有时与梢工一样指船长。《宣和奉使高丽图经》卷三四《客舟》所记"每舟篙师水手可六十人"以及《唐国史补》卷下所记"江淮篙工不能入黄河"云云，便是其例。关于篙工的人数，《宋会要辑稿·食货五〇之一〇》"建炎二年六月十二日"条载：

> 近乞责限江湖打造粮船二千七百余只，每船只用槔梢三人，合与八千余人。

同书《兵二九之三二》"建炎二年三月十二日"条亦载：

> 十舡为一纲，每舡梢工、槔手、招头，募三十人。

"每舡"应是"每纲"之误。可知内河之粮船每只需上级船夫梢工、槔手、招头，或梢工、篙手三人。槔与篙均音 gāo，为同义字也。

作为上级船夫即劳动监督的梢工、篙手、招头，习惯上在地方又称"长年""三老""三长老"，也就是比拟家长的统率"老子"，这与海舶的情况是一样的。对"长年三老"，古有杜甫的《夔州歌十绝句》[171]，以"长年三老长歌里"句来表现长江三峡险滩的船上梢工。唐注释家颜师古作注云：

> 峡人以船头把篙相水道者曰长年，正梢者三老。

说明"长年"是熟练的篙工，"三老"是舵工之长。又宋代注释家王洙注曰：

> 峡人谓操舟人为长年三老。

对杜甫《最能行》[172]"归州长年行最能"句亦注曰：

> 峡人以操舟人为长年。

以上注释均把推进航行的责任者解为"长年三老"。另外，宋戴埴《鼠璞》卷上《篙师》载：

> 海壖呼篙师为长年……《古今诗话》谓：川峡以篙手为三长老。盖推一船之最尊者言也。

川峡之方言把一船之具有长老资格的船夫称为"三长老"，在海壖即沿海地方称篙师为"长年"。陆游《渭南文集》卷四七《入蜀记》卷五"乾道六年九月四日"条亦载：

> 问何谓长年三老，云梢工是也。

同书卷五"乾道六年九月二十八日"条又载：

> 招头盖三老之长，顾直差厚。

把"三老"（舵工等的劳动监督）之长，支给赁金也稍多者称为"招头"。元陶宗仪《南村辍耕录》卷八《长年》，对此做了综合，记云：浙江称年老资格的船夫为"长年"，川峡称长老资格的船夫——篙手为"三老"；在海洋船（海舶）上，则把舵工之长称为"大翁"，也就是对与"长年三老"同样老练的统率者船夫的敬称（上述）。此外，韩淲《涧泉集》卷一九《百法庵次载叔韵》也有"三老长年"之语。又任士林《松乡先生文集》卷四《送叶伯几叙》称类似于海舶之"火长"（航海长）者为"三老"。明张燮《东西洋考》卷九《舟师考》把指挥鼓桨扬帆的航海长称为"长年三老"或"火长"（上述）。总而言之，与海舶同样，在内河船上也把相当于推进劳动的指挥监督之老练船夫总地敬称为"长年三老"，其中大概是将梢工、舵工称为"三老"，而将"三老"之长称为"招头""长年"。

2.下级船夫〔水手、夫儿、火工、火下〕

水手受梢工、篙工、招头指挥，从事船内的撑篙、摇橹、操舵、掌帆等推进劳动和炊事，以及船外的货物装卸、牵挽等劳动。郭忠恕《雪霁江行图》和张择端《清明上河图》对此做了详细而生动的描绘。水手的数量，根据船种和装载量之多少，由梢工雇请必要的人数（后述），因此并无定额。但唐代刘晏《漕法》记云，千石江船每船水手三十人、篙工五人[173]。又元沙克什《河防通议》卷下《装船斤重》记黄河渡船（三百至八百料）的合用樑梢埽兵人数如下：

表2.5　黄河渡船合用樑梢埽兵人数

三百料	四百料	五百料	六百料	七百料	八百料
15人	18人	21人	24人	27人	30人

同书卷下《般运石段》也说三百料船（船身一丈五尺，船宽一丈）可载"棹梢水手一十八人"。这些记载均可资参考。显然，小规模家庭作业的小船并不特定配置"梢工""篙手""长年""三老"等，大概是以流动的少数人从事劳动的（后述）。

（二）船外劳动

A 货物装卸

一般的货物装卸，似乎包括在水手的劳动之内，但至今尚未发现这方面的确切资料之记载。另一方面，在交通之难行处和堰闸、水门等要地，除船夫自己装卸外，还出现了专门装卸货物的劳动。例如《续资治通鉴长编》卷四三六"元祐四年十二月壬子"条记载：

> 本路清河与江浙淮南诸路相通，舟楫往来，般运物货，因徐州吕梁、百步两洪，湍浅险恶，及水手、牛驴、纤户、盘剥人等百般邀阻，损坏舟船，致客人不行。[174]

记述了徐州吕梁洪和百步洪的"水手""纤户"和"盘剥人"的货物装卸带有不正行为。《宋会要辑稿·食货四四之二〇》"嘉定十五年三月二十五日"条亦载：

> 自汉口沂流至郢州，犹鲜滩碛。自郢州、襄阳以上，则有所谓三十六滩之险。纲运至此，必须小舟数百般载，谓之盘滩。沂流牵舟，牵用百丈，以竹为之。

述及汉江三十六滩的货物搬运"盘滩"。范成大《吴船录》卷下有关于三峡新滩之险和以"盘滩"为业的"滩子"的记载：

至新滩，此滩恶名豪三峡……上下欲脱免者，必盘博陆行，以虚舟过之。两岸多居民，号滩子，专以盘滩为业。

又《宋会要辑稿·食货四七之一七》"绍兴二年四月二日"条，记载了在明州"出卸""腾剥"，即将来航杭州的广南、福建、温州、台州的海舶客货穿越沙碛众多的杭州湾，送往杭州的搬运船——"湖船"的存在。后面即将述及的明刊《新编事文类要启札青钱》[175]上所载的《雇船脚契式》之运输契约书中也有"或遇盘滩剥浅，船户自当"句，讲明运输途中货物的紧急装卸应是由运输业者"船户""自当"，自负责任，免得全部交由"滩子"这样的劳动力来装卸，造成货物的损失。

在交通辐辏的大都会，也有以搬运为业的零散的雇工劳动。《梦粱录》卷一六《米铺》云：

且叉袋自有赁户，肩驼脚夫亦有甲头管领，船只各有受载舟户，虽米市搬运混杂，皆无争差，故铺家不劳余力，而米径自到铺矣。

在流通机构发达的杭州之米市，有叉袋的"赁户"，"肩驼脚夫"有甲头（头目）管领。船只有"受载舟户"，从码头的米船向米铺搬运。《东京梦华录》卷一《外诸司》亦云：

诸米麦等，自州东虹桥元丰仓……约共有五十余所。日有支纳下卸，即有下卸指军（挥）兵士支遣，即有袋家每人肩两石布袋。遇有支遣，仓前成市。

《梦粱录》卷九《诸仓》又云：

> 凡诸仓支纳下卸，自有下卸指挥兵士，遇日分支遣，皆至祗
> 役。又袋自有赁者应办。如遇支界日，仓前成市……

都市官仓的搬运，也利用"袋家"或"赁者"这样的日工人夫。《清明
上河图》描绘的靠岸停泊的船上，扛卸布袋的人夫和坐地监督的头目
（把头之类），恐怕便类似于上述的"袋家""赁户"和"甲头"。

B　纤挽

船舶在内河航行，在无风时的推进、溯流航行和通过堰闸、桥梁
之际，以人力和兽力挽船拽航。为此，在黄河、广济河、汴河、长江、
汉江等内河河岸，有称为牵道[176]或挽道[177]的道路，人夫和驮兽沿着
这种道路拉纤（在湖湘称"百丈"）。《清明上河图》和《雪霁江行图》
详细地描绘了拽航的情景。小船的牵挽劳动，由船夫交替进行。方回
《桐江续集》卷一三《听航船歌十首》有"阿郎（父）拽牵，阿奴（子）
撑"之句，楼钥《北行日录》卷下"乾道六年二月二十八日"也有舟
人随时跟着拉纤的记录。又袁桷《清容居士集》卷八《河船行》载：

> 黄河之船如切瓜……船前养驴豕同圈，借力于驴共牵挽。莫
> 嫌我鞭太粗毒，大胜江南人代畜。

记述了黄河船在船内饲养驴，随时用来牵挽，并与江南地方的人力拉
纤做了比较。《宋会要辑稿·方域十六之二》"景德四年七月"条亦明
确记载了汴堤有用牛、驴牵挽的商船：

> 诏：汴堤商旅以牛驴挽舟者，所在官司勿禁止之。

还有《参天台五台山记》卷三"熙宁五年九月廿一日"条以及《渭南文集》卷四七《入蜀记》卷五"乾道六年九月一日"条记述了没有挽道可行之处以小船拽航，《参天台五台山记》卷一、三又记述了在越州钱清堰（"熙宁五年五月六日"条）、镇江奔牛堰（同年"九月八日、九日"条）、扬州流州堰（同年"九月十二日"条）等水门，借水牛之力转辘轳让船通过，而在江南拽航通常用人力。这样一来，在水运之要冲，则出现了被称为"纤户"[178]的以纤挽为专业的人夫。不过，官府的纲船出于自给输送的方针[179]，把军卒厢兵用作"牵驾兵士"[180]，但也和雇部分"牵挽人夫"来作为这方面劳动力的补充。[181]

（三）船夫的募集

船舶运输的交通劳动所必需的船夫，一般地说是通过雇佣募集的。但这种雇佣，并不是一个一个地去招募每个船夫，而通常是作为小经营主的船户、船主或船长的梢工，通过自己的家族、相识、同乡、同业、同阶层的关系，以一种靠头目（把头）主持作业及劳动的承包行为来募集的。

例如廖刚《高峰文集》卷五《漳州到任条具民间利病五事奏状》述及福建漳州的船户所云：

> 平时海舟欲有所向，必先计物货，选择水手，修葺器具，经时阅月，略无不备，然后敢动。则又必趁风信时候，冬南夏北，未尝逆施，是以舟行平稳，少有疏虞。

海洋船之船户，出航前要估量采集货物，装备船具，修理船只，同时慎重地选拔水手。《开庆四明续志》卷六《三郡隘船》、《淳熙三山志》卷一四《海船户》，分别记述了在明、温、台、福州，官府征佣的海船，其船户或船主承办整备桨橹帆索等贡具（船具）和招募选拔梢工、招头、碇手、水手之事。又《元典章》卷二二（《通制条格》卷一八《关市·市舶》）也清楚地记及海商雇募纲首以至碇手等上级船夫，云：

> 一海商每船募纲首、直库、杂事、部领、梢工、碇手，各从便具名呈市舶司，申给文凭，船请公印为托，人结五名为保。

在内河也一样，有船户、船主或舟梢自己负责修理整备船具（铺衬、荷叶、芦废、刺水、动用等）[182]，并视货物多寡招募招头、篙手以下之水手的惯例。如《夷坚续志前集》卷二《报应门·修船增寿》载，宋咸淳年间蜀人徐宗仁造渡船，自佣篙手；元代虞集《道园学古录》卷一五《户部尚书马（煦）公墓碑》载，吉州富商佣舟师商贩他郡；《夷坚支癸》卷六《大孤山船》载，"鄱阳民黄一，受庸于盐商，为操舟往淮南，还至大孤山，乘顺风张帆，健疾如飞。当白昼，与同辈十许人坐立舷外"；《宋会要辑稿·食货五〇之二四》"乾道（六）年十一月二十日"条载，"北使一行舟船所合用篙手，承前皆舟梢召募，多游手不根之人"。此外，亦有官府雇佣（和雇）的民船，由官府付给梢工或管押人之雇钱、水脚钱、耗券（靡费），让他们负责装备船具、修船和雇募水手的记载[183]。

A 船夫的募集范围

由船主、船户、梢工雇佣的水手，是以怎样的关系募集的呢？首先，小企业的乘员少的小船，是以家庭劳动作业的形式进行的，可以说这是劳动的原初结合形态。如高翥《信天巢遗稿》（《菊涧集》）

之《船户》云：

> 尽将家具载轻舟，来往长江春复秋。三世儿孙居柂尾，四方
> 知识会沙头。老翁晓起占风信，少妇晨妆照水流。自笑此生漂泊
> 甚，爱渠生理付浮悠。

记述了离开乡村的农民结合三代劳动力而成船户，长期出外，与同行
业者一起往来于长江上的情形。前引元袁桷《清容居士集》卷八《吴
船行》也记载了处于饥饿状态的穷困农民，背井离乡长期在外从事以
家庭劳动的形式而进行的运输活动，并世代以此为生计，还在同行业
者之间通婚的事。其云：

> 吴船团团如缩龟，终岁浮家船不归。茅檐旧业已漂没，一去
> 直北才无饥。……终朝但知行客苦，尽岁不识离家愁。大儿跳踉
> 新九岁，小儿学行蓬作地。……维舟未解碇舟牢，尽日弯篙仰天
> 视。吴人不解碇舟，终日操篙。船头娶妇通姻谱，知是淮南捕鱼户。寄
> 语乡侬莫怨尤……

《梦粱录》卷一二《河舟》亦有来自各州进出于杭州运河的五六百
石级的米船（一名铁头船），"其老小悉居船中，往来兴贩耳"，即以家
庭劳动经营运输的记载。又蔡襄《蔡忠惠公文集》卷三一《杂说》记
福州水上生活者云：

> 福唐水居船，举家栖于一舟。寒暑食饮，疾病婚姻，未始去
> 是。微哉其为生也！然观其趣，往来就水取直以自给……

这也是全家相随长期出外劳动的航运业者。

如上所述，作业的核心是家庭，但当招募的对象超过家庭的范围时，则利用同乡或同行的关系。《渭南文集》卷四七《入蜀记》卷五"乾道六年九月二十八日"条载：

> 泊方城，有嘉州人王百一者，初应募为船之招头。招头，盖三老之长，顾直差厚，每祭神，得胙肉倍众人。既而船户赵清，改用所善程小八为招头。百一失职，怏怏又不决去，遂发狂赴水。

嘉州船户赵清[184]招募同乡王百一为招头（劳动监督），后来改雇有交情的程小八，因此，失去职位的王百一便投水自杀。可见熟练船夫的雇佣，是在船户的同乡、相识的范围内进行的，雇主（船户）的权力很大，受雇者的地位是得不到保证的。

B 船夫的出身阶层

正如前面已经说过的，以家庭作业而进行的小规模运输业者，不外是处于饥饿穷困状态的农民。他们虽满怀着返家耕地的乡愁，却又投身于长期外出的劳动，并逐渐转化为世袭的职业。关于这种由农业向交通运输业转换的事情，方回《桐江续集》卷一三《听航船歌十首（或节其私语为之）》，则是一条很能说明问题的好材料：

> 家住斜塘大户边，时荒米贵欠他钱，从此驾船归不得，无钱且驾小航船。四千五百魏塘船，结拆船牙解半千，一千修柁贯三米，三日盘缠无一钱。十千债要廿千偿，债主仍须数倍强。定是还家被官缚，且将贯百寄妻娘。南到杭州北楚州，三江八堰水通流。牵板船篙为饭碗，不能辛苦把锄头。雇载钱轻载不轻，阿郎

拽牵阿奴撑，五千斤蜡三千漆，宁馨时年欲夜行。……船头船尾
唱歌声，苏秀湖杭总弟兄，喝拢喝开不相照，阿牛贼狗便无情。

这支船歌象征性地唱出的情景，大概是当时江南零散民船的普遍状况。
即如上述，秀州斜塘的一位农民，由于灾荒物价昂贵，无法偿还债主
的债务，便租用了魏塘镇的小航船（客货船）外出搞运输业。以阿郎
（父）和阿奴（子）的家庭劳动力从事旅客和杂货（蜡、漆）的运输。
但除船的租金外，还必须向船牙（船批发商）交付经手费，又要支出
修船费用等，加上债主交利息的追迫，所有的运费收入（盘缠）无论
如何也不足以还本付利。因此，变得长期外出而无望于返家务农了。
在大批产生于苏秀湖广交通沿线的同行业同境遇的运输者之间，以彼
此相通的伙伴般的连带感来消除谋生之苦。像这种以某种经济理由离
开农村的农民，外出劳动补助家计而集结于运输劳动业的过程，在唐
代便有可征之例了。譬如杜甫《分门集注杜工部诗》卷二五《最能行》
记载：

　　峡中丈夫绝轻死，少在公门多在水。富豪有钱驾大舸，贫穷
取给行艓子。（王）洙曰：峡人富则为商旅，贫则为人操舟，以地居山水之间，瘠
恶无以耕也。

三峡地方的山村，在新的社会分工的展开中，富民成为商人，贫穷农
民成了船夫而受雇于船主，积极地适应于经济关系的新局面。又《唐
国史补》卷下记载：

　　洪鄂之水居颇多，与屋邑殆相半。凡大船必为富商所有……

江西、湖北航运业发达，经营者几乎占城市人口的一半，而且富商便是大船之船主。宋范致明《岳阳风土记》也记载：

> 中民之产，不过五十缗，多以舟为居处，随水上下。渔舟为业者，十之四五，所至为市，谓之潭户，其常产即湖地也。

在湖南洞庭湖地方，贫困农民成为水上生活者，从事以渔业为主的航运劳动。被称为"潭户"的水上渔民之多达到了该地居民的半数。据宋黄榦《政教录》载，汉阳军城内外的城市人口约三千人，辖内二县人口约二万人，另有"船居四百只"的统计外人口[185]。假定按每只船为五人计算，即有二千人，那么就有占城市人口将近 70%、总人口数将近 10%的船户。又据叶适《水心先生文集》卷一《上宁宗皇帝札子二》载：

> 江湖连接，无地不通，一舟出门，万里惟意，靡有碍隔。民计每岁种食之外，余米尽以贸易。大商则聚小家之所有，小舟亦附大舰而同营，展转贩粜，以规厚利。父子相袭，老于风波，以为常俗。

同样，在江西、湖南北地方水运业也很发达，农民长期外出并世袭为常俗，一批小航运业形成了在富商经营之下的支店网。此外，史称"四方知识会沙头"[186]，"蜀船南来去未休，吴船西上到沙头"[187]，"沙市堤上居者大抵皆蜀人，不然则与蜀人为婚姻者也"[188]，"泊新河口，距沙市三四里，盖蜀人修船处"[189]，都反映了湖南北之要冲沙市（江陵郊外）航运业的集中。另一方面，福建也是由于积极地迁居海外和向商品、货币经济浸透，而摆脱耕地不足和人口过剩这样的山村社会所特有的落后状态的典型地区[190]。正如晋左思《吴都赋》所云，"篙工楫师，选自闽禺"，这个地方水运业的发展历史是很悠久的。宋代"福建一路，多以海商为业"[191]，海上企业的发展由此可见一斑。但"大抵海船之家，少上中户，轻生射利，仅活妻孥者皆是"[192]，说明中小规模的航运业是下层人民的职业。福建沿海九县，登记的船宽一丈至二丈的沿岸渔船计三百七十三只[193]，假如按每只船平均为三十人，将有一万人左右的船夫被中小海上企业雇佣。在浙江温州，据《攻媿集》卷二一《乞罢温州船场》记载：

> 十舟梢工，轮差永嘉县有田产船户。每船所用水手，则又泛差诸县濒海之细民为之。此曹各有渔业，深惮此行。

官府之征佣船，其梢工选拔自有田产的船户[194]，水手则从沿海零散渔民中雇佣。民间的海船，大概梢工、水手的出身也是同样的。这里，将《开庆四明续志》卷六《三郡隘船》所载明、温、台州官府登记的船型与船数列表如下：

表2.6　明、温、台三州船只数、人口数

地区	1丈以上船 （a） （单位：只）	1丈以下船 （b） （单位：只）	（a）+（b） （单位：只）	人口数（c） （单位：人）	$\frac{(a+b)\times 10}{(c)}\times 100$
庆元府 鄞　县 定海县 象山县 奉化县 慈溪县 昌国县	140 387 128 411 65 597	484 804 668 1288 217 2727	624 1191 796 1699 282 3324	65694 主客 56492 主客 43820 主客 60521 主客大小 56380	9.5% 21.0% 18.2% 28.0% 1.8%
船只数、 人口数 及占比	1728 （22%）	6188 （78%）	7916 （100%）		

地区	1 丈以上船（a）（单位：只）	1 丈以下船（b）（单位：只）	（a）+（b）（单位：只）	人口数（c）（单位：人）	$\dfrac{(a+b)\times 10}{(c)} \times 100$
温 州 永嘉县 平阳县 乐清县 瑞安县	259 300 371 169	1347 509 1315 813	1606 809 1686 982		
船只数、人口数及占比	1099（21%）	3984（79%）	5083（100%）		
台 州 宁海县 临海县 黄岩县	288 552 166	2521 1422 1339	2809 1974 1505	91680 155744 140743	30.6% 12.6% 10.7%
船只数、人口数及占比	1006（16%）	5282（84%）	6288（100%）	388167（100%）	16%

从上表的统计可以看出：第一，小型船舶之小企业有 80%，占绝对多数；第二，与当时地志记录的人口统计数比较，假如以一只船为十个船夫的最低额计算，则人口的百分之十至二三十与水运业有关（不过，奇怪的是，缺乏资本的流动的船夫阶层，如前述汉阳军的船户却不在人口统计之内，并且实际人口并不比地志统计的多）。总之，在明、温、台三州计有一万九千二百八十七只这样的船只，说明至少有二十万人的零散漕运劳动人口，或兼业或专业地集中于沿海。即使在浙江内陆地区也大致相同，明《万历兰溪县志》卷一《民业》[195] 载：

> 兰溪之民为业不一，要亦不出乎农工商贾之类耳。业于农者或田而稼，或圃而蔬，或水而渔，或山而樵，或操舟于河，或灰

石于山，或为版筑，或为佣工，各食其力，无或惰焉。……远而业于商者，或商于广，或商于闽，或商于蜀，或商于汴，或商于苏杭，或商于两京，舟而载者，比也。

明代之婺州兰溪地方，人们为了摆脱山村特有的落后状态，积极地投身于交通业和商业，成为社会分工之一环而谋求自立。另外，有泽国之誉的湖州安吉、长兴县的船户，为计嘱牙侩避免和雇，一百八十五只官府登籍的在城航船，采取轮流差雇的办法均等负担[196]。

总的来说，船夫的出身基础，大致是一些由于灾荒和货币经济的压迫而不得已离开农村的穷困农民，和随着山村经济的变化积极地谋求向副业的、非农业的职种转换的落后的山村农民。他们或被称为"顽恶无赖之徒"，或被叫作"浮浪不根之辈"，其社会信用度大概是很低的。这必须从他们以村落的解体、变革为起点的社会出身去寻找其理由。

（四）工钱

运输劳动的报酬，称为"工钱"或"雇钱"。"雇钱"是根据雇佣契约而给的报酬，包括船、人的雇佣即包工费和租船费，因此在这里表现为工钱。

工钱的支付办法，与航运经营的形态即自营、被佣之别（后述）相应，而有所不同。可利用来说明问题的资料，全是被佣于官府的例子。据《淳熙三山志》卷一四《海船户》记载，淳熙六年，对在福州沿海九县被佣于官府的海船，官府按等差给船主白身人（无官者）日支钱二百五十，梢工日给钱一百五十、米二升五合，招头、碇手、水手日给钱一百、米二升五合，以现金和现物支付。被佣开始那天，举行犒设（宴会），支给船主修船钱等，并支给梢工每人钱十五贯，招头、碰手十贯，水手给半额即五贯。装备索具费则由船主自己负担。又汪应辰《文定集》卷一三《请免追海船修船神福等钱状》亦载：

> 契勘，福建路沿海州军，自绍兴二十九年至三十二年起发当番海船其一行船主、梢手等日食，起发钱米、犒设、修船、艎板、神福等钱……

就是说对被佣的船主、船夫，按日计算支给现金或现物（食物）作为航海中的工资，并在出海之前支给犒设钱、修船钱、平铺艎板钱、神福钱等。这种惯例大概近似于民间的做法。内河方面的情况也同样，例如《宋会要辑稿·食货四三之四》和同书《四七之三》"元祐八年十一月十日"条云：

> 纲运豫行，修整舟船，欲据合雇人夫工钱十分，先支二分，候合给工钱，只支八分。勘会诸纲所借钱数不多，纲梢不免多出息作债，及贵赊买铺衬等装发，致钱少，雇人不足，偷侵官物。今欲乞，十分内先支三分。从之。

内河方面的习惯，是官府把佣船工钱总地支给船梢和船户，但只先给20%或30%的金额为预付款，余额作为运送的保证金留下来，等到达目的地后才付清（后述）。船梢用这笔预付款作修船费和装备索具费，并雇请与装载量相应所必需的船夫，因此，在预付款不足的情况下，只好以高利借贷修船费等资金，又以年终付款的办法买入船具，结果发生克扣船夫工钱和缺雇必要人数的现象，导致了盗卖运输物资的不正行为。另据《宋会要辑稿·方域一三之一六》云，浙江等渡船水手的工钱为一百文，梢工则倍之即二百文。《渭南文集》卷四七《入蜀记》卷五"乾道六年九月二十八日"条亦云，招头为三老（舵工）之长，故工钱稍多，祭神之后所得胙肉倍于众人。由此可见，即使在内河，也一样是与职掌相应地按等级差别付给工钱。总之，工钱的支付，比起雇主直接交给船夫，好像更多的是经由船梢间接支给的，因此，船夫的地位无疑是很不稳定的。

二　经营的诸性质

一般地说，初期的运输业是交通需要者自己筹办的运输，因而，运输是与商业和贸易密切结合的[197]。宋代的水运亦不例外，其经营的本质并没有脱离用自己的船只运送的时代形态。虽说如此，但是如前所述，在对交通的需求高、吞吐量和运输距离增大，与此相应地交通技术也划时代进步的宋代，交通的职能就不限于自己生产，而已在某种程度上达到了其生产的商品化，经营形态亦相应地分化发达起来了。也就是说，即使船舶所有者自己经营，也不止于单纯是最初的自运自卖，而是通过使用人（雇船长）从事间接经营，同时接受他人（货主）的委托进行货物买卖和按运输契约进行客货输送，即雇载和揽载亦很发达。更有不拥有交通手段者赁借他人船舶经营运输业，或是搞包括船、人在内的佣船等。随之，斡旋中介船舶租赁、运输契约、佣船、集货、贩卖等的船行，开始普及。这里，从今天的所有及经营的观点出发，将这些萌芽于宋代的各种经营形态整理如下：

A 船主自营
（船舶所有）
 a 船主（或合股船主）的直接经营——自运自卖、雇载揽载

 a′船主（或合股船主）通过被雇佣的使用人间接经营——自运自卖、雇载揽载

B 赁　借——由货船（佣赁、租赁）经营—自运自卖、雇载揽载（船舶占有）

C 佣　船——和雇及其他

A′B′C′——船户、船夫的私货搭载贩卖

下面，分所有、出资与经营、运输契约三个方面，对上述各种关系逐一加以说明。

（一）所有（占有）的诸形态

A　船主自营

作为船舶所有者的船主、船户，以自己所有的船舶进行自运自卖，这有 a 船主、船户自己坐船指挥和 a′ 船主、船户命使用者（纲首）、梢工等雇船长代理运输贩卖两种情况。

a 船主的直接经营

早在唐代，如"江淮商贾，业在舟船"[198]，或"洪鄂之水居颇多，与屋邑殆相半。凡大船必为富商所有"[199]之所云，商业很容易地与交通业相结合，而且至少大型船的船主多为商人。这种倾向在宋代也一样。要说船主的身份阶层，则并不限于商人，也涉及皇族、文武官僚、僧道寺观[200]（皇亲宅、公主[201]、在京诸禅院[202]、宅舍、府第、庄舍、寺观、庵舍[203]）、庄园所有者[204]、无论有无官位的土豪[205]、富农[206]、一般农民、零散渔民、水上生活者等各种阶层、身份。尤其是皇族、官僚、寺观、茶盐商人等，对于官府的不时征佣，他们所有的船则可免除差遣[207]，通航中的诸般课税即商税[208]、力胜钱[209]、头子钱，也被赋予政治上的特权予以免除[210]。皇族、官僚、寺观便利用这一有利的特权进行运输贩卖私货，茶盐商人也可独占经营之利[211]。这些官吏资本和垄断商人暂且不论。首先来考察富裕商人用自己的船舶

进行的直接经营。征其事例，有如温州巨商张愿，其世袭海商，用熟练航海者往来海上贸易十数年 [212]。温州瑞安县道士王居常还俗为海商，往山东贸易 [213]。明州昌国县一海商，宣和年间航海碇泊一巨岛中，为土民所执 [214]。建康巨商杨二郎由牙僧起家，到南海贸易十余年，蓄资千万 [215]。建康茶商富小二，绍兴间航海于大洋遇难 [216]。临安富豪王彦太某时欲往南海贸易，整备舶舻、招募船夫出海 [217]。泉州海商杨客恒从事贸易十余年，积资产二百万贯，绍兴十年入港临安 [218]。建溪人主舶大商毛旭，屡往爪哇贸易 [219]。泉州僧本称之兄为海贾，贸易于三佛齐 [220]。泉州海商邵保，庆历中投私财集人航占城捕海贼 [221]。福建商人林振自南番购番药归航，被告发珍珠隐税 [222]。广南一海客，于大观中遭逆风漂流外洋 [223]。内河方面，零陵（湖南永州）市户吕绚造大舟航浙中 [224]。抚州宜黄县民莫寅，乾道中造大舰以五百万资本买盐航往淮东 [225]。以上诸例，全是商人（以及城市富豪）直接乘自己的船，指挥航行，进行客货运贸易的。

其次，再看看商人结成可称为船主组合或海商组合的团体，共同占有船舶和货物，从事运输贸易的合股船主的直接经营。秦观《淮海集》卷三三《庆禅师塔铭》的如下记载，是有关这方面的一则好资料 [226]，其云：

> 师讳昭庆，字显之，俗姓林氏，泉州晋江人也。少跅弛，以气自任，尝与乡里数人相结为贾，自闽粤航海道，直抵山东，往来海中者十数年，资用甚饶。皇祐中，祀明堂，恩度天下僧。师为儿时，父母尝许为僧，名隶漳州开元寺籍。至是辄谢诸贾，以财物属同产，使养其亲，徒手入寺，毁须发受具戒，乡人异之。

这一记载类似 11 世纪英国芬查尔的圣戈德里基（St. Godrici）的传

记 [227] 中所叙述的内容。泉州府晋江县人林昭庆与乡里几位伙伴相结为海商，共同管理财产并一起乘船航海往福建、广南、山东方面贸易。不像这样的永久性合资企业而贸易于高丽、日本、海南岛、南海诸国的海商及船夫，每次航海结成临时的合资组合（同伴、火伴、伙伴），同乘一条船进行贸易，共同分配利润，航海中的刑罚和财产处理等权限完全委托"纲首"或"主船大贾"负责的那种状况，在《萍洲可谈》卷二（前述）和《数书九章》卷一七（后述）等一些资料中均可见片断。

上揭诸例，都是冒险的海上商人和商人组合以及内地的贸易商、城市富豪等，以自己的船在短期内获得莫大利润而致富的情况。反过来说，如此高的利润率，也反映了这么一面，即伴随着航海的自然危险性是很大的，并且也存在着修船、整备索具、船只购买等费用和关税、贡献、掠夺、征佣等社会危险性，要能够补偿这些非盈利的损耗，利润获得就不得不是高的、投机的。因此，如前述林昭庆在营利途中幡然转业为僧，或如泉州杨客在资产形成后向其他职业转换等，可见自运自卖的贸易本身也存在着扩大经营的界限。

另一方面，占有船舶之多数的中小经营又是怎样的呢?《宋会要辑稿·刑法二·禁约》"嘉定五年九月二十八日"条云：

> 漳、泉、福、兴化，凡滨海之民所造舟船，乃自备财力，兴贩牟利而已。

福建沿海的一般船舶，是沿岸居民以自己的资本建造的，并采取自运自卖的生产手段。据《高峰文集》卷五《漳州到任条具民间利病五事奏状》载，在漳州"大抵海船之家，少上中户，轻生射利，仅活妻孥"，就是说在耕地缺乏的漳州地方，海运业是下层百姓谋求生计的手段。又《开庆四明续志》卷六《三郡隘船》载，在温、台、明三州为海防而征佣"百姓营生之船"时，"其家地富厚，真有巨艘者"赠贿胥吏，或假称被形势之家拘占而规避；贫困无力的船主则典卖田产、卖妻鬻子以应征佣，甚至弃乡里而投海贼。又《攻媿集》卷二一《乞罢温州船场》载，温州所造之官船，梢工由永嘉县的有田产船户轮差，水手则泛差于濒海渔民。可见浙江沿岸的一般船户，并非专业的航运业者，而是作为农业的兼业，也就是一种补助家计的经营。再说两浙、江东西、湖南北、四川的一般船户，是以家庭作业为核心的零散小经营为多，这在前面一节已论述过。

这种交通职能是以船主自己生产的直营的形态，一方面有投机的富商、海商和商人组合的经营，另一方面也广泛存在中小资产阶层的农民兼业的经营和水上生产者、脱离农村者的窘迫零散的经营。

a′ 船主的间接经营

在航海的自然、社会的危险性还存在的情况下，为分散这种危险，船主自居陆上，让代理人（雇船长）指挥客货的运输贩卖，在自船运输时代，这也可称得上是稍有进步的形态。南海贸易船通译泉州人王元懋，尝诣占城，被国王延为馆客，并结成姻籍，所蓄资财百万，归乡后做贸易商，使行钱吴大为纲首，出海贸易，便是一例。[228]"行钱"是富豪和商人的雇工[229]，相当于后世之出海。又泉州巨商南蕃穆斯林出身的佛莲，发海舶八十艘[230]，这当然也不是自己直接经营，而一定是通过使用人（雇船长）来经营或出租的（后述）。《通制条格》卷一八《关市·市舶》、《元典章》卷二二《户部·市舶》云"海商每船募纲首、直库、杂事、部领、梢工、碇手"，记述了海商即船主，每于航海时雇募纲首及以下之船夫。同上书还记有航海之前舶商向官府请给公验、公凭之申请书上，必须列记本船财主以下的纲首、直库、梢工、杂事、部领、碇手、人伴等姓名的规定。"财主"即船舶所有者、出资者，有的同时又是海商，有的则不是，也有的是采取合股的形式，但不管怎样，反映了船主与直接经营者的分离。《通制条格》记录海舶若出现违法行为而必受处罚的责任者有"舶商、纲首、事头、火长"，可以看出至少经营主（舶商）、船舶所有者（船主）、经营代理者（纲首）三者大致是分开的。还有比较特殊的事例，如《开庆四明续志》卷六《三郡隘船》记载，在浙江的明、温、台三州，以防止由于官府的强制征佣而破坏中小海运业者的经营为目的，在官府的指导下，施行由船主组织起来的船舶共有组合的"义船法"。据此记载，有船者五六十人，依各自的资产比例，集资建造六艘共有船，以其半数的三艘组合经营，获取利润来充整船费，其他三艘各配备"干办公事"一员，以供征佣。这共有的六艘船，结果变成一种组合船主、以雇船长代行经营的形态，这恐怕反映了类似的民间惯例。

如上所述，至少大企业比自运自卖的经营形式要进了一大步，陆上的船主与海上的委托经营者之间发生了"出资"与"企业职能"的分化，出现了分散危险的倾向。

B　租赁

自己生产的这种交通职能，有着一定的局限性，这有如上述。但随着交通需要的激增，不具备搬运工具的人向船舶所有者租用船舶的惯行便应运而生了。这是很值得注意的现象。例如杨万里《诚斋集》卷六三《与虞彬甫右相书》载：

　　某之里中有富人焉，其田之以顷计者万焉，其货之以舟计者千焉。其所以富者，不以己为之，而以人为之也。他日或说之曰：子知所以居其富矣，未知所以运其富也。子之田万顷，而田之入者岁五千；子之货千舟，而舟之入者岁五百，则子之利不全于主而分于客也。富人者于是尽取其田与舟，而自耕且自商焉。不三年而贫，何昔之分而富，今之全而贫哉？其入者昔广而今隘，其出者昔省而今费也。且今天下之理，岂有尽废于人而并为于身哉！则亦以人易人，以客易客而已矣。

这虽是一则寓言，但值得参考。随着社会分工的发达，全国性市场一旦形成，即使是富农的经营，与自己经营耕地及运输船舶等生产工具相比，让他人分享利润的办法更为有利可图。这样的进化事态，从吉州富农的这一例子便得到了证明。这种"赁船"行为，早已见于《故唐律疏议》卷四《以赃入罪》"诸以赃入罪，正赃见在者，还官、主转易得他物及生产蕃息，皆为见在"中的"若计庸、赁为赃者，亦勿征"条所载"赁，谓碾硙、邸店、舟船之类，须计赁价为坐"，及《平赃者》"其船及碾硙、邸店之类，亦依犯时赁直"。另一方面，在南宋，作为两税和科配的赋课基准，除田土物力（亩头物力）外，有家业物力的查定法。家业物力的对象资产，有与"质库""坊廊""停塌""店铺""租牛"并列的"赁船"一项[231]。这是富农的经营多样化与其他金融业、与借贷并行的通过出租船而获取利润的广泛存在的旁证。

租借富民之船者有前述的海商例子，此外，也有靠外出经营副业、收入补充家计的小农民。关于后者，前述《桐江续集》卷一三《听航船歌十首》所咏之船户，由于高利的债务而从农业转向运输业，租用魏塘船以雇载为业，长期在外谋生，就是个好例子。

C 佣船

这里所说的佣船，指的是包括船和人在内的雇佣。可以预想到的是，这种关系的成立，要求保证运输效率的各种条件，即由交通需要激增造成运输之恒常，以及充分地利用船舱取得装货的效率，这些条件不利于单独经营（如不熟悉市场情况、竞争激化等）。在史料上，佣船多出现于被称为"和雇"的官府漕运组织的民船佣雇。宋初，国家的漕运是以官船官人进行的自己生产、自给自足为第一的[232]，但不久在与民船的互相竞争中，感到官船自运在船舶、船夫的利用上，效率是不高的，于是便广泛采用佣船方式。和雇的运输契约，大致采取官、民以船行、牙人为媒介三方合议决定的原则，但事实上，出于运费被官府之手垄断性地压低，对水难和损失的赔偿严苛，又属强制性的征佣等原因，航运业者和船舶所有者都倾向于规避。

然而，和雇具有定额运费收入以外的各种特权，即允许运载一定数量的私货（后述）和授予官爵作为报酬[233]等。为了垄断企业经营，土豪和拥有流动资本的客商（有子本客人）对享有不用操心采货之特权的和雇感到有吸引力而多有应佣[234]。漕运体制逐渐地偏于以和雇为主了[235]。这种出于官府的被佣，当然反映了先行或并行于它的民间惯例是可以肯定的，此由《宋会要辑稿·食货四三之六》及同书《四七之四》"政和元年六月二十六日"条的和雇民间舟车"依民间价直僦雇"之记载便可见得。正如仁井田陞博士所指出的，"雇"字，有当时一般的雇佣和采取承包的雇佣两种含义[236]。因此，对于后面将要述及的运输契约的诸资料，可以理解为也包括了这种佣船的事例。

A′B′C′　船户、船夫的私货搭载贩卖

不管是自营，还是租赁、佣船的哪一种场合，船户、船夫往往都要搭载贩卖一定数量的私货。《台湾"私法"·海商》把这种惯行称作"随船"。在宋代，对于官府的漕运，"开宝三年九月诏"中指出，成都府的盐帛钱货纲运，押纲使臣和随船人兵"冒带物货私盐，及影庇贩鬻"[237]；"天圣三年十二月二十日诏"规定，允许诸小河运粮盐人员坐船之一半乘载家计物色[238]；"治平四年十月十七日诏"，限制汴纲私载[239]；同年"十一月十四日诏"，禁江淮纲船梢工私载[240]。与之相反，在客船和雇普遍化的北宋末南宋初，却大幅度地容许搭载私货，允许以纲船（船团）全装载量（力胜）的 10%—20% 即一分力胜至二分力胜作私货的揽载。如有不行使这一权利而将可载私货之份额仍用来装官货的运输者，则依"和雇客船例"支给这部分的雇夫工钱[241]。"乾道二年十月十四日诏"，允许和雇的土豪之船兴贩"随纲三分米粮"[242]。另外，对海船私载的容许量则更大，如《高峰文集》卷五《漳州到任条具民间利病五事奏状》云：

> 差雇必优其直，仍以船力所胜，官载六分，四分听其贩卖。赔费既少，优获利息，则足以得其心力。

官府的和雇船，承认其以官六民四的比例私载。其次，《参天台五台山记》卷三"熙宁五年十月六日"条、卷四"熙宁五年十月十二日"条分别记述了成寻等乘坐和雇船的梢工屑福，在宿州及宋州城下把私载的姜拿出来上市；在开封城下水门，利用"日本僧船"的名目将豆蔻等贵重货物隐匿于船内而通过检询。可以看出，虽然默认私载，但对于贵重货物，官府却是不准许的。据宋陈元靓《事林广记·庚集》卷二《旅行杂记·买舟》记载：

> 旅途遇有便水，谁吝买舟，但须访问水路何如。若无滩险，可就店主牙家处扑雇。才有成就，即令写雇契，交领上期钱会。然亦未要多支，盖恐桥津沮滞，或未发舟，则依旧出陆，无不可者。如舟梗撑发，勿令稍子夹带私货，及额外搭载人数。

在订立运输契约之际，劝告旅行者要事先禁止梢工搭载私货。唯船户、船夫的搭载私货乃自船自运时代之残余，运输契约上是当然禁止的。事实上，明初的运输契约在契约文字上也禁止搭载私货（后述）。不过，在船户船夫的社会信用度低、盗卖运输货物横行的当时，倒不如承认私货搭载作为保证船舶和客货不遭损失的办法，比起一份契约文字，不能不说是更为有效的。

（二）出资与经营

关于这一点，在前面已经述及。但当时的航运业，在另一方面是作为海商和大商人的投机产业，以及作为零散农民补助家计的兼业，这样自船自运的个人产业而存在的。自然的、社会的危险性之存在，加上市场关系之复杂等这种应有的状况，令人感到个人企业是不能得利的，因此，便产生了"企业职能"与"出资"的分化即"合本"（分股出资）的惯行 [243]。"船舶共有组合"和基于海商、船夫伙伴的相互合作之共有的"合手组合"开始萌芽性地发展起来，在某种程度上促进了所谓前期资本的集中。这是值得注意的。

先来看看合本的关系。前述《通制条格》卷一八、《元典章》卷二二《市舶》所记之"财主"，是向租户——"海商"或雇船长"纲首"委托货币和商品的物主。对资本贫乏的商人高利出借已经在当时的内陆城市、农村的富豪、大商人、富农之手盛行。物主被称为"业主""财主""财东"，接受货币和商品出借利钱而在契约期间收取利润的机能资本家被称为"行钱""干办""经纪人""经商"等。《三朝北盟会编》卷一八〇"绍兴七年十月"条云：

富人必居四通五达之都，使其财布于天下，然后以收天下之功。

又同书卷二九"靖康元年正月八日"条云：

> 缘京师四方客旅买卖多，遂号富庶。人家有钱本，多是停塌解质舟船往来兴贩，岂肯闲着钱，买金在家顿放？

关于"行钱""干人"等，请参考前述宫崎市定《中国近世生业资本的借贷》以及拙稿《宋代的干运和经纪》和本书之第六章。

关于海商的合本关系，今堀诚二在《十六世纪以后合伙的性格及其推移》[244] 一文中所介绍的秦九韶《数书九章》卷一七《均货推本》是一则说明问题的好资料，其中云：

> 问：有海舶，赴务抽毕，除纳主家货物外，有沉香五千八十八两，胡椒一万四百三十包包四十斤，象牙二百一十二合大小为合，斤两俱等，系甲乙丙丁四人合本博到。缘昨来凑本，互有假借，甲分到官供称，甲本金二百两、盐四袋、钞一十道；乙本银八百两、盐三袋、钞八十八道；丙本银一千六百七十两、度牒一十五道；丁本度牒五十二道、金五十八两八铢，已上共估直四十二万四千贯。甲借乙钞，乙借丙银，丙借丁度牒，丁借甲金，今合拨各借物归元主名下，为率均分上件物货，欲知金银袋盐度牒元价及四人各合得香椒牙几何？

这虽是一种计算问答题，但我们可以从中看到，海商甲乙丙丁四人，筹集金、银、盐、钞、度牒等资本，作临时的组合而"合本"，乘坐主家的贸易船，购入沉香、胡椒、象牙等货物归航后，交纳主家余下的上等货物，根据四人分股出资的比例，按份分利。并且，在这种场合，四个海商伙伴作"合手组合"[245] 的同时，与陆上的船主之间亦建立了

"出资"与"经营"的合本关系，也就是建立了租户物主双方出资的"合名公司"[246]。南宋包恢《敝帚稿略》卷一《禁铜钱申省状》在述及浙江、福建、广东向南海秘密输出铜钱时云：

> 海上人户之中下者，虽不能大有所泄，而亦有带泄之患。而人多所不察者，盖因有海商，或是乡人，或是知识，海上之民，无不相与熟。所谓带泄者，乃以钱附搭其船，转相结托，以买番货而归。少或十贯，多或百贯，常获数倍之货。愚民但知贪利，何惮而不为者。

陆上的物主（无机能资本家）不限于富豪，沿岸的中小资产船户由于同乡、近邻和相识之关系，向海商"分股出资"，归航后参与出资相应之货物的分利。前述泉州商人林昭庆，与同乡几个海商结成机能资本家的"共同企业结合体"[247]，也是合资经营的萌芽。此外，从《开庆四明续志》卷六《三郡隘船》的浙江义船法推测的"船舶共有组合"[248]，可以说也是合资经营的原始形态。《萍洲可谈》卷二《海舶》所云海商伙伴选巨商为纲首、副纲首任航海中之指挥，《夷坚续志后集》卷一《道教门·祭炼感应》所云广州商人与同伴一起泛海经纪诸国，《夷坚丙志》卷一三《长乐海寇》所云广州估客二十人偆雇一舟等海商临时组合之事例，也可认为是合资企业的产生形态。

最后，谈谈作为机能资本家的共同企业的一种萌芽形态，就是大批的小企业保留原企业职能，而集结于大企业之下，形成广泛的支店网组[249]，利用地区的差价抽取利润的形态。《水心先生文集》卷一《上宁宗皇帝札子二》所记载的便是这样的例子：

> 江湖连接，无地不通，一舟出门，万里惟意，靡有碍隔。民

> 计每岁种食之外，余米尽以贸易。大商则聚小家之所有，小舟亦附大舰而同营，展转赈粜，以规厚利。父子相袭，老于风波，以为常俗。

小船之企业主一面把握主动权，一面作为大舰、大商的支店网之一环而展开活动，进行采货和利用米的地方价差的投机贩卖。这种结合关系也是合资经营的原始阶段。《宋会要辑稿·刑法二之一〇七》"绍兴十二年八月三日"条，述及渡淮河向金越境的私贩商人时云：

> 禁客旅私贩茶货，私渡淮河，私与北客私相博易。若纠合火伴、连财合本，或非连财合本而纠集同行之人，数内自相告发者，与免本罪。

指出了共同企业结合的"纠合火伴""连财合本""纠集同行"三种形态[250]。恐怕这种"纠合火伴"是临时的商人组合；"纠集同行"是如今堀诚二《十六世纪以后合伙的性格及其推移》所言的同业种的企业联合（前述之支店网组织）；"连财合本"大概是资本集中度较高的"合手组合"。这种共同企业结合（合名公司形态）的原始形态大体上已经出现的状况，对于理解宋代航运业经营的性质是很重要的。

（三）运输契约

在宋代，像前面所说的交通职能的自己生产被取代，实现了某种程度的生产商品化，交通业从商业中达成了某种程度的独立，随之运输契约发达了起来。契约是为通常的客货揽载，以及包括船人在内的佣船而订立的。用语上运费表达为"雇钱""雇船水脚钱""水脚靡费""脚价"等。要注意载人客（雇佣）与佣船（承包）不加区别地使用同一"雇"字。

A 运费（水脚、脚价、雇钱、傥直）

1.运费的计算

《宋会要辑稿·食货四八之一七》"嘉祐六年四月二十一日"条载对和雇船脚乘（运费）的支付是"依图经地里，每百斤百里支钱百文"。同书《食货四八之五》"绍兴二十八年七月三日"条载，对和雇土豪及有子本客人（有流动资本的客商）的客船，规定"每硕三千里，支水脚钱三百文省"。又元沙克什《河防通议》卷下《算法第六》以黄河河防的梢草为例计算：

> 假令有梢草一万五千三百五十束，过脚赴场送纳，议定百里百斤脚钱二百四十四文。每束一十五斤，到场九十里，问总该脚钱多少？答曰：五百五贯六百二十九文。

再如《洪武苏州府志》卷一〇《漕运》记关于经由山东的海运：

> 至元二十一年定议官支脚价，令近海有力人户，自行造船，雇募稍水运粮。依验十斤百里，每石脚价八两五钱。

如上所载，官府和雇的运费计算基准的比例关系是：

> 定量货物：定量运输距离：基本费用

以此为基准乘除实际的里程和货物量，便可算出来了。而且，从"依民间价直傥雇"[251] 来看，这同时又是民间之惯行。然而，由于货物品种不同，重量单位各异，因此必须用共通的单位（斤、石、料）来换算。《河防通议》卷下《输运第五》明确记载了有关河防用材的这种换算率，譬如述及《杂运诸物斤重》云：

> 土自方一寸，重二两泥重三两。砖自方一尺，重八十七斤半方寸重一两四钱。瓦自方一尺，重九十斤一十两方寸重一两四钱半。黄金方寸重一斤，玉方寸重一十二两。钱一贯重五斤系八十陌。米每石重一百六十斤一十二两定一百斤，粳米一斗重一十七斤，糯米一斗重一十八斤一十五两。盐一斗重一十斤，湿盐一斗一十二斤。蜜一斗重一十二斤。漆一斗重一十斤。油一斗重九斤。

同卷《水运》项：

> 轻重船上下水日行里路。上水重船日行三十五里，轻船日行五十里。下水重船日行一百里，轻船日行二百里。

同卷《水脚》项：

> 定到桩橛下水，行百里，每重一石，脚钱四十文三分六丝。每石定一百一十五斤，每一百斤，该脚钱三十五文四厘四毫。梢草每束一十五斤，每斤脚钱三分五厘四丝四忽，计该脚钱五文二分五厘六毫六丝。

如上述所示，由于上水、下山、轻船、重船、山河、平河的不同，基本费用也会有所影响。关于船的载重量，同卷《般运石段》项云：

若用三百料船，可载一百五十块，榫梢水手一十八人。船长四十五尺，阔一丈，除前后水仓占讫一丈五尺外，有三丈。每尺为十料，每一料容重六十斤。沿山河放船行，若呼小尾，是船头直上行，呼抬尾，是船头直下行。

船阔（宽）与船身（长）相乘的数值，则表示载重量即料数。料是横截宽一尺的船舱载重容量的单位值。这种三百料船每尺为十料（1尺×10尺），而每一料容量六十斤。

2.运费支付办法与保证

运费及佣船费，大概是避开一次性付款，故有先付定钱几成，等客货运达目的地后再支给余额，以防备万一可能产生的损失和事故的惯行。这里不妨再引前述《事林广记·庚集》卷二《旅行杂记》：

旅途遇有便水，谁客买舟，但须访问水路何如。若无滩险，可就店主牙家处扑雇。才有成就，即令写雇契，交领上期钱会。然亦未要多支，盖恐桥津阻滞，或未发舟，则依旧出陆，无不可者。

运输契约订立后，交付"上期钱会"（定金之钱和会子），但也预测到在途中可能有撕毁契约的情况，因此没有必要多支给定钱。据《宋会要辑稿·食货四三之二一、四七之十九》"绍兴五年十一月二十五日"条、同书《四四之一四》"淳熙十六年闰五月三日"条、《四四之十七》"嘉定九年五月二十三日"条之诏书云：对和雇客舟的雇船水脚钱（佣船费），先支给船户七分（船户揽载七分钱），余下三分（船户三分水脚钱）当在起航地充保证费。又有一次性支付全额时，发生事故的赔偿费必先由船户全部负担，不足部分变卖船具付款，再不足时卖原中介牙行保人之产业来抵偿的规定。民间的惯例大概可以此类推。这种预付款，除叫"上期钱会"外，也有"先借上期银""定钱"等称呼。

B 雇船契约

宋元时代运输契约的发达，意味着交通职能商品化的兴起，以及收取运费输送客货的运输业的独立。但另一方面，恐怕也可以认为这意味着自然的、社会的危险时常发生，并且航运业者本身社会信用度低，货物和船客的安全往往得不到保证，有关运费的纷争和盗卖船货等恶习的存在。据《淳熙三山志》卷三九《土俗类·戒谕·戒船户》，北宋元符年间，由于不断发生福州诸县船户威吓船客抢夺财产并杀人这样的恶性事件，因而明立"雇船价例"，即严禁例外索取钱物之弊害的旨文。

客货运输的契约关系明文化。对损失保证做出规定的"雇船契"，在宋元时代已经具有固定的形式并得到发展。这种祖型基本上为明清时代所承袭。如加藤繁博士《清代福建江苏的船行》[252]中已介绍过的宋张邦基《墨庄漫录》卷四有这样的记载：

> 崔公度伯易赴宣州守，江行夜见一舟，相随而行，寂然无声。挽船得港而泊，所见之船亦正近岸，公疑之，遣人视之，乃空舟也。舟中有血痕，于舟尾得皂绦一条，系文字一纸，取观之乃雇舟契也。因得其人姓名牙保之属，至郡，檄巡尉缉捕，尽获其人。盖船主杀雇舟之商，取其物而弃其舟，遂伏于法。岂鬼物衔冤而诉乎？

在契约中写上了"雇舟契"及"其人姓名及牙保之属"，这点是很清楚的。在已故仁井田陞博士介绍[253]的元泰定重刊之《新编事文类要启札青钱（德山毛利家本）外集》卷一一《公私必用》中存有雇船契约之书式：

雇船只契式

某州某县某处船户姓　某

右某今托得某乡某里船牙姓某保委，揽载得某处某官行李几担，前到某处交卸。当三面言议，断得工雇水脚钞若干贯文，当已借讫几贯为定，余钞候载到彼岸交卸了当，尽数请领。自装载后，须用小心看管，不敢上漏下湿，如有损坏，甘伏一一偿还不词。谨契。

年　月　日船户姓　某　号　契

船牙姓　某　号

据仁井田陞博士的推定，这种书写法的原本可上溯到 13 世纪末，并且书式之渊源与唐宋书仪（书简文范）有关系，因此，可以视为宋元时代之惯例。以上"雇船只契式"所记之内容有：其一，船户某在船牙某的保委下承包输送顾客某的货物到某地；其二，写明在船户、船牙、顾客三者合议之下，确定运费，预付定金几贯，运到后应支给余额几贯；其三，说明保证运送的文字和损坏赔偿义务；其四，以契约年月日和船户、船牙之署名捺印完结。

其次，据说是明刊或明代纂辑的《新编事文类要启札青钱》[254] 卷一〇《杂题门·交易契书诸式》的"雇船脚契式"，大概是蹈袭元刊本的，但也有不同之处。即：

雇船脚契式

某处船户姓某，今得某人保委，就某处河次，将梯己船只揽载得某人某货并行李计几担，载至某处河下交卸。议定每担水脚分若干，先借上期分若干，余钱沿路批借，候载到地头结算请足。所载货物，须管小心搭盖，不致上漏下湿。或遇盘滩剥浅，船户自当。如有疏虞，且船主甘当，照依地头卖价，尽数陪还无词。今恐无凭，故立船契为用者。

年　月　日揽载船户姓　某押　契

保　　人姓　某押

除上文以"船牙"为"保人"，下文之保证文辞有"或遇盘滩剥浅，船户自当……"句外，其余大致相同。

此外，明万历本《三台万用正宗》卷一七《民用门》所收《船户揽载货物文书式》，同万历本《万书萃宝》卷一二《雇船契》，同万历本《万用正宗不求人》卷五《雇船夫契》，同万历本《一雁横秋》卷四《船户交河》，同万历本《翰府锦囊》卷八《船户交河》，承蒙仁井田陞博士俯允借阅其以上藏书并赐教。总之，《启札青钱》之元、明刊本的契约文字基本是一样的，故此不赘述。唯仁井田陞博士在《元明时代村的规约与佃耕证书等（一）》[255]一文所述及的万历本《三台万用正宗》卷二一《商旅门》，其中收集了许多 16、17 世纪珍贵的商业史资料，尤其是《船户》项有着丰富的具体记述。因此据已故仁井田陞博士所藏本记载如下：

船户

且以，顾船一事，必须投牙计处，询彼虚实，切忌爱小私顾，此乃为客之第一要务也。虽江湖老奸巨猾，尚难逃其术，何况笃实之人哉。如新下水、新成买，什物不整，邋遢旧船，失于油洗，人事猥衰，必少债船也。其看船之法，须是估梁头妆货数，看灰缝，试软硬，方可成交。谚云：雇船如小买，诚哉是言。如装粮食，务要防慎，后仓、马门梁、眼梁，缝尤有死，夹梁更加双夹籁，并掣买筹数，卸亦如之。受载之时，须要看其水脚，难以尽其贪心，各仓俱记小数，不可听其混装。至中途者，或做假印，更改斛制，或干或潮，挽和各色，稍脚千货千弊，百狡百奸。若装芝麻、菜子、粟米，眼缝要使纸糊。麻饼破两片而斗成三片。腌猪将小猪而抵换大猪。桶油钻眼得油，而使槿楔，只油彼缝，得油而称燥调；就有使针搠眼得油，而插猪鬃用火烧头，即为开塞。绵布用竹夹卷心掣出。包米用芦管而斜插溜焉。纸箾松头而整刀抽取。包鱼解索而逐个偷拈。棉花因装卸而动手，有人不能。官盐故盘动而探偷，无包不干。至于杂货药材，见机而作。犹有盗货价倍于船，凿船沉水，弃船而逃。常有未至地头，预支下脚，及卸少原装数目，却使柔奸，或加图赖，不肯全赔，发誓告饶，高低折色贼智，难于牧举，机心疑设，防慎为先。完契之时，下脚必推不足，中途支使，须将卖货为由，倘有余贽，切休露白。谩藏诲盗，古贤良言。船户总使无心客作，岂能保得。

这是货主与船户订立契约时的注意事项，以上是其要点。订立运输契约必经牙人为媒介方可进行，必须绝对避免私雇。当订立契约时，首先要看船只，应是新造的而非老朽之船，并了解船体的载重能力，再确认船体填絮有无漏水，才能签订。特别是在装卸谷类之际，要查明船舱板的接缝，船梁侧面的小舱也计算在内，装货时要商定好运费，各舱均记录小数，防止混装。另外，对于芝麻、菜子、粟米、麻饼、腌猪、桶油、绵布、包米、纸箾、包鱼、棉花、官盐、杂货、药材，每项货物都要事先防止所能预想到的盗卖和人为水难的诈取等。还有，订立契约时，费用不可不足，以及运输途中的支出与货物卖出额相应付给，尽量做到让其不起盗心。像这样告诫商人直接与运输业者立契将遭诈取，又劝说即使订立契约，对盗卖货物也要讲万全对策的情况，大概是由于零散阶层出身的船户社会信用度很低，若不监督契约的履行会常常发生货主蒙受损失之事。但也应考虑到不得已而常习性盗卖货物的社会条件，特别是自农业转出以及支给运费、工资的船户对商人和船行的隶属关系。

C　船行（船牙、牙保人、店主牙家、船行、饭头人）

宋元时代民船的经营，从最初的自运自卖进一步向通过运输契约来揽载客货发展，这无疑是斡旋于顾客与航运业者之间的船行所希望而又不可缺少的。因为对于航运业者来说，有充分运输效率的物货集运、顾客的确保和运输货物的贩卖是隶属于船行并靠它来解决的。对于货主来说，以船行为媒介而达到运输目的的同时，能够得到运送的保证。关于船行的这种职能的例证，如泉州海贾杨某碇泊钱塘江上，把船中运载的全部货物寄存于杭州抱剑街"主人"唐翁家土库的故事[256]，便是一种有关船行的记载。又元任士林《松乡先生文集》卷四《送叶伯几叙》记进入明州港的船舶云：

> 市侩布立岸上，遥呼问海伴故旧。三老倚桅长揖……然后乃登岸，洋洋入市侩家，挥霍醉语无谁何。明日椎羊沥神，击鼓召市，贩夫日来，争贸急售。

所云之"市侩"，大概也具有同样的机能。前述《事林广记·庚集》卷二《旅行杂记·买舟》记述在旅行途中雇船时，在"店主牙家处"订立运输契约方可搭船，说的也是内陆的船行。又《桐江续集》卷一三

《听航船歌十首》所记秀州魏塘镇的小航船之船户租用船只时，船牙收取手续费，这反映了船户隶属于船行的关系。同样，《嘉泰吴兴志》卷一八《事物杂志·舟》云船户计嘱牙侩逃避和雇，《通制条格》卷一八《牙行》"皇庆元年三月中书御史台之呈"云，"近年都下诸物价腾，盖因各处所设船行、步头，刁蹬客旅，把柄船户，以致舟船涩滞，货物不通"，也是船户隶属船行的证明。

关于船行向货主担保船户之身份，对运输中的事故和偷盗等损失的保证这种运输保险的机能，前述元、明刊《启札青钱》和其他日用百科全书的雇船契约，以及《宋会要辑稿·食货》所载牙保人（船行）的赔偿规定 [257]，讲的是很明确的。《通制条格》卷一八《牙行·雇船文约》更进一步从官府的立场劝告要以"饭头人"即船行为媒介，在船行、船户（管船）、客旅三者合议之上做成契约，并规定了饭头人的赔偿义务。其云：

> 至元三十一年二月，中书省议得，今后凡江河往来雇船之人，须要经由管船、饭头人等三面说合，明白写立文约。船户端的籍贯姓名，不得书写无籍贯并长河船户等不明文字。及保结揽载已后，傥有疏失，元保饭头人等亦行断罪。及将保载讫船户，并客旅姓名，前往何处勾当，置立文薄，明白开写，上下半月，于所属官司呈押，以凭稽考。

正如本章之开头所述，唐宋时代社会生产力的发达，促进了城市、农村、国内、国外市场的全国性商品流通和社会分工的新的展开，对交通需要的激增，使民间航运业出现了独立发展的局面。官府的漕运组织，之所以从宋初的自给主义和官船第一主义，到北宋中期以后，以和雇民船而逐渐加深了对民间运输组织的依存，无疑是由于在官民两者的彼此竞争中，民间运输业一面对抗垄断的官营企业，一面不断地提高了自己的实力。

在民间航运业发达的长江及其支流流域和长江三角洲地区，以及海运勃兴的浙江、福建、广东地方，大批农民集结于交通业。他们多是由于灾荒和高利贷而不得不离乡外出，从事零散经营的农民；以及在山村社会新的变革中，为克服因耕地不足的经营零细性，而积极地转向其他职业的山村农民。他们一面保留农村社会的家长社会秩序，一面以家庭作业为核心，利用相识、同乡、同业之关系从事漕运雇佣劳动。船内之作业，在大船上由于规模大而职掌截然分化，小船则以家庭劳动为主，而职掌是流动的。

从经营方面看，宋代航运业之大势乃是自船运输。但不只限于自运自卖的原始形态，交通职能的生产商品化，即交通业作为一个独立的经济部门在某种程度上已经实现了。运输契约、运输保险之惯行发达，随之船行亦兴盛起来。同时，租用他人船舶的惯行、佣船也很盛行。于是，至少在海运业方面，"合手组合""船舶共有组合""合本"等惯行业已纷纷出现，可以见到前期资本萌芽的集中形态。

以上是宋元时代航运业自律发展的一个侧面。但另一方面，却有着对航运业之上升力起阻碍作用的自然和社会的因素。作为自然的因素，当时的漕运技术还不能完全避免船难的危险，水运业特别是海运业仍具有很强的投机和临时性质。作为社会因素，可以认为有外在的和内在的两个方面。外在的因素有战争和匪徒海贼的掠夺，恶劣船户的抢劫客货，官府的不时征佣，通行税的过重征收，与官僚、皇族、寺观、庄园所有者、茶盐垄断商人的特权和独占运输的不利竞争等；内在的因素有组成水运业的社会阶层的落后性，经营的零散性，以及由此而出现的社会信用度低等。即投机的海商也好，内河零散的船户也好，实际上从事水运业的劳动力，是以唐宋以来农村一定程度的解体为契机而涌出的农村过剩人口的外出劳动为基础的，深刻反映了基于旧农村社会的家父长家庭关系而进行作业的"同业公会"之性质。他们的小经营往往为高利贷和富商的批发制所支配，资本的集中和扩大也是很有限的。

这种宋代航运业的积极和消极的侧面，在具体的历史进展中如何展开，航运业的自律发展又是怎样实现的？关于这一点，拟在今后对明清时代扩大问题范围来加以探讨。

注释

[1]　加藤繁译注:《旧唐书食货志·旧五代史食货志》,东京:岩波书店,1948。青山定雄:《唐宋时代的交通与地志地图研究》,东京:吉川弘文馆,1953。青山定雄:《宋史食货志译注（一）》"漕运",和田清编,东京:东洋文库,1960。外山军治:《唐代的漕运》,《史林》22,2;《关于漕运的诸研究》,《东洋史研究》3,2。全汉昇:《唐宋帝国与运河》,上海:商务印书馆,1946。

[2]　桑原隲藏:《蒲寿庚的事迹》,东京:岩波书店,1935。

[3]　藤田丰八:《东西交涉史研究·南海篇》,东京:荻原星文馆,1943。

[4]　天野元之助:《中国农业经济论》（中卷）,东京:改造社,1942;《中国中部民船业》,东京:博文馆,1943。

[5]　周世德:《中国沙船考略》,《科学史集刊》5。

[6]　仁井田陞:《中国法制史研究·奴隶农奴法、家族村落法》（1962）、《中国法制史研究·法与习惯、法与道德》（1964）,东京:东京大学出版会。

[7]　青山定雄:《宋史食货志译注（一）》"漕运",和田清编,东京:东洋文库,1960。

[8]　宫崎市定:《中国近世生业资本的借贷》,《东洋史研究》11,1;13,5。

[9]　森克己:《日宋贸易研究》,东京:国立书院,1948。

[10]　岩生成一:《近世日中贸易数量的考察》,《史学杂志》62,11。

[11]　今堀诚二:《十六世纪以后合伙的性格及其推移》,《法制史研究》8。

[12]　星斌夫:《明代漕运的研究》,东京:日本学术振兴会,1963;《明史食货志译注·漕运》,和田清编,东京:东洋文库,1957;《清史稿漕运志译注》,1962;《清代的水手》,《东方学》12。

[13]　森田明:《清代水手结社的性质》,《东洋史研究》13,5。

[14]　山胁悌二郎:《近世日中贸易史研究》,东京:吉川弘文馆,1960。

[15]　大崎富士夫:《宋代漕运营运形态的变革——以客船的起用为中心》,《史学研究》10。

[16]　大塚久雄:《株式会社发生史论》,东京:中央公论社,1948。

[17]　富永佑治:《交通》,载大阪市立大学经济学研究所编《经济学小辞典》,东京:岩波书店,1951,1956。

[18]　台北:中华丛书编审委员会,1961。

[19]　"南船北马"谚语之起源或出典不明,但可参考《淮南子·齐俗训》,"胡人便于马,越人便于舟"。

[20]　"南舟北帐"见北齐颜之推《颜氏家训》:"昔在江南,不信有千人毡帐,

及来河北，不信有二万斛船。"又宋洪迈《容斋四笔》卷九《南舟北帐》有同样的记载："顷在豫章，遇一辽州僧于上蓝，与之闲谈曰：南人不信北方有千人帐，北人不信南人有万斛之舟。"

[21]　参考藤田元春：《中国水运路的发达及其船》，载京都帝国大学文学部编《纪元二千六百年纪念史学论文集》，京都：内外出版印刷，1941。

[22]　《旧唐书》卷九四。

[23]　《唐国史补》卷下。

[24]　散见于卢纶《送从叔牧永州》（九江船）、杜甫《雨二首》（荆州船）、杜甫《秋风二首》（吴樯楚柂）、《新唐书》卷一三四《韦坚传》（山东小斛舟）、《一切经音义》卷一（"船大者长二十丈，载六七百人"）、《东坡全集》卷一三（江淮的转运舡［一千石］造船）、《册府元龟》卷四九八"懿宗咸通三年夏"条（福建的一千石海船）等资料。

[25]　陈造：《江湖长翁文集》卷二〇《次姜尧章饯徐南卿韵二首》。

[26]　方回：《桐江续集》卷一三《听航船歌十首》。

[27]　袁说友：《东塘集》卷二《过虾蟆泉》。

[28]　洪刍：《香谱》卷下。

[29]　陆游：《渭南文集》卷四七《入蜀记》卷五"乾道六年九月二十日"。

[30]　吴自牧：《梦粱录》卷一二《江海船舰》。

[31]　同上。

[32]　《宋会要辑稿·食货五〇之八》。

[33]　《宋会要辑稿·食货四七之一六、一七》。

[34]　《宋会要辑稿·食货五〇之二七》。

[35]　《开庆四明续志》卷六《三郡隘船》。

[36]　同上。

[37]　《淳熙三山志》卷一四《海船户》。

[38]　指客货船。赵彦卫《云麓漫钞》："今浙西临流州县，凡载行旅之舟，谓之航船。"参考《桐江续集》卷一三《听航船歌十首》，《梦粱录》卷一二《河舟》。

[39]　《梦粱录》卷一二《河舟》。

[40]　同上。

[41]　同上。

[42]　《六部成语批注》："官员所坐之船，涂以红油。"

[43]　屋形坐船。参考《庆元条法事类》卷三六《商税》。

[44]　渡船之一种。《梦粱录》卷一二《湖船》。

[45]　曾公亮：《武经总要前集》卷一一《水战》。

[46] 同上。

[47] 同上。

[48] 同上。

[49] 同上。

[50] 同上。

[51] 吕颐浩:《忠穆集》卷一《备水战》。

[52] 同上。

[53] 陆游:《老学庵笔记》卷一。《金陵新志》卷一〇《江防》。

[54] 桑原隲藏:《蒲寿庚的事迹》,第 88 页,东京:岩波书店,1935。《诸藩志·海南琼州》:"于舶舟之中分三等:上等为舶,中等为包头,下等名蜑舶。"

[55] 陆游《剑南诗稿》卷二《过东濡滩入马肝峡》:"峡中小船,谓之舠艚。"《说文》:"舠,小船也。"

[56] 刘熙《释名》卷七:"三百斛曰艒……江南所名短而广安不倾危者也。二百斛以下曰艇。"周辉《清波杂志》卷九:"山谷云:野艇恰受两三人,别本作航,航是大舟,当以艇为正。今所谓航船者,俗名轻舠。"舠 = 航,为二三百石之舟。艇为百石之舟。

[57] 《宋会要辑稿·食货五〇之四》等。

[58] 《宋会要辑稿·刑法二之一四一》。《五峰集》卷三《向侍郎行状》。

[59] 《宋会要辑稿·食货二四之三〇》。

[60] 《宋会要辑稿·食货五〇之三二》。

[61] 《宋会要辑稿·食货五〇之一一》。《夷坚续志前集》卷二《报应门·修船增寿》。

[62] 《元典章》卷五九《工部·船只》。

[63] 富永佑治:《交通》(大阪市立大学经济学研究所编《经济学小辞典》,1951,1956),东京:岩波书店。

[64] 同上。

[65] 参考青山定雄:《唐宋时代的交通与地志地图研究》,东京:吉川弘文馆,1963。

[66] 日野开三郎:《山河与平河》,《东洋史学》14。《五代会要》卷一《度支》。

[67] 拙稿《宋代的力胜税》,《东方古代研究》11。本书第八章第一节。

[68] 同上。

[69] 参考《中国中部民船业》第 18、19 页。

[70] 《宋会要辑稿·食货五〇之一一》。

[71]　吴自牧:《梦粱录》卷一二《江海船舰》。

[72]　《海盐澉水志》卷三《水门》。

[73]　《宋会要辑稿·食货三八之四三》,同书《刑法二之一四一》。

[74]　参考《文定集》卷一三《请免追海船修船神福等钱状》。

[75]　Ferrand, *Relations de Voyages et Textes Géographiques Arabes, Persans et Turks Relatifs a L'Extrême-Orient du VIIIe au XVIIIe Siècles*, Tome I, pp. ix-ixi.

[76]　Yule & Cordier, *Cathay and the Way Thither*, Vol. II, p. 131, London: Hakluyt Society, 1913.

[77]　Hans von Mzik, *Die Reise des Arabers Ibn Batûta durch Indien und China*, S. 304, Hamburg: Gutenberg-Verl, 1911.

[78]　《萍洲可谈》卷二。

[79]　《三山志》卷一四《海船户》。

[80]　Yule & Cordier, *The Book of Ser Marco Polo*, Vol. II, p. 252, New York: Charles Scribner, 1903.

[81]　《岭外代答》卷六《剀木舟》。

[82]　Cordier, "L'Extreme-Orient dans L'Atlas Catalan," pl. I.

[83]　包遵彭:《郑和下西洋之宝船考》,台北：中华丛书编审委员会,第7、8页,1961。

[84]　《竹隐畸士集》卷七《至水口闻必欲买舟到怀安县》。

[85]　《高峰文集》卷五《漳州到任条具民间利病五事奏状》。

[86]　《历代名臣奏议》卷三四八"梦得为两浙西路安抚使乞差人至高丽探报金人事宜状"。

[87]　王十朋:《梅溪先生后集》卷一二《静晖楼前有荔子一株》。《方舆胜览》卷一〇《福州郡志》。

[88]　《西溪丛语》卷下。

[89]　《武经总要前集》卷一一。《华严缘起绘卷》。

[90]　《西溪丛语》卷上。《梦粱录》卷一二《浙江》。

[91]　《宋会要辑稿·食货四七之一六、一七》。《建炎以来系年要录》卷六五"绍兴三年五月丙辰"。

[92]　《宋会要辑稿·食货五〇之二二、二三》。

[93]　《宋会要辑稿·食货四〇之二七》。

[94]　《宋会要辑稿·食货五〇之三一》。

[95]　《宋会要辑稿·食货五〇之二七》。

[96]　《五峰集》卷三《向侍郎行状》。

[97] 《宋会要辑稿·刑法二之一四一》。

[98] 《宋会要辑稿·食货五〇之八》。

[99] 《郴行录》"丙戌"。《容斋四笔》卷九《南舟北帐》。

[100] 《唐国史补》卷下。

[101] 《渭南文集》卷四三《入蜀记》卷一"乾道六年六月二十九日"。(本书所引《入蜀记》均据《渭南文集》本)。

[102] 邹浩:《邹忠公文集》卷一二。

[103] 《渭南文集》卷四七《入蜀记》卷五"乾道六年九月二十日"。

[104] 《宋会要辑稿·食货四四之二〇》。

[105] 《渭南文集》卷四七《入蜀记》卷五"乾道六年九月一日"。

[106] 《宋会要辑稿·食货四八之一、四四之一》。

[107] 沈括:《梦溪笔谈》卷一二《官政二》。

[108] 《宋会要辑稿·食货四五之二》。《续资治通鉴长编》卷三三九"神宗元丰六年九月戊申"。

[109] 《欧阳文忠公文集》卷一一七《乞条制催纲司》;《文潞公文集》卷二三《言运河》。

[110] 《宋会要辑稿·食货四七之二》。

[111] 《河防通议》卷上《造船物料》。

[112] 参考《唐会要》卷八七《漕运》,《五代会要》卷一五《度支》。

[113] 《宋会要辑稿》作处州,据《文献通考》卷二五《漕运》改。

[114] 《景定严州图经》卷三《水路》记载,由歙港水路到上游的徽州一百六十里,有四百斛舟航行。

[115] 《正德兰溪县志》卷一《形胜》载,兰溪为衢婺两溪之合流点,是钱塘江方面的大舟和闽江方面的小舟的运输据点。

[116] 《成化湖州府志》卷一三记为嘉祐七年新创。

[117] 《夷坚丁志》卷八《宜黄人相船》记有宜黄人善占船相。又载县人莫寅费三千贯造大舰商贩淮东。

[118] 《邹忠公文集》卷一二《吕四诗》云,零陵市户吕绚费二千贯造大舟商贩浙中。

[119] 《宋会要辑稿·食货五〇之三》。

[120] 方勺:《泊宅编》卷下。——原注。参见第三章注[224],"杉"字应为误识。——编者注。

[121] 《方舆胜览》卷九《瑞安府》。——原注。原文为"不宜漆而器用备",且瑞安府是不同于处州的行政区划。——编者注。

[122] 《万历温州府志》卷一《市镇》。

[123] 包恢:《敝帚稿略》卷一《禁铜钱申省状》。藤田丰八:《宋代输入之日本货》,《东洋学报》8,2。森克己:《日宋贸易研究》,东京:国立书院,1948。

[124] 《宝庆四明志》卷三《造船官》。

[125] 楼钥:《攻媿集》卷二一《乞罢温州船场》。

[126] 《开庆四明续志》卷六《三郡隘船》。

[127] 《嘉泰吴兴志》卷一八《事物杂志·舟》。

[128] 《忠穆集》卷二《论舟楫之利》。

[129] 《岭外代答》卷六《藤舟》。

[130] 《同治兴化府志》卷一三等。拙稿《宋代福建商人的活动及其社会经济背景》,又本书第六章第一节。

[131] 《文献通考》卷一四《征商》。

[132] 《三山志》卷四一《物产·货·铁》。

[133] 《三山志》卷七等。

[134] 《东坡全集》卷五六《论高丽进奉状》。

[135] 《宋会要辑稿·刑法二之一三七》。

[136] 《三山志》卷一四《海船户》。

[137] 《高峰文集》卷五《漳州到任条具民间利病五事奏状》。

[138] 寇宗奭:《本草衍义》卷一五。

[139] 《宋会要辑稿·食货五〇之二九》。

[140] 《尔雅注疏》卷九。

[141] 《宋会要辑稿·食货五〇之二三》。

[142] 《宋会要辑稿·食货五〇之二五》。

[143] 《宋会要辑稿·食货五〇之三三》。

[144] 《新安志》卷一《风俗》。

[145] 《宋会要辑稿·食货五〇之二、三、一五、二九》。

[146] 《宋会要辑稿·刑法四之六八》。

[147] 《渭南文集》卷四七《入蜀记》卷五。《吴船录》卷下“淳熙丁酉八月庚午”。

[148] 《唐国史补》卷下。

[149] 《嘉靖汉阳府志》卷一引宋黄榦《政教录》载县流动不定的船户有四五万户。

[150] 《水心先生文集》卷一《上宁宗皇帝札子二》。

[151] 富永佑治:《交通》(大阪市立大学经济学研究所编《经济学小辞典》,1951,1956),东京:岩波书店。

[152]　括号内只见于《通制条格》记载。

[153]　大塚久雄:《株式会社发生史论》，东京：中央公论社，1948。

[154]　关于日本的海事惯行，参考《海事史料丛书》（住田正一编，东京：岩松堂书店，1929—1931）、《日本经济史辞典》"船头"条。金指正三:《近世船员的雇佣契约》，《海制史研究》13。

简列江户时代的航船惯行如下图。

船头：冲船头（船长）、居船头（船主）、大船头

水主：亲仁（亲司·年长者）→水主取缔役；表众（表师、表回、楫取）→航海负责人；贿（知工、冈回）→会计负责人。以上就是辅佐船头的所谓"船方三役"。

若众（年轻人）：片表（碇捌）→锚·锚纲负责人；楫持（楫子·楫取）→舵手、水手；炊→炊事员、水手实习生

[155]　同上。

[156]　在《高丽史》中，由宋来航的舶商之代表者常见有"都纲某"之名。

[157]　如《中华大字典》所云，"纲者，凡货物之括总者曰纲，在宋有花石纲，今尚有茶纲、盐纲之类"，即纲是表示为输送（不论水陆运）货物而组织起来的"组"之集合名词。因此，关于金银铜钱等的漕运也有"一分纲、二分纲……九分纲、一全纲"之称。内河漕运，把运载同一货物和同一载重量的船以十至三十只为单位编成一个船团，在各船的船头上刻同一字号，把一定数量的货物加起来输送，其指挥者称为"纲官""纲头""押纲官""管纲押人""主纲""纲典"等。筏也各组织成"团"，指挥者叫"团头"。海舶亦正如晁补之《鸡肋集》卷六二《朝散郎充集贤殿修撰提举西京嵩山崇福宫杜公行状》所云，"舶商岁再至，一舶连二十艘，异货禁物如山"，通常也组成船团。由此看来，"纲首"大概是"组头"和同伴的统率者之义。

[158]　《新唐书》卷一四九《刘晏传》载："初，州县取富人督漕挽，谓之船头。"

[159]　见前引《东西洋考》《长崎土产》。

[160]　同上。

[161]　同上。

[162]　同上。

[163]　《开庆四明续志》卷六（原缺子目）。

[164]　《通制条格》卷一八《关市·市舶》。《元典章》卷二二《户部》八。

[165]　"临时台湾旧惯调查会"编:《台湾"私法"》，台北："临时台湾旧惯调查会"，1909。

[166]　关于日本的海事惯行，参考《海事史料丛书》（住田正一编，东京：岩松堂书店，1929—1931）、《日本经济史辞典》"船头"条。金指正三：《近世船员的雇佣契约》，《海制史研究》13。江户时代的惯行见注 [154]。

[167]　《长崎土产》。

[168]　Yule & Cordier, *The Book of Ser Marco Polo*, Vol. III, ch. l, p.250, New York: Charles Scribner, 1903.

[169]　Hans von Mzik, *Die Reise des Arabers Ibn Batûta durch Indien und China*, S. 304, Hamburg: Gutenberg-Verl, 1911.

[170]　《宋会要辑稿·食货五〇之二四》。

[171]　《分门集注杜工部集》卷四。

[172]　《分门集注杜工部集》卷二五。

[173]　《新唐书》卷五三《食货志四三》。

[174]　《宋史》卷九六《河渠志六》"东南诸水"上"元祐四年十二月"也有大致相同的记载。

[175]　内阁文库本。

[176]　《宋会要辑稿·方域一三之三一》。

[177]　《渭南文集》卷四七《入蜀记》卷五"乾道六年九月一日"。

[178]　参见前引《续资治通鉴长编》卷四三六"元祐四年十二月壬子"；《宋史》卷九六《河渠志六》"东南诸水"上"元祐四年十二月"。

[179]　大崎富士夫：《宋代漕运经营形态的变革》，《史学研究》10。

[180]　《宋会要辑稿·食货四二之一，四六之一、一二》。

[181]　《宋会要辑稿·食货四七之四、一三，四三之五、一五》。

[182]　参考《宋会要辑稿·食货四二之一、四六之二、四三之四、四七之三》；《梦粱录》卷一二《湖船》等。

[183]　《梦粱录》卷一二《河舟》。《宋会要辑稿·食货四三之四》"元祐八年十一月"，同书《四三之二一》"绍兴五年十一月二十三日"。

[184]　《渭南文集》卷四七《入蜀记》卷五"乾道六年九月十七日"记有"嘉州赵青船"，所云应与赵清为同一人。

[185]　《嘉靖汉阳府志》卷六。

[186]　《信天巢遗稿·船户》。

[187]　李流谦：《澹斋集》卷八《新滩三首》。

[188]　《渭南文集》卷四七《入蜀记》卷五"乾道六年九月十七日"。

[189]　《渭南文集》卷四七《入蜀记》卷五"乾道六年九月二十七日"。

[190]　拙稿：《宋代福建商人的活动及其社会经济背景》，载《和田博士古稀

纪念东洋史论丛》,东京:讲谈社,1960。亦参考本书第六章第一节。

[191]　《东坡全集》卷五六《论高丽进奉状》。

[192]　《高峰文集》卷五《漳州到任条具民间利病五事奏状》。

[193]　《三山志》卷一四《海船户》。

[194]　《开庆四明续志》卷六《三郡隘船》记义船法之事云,一般船户遭官府强制征佣,不得不"典田、卖产、货妻鬻子",清楚地述及了中小规模航运业与农业的兼业关系。

[195]　《叙》:"兰溪土狭民稠,使无术业以为营利谋生之计,何以活其家乎?是亦长民者所当知也,故志之。"

[196]　《吴兴志》卷一八《事物杂志·舟》。

[197]　《交通》(大阪市立大学经济学研究所编《经济学小辞典》),东京:岩波书店,1951,1956。《台湾"私法"》卷三下第四编第八章"海商",台北:"临时台湾旧惯调查会",1909。

[198]　《全唐文》卷八九僖宗《车驾还京师德音》。

[199]　《唐国史补》卷下。

[200]　《宋会要辑稿·食货五〇之一》"大中祥符八年闰六月"。

[201]　《宋会要辑稿·食货五〇之二》"天禧二年八月"。

[202]　《宋会要辑稿·食货五〇之二》"天禧三年七月"。

[203]　《梦粱录》卷一二《河舟》。

[204]　《夷坚丁志》卷一九《许德和麦》。

[205]　《宋会要辑稿·食货四四之四、五、九,四八之一〇》。

[206]　杨万里:《诚斋集》卷六三《与虞彬甫右相书》。

[207]　《宋会要辑稿·食货五〇之一、二》"大中祥符八年闰六月"。

[208]　加藤繁:《宋代商税考》,载《唐宋时代的交通与地志地图研究》,东京:吉川弘文馆,1963。幸彻:《宋代的过税》,《史渊》45。

[209]　拙稿:《宋代的力胜税》,《东方古代研究》11。又见第八章。

[210]　《宋会要辑稿·食货五〇之一》"大中祥符五年二月"和同年号"六年十一月"等。

[211]　《宋会要辑稿·食货五〇之一二》"绍兴二年二月一日",同书《一八之二五》"嘉定五年八月一日"。

[212]　《夷坚支丁》卷三《海山异竹》。

[213]　《夷坚甲志》卷七《搜山大王》。

[214]　《夷坚甲志》卷一〇《昌国商人》。

[215]　《夷坚志补》卷二一《鬼国母》。

[216] 《夷坚志补》卷二一《猩猩八郎》。

[217] 《夷坚支乙》卷一《王彦太家》。

[218] 《夷坚丁志》卷六《泉州杨客》。

[219] 《宋史》卷四八九《阇婆传》。

[220] 《夷坚甲志》卷七《岛上妇人》。

[221] 司马光:《涑水纪闻》卷一二。《续资治通鉴长编》卷一三七"庆历二年七月己巳"。

[222] 《宋会要辑稿·食货三八之二九、三〇》。

[223] 《夷坚志补》卷二一《海外怪洋》。

[224] 《邹忠公文集》卷一二《吕四》。

[225] 《夷坚丁志》卷八《宜黄人相船》。

[226] 参见拙稿:《宋代福建商人的活动及其社会经济背景》,载《和田博士古稀纪念东洋史论丛》,东京:讲谈社,1960。本书第六章第一节。吉川幸次郎:《两个僧侣海商》,载《东方学会创立十五周年纪念东方学论集》,东方学会,1962。

[227] *Libellus de vita et Miraculis S. Godrici, Heremital de Finchale, auctore Reginaldo monacho Dunelmensi*, ed. Stevenson, London: Surtees Society, 1847. W. Vogel, "Ein seefahrender Kaufmann um 1100", *Hansische Geschichtsblatter*, 1912, p.239. Henri Pirenne: *Medieval Cities* (trl.), ch.5, Princeton: Princeton University Press, 1925.

[228] 《夷坚三志己》卷六《王元懋巨恶》。

[229] 宫崎定市:《中国近世生业资本的借贷》,《亚洲史研究》3,京都:东洋史研究会,1963。拙稿:《宋代的干运和经纪》,《熊本大学法文论丛》13。本书第六章。

[230] 《癸辛杂识续集》卷下《佛莲家赀》。

[231] 《宋会要辑稿·食货一四之四三》。

[232] 大崎富士夫:《宋代漕运营运形态的变革》,《史学研究》10。

[233] 《宋会要辑稿·食货四三之九》"宣和二年六月十五日",同书《四四之九》"乾道六年十月十四日",《四四之一二、一三》"乾道九年十月二十九日"。

[234] 《宋会要辑稿·食货四四之四、五》"绍兴二十八年七月三日",同书《四四之九》"乾道元年十月十四日"。

[235] 青山定雄:《宋代漕运的发达》,载《唐宋时代的交通与地志地图研究》,东京:吉川弘文馆,1963。大崎富士夫:《宋代漕运营运形态的变革》,《史学研究》10。

[236]　仁井田陞:《元明时代村的规约与佃耕证书等》,载《中国法制史研究·奴隶农奴法、家族村落法》,东京:东京大学出版会,1962。

[237]　《宋会要辑稿·食货四二之一、四六之一》。

[238]　《宋会要辑稿·食货四二之一〇、四六之九》。

[239]　《宋会要辑稿·食货四二之二、四七之一》。

[240]　《宋会要辑稿·食货四二之二一、四七之一》。

[241]　《宋会要辑稿·食货四三之一四、一五、一六、一七,四七之一三、一四、一五》。

[242]　《宋会要辑稿·食货四四之九》。

[243]　大塚久雄:《株式会社发生史论》,东京:中央公论社,1948。

[244]　《法制史研究》8。

[245]　《株式会社发生史论》第92页。

[246]　《株式会社发生史论》第114–115、120–131页。

[247]　《株式会社发生史论》第90页。

[248]　《株式会社发生史论》第166–193页。但湘江的例子不是关于一船之共有,而以海商二十人造船一艘之事例,参考洪咨夔:《平斋集》卷三一《吏部巩公墓志铭》等。

[249]　《株式会社发生史论》第30–31页。

[250]　今堀诚二在《十六世纪以后合伙的性格及其推移》一文校订了宫崎市定《中国近世生业资本的借贷》中的解释,作三种形态解,暂且从之。

[251]　《宋会要辑稿·食货四七之四、四三之六》。

[252]　载《中国经济史考证》下卷,东京:东洋文库,1953。

[253]　仁井田陞:《中国法制史研究·法与习惯、法与道德》,东京:东京大学出版会,1964。

[254]　内阁文库本。

[255]　载《中国法制史研究·奴隶农奴法、家族村落法》,东京:东京大学出版会,1962。

[256]　《夷坚丁志》卷六《泉州杨客》。

[257]　《宋会要辑稿·食货四三之二一、四七之二〇、四八之一二》。

第三章　宋代全国市场的形成

　　唐宋时期的经济发展，特别是农业生产力的发展，在各地区是不平衡的。这种不均衡的生产发展和由本来的自然地理条件的差异所决定的产业的特定分布，随着当时地区之间的商品流通及交通等各种条件的发展，在全国乃至东亚商业圈的经济空间中形成了彼此生产不同商品的分工关系。而且大量的需求又促进了生产的集中和分工，从而形成了全国性的特产品市场。宋代商业繁荣的原因之一，便是这种商品特产化（主要产地的形成）所引起的大量商品物资的流动。但是，当时的国家财政，特别是宋初两税的征收是以农业生产为基础的，主要收纳谷物，同时根据农民居住地区的自然条件，也征收实物税，如纸、漆、猎物、丝绸以及农林渔业产品和矿物等必需品。由这种限定看来，其体制是以维持自给的农业生产为目的的。因此，在考虑物资的特产分布时，就必须考虑在商业成为媒介以前，作为商品的需要与满足与作为贡租对象之需要的关系。尽管如此，在北宋中、晚期以后，从流通过程所得到的财政收入不断增加，通过和市、和买（官府收购）等，已能购买到大量的官僚和军队的必需品；随着城市化的发达，官僚、富民及城市居民对生活必需品——农业及有关产业的产品——的需求不断增加；而且宋朝的政策从一开始就不打算强制实行贡租品的种植，建立一种使农民脱离商业活动的、彻底的生产物贡租纳的关系，而是在行政各部门对商业加以保护，以充实体制。出于这些原因，农业生产在农产品加工和商品作物栽培方面受到了商品经济的影响，遂使城市附近地区的蔬菜栽培和具有有利自然条件及交通运输方便的地区的商品作物栽培，得到了发展。

要分析全国市场的形成问题，就必须围绕物资生产的中心地，对当时在市场上流通的作为重要的消费资料和商品的各种物资进行分析。当然，商品由于其时代的重要性和生产形态的差异，并不是统一的。地主的商品和农民的商品之间、流通于大市场的商品和流通于地方小市场的商品之间等的流通组织是不尽相同的。这种商品的社会机能的差别，必须通过对流通商品的数量、生产的集中程度、流通、集货过程的分析来加以限定。

那么，唐宋时期在国际上以及地方之间贸易的基本商品究竟是什么呢？唐代的情况未必清楚，但这里可举例来说明。唐元稹《元氏长庆集》卷二三有题为"估客乐"的乐府[1]，对客商的一般营利活动做了描述，这位估客辞别故乡农村的家属，与"火伴"组成商队遍历各地，以假货卖给农村子女获取暴利，积累了资本后便购买南海之珍珠、荆衡内地之宝石、党项之马、吐蕃之鹦鹉、南海之火浣布、蜀之锦、越之婢、奚之小童，然后在长安的东西市场贩卖，其长子成了木材商，次子成了盐商，其财富可与王侯匹敌。刘禹锡《刘梦得文集》卷二五《观市》[2]所叙述的湖南朗州的"市"，陈列着谷物、酒、肉、水果、蔬菜等市民的必需品，以及外夷之货、马、牛、奴婢、纺织品、什器等。另据杜牧《樊川文集》卷一一《上李太尉论江贼书》记载，聚集于江南茶叶产地的四方商人，带着异色财物，即锦绣缯缬、金钗银钏等入茶山，购买茶叶。白居易《白氏文集》卷四六《论盐商之幸》亦载，关东的上农大贾为了维护其资产而做了盐商，并利用其特殊的身份及拥有特权的流通组织，谋取私利。同书卷四《盐商妇》乐府也叙述了以船为家、使用众多奴婢而商贩于东西南北的盐商，获取厚利、美衣足食的状况。在以上这些事例中，值得注意的是，作为唐代的重要流通品，列举了盐、茶、高级丝织品、木材、马、奴婢、贵金属、宝石、奇禽、怪兽等奢侈品和专卖品[3]。

在宋代，李新《跨鳌集》卷二〇《上王提刑书》也有如下叙述：

> 商于海者，不宝珠玉，则宝犀瑁；商于陆者，不宝盐铁，则宝茶茗。

由此可见，珠、玉、犀、瑁、盐、铁、茶等这些与唐代相同的商品也就是宋代远程商业的重要商品。但宋代商品流通有这样的新倾向，即商品流通量增大，商品种类多样化，而且意味着直接生产者参加商业流通的日常商品所占的比重也增大了。下面来看一看在宋代享有全国性声价的流通商品。首先，宋太平老人《袖中锦》中列举了天下第一的商品：

> 监书、内酒、端砚、洛阳花、建州茶、蜀锦、定磁、浙漆、吴纸、晋铜、西马、东绢、契丹鞍、夏国剑、高丽秘色、兴化军子鱼、福州荔眼、温州挂、临江黄雀、江阴县河豚、金山咸豉、简寂观苦笋、东华门把鲊、京兵、福建出秀才、大江以南士大夫、江西湖外长老、京师妇人……

虽然其中也包括土特产品以外的东西，但仍可知在以开封为中心的东亚贸易圈当中声价较高的物资及主要产地。南宋叶绍翁《四朝闻见录乙集·函韩首》载，方信孺出使北方金国时夸称南宋物产之丰富云：

> 象犀珠玉之富，俱出于二广。江东西则茶桑之陆海也。淮东西则铜锴之薮泽也。浙西十四郡尔，苏湖熟天下足，元帅之所知也。而况生齿日繁，增垦者众，苇萧岁辟，圩围浸广，虽不熟亦足以支数年矣。浙东鱼盐之富，海藏山积，食之虽众，生之无穷。闽自为东南一大都会，其支郡有六，又且兼江淮之所入。

可辨别出广南的象牙、犀角、珠玉，江东西的茶、绢，浙西的米，淮南东西的铜、盐，浙东的鱼、盐，福建的茶、绢、铜、盐等分布情况。章如愚编《山堂先生群书考索续集》卷四六"天下地利，古盛于北者，今皆盛于南"中亦云：

> 国家抚有南夏，大江剑阁以南，泰然按堵，而又兼巴蜀、江北，以为外屏。以元丰二十三路较之，户口登耗，垦田多寡，当天下三分之二。其道里广狭，财赋丰俭，当四分之三。彼西北一隅之地，古当天下四分之三，方今仅当四分之一。儒学之盛，古称邹鲁，今称闽越。机巧之利，古称青齐，今称巴蜀。枣栗之利，古盛于北，而南夏古今无有。香茶之利，今盛于南，而北地古今无有。兔利盛于北，鱼利盛于南，皆南北不相兼有者。然专于北者其利鲜，专于南者其利丰。故长江剑阁以南，民户虽止当诸夏中分，而财赋所入当三分之二。漕运之利，今称江淮，关河无闻。盐池之利，今称海盐，天下仰给，而解盐荒凉。陆海之利，今称江浙甲于天下，关陕无闻。灌溉之利，今称浙江太湖甲

于天下，河渭无闻。

随着江南的开发，西北地区的产业凋落，其主要产业的主产地也移至江南和四川。庄绰《鸡肋编》卷上还列举了全国著名的手工业品，并做了比较。这些手工业品是：定州刻丝，单州成武县薄缣，鄢陵绢，泾州方胜花，泾州嵌镂石、铁石、番镴子，邠、宁州绵绸，凤翔鞍瓦，原州铁衔镫，西夏兴州弓，河间篦刀子，衢州开化县茶笼、铁锁，苏州黄草布，越州寺绫，婺州红边贡罗、东阳花罗。

此外，《都城纪胜·铺席》也列举各城市的土特产品云："且夫外郡各以一物称最，如抚纱、供扇、吴笺之类。"洪迈《容斋三笔》卷一一《宫室土木》载，在真宗朝建造玉清昭应宫的土木工程中使用了秦、陇、岐、同的松，岚、石、汾、阴的柏，潭、衡、道、永、鼎、吉的桧、枏、楮，温、台、衢、吉的梓，永、澧、处的槐、樟，潭、柳、明、越的杉，郑、淄的青石，衡州的碧石，莱州的白石，绛州的班石，吴越的奇石，洛水的石卵，宜圣库的银朱，桂州的丹砂，河南的赭土，衢州的朱土，梓、信的石青、石绿，磁、相的黛，秦、阶的雌黄，广州的藤黄，孟、泽的槐花，虢州的铅丹，信州的土黄，河南的胡粉，卫州的白垩，郓州的蚌粉，兖、泽的墨，归、歙的漆，莱芜、兴国的铁等材料，这些建筑材料显然就是各地的特产。

还有，周邦彦《汴都赋》记集中于开封的全国各地的商品云：安邑的枣，江陵的橘，陈、夏的漆，齐、鲁的麻，姜、桂、藁、谷、丝、帛、布、缕、鲐、鳖、鳅、鲍、酿、盐、醯、豉，医无闾的珣玗，会稽的竹箭，华山的金石，梁山的犀象，霍山的珠玉，幽都的筋角，赤山的文皮。

其次，就这些特产品的流动方向来说，可以举出大体上以淮河为界线划分的南北两个地区的物资即"南货""北货"的交换，及其商

人即"南商""北商"的活动。所谓"南货",如《三朝北盟会编》卷
一六"宣和五年四月十七日"条记金国向宋索取云中路及中国的货物
时云:

> 金人每喜南货,故虽木棉亦二万段,香犀、玳瑁、椀楪匙
> 箸,皆折阅倍偿之。至如龙脑,每两折八贯。

所指的是南方产的木棉、香料、玳瑁、什器、金银器皿及胡椒、葛
服[4]。《续资治通鉴长编》卷四〇九"哲宗元祐三年三月乙丑"条载密
州板桥镇市舶之奏云:

> 本镇自来广南、福建、淮浙商旅乘海船贩到香药诸杂税物,
> 乃至京东、河北、河东等路,商客般运见钱、丝、绵、绫、绢,
> 往来交易买卖,极为繁盛。然海商之来,凡乳香犀象珍宝之物,
> 虽于法一切禁榷,缘小人逐利,梯山航海,巧计百端,必不能无
> 欺隐透漏之弊。……明、杭贸易,止于一路,而板桥有西北数路
> 商贾之交易,其丝绵缣帛,又蕃商所欲之货,此南北之所以交驰
> 而奔辏者,从可知矣。

南方商人违犯禁榷,将包括乳香、犀角、象牙、珍宝在内的"香药"[5]
向北贩运,对此,京东、河北、河东等西北方面的商人则以特产品绢、
生丝、真绵、绫等北货与之进行交易。可以认为,在南宋时代,宋与
金国之间的公私贸易及秘密交易,也再现了北宋以来南北货物的交换。
这些货物,南宋方面即南货有茶、米、香药(包括玳瑁、象牙、犀角、
宾铁"钢铁"、鼍皮、珊瑚、玛瑙、乳香)、木棉、丝织品、武器材料
(弓弩、竹木材、枪竿、箭竿、筋角、鳔胶、白蜡、牛皮、皮单鞯、皮

鞋底、生熟铁、羊、鹿、獐、麋、麂、麏兔、犬、马皮、硫黄、焰硝、海金砂、桐油[6]）、铜钱、耕牛、生姜、陈皮之类；而金国方面即北货有北珠、绢织品、北方产药材（甘草、人参等）、毛皮、红花、紫草、马等[7]。刘克庄《后村先生大全集》卷二"嘉定己卯奉南岳祠以后所作"一首题为"小斋"的诗中有一句曰，"南船不至城无米，北货难通药阙参"，把北方的人参和南方的大米做了对照。《宋会要辑稿·食货三八·互市》"孝宗隆兴二年二月二十一日"条亦云，"西北必用之物，而本处（四川总领所）所无，如干姜、绢、布、茶货、丝、麻之类"，列举了西北的必需品干姜、绢、麻布、茶货、生丝、麻。将上述货物综合起来，再补之以南方的特产——各种药物、砂糖、漆器、瓷器、竹木藤器、金银器、文具、书籍，那么，所谓南货便有米、茶、耕牛、绢制品、麻葛制品、木棉、砂糖、南方舶来的香料、药物、宝货、铜钱、武具、武器材料、金银器、竹木藤漆器、陶瓷器、文具、书籍等，北货则有北珠、北方产药物、绢制品、马、毛皮等。当时这些南北货的中转交换地点是作为海港的密州、澉浦镇[8]、明州，作为内陆城市的开封[9]、长安[10]、江陵[11]、寿春[12]、成都[13]、杭州[14]、绍兴[15]等；南宋方面有盱眙军，楚州北神镇、杨家寨，淮阴县磨盘，安丰军水寨、花靥镇，霍邱县封家渡，信阳军齐昌镇，枣阳军，光州光山县中渡市；金国方面有泗州、寿州、颍州、邓州、唐州、蔡州、凤翔府、秦州、巩州、洮州、密州胶西县的榷场[16]。然而，虽说是南北货的交换，但除北方产的绢、药物之外，基本上仍是南方产的物资流入北方，供人们消费或转卖给北族。而且，如米、盐、茶[17]、香药等这些能获取巨额利润的重要流通物资几乎全是南方产的物品。

在南货和北货之外，蜀货、蜀物，即以成都为中心的四川地方的物资，也形成了独自的流通圈。蜀货主要是茶、绢制品、麻制品、药物、文具、书籍、水果、砂糖等。而流入蜀的物资有盐、马、药物、陶瓷器等。从地理上看，蜀大致是一个独立的地区，但它又通过陕西与关中保持联系，通过三峡与长江中下流域进行往来。春秋两季于成都等地开办的药市上，不仅四川产的物资，包括南海、北族在内的广阔范围的物资也在那里做交易。

这样一来，国内便出现了南、北、蜀三个流通圈鼎立的局面，特别是其中的南北两地区，可以说形成了北方的消费对南方的生产这样一种分工的对立关系，并彼此紧密依存。

另一方面，作为国际性商品，例如在辽宋交通贸易中，从宋流入辽的商品有香药、犀角、象牙、珠玉、茶、缯帛、漆器、陶瓷器、金银装饰品、杭糯，以及私货的图书、粮食、武器等；从辽流入宋的商品有银、麻布、羊、马、奴隶[18]。在日宋贸易中，从宋流入日本的商品有香料、贵木、绢、陶瓷器、陶砂、琉璃壶、水牛如意、玛瑙带、药品、颜料、典籍、文具、唐画、什器、鸟兽等；从日本流入宋的商品有金子、砂金、珍珠、药珠、水银、鹿耳（角）、茯苓、硫黄、螺头（壳）、合箪（莞席）、杉木、松木、罗木、美术工艺品、铜器、武器[19] [20]。在南海贸易中，宋或元输出的商品有金、银、金银装饰品、铜、铜钱、铜鼎、铜盘、锡铁、铁块、铁器、铁条、铁线、铁锅、铁针、水银、青白瓷器、瓦盘、粗碗、土埕、漆器、五色轻缣帛、南丝、北丝、青白土印布、麻布、黄草布、硫黄、焰硝、桐油、篦箕、木梳、草席、纸札、米谷、精糖、木材、图书之类；而南海输出的商品有香料、棉花、木棉、鸟兽、水果、玳瑁、犀角、象牙、珍珠、黄蜡等[21]。

随着上述这种国内和海外市场的远程商业的发展，各种产业产生了地方性集中。这些产品不仅仅是产于特殊地方的自然物产，而且也有购进原料进行加工，并通过集约生产而取得主产地地位的物资。苏州、湖州、温州的漆器，处州的瓷器，真州的锡铁、烛台，建康、越州、明州、台州的铜器，长沙的银器，明州的草席、铁锅，福州的糖业，泉州的玳瑁梳子、木梳、铁锅、木棉等，都是随着远程商业的发展而形成的具备生产机能的专业化产业。更且，虽然谷物、茶等日常物资也随时输往远方进行交易，但随着手工业的地方专业化及重要作物栽培的发展，谷物等生活必需品仰给于外地的谷物消费地也逐渐增多了。

以下就自然的和手工业的特产品之生产与流通进行个别探讨。

第一节　自然农业产品的特产化与流通

一　米谷

这里拟分析宋代米谷的生产→流通→消费的市场结构。不言而喻，米是中国（尤其是唐宋以后的时代）的主要农产品之一。在旧中国的经济秩序中，农产品市场，特别是米谷市场的作用是很重要的。而且在宋代，米是江南的主要粮食，因此它是一种拥有广阔市场的日常商品。如后文所述，米经农民本身和富农地主及商人之手大量投入市场，成了远程通商的重要商品之一。为顺应市场的嗜好，其品种也从奢侈的优良品种乃至作为一般市民和农民的低级食品的早占稻等开始产生分化，反映了生产的集中和生产过程的商品化的意义。

当然，米并不总是自由流通的。正如后面将要谈到的，以秋苗为主的官米之纳贡，规定以晚熟粳稻为实物来收纳，而且除租税外，还定量或临时大量收纳官米，以补充官僚、军队的消费。另外，各地经常发生的慢性饥荒，对利用地区间米价差额的米商和企图进行投机贩卖的乡村富农来说，是很好的营利机会，但官府常常在所辖地区内对此进行流通管制（遏籴[22]）。并且，根据"淮米渡江禁"[23]"海外漏池禁"[24]，对与邻国的主谷贸易做了禁止出港的限制。像这种作为贡米的具有政治性质的米，在集中分配和流通方面也具有特权的、经济外的性质。米的一般远程流通，正是在既与这种经济外的组织相对抗，又彼此相互利用和依赖中进行的。

（一）生产与流通

1. 生产的发展

唐中期以后，由于江南农业的开发、耕作上的技术改良、农业生产结构的变化等，稻米生产飞速地扩大了。特别是通过围田、圩田、湖田围垦而实现的水利灌溉的发达，耐旱占城稻种的采用，以及品种的改良，早晚稻的普及，双季稻和双季麦的种植，施肥、农具的改良，以农书指导耕作的普及等等农耕技术的集约化，和荒地的开垦等种植面积的增加，以及后面将要论述的市场的扩大，对大米生产及其产量的提高起了很大的作用。对此，虽然没有综合性的叙述，但却有许多个别的研究，为免赘述，这里列举下列论文，以供参考。

加藤繁《中国稻作的发展——特别是其品种的发展》[25]《中国占城稻栽培的发展》[26]。天野元之助《中国农业史研究》之《中国水稻考》《米稻种植技术的发展》[27]。周藤吉之《中国土地制度史研究》之《宋代的佃户制》《宋代的佃户、佃仆与佣人制》《宋代的两税负担》，《宋代经济史研究》之《南宋的农书及其性质》《南宋稻作的地域性》《南宋稻的种类及其品种的地域性》《南宋麦作的奖励与二茬制》《宋代圩田与庄园制》，《唐宋社会经济史研究》之《宋代乡村制的变迁过程》《宋代陂塘的管理机构与水利规章》《宋元时代的佃户制》[28]。玉井是博《宋代水利田的一个特殊情况》[29]。冈崎文夫、池田静夫《江南文化开发史》[30]。池田静夫《中国水利地理史研究》[31]。全汉昇《南宋稻米的生产与运销》[32]。宋晞《北宋稻米的产地分布》[33]。日野开三郎《米》[34]《稻》[35]《宋代稻作贷给种及播种亩额考》[36]。草野靖《唐中期以后商品经济的发展与地主制》[37]。河原由郎《北宋时期土地所有的问题与商业资本》[38]。

2. 生产的地区差别

在研究中国史的经济现象时，地区性偏差的问题是极重要的。因为本来的生产就不只是受各地区自然条件的优劣和不平衡所制约，它与政治和经济的重心所在也有关系。而且从微观上看，同一个地方也绝不可能有同样的条件，于是以一种概念和一个阶段是不能全面叙述经济现象的。在进行综合分析之前，似乎必须注意到地区偏差和阶段偏差的问题。

在南宋，长江下游三角洲富饶地区的米产量远远凌驾于其他地区之上，自临安成为首都后，官吏富豪争先恐后开发这一地区，加上人口高度集中，便大大地促使这一地区成了天下的粮仓。当时甚至流传着"苏常熟天下足"[39]"苏湖熟天下足"[40]的谚语。可见，在南宋统治范围内明显存在着经济上先进和落后地区的区别，而且人们一般都已感觉到了这种区别的存在，下面征引一些事例加以说明。首先就称为粮仓的浙西地方来看，元初人方回《桐江续集》卷一三《续苦雨行二首》云"全吴富庶推第一"；就人口密集这一点而言，李心传《建炎以来系年要录》卷一五八"高宗绍兴十八年十二月己巳"大理评事莫濛面对上论载："四方之民云集二浙，百倍常时。"关于其丰穰景况，卫泾《后乐集》卷一三《论围田札子》有如下记述：

> 臣尝考，国家承平之时，京师漕粟多出东南，而江浙居其大半。中兴以来，浙西遂为畿甸尤所仰给，岁获丰穰，沾及旁路。盖平畴沃壤，绵亘阡陌。

其次，与其他地区相比较，浙西路的严州被认为是浙西路诸州中最差的山地，吕祖谦《东莱吕太史文集》卷三《为张严州作乞免丁钱奏状》云，"每岁合六县所纳苗米，除折纳糯米外，粳米止管八千七百五十一硕，犹不及湖、秀富民一户所收之数"。湖州和秀州的富民大概可生产一万石或更多的苗米，而在严州，把其管下六县的秋苗额加起来也不满一万石，而且苏州有些富农贮藏有十万石乃至百万石的谷米[41]。关于浙东路，王柏《鲁斋王文宪公文集》卷七《赈济利害书》载："窃惟两浙概号富饶，而东浙之贫不可与西浙并称也。"关于婺州，同书又载："盖金华所谓富家巨室，实不足以当江西、浙西困弱最下之户。"关于绍兴府，朱熹《晦庵先生朱文公文集》(以下简称《朱文公文集》) 卷一六《奏救荒事宜状》载："绍兴地狭人稠，所产不足充用，稔岁亦资邻郡，非若浙西米斛之多。"据此可知这些地区都远远比不上浙西。

关于福建路兴化军，方大琮《铁庵方公文集》卷二一《上乡守项寺丞书》载，"大家谷食不多，非如江浙家以万以千计者皆米也，今家有二三百石者甚可数，且半是糠秕，而小产尤可怜"，农家所拥有的米也远不如江浙一带。关于江西路隆兴府，吴泳《鹤林集》卷三九《隆兴府劝农文》载：

> 按《隋书·地理志》载，豫章之俗颇同吴中。其男勤耕稼，其女勤纺绩，意谓田野辟，蚕桑富，民皆着于本，无冻馁之患矣。太守自吴中来，入境问俗则不然。吴中厥壤沃，厥田腴，稻一岁再熟，蚕一年八育；而豫章则襟江带湖，湖田多，山田少，禾大小一收，蚕早晚二熟而已。吴中之民开荒垦注，种粳稻，又种菜麦麻豆，耕无废圩，刈无遗陇；而豫章所种占米为多，有

八十占，有百占，有百二十占，率数月以待获，而自余三时，则舍穑不务，皆旷土，皆游民也。所以吴中之农专事人力，故谚曰：苏湖熟天下足。勤所致也。豫章之农只靠天幸，故谚曰：十年九不收，一熟十倍秋。惰所基也。勤则民富，惰则民贫。

当然，这是一篇劝农文，免不了有些夸张，但正如江西谚语所言，"十年九不收，一熟十倍秋"，豫章农业粗放，多仰赖天惠。与此相反，吴中民则依靠勤劳，开发、高度利用耕地而获得了天下最高的收成。关于湖北路，王炎《双溪文集》卷一一《上林鄂州书》载：

大抵湖右之田，与江浙闽中不同，虽有陆地，不桑不蚕，不麻不绩，而卒岁之计，惟仰给于田。缘其地广人稀，故耕之不力，种之不时，已种而不耘，已耘而不粪，稊稗苗稼杂然而生。故所艺者广而所收者薄，丰年乐岁，仅可以给，一或不登，民且狼，顾非江浙闽中之比……江浙闽中能耕之人多，可耕之地少，率皆竭力于农，每亩所收者，大率倍于湖右之田。又其秋熟而收，新陈之交而粜，所得缗钱，较之湖右，则又数倍矣。兼其人既勤于本业，必蚕必绩，故所输虽多，而民力可辨，是未可以一律齐也。

湖北虽耕地辽阔，但因经营不善，其生产比上述的浙西、福建、江南更差。陆游《渭南文集》卷四八《入蜀记》卷六"乾道六年十月十七日"条就归州做了如下记述："州仓岁收秋夏二料，麦粟粳米共五千余石，仅比吴中一下户耳。"陈傅良《止斋集》卷四四《桂阳军劝农文》云：

> 闽浙之土最是瘠薄，必有锄耙数番，加以粪溉，方为良田。
> 此间不待施粪，锄耙亦希，所种禾麦自然秀茂，则知其土膏腴胜
> 如闽浙。然闽浙上田收米三石，次等二石，此间所收却无此数，
> 当是人力不到，子课遂减。

由于农业技术落后，湖南路南部农业粗放，仰赖天惠，米产量较之闽浙等先进地区要低得多。

从以上史料的诸多记述中，我们根据本来土壤之肥力、在耕地利用方面的农业集约度、技术方面是否进步，以及劳动人口投入的程度等，便可以对两浙、江南、福建、湖南、湖北等地区的农业生产的先进性和落后性的大概情况有所了解。如果将平均亩产量加以比较，在两浙地区，苏州为二至三石，浙东绍兴府为二石，江东徽州为一石五斗至二石（江西不详，大概比江东高），湖北鄂州为一石至一石五斗。湖南不详，但是衡州为二斗至三斗，均很低[42]。福建为二石至三石。总之，尽管缺少典据，但大体上可以估计得出来。

据上所述，可有如下几点认识：

第一，米当然会从盛产地区流往产量低的地区，此即作为商品的米谷的供给来源的大米产地与大米消费地的关系。但仅凭这一点来说明大米的商品化是不充分的。也许可以认为，这仅仅是为满足生存必需而生产的米之剩余，还不能称之为商品。然而，如在后面论及流通时将要谈到的，从当时米既已在任意地区不问远近、多方面流通起来的情况看，似乎也可把它作为商品来理解。

第二，特殊物产的地方性专业化及商业性农产品的栽培。也就是说官课几乎无视这些地区差别，而多以货币形态进行课税，而且城市和乡村的手工业者又受到商人、高利贷者的经济支配，因此便产生了由于紧迫的货币需要而依赖于商业性作物栽培的这样一种结果。另一

方面，在难以维持农业经营的地方开始出现特殊产业和手工业制品的地方专业化生产，并利用这些收入从米产地购入米。下面试举有关的两三个例子。方大琮《铁庵方公文集》卷二一《上乡守项寺丞书》云："闽上四州产米最多，犹禁种秫，禁造曲，禁种柑橘、凿池养鱼。盖欲无寸地不可耕，无粒米不可食，以产米有余之邦而防虑至此，况岁无半粮乎。今兴化县田耗于秫糯，岁肩入城者不知其几千担。仙游县田耗于蔗糖，岁运入淮浙者不知其几千万坛。蔗之妨田固矣。"不仅在兴化军，就是在建宁府（北宋称建州）、南剑州、邵武军、汀州之上四州，也都废稻田而植糯米、柑橘，从事造酒和养鱼。兴化军的蔗糖在淮浙还占有市场。在同属福建那样的山地，但种植水稻而始终未能自给的江东路徽州，罗愿《淳熙新安志》卷一《风俗》载："休宁俗，呕多学者。山出美材，岁联为桴，下浙河，往者多取富。……祁门，水入于鄱，民以茗漆纸木行江西，仰其米自给。"[43] 将其特产茶、漆、纸、木材等运往两浙、江西，换取大米。还有江东西的茶，徽州的杉，浙东、福建的木材和果树，浙东的海产品等产于特殊地方的自然产物，以及徽州的文具即称为四宝的纸、墨、砚、笔，江东西的陶瓷器，浙东、四川的丝织品等，随着这些手工业制品的地方专业化，仰赖外地输入谷物的谷物消费也逐渐增加了。

第三，市场流通圈的不均等。上述的这些地区差别，不仅仅表现在先进与落后地区，即使是同一个地方，其经济条件因受到种种制约也未必一样。同时，也要考虑到各地频频发生的慢性饥馑、富农富商的囤积。因此就流通范围的大小而言也存在着复杂的条件。

3. 品种及名称

当时江南地方民间所食用的主谷是什么？这是一个不能轻易断定的问题，只能说地区不同[44]，各不一样。但以北宋为例，正如《宋会要辑稿·食货七·水利》"仁宗至和元年八月二十日"条所载淮西路光州仙居县令田渊之言，"窃见，江淮民田，十分之中，八九种稻"，似乎可以认为稻作是压倒性的，民食也以稻米为主。进入南宋以后，由于华北人口大量南迁，面食逐渐流行起来。水稻和大小麦的两茬制也有了发展，这些情况在周藤吉之的研究论文《南宋麦作的奖励与二茬制》[45]中已得到了清楚的论述。然而，同时也可从相当多的以稻米为主的例子中[46]，看到由于质量的好坏、价格的贵贱、收获的早晚而存在着稻米品种和名称分化的情况，说明了米[47]的商品化。尤其是廉价的早熟稻、占城稻作为城市市民和乡村农民的食用米而流往城乡的情况颇具兴味。

首先，吴自牧《梦粱录》卷一六《米铺》列举了临安府湖州市（后来的湖墅）等地的米市所交易的稻米品种：

> 其米有数等，如早米、晚米、新破砻、冬春、上色白米、中色白米、红莲子、黄芒、上秆、粳米、糯米、箭子米、黄籼米、蒸米、红米、黄米、陈米。

其中红莲子、箭子米是高质量的粳米[48]。黄籼米据《嘉泰会稽志》卷一七《草部·稻》云，是上等粳米，《嘉定赤城志》卷三六《土产·稻》将其解释为占城稻。蒸米、红米、黄米、陈米可解释为仓米。其次，范成大《石湖居士诗集》卷一六《劳畲耕》云：

> 吴田黑壤腴，吴米玉粒鲜。长腰饱犀瘦，齐头珠颗圆。红莲胜雕胡，香子馥秋兰。或收虞舜余，或自占城传。早籼与晚穤，滥吹甑甗间。长腰米狭长，亦名箭子，齐头白圆，净如珠。红莲色微赤。香子亦名九里香，斗米入数合作饭，芳香满案。舜王稻焦头无须，俗传瞽瞍烧种以与之。占城种来自海南，稗稂籼禾价最贱，以上皆吴中米品也。不辞春养禾，但畏秋输

官。奸吏大雀鼠，盗胥众螟蟊。掠剩增釜区，取盈折缗钱。两钟致一斛，未免催租瘝。重以私债迫，逃屋无炊烟。晶晶云子饭，生世不下咽。食者定游手，种者长流涎。

苏州地方虽出产许多优良品种的稻米，但由于官租和私债，那些稻米却成了游手（大概指官及城市居民）的食品，农民自己只能食用廉价的占城稻、早熟稻米、印度种的稗秕。关于占城稻，已有前述加藤、天野的论文做了叙述，这里有几点想强调一下。占城稻在当时一般被称为小米、占米、山禾米、籼米等，特别是在占城稻极为普及的淮南、江东西、湖北等地，早稻和占稻往往被视为是一样的[49]。而且所谓的"早占米"也部分被作为租税[50]、和籴（官府收购）[51]、常平[52]、赈恤[53]等官米的情况，说明了占城稻普及的程度。但原则上租税米以下的官米缴纳标准从唐太宗时代开始已有如下规定：常平的谷仓为小米九年，米（碾好的小米）五年；下湿之地为小米五年，米三年[54]。在宋代，贮藏大约也以三年为期[55]。但为了易于长年贮藏，官米原则上规定收纳晚生粳稻的糙米[56]。像这样将官米的收纳限定于晚生粳稻的情况，通过强制种植手段来彻底强制农民种植税米的现象，除了若干例子[57]之外，一般并不多见，因而无疑在部分农家产生了租税米的商品化现象。刘敞《公是集》卷一八《田家行》载：

> 春耕高原不辞苦，晚岁离离满百亩。岂知输稻如输金，始信种田虚种黍。持黍易金入市行，粳稻踊贵黍价轻。十钟一石亦不惮，三时力农空自惊。

这是山村的农家贩卖杂粮购置税米的例子，地方市场和揽户的租税承办人则充当了交换的媒介。如上所述，作为耐旱品种在江南山村栽培的早占、占稻、山禾、籼米等，在宋代并没有作为租税等官米被收纳，但这些耐旱品种的种植在江淮湖广却极为普及。

这样一来，占米和早米当然便用于一般的食用和向市场流通了。舒璘《舒文靖集》卷下《与陈仓论常平》是他任新安教授时作的，其论及占米云：

> 验之于今，藏米者四五年而率坏，藏谷者八九年而无损。而谷之中又有高下焉，有大禾谷，有小禾谷。大禾谷今谓之粳稻，粒大而有芒，非膏腴之田不可种。小禾谷今谓之占稻，亦曰山禾稻，粒小而谷无芒，不问肥瘠皆可种。所谓粳谷者得米少，其价高，输官之外，非上户不得而食。所谓小谷得米多、价廉，自中产以下皆食之。

占稻即山禾稻，出米率高，不问土地肥瘠均可栽培，而且价格低廉，因此便成为中间阶层以下的食用米。粳稻除作为租税米上纳之外，只有上户才能食用。占米除了作为乡村农民的食用米之外，正如《宋会要辑稿·食货四〇·市籴粮草》"孝宗乾道九年十一月十二日"知建康府之洪遵所上书，"缘本府管下水旱相仍，灾伤仅及五分，所收米谷，尚恐民间不足食用，虽有客贩米斛，尽是籼禾小米，久远不可贮储"，还供给市贩，以充城市居民食用。赵藩《章泉稿》卷一中作于抚州城外的七言古诗中云，"翻怜买菜籴占米"（《抚州城外作》），也说明了这一情况。这大概是占米价廉物美而促进了其流通。《宋会要辑稿·食货四〇·市籴粮草》"孝宗乾道九年闰正月七日"载：

> 李安国言："本所（湖广总领所）见今就鄂州置场，收籴下等大禾米，每硕二贯七百省，系淮南并复州等处米；中等占米，每

硕二贯六百省，系鼎、澧州米；下等占米每硕二贯三百省，系淮南米。"

可见湖北鄂州官米的收购中，湖北鼎、澧州的中等占米比淮南及湖北复州的下等粳米每一升便宜一文，淮南的下等占米比之便宜了四文。又《朱文公文集》卷二一《申知（衢州）江山县王执中不职状》云："江山县独称大禾米每省升止籴一十八文，小禾米一十七文"，此处占米也比粳米便宜一文。欧阳守道《巽斋文集》卷四《与王吉州论郡政书》就赈恤米亦记云，"然去年有以甚白占米官定为一升八钱者矣，小民乐得白占，甚于得白稻"，占米更受小民欢迎。从以上诸例也可推知，在江南，占米和早生稻作为一般乡村、城市居民的食用米占有相当重要的比重，与上等粳米一起成了流通米的主要部分。此外，还有城市居民的食米或用于救荒的仓米、南米等。仓米，正如《重修政和经史证类备用本草》卷二五《赤小豆》所说明的那样，是官吏和军人之禄米的处理品，粗劣而廉价。《四朝闻见录丁集·庆元党》云，"建宁米白，甲于闽中，而熹不以此供其母，乃日籴仓米以食之，其母不堪食"；吕颐浩《忠穆集》卷三《乞宫观札子》云，"今则新米每斗四百文，仓米每斗三百文"，便是其例。南米即是广南产的米，是可流通的，还有杂谷、粥等，就省略不谈。

4. 消费市场的结构

消费市场的结构大体上是这样的，以米为主粮食用的地方不用说即是如卜凯（J. Buck）所划分的秦岭、淮河一线以南的水稻种植地带，此外，北方的大城市，特别是拥有官僚、军队、市民等大量人口的开封，是米的大消费地。在长安，米的消费可从题于贾炎《家传》后的邵伯温之记述了解到，英宗治平末，米麦一斗百文，粟豆五十文，猪羊肉一斤三四十文这样的市内价格[58]。苏轼《东坡先生诗》卷六《次

韵曾仲锡元日见寄》载，"吾国旧供云泽米_{自注：定州斋酒用苏州米}"，在河
北定州斋酒用苏州产的上等米。当然，像地方城市宿州那样[59]，北方
的城市和农村似乎也普遍消费过面、粟谷、粟米，以米为主食大概也
普及到了部分大城市，而且屯驻于北边的军队也消费过江南的米。正
如"北人不便食粳"[60]所说，出身于北方的军队对吃米不抱好感虽为
事实，但应该承认通过水陆路大量运输的江南产的米之一部分曾在北
边消费。如上所述，稻米的消费不仅限于主要产地江南，而且向南北
扩大开来。下面将米的消费区分为（1）官米的收购即军粮，（2）民间
的需求即民粮，来加以考察。

官米包括皇帝、宗室、官、吏、军队的食用、俸给、赐与，和
常平仓、义仓、广惠仓、平籴仓等救荒赈恤用的官仓米，以及用于
专卖酒的酿造。但官米在仓库更新时，便以"陈米""仓米"出售成
为民间的低级食品，官仓储备米也主要是出售给城市居民，因此官
米和民粮的区别也未必那么严格。受宋朝俸禄的官员人数在仁宗皇
祐时为二万余人[61]，在南宋理宗宝祐时为二万四千余人[62]，而军队
（禁军）的人数在北宋最高达一百二十五万人[63]，南宋初期为四十万
人[64]，因此官与兵的财政支出比为1∶5和4∶5[65]，乃至1∶6和
5∶6[66]，官米的需要总称为军粮。官米的筹措主要在稻米主要产地进
行，大体上作为租税米（秋苗）以实物征收，一部分留州入州仓（约
二成），其余上供（约八成）运往首都及指定的军队屯驻地。并支出
官钱、茶、香药等票据，在产地从农民手中或通过米商购入（市籴）。
其年额，北宋时江南米产地（淮南、两浙、江南东西、湖南北，但福
建、广南、四川没有运送）的租税上供米额每年约六百万石，和籴米
约二百万石，在北边不一定只收购稻米，每年市籴数百万石的谷物。
南宋时在租税上供米约四百六十九万石（不包括淮南）的原额中，实
际征收有三百三十万石，租税原额和实际征收的差额则以和籴米百万

乃至四百万石来补充[67]。

表3.1　宋代的上供米额

路名	北　宋		南　宋	
	上供米额	实际征收情况	上供米额	实际征收额
两浙	150 万石	84.5 万石赴阙 40.3352 万石赴陈留县 25.1648 万石赴雍丘县	150 万石	85 万石
淮南	150 万石	125 万石赴阙 20 万石赴咸平、尉氏县 5 万石赴太康县		
江东	99.11 万石	74.51 万石赴阙 24.5 万石赴拱州	93 万石	85 万石
江西	120.89 万石	1.89 万石赴阙 20 万石赴南京	126 万石	97 万石
湖南	65 万石	均赴阙	65 万石	55 万石
湖北	35 万石	均赴阙	35 万石	10 万石
总计	620 万石[68]		469 万石[69]	332 万石

据《宋会要辑稿·食货四二·漕运》"太宗雍熙四年十一月"条、《建炎以来系年要录》卷一八三"高宗绍兴二十九年八月甲戌"条。

如此巨额的官米消费，给生产和流通带来了种种影响。官米更因用途不同而品种质量也有差异，并指定了专门的生产地。南宋首都临安府的行在省仓十七仓被分为上中下界[70]，上界收纳"上色白苗米（税米）"一百五十万石，作为宰相、执政、侍从、管军、职事官、宗室、百官、省、台、寺、监，即王室和高俸官吏的禄米；中界收纳"次色苗米（税米）"一百五十万石，作为班直、皇城亲事官、辇官、五军的口粮（食米）；下界收纳"糙米"一百五十万石，充作五军的月粮，三衙、厢禁军、诸司库务的口粮和月粮[71]。南宋末期，上界（库八栋）纳浙西米，除上贡外，支给宰相、执政、百官、亲王、宗室、内侍、王城班直、省部职员；中界（库三十八栋）纳浙西之苗纲（税米）、经常和籴、公田桩积米，供给朝家科支、农寺宣限、诸军诸司、三学、百司顾券、诸局工役人[72]。因此在皇室、官僚、军队所在的首都，优质的晚粳稻尤其是上等品被当作禄米和食用米用于消费。这种宫廷、官僚对消费的嗜好必然从城市的富民、市民蔓延到农村的富农、地主，从而促进了主要米产地生产的集中和分化，也助长了米的商品化。

这样，临安每年消费官米一百五十万石[73]，其中八十万石是租税上供米，其余七十万石是在临安等地从客商那里和籴来的[74]。另一方面，临安市民的日常需求量为每天三四千石[75]，即每年一百一十万乃至一百四十万石强。官私所需加起来为一百八十万至二百一十万石左右，均仰赖客商贩入。在长江中游的建康府，年粮每年为五十万石[76]至八十万石[77]，均仰赖江西路的上供米及和籴；民粮每日二千石[78]即每年七十万石强，因此仰赖米商的官民用米在一百万石以上。据载，桂阳市在城居民数为一千一百口，上市米每日必不可少于三十担[79]。此外，在长江沿岸曾有过几个军队屯驻地，特别是在湖广总领所所在地鄂州（武昌），经制、总领两司的经常支出达一百三十万七千二百石；总领所为七十万石，江西、湖南转运司为七十万石，共计和籴一百四十万石。这样看来，米商的活动范围都集中于首都、军队集结的军政地区及大城市。

5. 流通概况

当时市场的发展极不均衡，按行政单位府、州、军来看，在自给性方面，有的全面依靠客商贩卖，有的以客商的搬入为补充，在平时还能形成略微完善的自给圈，但若遇上荒年和灾害，就只好仰赖客商等。于是，随着农村市场的发达，客商的活动范围就相当广泛了。下面来看看有关各地流通情况的记录（不包括和籴）。

浙西路　卫泾《后乐集》卷一三《论围田札子》载，"中兴以来，浙西遂为畿甸尤所仰给，岁获丰穰，沾及旁路"，不仅浙西一路，而且已沾及浙东、福建、江东等旁路。特别是正如《宋会要辑稿·食货七·水利》"绍兴五年闰二月四日"所载，"二浙每岁秋租，大数不下百五十万斛，苏、湖、明、越其数大半"，又如《建炎以来系年要录》卷五四"绍兴二年五月庚辰"载，"自巡幸以来，军储岁计多仰浙西，而平江、湖、秀之产倍于他郡"，苏州、秀州、湖州、明州、越州的米产量均在其他州之上。王炎《双溪类稿》卷二一《上赵丞相书》云，"两浙之地，湖、苏、秀三州号为产米去处，丰年大抵舟车四出"，尤其是湖、苏、秀三州是首屈一指的米产地，其产量多达"丰年大抵舟车四出"的程度。苏州的米产量更是遥遥领先，接着依次是秀州、湖州，这在《双溪文集》卷一一《上宰执乞拨米赈济书》也有明确记述。元平江龚璛《存悔斋稿·夜凉偶题寄子中弟》亦有"吴中粳稻甲天下"的记载。常州，据《咸淳毗陵志》卷二四《财赋》云，"浙右郡号沃壤，独毗陵田高下不等，必岁大熟，民乃足"，基本上能够自给；而镇江府、江阴军及常州的晋陵、武进地方系山地，也未必不适种植稻米[80]。严州据说是浙西最下的一个州，方逢辰《蛟峰集》卷四《严州新定续志序》云："官兵廪则取米于邻郡以给，而百姓日籴则取给于衢、婺、苏、秀之客舟，较之浙右诸郡，其等为最下下"；又刘克庄《后村先生大全集》卷一一《建德县赈籴本末》云，"咸淳丙寅，江浙春涝夏旱，其时郡县饥民至啮草木以食，而衢、严尤甚，旧仰籴京粟，至是辇下禁港，官吏搏手无策"，严州的民粮大体上都依赖于运来衢州、婺州、苏州、湖州及临安府市场的米的客舟。因此《东莱吕太史文集》卷三《为张严州作乞免丁钱奏状》记载："虽遇丰稔，犹不足食，惟恃商旅般贩斗斛为命，旬日不雨，溪流已涸，客舟断绝，米价腾踊，大小嗷嗷，便同凶年。"临安府是一个如上所述的大消费都市，《梦粱录》卷一六《米铺》云，"本州所赖，苏、湖、常、秀、淮、广等处客米"，可见除浙西之外，从遥远的广南、淮南也有大米流入。程珌《洺水集》卷一九《壬申富阳劝农文》亦载，"地狭而人稠，土瘠而收薄，通县计之，仅支半岁，半岁所食，悉仰客贩"。而在《夷坚续志后集》卷一《神仙门·仙医足疾》中也可见到米船从婺州驶抵临安的事例。

浙东路　关于绍兴府，《朱文公文集》卷一六《奏救荒事宜状》云，"绍兴地狭人稠，所产不足充用，稔岁亦资邻郡，非如浙西米斛之多"，这里自给不足岁用。明州，据《宝庆四明志》卷四《叙产》云，"一岁之入非不足赡一邦之民也，而大家多闭籴，小民率仰米浙东浙西，歉则上下皇皇，劝分之令，不行州郡。至取米于广以救荒"，其米量较多，但由于被富家收储，所谓的小民除仰赖浙东西的米之外，只好期待救荒用广米的输入了。《朱文公文集》卷二六《上宰相书》所载的"今二广之米，舻舳相接于四明之境"，便是对这一情况的说明。关于温州，吴泳《鹤林集》卷二三《与马光祖互奏状》云，"温与处实为邻境，平时处之面下，而易温之所无，温之米上，而济处之所乏"，与平时处州的面沿今之瓯江而下到达温州相反，温州的米则逆流而上运抵处州。据此记载，处州似乎缺乏米产。然而，温州的米亦如以上引文之前面部分所云，"光祖疏谓，郡通海道，商舶往来其间，傥能措置招徕，不患米艘不集泳……又尝出榜晓谕招诱米客，其来者二十五万余桶，流入处州者亦此米也"，实际上是在温州招徕海舶而买到的米。《宋史全文续资治通鉴》卷二五下"乾道九年冬十月甲子"之"臣僚言"云，"伏见浙东诸郡，今岁例有旱伤，如温、台二州，自来每遇不稔，全借转海般运浙西米斛，粗能赡给。访闻浙西平江、秀州管下沿海诸县，自来凡有他郡客人搬运米斛，例不放令出海前去，是以籴贩者稀少，荒歉之处为害甚大"，可见浙东的温、台州一遇到荒年，便完全仰给于苏州、秀州等沿海诸县的米船运入米。衢州，如前所述，依赖临安府的米，但据陈渊《默堂先生文集》卷一二《又上殿札子》云，

"今岁旱干，苏、湖虽不至大歉，而衢、信所收，十无五六，若苏、湖之米不移，则衢、信上下，来年必至乏食"，除了衢州，甚至连江东路的信州也往往依赖苏、湖之米。

福建路 此地系山区，南渡后人口激增，常受饥馑所迫。李吕《澹轩集》卷一《和许尉仙田舍野老有可怜之态壁间之什》感叹这种状态云："七闽况多山，厥田惟中下，年登谷粟贱，逐末贪白话，一逢岁不稔，大半为饥者。"又周必大《周益文忠公集》卷六七之《平园续稿》卷二七《敷文阁学士宣奉大夫赠特进汪公大猷神道碑（嘉泰元年）》载，"闽地狭田少，岁籴广米，每患客舟不时至"，可见福建的民食主要仰给于广米。同样，真德秀《西山先生真文忠公文集》卷一五《奏乞拨平江百万仓米赈粜福建四州状》载，"福与兴、泉，土产素薄，虽当上熟，仅及半年，专仰南北之商转贩以给，自冬及春，来者绝少"，同卷《申枢密院乞修沿海军政》载，"又福、泉、兴化三郡，全仰广米以赡军民"，又同卷《申尚书省乞措置收捕海盗》载，"兼福、兴、漳、泉、四郡，全靠广米以给民食"，由于福州、兴化军、泉州、漳州的所谓"闽下四州"土地贫瘠，一年当中有半年未能自给，只好依赖南北，特别是南方的广南米船了。关于泉州，刘克庄《后村先生大全集》卷一四三《宝学颜（颐仲）尚书神道碑》载："泉田少人稠，民赖广米积济。"关于兴化军，同书卷八八《兴化军创平粜仓记》载"异时富家南船迭操谷价低昂之柄"，又叶适《水心先生文集》卷一六《著作正字二刘公墓志铭》载"莆亦大旱……招潮、惠米商"，另方大琮《铁庵方公文集》卷二〇《何判官士颐》载"莆土狭人稠，虽甚丰年，仅足支半岁之食，大率仰南北舟，而仰于南者为最多"，同书卷二一《上乡守项寺丞书》亦载"虽丰年无半岁粮，全仰广舟"等等，大多依赖南北，特别是广南之米船。关于福州，叶梦得《石林奏议》卷一五《申枢密院乞下浙西沿海州县权暂禁止贩米以绝朱明粮食状》叙述断绝海贼朱明粮道的计策云，"缘沿海诸县自来系于两浙西路贩秀州、华亭等处米斛为业，每船动是数百石或千石……乞下浙西湖、秀州、平江府、江阴军等处滨海州县，权暂禁止，不许贩米前来福州，违者重坐，候事平日依旧"，说明浙西的平江府（苏州）、秀州、江阴军等诸县的所谓北舟运米来福州贩卖之事。除上述四州外，就内地所谓"闽上四州"建宁府、南剑州、邵武军、汀州而言，前述《铁庵方公文集》卷二一《上乡守项寺丞书》云，"闽上四州产米最多，犹禁种秫，禁造曲，禁种柑橘、凿池养鱼"，一般均为米产地，但经济作物的栽培也很先进。关于建宁府，《朱文公文集》卷二七《与林择之书》云，为对付旱灾，"宜亟籴广米及台州米"，《西山先生真文忠公文集》卷一五《奏乞拨平江百万仓米赈粜福建四州状》亦云"盖建宁专仰土产，它无来处"，平时虽能自给，但受灾时也只好依赖广米和台州米。

广南 由上述情况可知大量广南米输入浙东西、福建等地。《宋会要辑稿·刑法二·禁约二》"高宗建炎四年六月十九日"条载，"诏浙西州县米价翔贵，虽有南船载到濒海诸州，多被米牙人邀阻，用大斗低价量籴私停，高价出粜，仍令温台明越州，严行约束"，可见南船（广南船）曾来贩浙西。当时的广南，与两浙、福建一样尚未充分开发。如《岭外代答》卷八《花木门·月禾》所云，"钦州田家卤莽，牛种仅能破块，播种之际，就田点谷，更不移秧，其为费种莫甚焉，既种之后，不耘不灌，任之于天地"，耕作方法也很粗放。《宋会要辑稿·食货六·垦田杂录》"宁宗庆元四年八月二十九日"之"臣僚言"亦载，"二广之地，广袤数千里，良田多为豪猾之所冒占，力不能种"，又李曾伯《可斋续稿后集》卷五《条具广南备御事宜奏》云，"广西诸州颇多荒田，往往茅苇相望，不事耕垦"，特别是广西荒芜地颇多。广南的米产地主要是广州、惠州、潮州、英德府、循州、象州等。《舆地纪胜》卷一〇五《象州·风俗形胜》载，"多膏腴之田，长腰玉粒为南方之最，旁郡亦多取给焉"，广西的象州也可算是米产地。出于气候的缘故，广南产米较为丰富，但正如《可斋续稿后集》卷五《条具广南备御事宜奏》云，"窃见，岭民计口而耕，苦无余积，而且岭米易腐，不容久储"，广米在质量上有易腐、难储藏的缺点，价格也低廉，因此一般用于救荒等。《铁庵方公文集》卷一九《董侍郎》载，"岭外素号产米，古有升三文之谚，某壬寅（理宗淳祐二年）春夏交入潮界，父老言，去岁一石十千，是升百文，亦以行都大饥，远来收籴所致，既而岁渐减以至二十余。今年书大有升七八文，此两三日又减，广城如此"；同书卷三三《广州丁未（淳祐七年）劝农文》载："老守六年，备谙广俗，向闻南米升三四钱，厥后腾踊，去秋虽稔，犹七八文。"广南为米产地，原来一升三四文，在临安府闹饥荒购买广南米之后，便涨价至七八文。当时江浙的米价为一升二三十文左右，可见广南米价是多么低廉。这样一来，"南米"虽不易储藏，但因多产价廉，所以主要用于救荒，流通于两浙、福建、湖南等地。张扩《东窗集》卷三《文之暇日作诗戏用其韵》所载的"传闻市南米，渐可补饥疮"也是其中之一例。这里想补充一点，元《通制条格》卷一八《关市·下番》之"世祖至元二十五年八月中书省御史台呈"记载，"广州官民于乡村籴米伯（百）硕阡（千）硕至万硕者，往往般运前去海外占城诸番出粜，营求厚利"，在南宋灭亡之后不久的至元二十五年前后，广米曾流往南海。此外，《宋会要辑稿·食货三八·互市》《刑法二·禁约》"宁宗嘉定十年三月一日"载，"臣僚言：沿海州县如华亭、海盐、青龙、顾泾，与江阴、镇江、通、泰等处奸民豪户广收米斛，贩入诸蕃，每一海舟所容不下一二千斛，或南或北，利获数倍"，浙西路、淮南路的沿海州县镇的豪户利用海船把米运往南海诸蕃和华北贩卖。

江南东路　建康府是人称江淮之重镇，既是大消费城市，又是长江上游州、军之客商聚集的中心市场。刘宰《漫塘集》卷二二《建康平止仓免回税记》载"金陵古帝王州，民物所萃，食焉者众，生之者寡，岁仰籴客贩。长江天险，舟至不时，价辄翔踊"，袁燮《絜斋集》卷一三《龙图阁学士通奉大夫尚书黄公行状》亦载"金陵军民杂处，舟车辐凑，米麦薪炭鹾茗之属，民间日用所须者，悉资客贩"，又《景定建康志》卷二三《城阙志四·平止仓》之知建康府余嵘的省札载，"此邦虽名为繁庶，而民生最艰，素无盖藏，日食所须，仰给商贩，米舟一日不至，米价即倍腾踊"，米及其他日用品类均仰赖商贩。其米的来源，同上《平籴仓》之江东转运判官岳珂的省札云，"本司所管九郡，建康留都，民物繁庶，绝在下流，因船脚道路之遥，平时米价最高于它郡。次则徽州，岨峿山多田少，与广德小垒俱在水次不通之地。太平、宁国，山、圩田相半，高下既殊，或旱或涝，难得全熟。池州、南康虽通水次，素少积贮。惟饶、信旧来产米，却缘溪港夏涨，则贩鬻贪价，多输泄于下流，岁事或稍不登，则秋冬水涸，纵使有米接济，亦无逆水可致之理"，在江东路管下九州、军之中，有米产地之称的是饶州、信州，但也是夏秋流往下游，秋冬则不足自给。元张伯淳《养蒙先生文集》卷三《余干升州记》云，"其东近接彭蠡，虽广麦沃衍，水潦时至，则为壑，民不勤且匮，南广信，西豫章，境内谷粟丝枲仰焉"，饶州的谷粟丝枲均仰赖信州及豫章。此外，徽州居民携茶、漆、纸、木等物产赴江西、浙江换米，这在前述《新安志》卷一《风俗》中已见记载。信州有时也仰给于苏湖米的情况于前面述及的《默堂先生文集》中亦有记载。又袁说友《东塘集》卷九《又申乞禁止上流州郡遏籴疏》云"本州（池州）地狭民贫，虽是丰熟年分，居民所仰食米，亦是上江客船米斛，到来江岸，迤逦近城出粜，始可足用"，此文后面部分亦云"上江一路州军，如湖北江西，多有州军禁止米船，不得出界"，说明了江西、湖北路的米流入池州的情况。

江西路　当时是稍次于浙西路的丰穰的地区，从租税上供米额来看，其租额仅亚于两浙，而实际上受征发的实催额也比两浙、江东、湖南北等其他地区多[81]。长江沿岸的淮东、淮西、湖广等总领所的上供米、和籴米大多仰赖于江西路。江西的主要米产地是隆兴府、吉州等。关于隆兴府，前述吴泳《鹤林集》之《劝农文》载"十年九不收，一熟十倍秋"，祝穆《方舆胜览》卷一九《隆兴府·形胜》载"其田宜粳稌，其赋粟输于京师，为天下最"。关于吉州，《舆地纪胜》卷三一《吉州·风俗形胜》（《方舆胜览》卷二〇《吉州》同）载"土沃多稼，散粒荆扬_{唐皇甫湜庐陵县厅壁记}"，唐代就已是米产地，其米流往湖北。黄震《黄氏日抄》卷七五《申安抚司乞拨白莲堂田产充和籴庄》载，"大江以西，隆兴吉州等处，皆平原大野，产米居多，惟本州（抚州）与建昌为山郡"，隆兴府、吉州系米产地。又李正民《大隐集》卷五《吴运使启》载"江西诸郡，昔号富饶，庐陵小邦，尤称沃衍。一千里之壤地，粳稻连云；四十万之输将[82]，舳舻蔽水。朝廷倚为根本，民物赖以繁昌"，王象之《舆地纪胜》卷三一《吉州·风俗形胜》载"其户口繁衍，田赋浩穰，实为江西一路之最"，特别指出了吉州米产尤为丰富。有关江西米的流通情况因缺少资料未得其详，但从前述的徽州、建康的例子等推测，也许可以认为其所产之米有相当一部分流往江东路方面。

湖南北　这一地区的中心市场可以说是鄂州。鄂州作为湖广总领所之所在地，除了供给大军之需求外，湖南北及广南、蜀、江西等各地的商人也聚集在这一交通要地。首先就供给军粮的和籴，有蔡戡《定斋集》卷三《乞免增籴二十万石桩管米札子》记云，"其常德府、潭、衡、澧州客旅，兴贩米斛，前来鄂州籴场中粜，在岸常有万石"，湖南北的米商则集中于鄂州。前述《宋会要辑稿·食货四〇·市籴粮草》"乾道九年闰正月七日"条的湖广总领所和籴的占米，也是淮南及鼎、澧、复州等湖北路米商之米。关于一般的流通，《双溪文集》卷一六《又画一札子》云，"且如湘湖，唯鄂渚最为要地，盖南则潭、衡、永、邵，西则鼎、澧、江陵、安、复、襄阳，数路客旅兴贩，无不辐凑鄂渚"，同书卷一一《上章岳州书》又云，"商贾米舡沂江而上，则聚于鄂渚，沿江而下，则先经由（岳州）华容、巴陵，本县（岳州临湘县）所来者不过（鄂州）通城步担而已……自湖南至于鼎、澧，苟非歉岁，则商贾兴贩，舻舳如云，水溢则必由华容，水落则必出巴陵"，即聚集于鄂州的米船有潭、永、衡、邵州（湖南），鼎、澧、安、复州、江陵府（湖北），襄阳府（京西）等三路，湖南赴鄂州的米船途经岳州巴陵、华容二县，若不是荒年，多如舳舻云。但岳州临湘县由于离米船通路稍远了一些，米之不足只好仰赖邻县的鄂州通城县的步担来补充，这一点是值得注意的。即使在上述米商的活动范围内，例如永州，高斯得《耻堂存稿》卷四《永州续惠仓记》云"永之为州，市民为户不过三千，率多贫弱，春夏之交，苦于贵籴"，在春夏之交也粮食不足。关于潭州，王阮《义丰文集》卷一《代胡仓进圣德惠民诗一首》认为长沙曾是富饶之地，但近年来连丰年也难以自给，诗云"北来自鼎粟，南至出渠舡分路招籴，广米自灵渠出"，北靠鼎州，南赖广南所提供之米。在无客商活动的湖南南边的道州，《建炎以来系年要录》卷一八六"绍兴三十年九月壬午"，知道州的季南寿上言云："本州在湖南最为小郡，地不过六百里，民不满四万户，舟车不至，商贾不通。"关于郴州、桂阳军，《止斋集》卷三七《与王谦仲参政荐郴守丁端叔》云："桂山邑，率岁仰米于郴，每郴闭籴，则桂人坐困。……郴饥则民流入桂，桂饥则民流入郴。"关于常德府武陵县，《永乐大典》卷七五一四《仓·平籴仓》中引《武陵图经志》云："武陵北间数万户，而城内乏积谷之家，日仰乡民辇负以给。"

以上介绍了各路的流通概况，由此可以指出下列事实：两浙的临安府、江东西的建康府、湖南北的鄂州等是地方上的中心市场；米从米产地流往谷物消费地；米大量且远距离地由商人任意进行贩卖；在客商流通圈边上，尚存在有自给的、局部孤立的市场圈。

（二）市场结构

根据当时的用语，所生产的米谷之一部分由生产者农民自己搬入城市，被称为"步担""负担"等；稻米一旦为乡村地主、富农的仓库所收藏，便称之为"米主""塌家""停塌家"等；将购买农民的米或米主储藏的米，再运往远近城市者称为"米船""米客"。步担乃至米船的米运至城市，便卖给那里的"米牙人""米行"，然后通过"米铺"转到消费者手中，但似乎米牙人兼营米铺的情况也相当多。下面按照上述顺序逐次探讨一下当时米市场的结构。

1. 步担

当时，作为农民剩余产品的米从农民那里进入流通过程，大致需要经过以下三条途径：一是米商直接收买，二是流入当地富农、米主的米仓，三是农民自己运往附近城市等地方市场去贩卖。第三种情况称为步担或搬载入户等。例如《双溪文集》卷一一《上赵帅书》云：

> 盖临江军市为牙侩者，例皆贫民。虽有百斛求售，亦无钱本可以收蓄。每日止是乡落细民，步担入市，坐于牙侩之门而市之，细民大概携钱分籴升斗而去。故米贱之时，负贩者则有不售之忧，米贵之时，计日而籴者则有绝粒之病。

这里说的是江西路地方城市临江军市场的情况，市场近郊乡村的农民每日入市场，将带来的米卖给城市的牙侩，但由于牙侩资本甚少，无法一下子购买百石大米，因此收获时农民卖不出手中的米而青黄不接时，城市贫民则苦于大米供给不足。《朱文公文集别集》卷九《约束米牙不得兜揽搬米入市等事》云："契勘，诸县乡村人户搬米入市出粜，多被米牙人兜揽拘截在店，入水拌和，增抬价值，用小升斗出粜，赢落厚利。"市场附近的诸县乡村人户所搬入的米由在城米牙人承包贩卖，从中以不法行为牟取暴利。北宋神宗时期，江西路建昌军南城人吕南公所著之《灌园集》卷四《山中即事寄上知县宣德》云："一钱重丘山，斗粟轻粪土。昔闻丰年乐，今识丰年苦。东家米粒白如银，西家稻束大如鼓。再三入市又负归，殷勤减价无售主。"丰收之年农民载米进入城市，但在城市商人的统一战线面前，无论怎样降价也卖不出去。《宋会要辑稿·食货六八·赈贷二》"宁宗庆元元年二月十一日"论荒政云："而赈粜亦不官米。若能劝谕拘集牙侩铺户米，官为置场，差人管干，随市价出粜。或有客贩及乡村步担米，则官出钱，在场循环收籴。"在同一个市场上既有牙侩铺户米、客贩米，也有乡村步担米。前述《双溪文集》卷一一《上章岳州书》云："本县（岳州临湘县）所来者不过（鄂州）通城步担而已，步担所搬，能有几何。"不过步担米数量是很少的。恐怕步担是指农民自己肩挑或利用自己所拥有的运输工具，搬入城市而进行的零散贩卖。因此，《夷坚甲志》卷一九《沈持要登科》载"（舟人）曰，我（湖州）安吉人，贩米至此（临安）"，及《夷坚丁志》卷一九《许德和麦》载"（饶州）乐平明口人许德和，闻城下米麦价高，令干仆董德押一船出粜"等所说的也可视为是步担的例子。

　　总之，在农民当中，确有将纳租税和自家消费所剩下的米作为一种带有副业性的商品，自己运往附近的地方市场卖给在城米牙人的。这些乡村步担人的交易很少，其利益大多易为米牙人所夺。他们以城市和村市为中心，形成了狭窄的地方市场圈，其性质是零星贩卖和具有分散性的，可以说是农民自己进行的一种副业性的商业。

　　2. 米主、塌家、富家

在农民强烈依存于地主的地方，即乡村、坊郭的富家对农民加强经济支配的地方，农民的米在收获后便被搬进这些富家的米仓，从那里再投机出售给第三者的客商或牙侩。卫泾《后乐集》卷一四《上沈运使作宾书》载：

> 平籴[83]本良法，但先后失时，反为弊政。要是八九月之交，农人有米，质债方急，富室邀以低价之时，有司出此，则可以持平，公私俱利。十月以后，场圃一空，小民所有悉折而归大家，民间既无米……

廖刚《高峰文集》卷二《乞预备赈济札子》论荒政亦云：

> 若（常平）籴本降迟，谷米先为揽家收聚，虽欲增价取之，民间已无米矣。

以上两例都说明了农家收获的米均为富家所收储。当时农民每逢荒年于春冬两季以五至十成的高利率从富家借出高价米，而收获时却加上好几倍的利息廉价地还给富家，这种例子屡见记载[84]。关于与市场的关系，欧阳守道《巽斋文集》卷四《与王吉州论郡政书》在论及当时吉州民粮告急，而上游诸县却发出遏籴令，阻止流通，致使民粮仅仅仰给于州治所在地庐陵县的米而带来不便的情况时，云：

> 窃闻诸县约束其境内甚严，未罪米主，先罪般稍，人稍畏罪，无敢揽载。

记述了在乡米主的米由船稍即船头或运船业者，承包运往市场的情况。

其文进一步云：

> 某询诸水滨，以为米舡旷日不至，其仅有至者，非诸县之米，乃带郭境内人家所发粜。而其数目希少，牙人与铺户前途守等，争先粜之如攘夺，然相与分三五石至十石止，瞬息而尽，未有一铺得粜二三十石也。……彼（船只）若米载而来，生事之徒与之喧哄，以增价犯禁告，则所增之钱不足以了讼费，人思及此，岂复肯来。铺户所以贩粜者，本为利也。彼本浮民，初非家自有米，米之所从来盖富家实主其价而铺户听命焉。

在这种场合，富家拥有对城市米铺指定价格的权利，即在乡富家或委托米船或通过牙人将米卖给铺户，以自家的储藏米投放市场，从中进行有利的投机贩卖。下面再看看在乡富家的另外一个例子。《夷坚志补》卷七《直塘风雹》载："平江常熟县之东南，地名直塘，去城百里余。富民张三八翁，用机械起家。其长子以乾道元年先亡。有盐商从鄂州来……后八年，翁死，次子曰五三将仕，不以父兄为戒，尤稔恶黠货，见利辄取。淳熙元年，有一客立约粜米五百斛，价已定，又欲斗增二十钱，客不可，遂没其定议之值。客仰郁不得伸，但举手加额告天而已。时五月十三日，天清无云，午后大风忽从西北起……张氏仓廪帑库，所贮钱米万计，扫荡无一存。所居大屋揭去数里外，合抱之木尽拔，典质金帛在匮，随风宛转于半空，不知所届。常所用斗，大小各不同，凡十有三等，悉列门外，若明以告人者。将仕君惊怖之际，一木堕于旁，折其臂。相近项氏，亦失台衣千缗。是日黄昏，县中风雷继作，王氏失钱八千缗，杜氏失千缗。"根据这种情况，可知在乡富家除贩米外，还经营典质业等，并在买卖中有欺诈等不法行为。一客商一下子贩卖五百斛则表明了他有大量积蓄，而且像这样的富家在该县还有数家。除了这些乡村富家以外，城郭内也有富家储米。如《朱文公文集别集》卷九《禁豪户不许尽行收籴》载，"照对，本军（南康军）管下今岁旱伤。访闻，目今外郡客人兴贩米谷，到星子、都昌、建昌县管下诸处口岸出粜，多是豪强上户拘占，尽数收籴，以待来年谷价腾踊之时，倚收厚利，更不容细民收籴"，又同卷《措置赈恤粜籴事件》载：

> 米舡到岸，虽欲出粜，然贫民下户不过斗籴，卒难转变钱物，未免留滞，须当劝谕上户及时收籴，不惟他时可济荒歉，于停蓄之家岂无宜利。

虽然对此各有不同的见解，但好歹证实了有城市上户富家积蓄米的情况。前引《巽斋文集》的同一篇文章中也记载了在食米不足时奖励城郭富家出售贮藏米，"此等富家与铺户俱籴，小民日籴升斗于富家，既足以杀铺户独籴长价之势。而铺户近有此等富家可恃，若船米偶不至，则转籴于此等，亦足以暂时应付铺面"。这些富家在城市虽经营其他行业，但有时也出售手头储藏之米。

总之，米主、塌家主要是当地富农，他们将自己那种以地主般的积蓄和高利贷般的借贷所收藏起来的米，投机售给客商和城郭的铺户。这种活动是富农的副业性商业，他们往往兼营其他行业，特别是高利贷业，交易额和资本都很大。从米市场的结构来看，可以说他们在经济上具有重要的机能。

3. 米船、米商

米舡、米船、米客等用语，大概可以理解为指当时江南经营米业的客商。他们大多兼营运输业，除贩米外，还兼售其他货物。米商从富农的米仓或直接从农民那里买到米后，便将米运往远处的城市，卖给那里的牙人和铺户。陆九渊《象山先生全集》卷八《与陈教授书》言及抚州金溪县的情况云，"今农民皆贫，当收获时，多不复能藏，亟须粜易以给他用，以解逋责。使无以籴[85]之，则价必甚贱，而粟泄于米商之舟与富民之廪"。又楼钥《攻媿集》卷一〇〇《朝请大夫致仕王君（正功）墓志铭》载：

> （绍熙）五年……遂知蕲州。自私钱之废，淮民多窭，鲜有盖藏，遇霪雨，至绝市无籴。君以庆元四年视事……又念，岁收才能自给，而巨商率先以他货来售，禾始登场，厚取其赢。

又同书卷一〇四《知复州张公（仲梓）墓志铭》载：

> 至庆元改元……知复州。四年，赴郡，古号竟陵，废置靡定。旁枕襄沔，地卑水汇，间三四岁仅一熟。富商岁首以醝茗贷民，秋取民米，大舸捆载而去。

从中可以看到许多客商直接从农民那里买米，或赊卖日用品，到秋收后再来取米等这种在经济上控制农民的例子。米商向富农买米的事例已如前述。不过也有一些例子表明这些米商由于各自资本大小不同，形成了多层的支店网。对此，叶适《水心先生文集》卷一《上宁宗皇帝札子二》载，"臣采湖南士民之论，以为二十年来，岁虽熟而小歉辄不耐；地之所产，米最盛，而中家无储粮。臣当细察其故矣。江湖连接，无地不通，一舟出门，万里惟意，靡有碍隔。民计每岁种食之外，余米尽以贸易。大商则聚小家之所有，小舟亦附大舰而同营，展转贩粜，以规厚利。父子相袭，老于风波，以为常俗。其不耐小歉而无余蓄，势使之也"，揭示了江西、湖南北一带的米船的经营和农民将米用于贸易的状况。而世袭经营米船，以船为家进行活动的情况[86]是很有意思的。下面从一条船的平均载重量类推一下米船的经营规模和交易量。沈括《梦溪笔谈》卷一二《官政二》载：在淮南漕渠，按旧法官船"舟载米不过三百石"，建真州闸后，加到四百石，以后逐渐增加，"官船至七百石，私船受米八百余囊"，每"囊二石"。北宋时代淮南的漕船，官船载三百至七百石，私船载一千六百石，而私船用二石装的布囊运米。此外，浙西的租米上供船载六七百石至千石以上[87]，集结于临安府诸州的米船（铁头船）为五六百石[88]，芜湖的上供米船为千石[89]，饶州的客船为三百石[90]，经过灵渠的米船为千石[91]，在长江，江陵府石首县潜军港有二千五百斛的大舟[92]，陆游搭乘的至江陵府沙市的是二千斛[93]，而所谓入峡船则是一千六百斛的蜀舟[94]。装载量最大的例子是，当时鄂州有万石舟，可载一万二千石[95]。洪迈《容斋四笔》卷九《南舟北帐》载，"北人不信南人有万斛之舟"，"及来河北，不信有二万硕船"，这只是特殊情况，通常在三四百石至一千石左右。即使同为米船，但由于海船要冒风浪的危险进行远距离航行，所以船的结构和经营内容均不同，载重量一般也比内河船大。据载，从浙西、淮南至南蕃的米船可装一二千石[96]，往福州去的船可载数百石乃至千石[97]，在福建、两浙雇募的客船可载二千石[98]，可见大致为数百石乃至二千石。总之，就从米船的载重量来看，也可认为其经营规模和交易额是相当大的。米商的利润来源，主要是纵横往来于远距离的两地之间而获取地区间的价格差之利。《夷坚甲志》卷一六《碧澜堂》载，"南康建昌县民家，事紫姑神甚灵，每告以先事之利。或云下江之茶贵，可贩；或云某处乏米，可载以往。必如其言获厚利"，同时可知客船除米之外，还经营其他货物。

总之，米船主要兼营运输业，经营规模和交易额均很大，应该认为米船是以米的买卖为专职，但也适当地贩卖其他货物。而且全家同住船上，世袭经营，除依靠运输业之外，还通过在经济上对农民的支配，或利用远距离两地间的价格差来获取利益。他们似乎根据各自财力的大小，自己形成多层的统属关系而组织起支店网。于是，在与米市场的关系方面，跟米主同样发挥着极为重要的经济作用（参照第五章）。

4. 米牙人

在当时的米市场上，米客和米铺之间有米牙人（也称米行），斡旋双方的买卖，称量米谷，评定米价，以此赚取手续费。米牙人似乎大多数都兼营米铺，但通过米牙人进行米的买卖好像是一种惯例。《朱文公文集别集》卷九《措置赈恤粜籴事件》云："寻常客人粜米，必经由牙人方敢粜。"所谓寻常，意思是指在灾害、歉收时允许客商自己直接贩卖这种特别例子以外，一般说来要经由牙人之手。《后村先生大全集》卷一四三《宝学颜尚书神道碑》就泉州的情况云，"奸驵射利，尽揽客舟于家"，招徕客商委托他们贩卖。王之道《相山集》卷二〇《论和籴利害札子》云，"百姓寻常入市粜卖，其铺户于粜籴名下，每斗各收牙钱一二十文"，在买卖时还征收牙钱。这是铺户兼营牙行的例子，买卖时的称量手续费为每斗一二十文，即以当时米价每斗二百文收取五分乃至一成的手续费为惯例。关于牙人的称量，《宋会要辑稿·食货二一·酒曲杂录》"孝宗隆兴元年十月二十三日"之诏云，在收购糯米时，"籴场旧令卖米牙人充斗子"，米牙人充当籴场称量方面的胥吏，这大概是充分利用了他们的特殊技能。《朱文公文集别集》卷九《约束米牙不得兜揽搬米入市等事》云："契勘，诸县乡村人户搬米入市出粜，多被米牙人兜揽拘截在店，入水拌和，增抬价值，用小升斗出粜，赢落厚利。"这也是说兼营铺户的米牙人，在称量时从中作弊以获取厚利。关于米价的评定，《景定建康志》卷二三《平止仓》载，"以是数十万之生齿，常寄命于泛泛之舟楫，而米价低昂之权，又倒持于牙侩之手"，又"每遇青黄不交，市籴骤贵，先唤上牙人，供具时直实价"，米价的高低均操于牙人之手。由此看来，牙人在市场上占据了垄断的地位，其地位似乎比官方更有保证。然而，《朱文公文集别集》卷六《措置客米到岸民户收籴不尽晓谕》云，"今来渐有客旅兴贩米斛到来，如有民户收籴不尽之数，许令牙人并有余之家收籴停顿，准备接济"，牙人乃至铺户在同一城市的市场上往往处于与富家争夺客米的境地。又如前面引述过的《双溪文集》卷一一《上赵帅书》所载，"盖临江军市为牙侩者，例皆贫民。虽有百斛求售，亦无钱本可以收蓄。每日止是乡落细民步担入市，坐于牙侩之门而市之，细民大概持钱分籴升斗而去。故米贱之时，负贩者则有不售之忧，米贵之时，计日而籴者则有绝粒之病"，也存在着有些地方市场的米牙人财力不足，难以充分发挥仲买作用的情况。一般说来，在地方市场上财力不足和经营规模很小的米牙人有不少。

总之，米牙人将贩入市场的客商或乡村步担人等的米经手卖给铺户，或自己代客买卖。他们当中既有财力大、贮藏量多、能够办理官方事务而足以左右市场的米买卖者，也有许多财力不足、交易量极少者，还有许多未能对米市场发挥充分作用者。但是，在务必通过米牙人才进行米的买卖这一点上，米牙人的确是米市场结构的一个重要因素（参照第五章）。

5. 米铺

米谷流通过程的最后阶段是通过零售商——米铺卖给消费者。如前所述，米铺是由米牙人兼营的，尤其是在地方市场上更为普遍。小本经营的米铺为数较多的情况，除前引《巽斋文集》所云"铺户所以贩籴者，本为利也。彼本浮民，初非家自有米"外，在前面已经述及的《双溪文集》之《牙侩》条中也有明确记载。《夷坚志补》卷一六《蔡五十三姐》讲到徽州歙县士人之子李生舍家浪游，至宣州宁国府，遇一女，与之结为夫妇，遂以此女所携金银数十两为本，留于汉川县开一米铺，其后七年积蓄数千缗，成为富家。从这一致富的例子，可以知道其开店初期的规模是极小的。下面来看看与市场的关系。《梦粱录》卷一六《米铺》载：

> 每日街市食米，除府第、官舍、宅舍、富室，及诸司有该俸人外，细民所食，每日城内外不下一二千余石，皆需之铺家。然本州所赖苏湖常秀淮广等处客米，到来湖州市、米市桥、黑桥，俱是米行接客出粜。……且言城内外诸铺户，每户专凭行头于米市做价，径发米到各铺出粜。铺家约定日子，支打米钱。其米市小牙子，亲到各铺支打发客。又有新开门外草桥下南街，亦开米市三四十家，接客打发，分俵铺家。及诸山乡客贩卖，与街市铺户，大有径庭。

在湖州市等米市，米行即米经纪行会的牙人对城内外诸铺户进行仲买，但在米市上，诸铺户专凭牙人的首长即行头评议米价，一经议定，即由米市的人夫将米搬运到米铺出售，铺户则定好日期向牙人支付米的价钱。大概是出于称量等缘故，从米市派遣小牙子到各米铺去帮忙贩卖。在新开门外的米市上，铺户除了通过牙行购买客米之外，还接受山乡即多半是浙西路严州、浙东路等地客商的转卖。关于市场之人夫，以上引文接着说："且叉袋自有赁户，肩驮脚夫亦有甲头管领，船只各有受载舟户，虽米市搬运混杂，皆无争差，故铺家不劳余力，而米径自到铺矣。"如同现今米市场的码头搬运工，各有头目，各自有其负责受理米船的领地，丝毫不混乱。《东京梦华录》卷一《外诸司》载"兵士支遣，即有袋家每人肩两石布袋。遇有支遣，仓前成市"，《梦粱录》卷九《诸仓》亦载"叉袋自有赁者应办。如遇支界日，仓前成市，水陆壅塞"，其中的袋家、赁者大概也属于搬运工。这就是说，在米船靠岸后，卸货、包装、搬运、称量等各有业务分工，客米的流通能够井然有序而又迅速地进行。

南宋的裁判判决集《名公书判清明集》之《户婚门·争财·掌主与看库人互争》[99]中记载了很有意思的有关米铺的判决例。这是原告——经营米铺的黎润祖、陈氏儿夫妇和被告——黎润祖原来的雇主，即米铺的屋主、开店资金贷给者范雅之间的有关贷给钱物之纷争的调停。其大意如下文所述。

在理宗绍定元年、二年、四年这三年间，黎润祖是范雅的看库人，在这期间他和主人结下了很深的交情，因此在绍定四年之三年后的端平元年，黎润祖在范雅家附近租了范雅的房子开了一间小米铺，当时他向旧主人要求借用若干钱和物（即米）作为开店资金，范雅出于老交情，借给了若干钱物。其后，次年（端平二年）年底，范雅又借给黎润组米五十硕，约定还钱五十贯。因担心黎润祖无力偿还，于端平三年三月，范雅索其照约，令黎润祖写手批，连本带利合计一百七十一贯。黎润祖苦于难以还债，企图和妻子一起连夜逃走，但被范雅察觉，并被范雅的雇工和邻人发现。为了摆脱困境，原与范雅之群妾关系不好的妻子陈氏儿，诉说她在丈夫回乡期间遭到范雅及其群妾的喝骂，在往其姑夫处避难途中又被夺走了财物；黎润祖也申述范雅非法获取高利，并请求申理。县衙将此案的判决仰托于州厅。于是审判官对此做了判决，黎润祖必须偿还未还的债务，但可不必按原数偿还，且黎润祖在以前当范雅的看库人时曾训导过范雅之子范继，应考虑其已被作为模范的情况[100]。

由上述判决，范雅做什么生意虽不明，但从他雇佣看库人和其他人员、出租米铺等情况来看，必定是一个富裕的商人，也许是一个当铺户主。由此还可知道，旧主人以高利借贷给米铺钱物，小商人通过与旧主人相识而借得资金。此外，在掌主和看库人之间存在着主公和馆宾即主宾的关系，而当馆宾成为独立营业主之后，主公仍保持其身份，即硬是将身份关系作为经济从属关系维持下去。然而，在以营利为目的的商人之间，独立后仍硬要保持这种关系，这在当时来说似乎也不能认为是妥当的。还有，使用人通过身份关系或因为是老相识从主家借到了资金，而反过来，他与主人之间却有着一种无偿地进行类似训导主人的孩子等报恩行为的情谊关系，这对于了解当时商人（即雇主）与使用人之间的关系是不可忽略的。而且在当时的米铺中虽然也有财力雄厚、独立经营的店铺，但另一方面也存在着许多像上述的米铺那样规模极小，几乎没有自己资本，全靠富商通融资金，经营的主体也只有夫妇两人的小本经营的米铺。

总之，米铺，包括牙人兼营的米铺，是在流通的最终阶段经营零售业的商人，但可以认为，财力及经营规模极小，是米铺的普遍情况。

（三）南宋米市场的特征

从以上分析的米市场的结构中可以归纳出如下这些特征。有时可以认为这不单单是一种商品"米"的问题，也是与当时的商业性质有着广泛联系的问题。

先就商人而言，与米市场有关的商人有步担人、富家、塌家、客商（米船）、米牙人、米铺等。步担人是原生产者即农民，他们将自己的生产物作为商品运往市场，其作为商人的性质是次要的，可以说是副业商人。当地富农和塌家的商业也同样具有副业的性质。米船既是商业者也是运输业者，他们未必是专门从事贩卖粮食的商人。米牙人是经纪业者，是复杂的市场结构的必然产物，大多兼营零售业。而最纯粹的专业商人是零售业者的米铺。但是，就构成市场的经济机能来看，往往是在乡富家、客商所发挥的作用比小本经营的米铺、米牙、步担等更大。在这一点上，可以说副业商人乃至非职业商人，特别是米船、富农、塌家的经济意义要比专业商人大。从经营内容来看，富农商人和兼营运输业的米船的资本基本上都很雄厚，经营亦多样化，一般可认为是较能营利的经营，积蓄也很大。但大商人和小商人在本质上不一定有什么区别。为了积累资本和在竞争中获胜，例如米船，便根据资本的大小形成了多层的支配关系，大商人在其之下将许多弱小的商人和运输业者组成支店网，以利于谋取利润。

图3.1　南宋米市场的结构

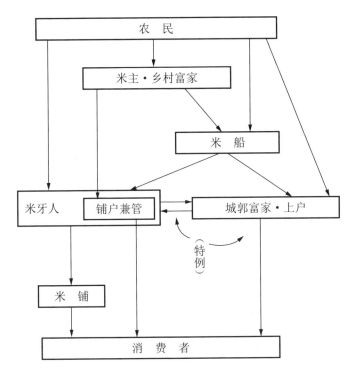

关于商品（这里不限于指一个品种）。米是极为日常的商品（我们

姑且不论地区专业化的特殊物产和手工业制品），而像这样一种日常的商品通过客商之手进行远距离的、任意方向的搬运贩卖，说明当时米已经成为一种具有高度商品性的商品并开始流通，而且在这种流通的背后如果没有全国性的市场圈，那么这种远距离的、任意方向的流通是不可能的。

关于市场关系。如前所述，当时各地已有许多全面或大部分依赖于客商活动的、在客商支配下并向客商开放的客商市场圈。但也有像湖北路岳州临湘县由于稍微远离客商通过的水路，必须依赖邻近的鄂州通城县的步担那样极为狭窄的、拥有近乎完善的生活周边的市场圈，在同一地方同时存在着。这是值得注意的。这种不同市场圈的并存，也可解释为产生于市场关系的差距。就市场结构来看，在每个市场都通过经纪业者牙人牙行的“面子”才能找到商品出入门路的这一点上，各市场圈可以理解为具有均等的闭锁的性质。但牙行有的是通过经营如仓库和旅馆来招徕客商的，因此城市本身对客商的活动未必是排他的，远程商品通过牙行之手得以顺利地流通。但另一方面，牙行也会操纵价格，支配客商和消费者。牙人通过这种两重机能，使城市、市场城镇、村市形成多层的联络网，从而有机地进行物资的集中和发配。这与中国所谓“城市”的性质也很有关系，是今后应当慎重探讨的问题。这里仅想指出的是，当时在全国范围内还存在着很多依赖客商活动的市场。

关于利润。当时商人的利润抽取是在流通过程的内部，即通过购买和贩卖时的商业策略甚至欺诈行为来追求的。他们基于未成熟的市场关系，利用不同地区间的价格差，通过非等价交换来获取利润。高利贷资本，乘零散的城市生活者和农民贫困之际，通过充当财富形态转化的媒介来取得利润。人们对此已做过抽象的解释。但实际上，他们是通过急卖、赊借、赊卖、债务、度量衡之偏差、价格差、非等价交换等来牟取利润的。关于这方面的情况，已有实例举证。

在以上的论述中，笔者特别想要强调的是，当时生产的地区差别相当明显，同时地方产业的专业化在不断地发展，远程通商在当时也相当发达，局部市场圈通过牙行的斡旋，与客商支配下的流通机构有着密切联系等等。笔者认为，对这些现象，如果不是从多方面去捉摸当时的社会，是很难具象地说明其事实的。还需于此特别附带指出的是，作为宋代社会的货币经济环境的商业，在当时的整个经济秩序中具有积极的构成意义。

二　油脂和蜡烛

食用油、灯油及化妆、造船、武器、漆器、制墨、建筑、润滑、防锈等所需油脂是日常生活的必需品，而且对手工业生产来说也是不可欠缺的物资。《梦粱录》卷一六《鲞铺》载：

> 杭州城内外，户口浩繁，州府广阔，遇坊巷桥门及隐僻去处，俱有铺席买卖。盖人家每日不可阙者，柴米油盐酱醋茶。或稍丰厚者，下饭羹汤，尤不可无。虽贫下之人，亦不可免。

不管多么贫穷的市民，柴、米、油、盐、酱、醋、茶七种也是他们不可欠缺的生活必需品。《夷坚续志前集》卷一《人事门·戏谑》所载《俗谑试题》云：

> 宋太学生每闲坐，时以谑破为戏。……早辰起来七般事，油盐酱豉姜椒茶……

油、盐、酱、豉、姜、椒、茶被列为"七般事"，即不可缺少的必需品。明代田艺衡《留青日札摘抄》卷二《七件事》载：

> 谚云：开门七件事，柴米油盐酱醋茶。盖人家之所必用，缺一不可也。元人小词有云：倚蓬窗无语嗟呀，七件儿全无，做甚么人家？柴似灵芝，油如甘露，米若丹砂，酱瓮儿恰才梦撒，盐瓶儿又告消乏。茶也无多，醋也无多。七件事尚且艰难……

这种城市生活的七件日常必需品，随着南宋、元、明城市的发达而定型化了。庄绰《鸡肋编》卷上载，"成都元夕，每夜用油五千斤"，指出了成都元宵观灯（灯市）所花费的庞大灯油量；《西湖老人繁胜录·天竺光明会》载，"递年浙江诸富家舍钱作会，烧大烛数条如柱，大小烛一二千条……灯心、油盏之类俱备"，可见随着城市的发达，油的消费量也逐渐增大[101]，而且这种消费也普及到了农村。在陈藻《乐轩集》卷一《赠叔嘉叔平刘丈》诗中亦可见"木槽压油三石余，半为灯火半煮蔬"之句。宋朝政府在商税（内地税）中，为了保护农本乃至贫民，原则上加以免税的"民间日用之物"，有油、炭、曲、布、絮[102]，油、布、席、纸[103]，米、曲、柴、炭、油[104]。这说明油拥有广泛的消费市场（包括农民），而且由此可以推测油作为一种重要的商品开始上市流通了。

由于油是一种极为日常的、大众化的物资，其生产分散、普及到各地，一般说来很难形成特定的产地，但由于原料的分布不同和必须适应各种用途，在全国各地则形成了大致的生产区域。庄绰《鸡肋编》[105]、《永乐大典》卷八八四一《油》及赵万里校辑本《大元一统志》[106]所引用的文献，是了解油脂生产的很好资料。这里对其进行整理，列表如下：

表3.2 油脂的种类

种 类	产 地	性 质	用 途	出 典
胡麻油	全国（江南、湖南少）	上等	食用油、灯油、精油	《鸡肋编》《永乐大典》
大麻油	河东	气臭	食用油、雨衣防水	《鸡肋编》《永乐大典》
荏子油	河东		雨衣防水	《鸡肋编》《永乐大典》
杏仁油	陕西		食用油、灯油	《鸡肋编》
杏子（仁）油			香油	《永乐大典》引《山居备用》《客语》
红花子油	陕西		食用油、灯油	《鸡肋编》
葵花子油	陕西		食用油、灯油	《鸡肋编》
蔓菁子油	陕西	熏目	食用油、灯油	《鸡肋编》《永乐大典》
苍耳子油	山东		治风（药用）	《鸡肋编》《永乐大典》
桐 油	江湖（江南、湖南）	烟浓污物、不可食、不可膏发	灯油	《鸡肋编》《永乐大典》
桐 油	安庆、广德、延平、武冈、桂阳、永丰、徽、衢、温、处			《永乐大典》引《大元一统志》
旁毗子油	江湖（江南、湖南）	其根即乌药	村落人家以作膏火，其烟尤臭，故城市罕用	《鸡肋编》《永乐大典》
乌臼子油	广南、处州、婺州	如（猪）脂	灯油	《鸡肋编》《永乐大典》
臼 油	余干、大慈、德化乡、临川县		灯油	《永乐大典》引《余干志》《大元一统志》

种 类	产 地	性 质	用 途	出 典
松子油				《永乐大典》引《山居备用》
稻秆油				《永乐大典》引晁说之《客语》
糖 油				《永乐大典》引晁说之《客语》
豆 油	杭州			《永乐大典》引《大元一统志》
菜 油	温州、杭州			《永乐大典》引《大元一统志》
奈 油				《永乐大典》引刘熙《释名》
鱼 油	颍州	颇腥气	食用油	《鸡肋编》
鱼 油	沔阳			《永乐大典》引《沔阳志》
庵摩勒油		一名余甘子	染白发	《永乐大典》引高似孙《纬略》
洁发威仙油			除垢腻洁发	《永乐大典》引《山居备用》
香发木犀油			面脂	《永乐大典》引《山居备用》
石 油	鄜州、肃州	气臭、可燃、极明	灯油，兼治六畜疥癣	辑本《大元一统志》之《鄜州、肃州》

又《居家必用事类全集》卷一〇《书灯》载：

书灯

　　读书须以麻油炷灯。盖麻油无烟，不损眼，但恨其易燥。每一斤入桐油三两和之，则难干，又避鼠耗。若蔓菁油、罂粟油、

> 红花油，每一斤则入桐油三两，以盐少许置盏中，亦可省油；以
> 生姜擦盏边，可不生淬晕；以苏木煎灯心，晒干炷之，可无烬。

读书用的优质灯油最好是以麻油为主，再掺些桐油，其次是分别以蔓菁油、罂粟油、红花油为主，亦掺桐油。下面，对各种油逐一做探讨。

胡麻油　根据沈括《梦溪笔谈》卷一六所载，中国最早仅产大麻，自张骞得到并带回油麻种后，才把它称为胡麻以示区别。此说虽有疑义[107]，但总的说来，胡麻＝脂麻＝芝麻，在宋代是与大麻区别开的，其栽培除低湿地外也普及到全国[108]。胡麻可榨出最优质的油，榨粕（麻枯）还被用作肥料[109]。《宋会要辑稿·食货十七·商税四》"天禧三年九月"条载，免除河东岚州脂麻的商税；辑本《大元一统志》亦载，兴中州、鄜州宜君县产芝麻、胡麻。元王祯《农书》卷一六《油榨》中用图解介绍了榨芝麻油的木制榨油油槽（卧槽、立槽），记述了镬炒→舂碾→蒸釜→椎榨的制造过程，以及燕赵地方发明的将铁炕面和蒸釜接合的省力榨具，并已在南北农家普及。可见榨油在农村已很普遍。宋《鸡肋编》卷上还记述了胡麻具有"雨旸时则薄收，大旱方大熟，开花向下，结子向上，炒焦压榨，才得生油。膏车则滑，钻针乃涩"的特殊性质，说明在宋代也经过炒焦→压榨来榨取生油。

大麻油　唐陈藏器《本草拾遗》载，"江东以荏子为油，北土以大麻为油，此二油俱堪油物。若其和漆，荏者为强尔"[110]，认为大麻油系北方所产，与《鸡肋编》卷上云产于河东相一致。这大概是作为原料的大麻多产于北方的缘故。但似乎江南也生产大麻，如王祯《农书》卷七《麻子》云，"今处处有之，皆园圃所莳……于人有灯油之用"，不过没有特定的产地。《夷坚三志辛》卷六《胡廿四父子》记述了这样一则事情：

乐平永丰乡民胡廿四，开旅店于大梅岭。乾道元年冬，（信州）弋阳某客子独携包複来宿。至夜，买酒邀胡同饮，询问麻价，胡亦添酒报之。客既醉，出白金两小瓜授之云：明日烦主人分付籴麻打油，归乡转售。胡甚喜曰：此甚易，一朝可办……

　　这段文字叙述了饶州与信州交界的大梅岭路旁旅店的主人，受信州弋阳县一客商之托做麻油的仲买人，为其保管金子，采购麻子制油的情况。山村农家的零星产品，大概就是通过这种经纪者之手，收集加工后投入客商的流通组织的。上述之麻油也可能是胡麻油，这里暂作大麻油解。

　　苏子油　王祯《农书》卷七《麻子》项附载：

　　凡种五谷，如地畔近道者，亦可另种苏子，以遮六畜伤践。收子打油，燃灯甚明；或熬油，以油诸物。

　　在种五谷之地边上植苏子，既可防兽畜践伤庄稼，其果实又可用来精制灯油和其他油。

　　荏子油　系由"荏胡麻"的种子制成的油。前引《重修政和经史证类备用本草》卷二七《荏叶》载，"若其和漆，荏者为强尔"，又引陶弘景云：

　　笮其子作油，日煎之，即今油帛及和漆所用者，服食断谷亦用之，名为重油。

同书引唐萧炳《本草》亦云：

> 不堪食。人收其子，以充油绢帛，与大麻子同。

被用于机织和漆器。又同书引陈藏器《本草拾遗》云"江东以荏子为油"，与《鸡肋编》卷上所载的"河东"不同。

蔓菁子油　元代司农司撰《农桑辑要》卷五《蔓菁》引《务本新书》载：

> 四月收子打油——陕西惟食菜油——燃灯甚明，能变蒜发。比芝麻易种收多。油不发风。武侯多劝种此菜。故川蜀曰诸葛菜。油临时熬用，少掺芝麻炼熟，即与小油无异。

与下面所述的菜花油有同样的作用。王祯《农书》卷八《蔓菁》亦载：

> 亦可油，陕西惟食此油，燃灯甚明。

陕西专以蔓菁子油为食用油，也用作灯油。与《鸡肋编》卷上所述一致。适用于作灯油，这在前述的《居家必用事类全集》中也可见记载（又参考下述蔬菜项之蔓菁）。

菜花油　项安世《平庵悔稿》卷六《送董焞归鄱阳》所云"自过汉水，菜花弥望不绝，土人以其子为油"的汉水流域，及前述《大元一统志》的温州、杭州等都以菜花油之产地而闻名。《梦粱录》卷四《解制日》载"亦有卖转明菜花"云云，范成大《石湖居士诗集》卷二七《四时田园杂兴》之《晚春田园杂兴》诗中有"胡蝶双双入菜花"之句，可见当时杭州、苏州地方栽培菜花的情景。

桐油　由"油桐"的果实榨制而成。如《鸡肋编》卷上记载，江南、湖南是桐油的产地。毕沅《续资治通鉴》卷一六四"理宗绍定元年七月"条载，淮南濠州天长县射阳湖的豪民，遣人乘舟到江南、湖南采买桐油，用于造船。赵善括《应斋杂著》卷一《船场纲运利害札子》云，"江西上游，木工所萃，置立船场，其来久矣。采松桧，截杞梓，钉多庾粟，油溢漏泉"，其中所说的油大概就是桐油。《庆元条法事类》卷二九《榷禁门二·兴贩军须》载，严禁渡淮河或从海路向金国密输桐油。这也表明江南的特产桐油在江北也有销路。《夷坚续志前集》卷二《拾遗门·桐油秀才》载，理宗咸淳九年，潭州某县某郡的张秀才往桂阳军贩卖桐油，何薳《春渚纪闻》卷八《墨》载潭州胡景纯的墨工专用桐油的油烟制墨，以"桐华油"的商号出售等等，说明湖南是桐油的主要产地之一。在辑本《大元一统志》中除湖南武冈、桂阳、安徽的安庆外，还列举了广德、延平、永丰（吉州）、徽、衢、温、处州为桐油之产地。在浙东，徽州休宁出身的程大昌所著《演繁露续集》卷五《桐油》载："桐子之可为油者，一名荏桐见《本草衍义》。予在浙东，漆工称当用荏油，予问荏油何种，工不能知，取油视之，乃桐油也。"在浙东桐油用于漆器工艺（但其名称与荏子油混同起来了）。在福建，陈藻《乐轩集》卷一《归入古田界作》载"桥亭剑建风，土宜辞荔子，村坞尽油桐"，在福州的山区古田县之乡村，不宜种荔枝，取而代之的是大力栽培油桐。元周达观《真腊风土记·欲得唐货》把桐油列为泉州的物产，那大概是集福建所产之桐油，由泉州输出至南海诸国。另据周去非《岭外代答》卷六《器用门·藤舟》记载，广西沿海不产桐油。如上所述，桐油产于湖南、江南及浙东、福建的山村，除用作灯油之外，还广泛使用于造船、武器（八作司中有桐油作）、建筑（《营造法式》卷一四《彩画作制度·炼桐油》）、漆工艺、制墨等，在各地流通繁盛。《本草衍义》将荏桐记作"子或作桐油"[111]；《本草图经》载，"或云今南人作油者，乃岗桐也，此桐亦有子，颇大于梧子耳"[112]；《嘉泰吴兴志》卷二〇《物产》引《本草注》载："白桐有花有子，子可为油。"

乌臼油、臼油　由"南京黄栌"榨制的油。《演繁露续集》卷五《乌臼》引《本草衍义》载："油可作烛者是。"《重修政和经史证类备用本草》卷一四《紫荆》载："衍义曰：乌臼……取子出油，然灯及染发。"又同书引陈藏器《本草拾遗》载："乌臼……子多取压为油，涂头令黑变白，为灯极明。"可用作灯油。据《鸡肋编》卷上云，产地是广南、处州、婺州。而《永乐大典》卷八八四一所引的《余干志》载：

> 大慈、德化二乡所出，俗名乌臼。多种水傍，实如吴豆，色白有甲。夏实冬采，榨为油曰木油。

产于饶州余干县大慈乡、德化乡。《大元一统志》亦载：

> 白油出余干，取乌臼子为之。造烛最明洁，凡三等：坚者为皮油，可以度夏；次则软油；又有穰油，可燃灯通贩。又临川县出乌臼树，其子出油，取以灌烛。

亦以余干县为产地。其精制过程分为皮油、软油、穰油三等，用作蜡烛或灯油。临川县也产乌臼油，用作灯油。罗愿《淳熙新安志》卷二《叙物产·木果》载，"乌臼可为烛，而歙之人不取"，徽州也产乌臼油，但大概因主要使用桐油，所以没有得到利用。又《嘉定赤城志》卷三六《土产·木之属》载："乌臼实如鸡头，液如猪脂，可压油为烛。"在浙东台州被用来制作蜡烛。周密《癸辛杂识续集》卷下《陈谔捣油》载，"陈谔字古直，号堑水。尝为越学正，满替，往婺之廉司取解由。归途偶憩山家，有长髯野叟，方捣臼子作油"，在越至婺的乡村使用过臼油。元四明戴表元《剡源戴先生文集》卷二九《柏坑（大概是奉化县臼坑市）》云，"西去疑无路，谁知是剡津。行多收柏客"，收集臼实的牙人来到了明州、越州之间的山村。又杨万里《诚斋集》卷四〇《退休集（吉州）·乌臼烛》云，"焰白光寒泪亦收，臼灯十倍蜜灯休"，称乌臼的蜡烛比蜜蜡更明亮、质量更好。此外，《诚斋集》卷二六《秋山》"乌臼平生老染工，错将铁皂作猩红"，陆游《剑南诗稿》卷四六《小集》"乌臼遮山路，红蓼满野塘"的句子，说明大概江南、四川的山村有很多是乌臼树的产地，而乌臼是灯烛的原料。辑本《大元一统志》卷九《广州路》有出产乌柏树的记载。

鱼油 《永乐大典》引《沔阳志》载"鱼油，本州土产"，《鸡肋编》卷上载"颍州亦食鱼油，颇腥气"，在湖北沔阳和河南颍州均食用鱼油。又《宋会要辑稿·食货一七·商税》"淳化四年七月"条载，岳州对鱼油流通免除商税，沿江日常均使用鱼油。《太平广记》卷三九五《庐山卖油者》记述庐山卖油者之故事云，在庐山附近经营卖油的某人由于将鱼油掺入斋醮之油谋取厚利而受到惩罚。在河川流域也制鱼油食用，但因鱼油与羊脂、猪脂[113]同样为宗教所禁忌，而且精制技术不熟练，故鱼油并未普及用作灯油。

黄、白蜡 《嘉定赤城志》卷三六《土产·货之属·蜡》载"蜡有二色。黄者造烛，白者医家用之"，苏轼《东坡先生诗》之蜡梅诗云 "蜜蜂采花作黄蜡"（卷一四《蜡梅一首赠赵景贶》)，可见由提取蜂蜜制成的蜡煎炼而成的是黄蜡，加以精制后便成为白蜡[114]。周密《癸辛杂识续集》卷下《白蜡》载，南宋末，汤煎白蜡虫的白粪而制成白蜡的做法，从淮南传到了江浙，由于白蜡的价值比黄蜡高出数倍，因此是一种可与养蚕的获利相匹敌的有利可图的副业。明李时珍《本草纲目》也有同样的记载。大概这不是一种一般的制法。前面说过，乌臼也可制作白蜡。总之，蜡产于全国各地的山村，特别是陕西、河东、四川、湖北、福建、广南之山区，同时也从南海输入[115]。真宗时全国消费蜡三十万斤，孝宗时的消费量更高出一倍[116]，这对于山村的制蜡无疑是一个很大的促进。当时制作蜡烛的地方有凤翔府、成州、凤州、阶州、丹州、绥州、石州、晋州、绛州、慈州、夷州、利州、蓬州、汀州、邓州、热河大宁路、云南丽江、嵩州等[117]。蜡不仅是贡纳品，而且也是各地间的流通品。从方回《桐江续集》卷一三《听航船歌十首》诗所描述的秀州魏塘的航船装载"五千斤蜡、三千漆"便可见一斑。不过，人们都觉得蜡烛是供士大夫、读书人用的奢侈品，所以日常均使用油灯[118]，同时为城市居民、宫廷、寺观所大量消费（前述）。

正如以上所述，宋代在食用、燃灯、工艺、医药、斋醮等多方面使用了油脂。随着城市生活的发展、农民生活的提高等，油脂和蜡烛被大量地消费。而且为了适应这种消费，各地的油脂原料得到了开发，形成了各种油脂生产的中心地。为了满足市场的需求，油脂制品也开始分化为向城市流通的油和向乡村流通的油[119]，以及具有其他各种用途的油。农家的零散原料通过地方的牙人和客商之手收集起来投放市场，原来作为自给品而与农业息息相关的制品也被投入了流通过程。在城市有挑油叫卖的细民及拥有仆役的卖油店等，而在农村周围也有零散的卖油商人，以满足日常的消费。

三　蔬菜

宋代，随着城市人口的集中化、富裕化和手工业的发达，城市人口对副食品和手工业加工原料——蔬菜的需求也提高了。结果，在城市附近，蔬菜栽培发展了起来；在具备有利的自然和交通条件的地区，加工原料作物的栽培普及；在农业生产中，经济作物栽培有了发展，农产品商品化的色彩增强了。

首先就城市附近的蔬菜栽培来看，杭州东青门[120]外一带是蔬菜的栽培地，当时有谚言云："'东菜西水，南柴北米'，杭之日用是也。"[121] 周必大《二老堂杂志》卷四载："车驾行在临安,土人谚云:'东门菜,西门水,南门柴,北门米。'盖东门绝无民居,弥望皆菜圃。西门则引湖水注城中,以小舟散给坊市。严州富阳之柴,聚于江下,繇南门而入。苏湖米则来自北关云。"实际上,在东青门外坝子桥、崇新门外南北土门等[122]有很大的菜市,在那里上市的有:蘴心矮菜、矮黄、大白头、小白头、夏菘、黄芽、芥菜、生菜、菠薐菜、莴苣、苦荬、葱、薤、韭、大蒜、小蒜、紫茄、水茄、梢瓜、黄瓜、葫芦(蒲芦)、冬瓜、瓠子、芋、山药、牛蒡、茭白、蕨菜、萝卜、甘露子、水芹、芦笋、鸡头菜、藕条菜、姜、姜芽、新姜、老姜、黄茸蕈(玉蕈、茅蕈、竹菇)等[123],西湖产的绣莲、青瓜、白瓜、黄瓜(金皮、沙皮、蜜瓮、算筒、银瓜),西湖下湖、仁和县护安村范堰的藕,西湖的菱,古塘的大红菱,钱塘县梁渚、窟头、仁和县藕湖、临平湖、西湖的鸡头(芡)、枇杷、杨梅、石榴、木瓜、柿、桃等[124]。周密《癸辛杂识后集·桐蕈鳆鱼》载,"天台所出桐蕈,味极珍,然致远必渍之以麻油,色味未免顿减",台州的桐蕈等也上了临安的市场。杨万里《诚斋集》卷三三《江东集·从丁家洲避风行小港出荻港大江》载:

蓼岸藤湾隔尽人,大江小汊绕成轮。围蔬放荻不争地……菜把活他千万人。丁家洲阔三百里,只种萝卜,卖至金陵。[125]

位于太平州长江岸的丁家洲,专门生产萝卜,贩卖于邻近的大都会建康。《嘉泰会稽志》卷一七《草部·芡》载,"今山阴梅市之鸡头最盛,有一户种及十八里者",绍兴府山阴县梅市有一户人家栽培了十八里的鸡头,如此集中的栽培大概是为了将鸡头作为商品运往临安、绍兴等市场。《嘉泰吴兴志》卷二〇《物产》也记载在湖州城外二三十里栽培有莲藕。《夷坚志补》卷九《胡乞买》更记云,住在寿州蔡下县城外二十里农村的农家，都有三至五亩的园圃用来栽培经济作物——瓜，在县市上贩卖，但终因上市的有利时期有限而产生纠纷，发生了一个农夫损坏别的农夫比自己早五天成熟的瓜田之事件。《淳祐玉峰志》卷下《土产·食物》载，"杨庄瓜"产于昆山县西三里外，东杨庄的瓜虽大，但味道不及西杨庄的瓜好。《太平广记》卷三五《神仙·韦丹》载，在徐州城外五里有瓜园，一名叫陈生的佣耕者租借了半间屋子在那里居住。此外，据载，唐代宋州宋城县的南店（市）有菜行，一位住在城外庄居的乳母入菜行卖蔬以供朝夕食用[126]。如上所述，不消说开封、长安、洛阳、临安、镇江、建康等大城市，连一般县城也有菜市，城市近郊的农家栽培蔬菜运入城市贩卖。

还有作为特产流通于远地的蔬菜。《嘉泰吴兴志》卷一八《食用故事》引《旧编》举出合溪的芦菔腌成的"水菜"，同书卷二〇《物产》亦引《旧编》将乌程的甜瓜列为特产。周辉《清波别志》卷二所云的"赵州瓜甋自昔著名，瓜以小为贵，味甘且脆"之河北赵州的瓜、甋，同书卷二所云的"辉族人自海外（海南岛）归言：吉阳亦出甘瓜，如斗瓶大，十月方熟，北客终以非时物，不敢尝。广南有七十二子，皆果实也，蜜渍致远，人多不识"之甘瓜，天台的桐蕈、合蕈（《嘉定赤城志》卷三六《土产·蕈》），《东京梦华录》卷二《饮食果子》所云之西京笋，《梦粱录》卷一六《分茶酒店》所云之潭笋，《东京梦华录》卷八《是月巷陌杂卖》和《墨庄漫录》卷二所云之襄邑义塘甜瓜，《丞相魏公谭训》卷一〇所云之梁山泊莲子，欧阳修《居士集》卷九《初食鸡头有感》所云之郑州鸡头，都很有名。

又《夷坚志补》卷五《湖州姜客》载，"湖州小客货姜于永嘉富人王生，酬直未定，强秤之"，记述了在温州贩卖湖州姜的客商。《嘉定赤城志》卷三六《土贡》载，"干姜……今章安城门黄杜所出尤佳"，举出了台州章安县城门外的干姜。《嘉泰会稽志》卷一七《草部·姜》载，

"陶弘景云：'干姜，今唯出临海、章安两三村解作之。蜀汉姜旧美，荆州有好姜，并不能作干者。'今绵州干姜，为天下第一。临海乃不闻出干姜，岂以绵姜大售，故不复作邪"，以前越州因产干姜而闻名，但后来四川绵州成为主要产地后，越州便不再产干姜了。又《大元一统志》卷三八五《裕州》载，叶县东八十里旧舞阳田丹村产生姜。《旧五代史》卷一一〇《周太祖纪一》载有襄州紫姜。《参天台五台山记》载杭州的梢工在宿州、宋州上市生姜（前述）。

元王祯《农书》卷八《蓏属·甜瓜》除载于《齐民要术》中已列举过的瓜州的大瓜，阳城的御瓜，蜀的温食，永嘉的襄瓜、胡瓜、越瓜之外，还加上了甘肃的甜瓜，浙中的阴瓜。并记述了西瓜在契丹破回纥后传来中国，多在北方栽培，而南方江淮、闽浙也有栽培（同书卷《西瓜》）。冬瓜有"今在处园圃皆莳之"的记载（同书卷《冬瓜》）。瓠瓜（葫芦）有宋陆佃《埤雅》卷一六《瓠》之说明，且王祯有"甘者供食"的记载（《农书》卷八《蓏属·瓠》）。芋有"在在有之，蜀汉为最"的记载（王祯《农书》卷八《蓏属·芋》）。蔓菁则有"河东太原所出者，根极大，他皆不及，又出吐谷中，故北地多种此。叶似菘而根不同，四时仍有，春食苗，夏食心，谓之薹子，秋可为菹，冬根宜蒸食，菜中之最有益者"之记载（同书卷《蔓菁》）；《嘉泰会稽志》卷一七《草部·菘》亦载，"芜菁即蔓菁……今浙西种芜菁者寖多，临安亦盛，唯越土不宜"，浙西芜菁很普及，临安也很盛行，但越州却无生产。王祯记萝卜"在在有之"，并说"按蔬茹之中，惟蔓菁与萝卜可广种，成功速而为利倍。然蔓菁北方多获其利，而南方罕有之。芦菔南北所通美者，生熟皆可食"，除蔓菁之外，萝卜的栽培也很普及（《农书》卷八《蓏属·萝卜》）。

关于茄子，王祯列举有紫茄、青茄、白茄（银茄）、渤海茄、番茄、水茄等，记云"此数种，中土颇多，南方罕得"（同书卷《茄子》）。关于菱，有"江淮及山东，曝其实以为米，可以当粮"之记载（同书卷《芰》）。关于葵，有"今南北皆有之……按葵为百菜之主，备四时之馔"之记载（同书卷《蔬属·葵》）。关于蕈类，列举有江南的松滑、紫蕈、白蕈、香蕈、惊蕈等。还有莲藕、茨、芥、芸苔、芥子、蒜、薤、葱、韭、葫荽、菠薐、莴苣、同蒿、人苋、蓝菜、苦荬、兰香、荏蓼、芹、甘露子等，此从略不述。

接着谈谈与衣料生产有关的染料植物的商品化，如红花、茜、蓝、紫草等。元刘诜《桂隐诗集》卷三《织锦歌》云，"南州织锦天下奇，家家女儿上锦机。蓬莱额黄染万斛，渭川茜红种千畦"，渭州的茜是很有名的。楼钥《北行日录》卷上"孝宗乾道五年十二月十五日丙申"条云："（相州）东南二十五里朝歌城，纣所都也。中出茜草最多，故相缬名天下"，相州的茜草也很著名。《夷坚志补》卷二〇《桂林秀才》记载有这样的传说：江南乐平有一名叫向十郎的商人行商于湖广地方，在桂林贩卖了数十箧茜杯。蓝在当时有木蓝、松蓝、蓼蓝三种，可制蓝靛的有松蓝，可用于染色的有蓼蓝[127]。例如在福州，结合麻布、葛布的生产而栽培染色用的蓝靛在各县很普遍。闽县的地名中有"青布""青蓝"之称[128]，《八闽通志》卷二五《土产·福州府·货之属·蓝淀》云："蔡襄《江南月录》：云'采以器，盛水浸，除滓梗，搅之以灰即成。诸县皆有，闽、侯官、长乐尤多。一种叶如蓼而圆者曰蓼蓝，一种小叶者曰槐蓝。'"《临汀志》云汀州也产靛（《土产·货之属》）。北宋时代，开封的官绢生产很是繁荣，每年从民间购买红花、紫草各十万斤[129]。河北相州东南的朝歌城则特产用茜草染制的相缬[130]。在南宋，曾通过金国商人输入红花、紫草[131]，这也许是由于红花、紫草原为北方之特产[132]。朱熹《朱文公文集》卷一八《按唐仲友第三状》云，台州知州唐仲友在婺州开设彩帛铺，大量买进婺州的红花、台州的紫草，交由染户用于丝织品的染色。福州也产有红花、紫草[133]。据《淳熙新安志》卷二《叙物产·药物》载，徽州（歙县）的苽专用于衢州西安县的染店。可见在江南，随着机织的普及，染料作物也有了发展。

以上所记述的均是作为商品进行栽培和贩卖的蔬菜。但除此之外，农民还将自家消费剩余的产品拿到地方小市场的狭窄流通圈去交换。例如舒岳祥 [134]《阆风集》卷三《自归耕篆畦见村妇有摘茶、车水、卖鱼、汲水、行馌、寄衣、舂米、种麦、泣布、卖菜者作十妇词》载：

> 卖菜深村妇，休嗟所获微。芜菁胜乳滑，莱菔似羔肥。橐里腰钱去，街头买肉归。种蔬胜种稻，得米不忧饥。

台州深村的农妇携带芜菁、莱菔上市场卖钱，在市场购肉而归。正像"种蔬胜种稻"句所示，由于交换经济对深村的影响，人们认为用蔬菜换钱比种植稻米更为有利，这是值得注意的。方大琮《铁庵方公文集》卷二一《杨剑倅恭》载，"近过（南剑州）顺昌剑浦（县）……两旬之间，芹市再哄"，记录了在福建南剑州山村曾十天一次举行芹市。王十朋《梅溪先生后集》卷一一《自鄂渚至夔府途中记所见一百十韵》有"如闻赤壁箫，孤烟为藕市"的记载（参考第四章第二节，在宋代的村落小市场，蔬菜屡屡作为交换品上市）。元王结《文忠集》卷六《善俗要义·九曰治园圃》论述了作为农民的杂项收入来源的蔬菜栽培的重要性，其云：

> 谷麦充饥，蔬菜助味，皆民生日用不可阙者。……今农民虽务耕桑，亦当于近宅隙地种艺蔬菜，省钱转卖。且韭之为物，一种即生，力省味美，尤宜多种。其余瓜茄葱蒜等物，随宜栽植，少则自用，多则货卖。如地亩稍多，人力有余，更宜种芋及蔓菁苜蓿，此物收数甚多，不惟滋助饮食，又可以救饥馑，度凶年也。

劝人们把剩余品拿去卖钱。这样一来，随着城市化和农村集市的普及，特有农产品的栽培不断地渗透到农业生产中去。而特别禁止特有农产品的栽培，维持自给的农业生产这样一种强制种植措施，除了劝农文中所述的重农主义的表现之外，似乎大体上已不存在了。于是，随着特有产品生产的发展，产生了本来是生产者的农民成为蔬菜购买者的情况。沈括《补笔谈》卷二《官政》载：

> 忠定张尚书（张咏），曾令鄂州崇阳县。崇阳多旷土，民不务耕织，唯以植茶为业。忠定令民伐去茶园，诱之使种桑麻，自此茶园渐少，而桑麻特盛于鄂、岳之间。至嘉祐中，改茶法，湖湘之民苦于茶租，独崇阳茶租最少，民监他邑，思公之惠，立庙以报之。民有入市买菜者，公召谕之曰：邑居之民，无地种植，且有他业，买菜可也。汝村民，皆有土田，何不自种而费钱买贵菜？笞而遣之。自后人家皆置圃，至今谓芦菔为张知县菜。[135]

鄂州崇阳的茶户入市买蔬菜，经知县劝诫后，栽培萝卜以自给。除蔬菜和茶之外，如果再考虑到漆、楮、桑叶、桑皮等加工原料和木材、家畜、鱼、果树、砂糖（见后述）等特有农产品生产的普及，便会理解宋代是农业生产向商品化发展的转变期。

四　水果

水果在农作物中也是极富商品性的作物。宋代，在地方的小市场交换的自给剩余品和以狭窄的市场为对象的新鲜水果，满足了农民的嗜好。例如项安世《平庵悔稿后编》卷三《二十八日行香即事》载：

晓市众果集，枇杷盛满箱。梅施一点赤，杏染十分黄。青李不待暑，木瓜宁论霜。年华缘底事，亦趁贩夫忙。

另一方面，随着城市人口的集中、嗜好的变化、缩短市场距离的水陆交通的发达，通过远程通商，各地方兴起了特产果树的栽培，尤其是在自然条件乃至市场条件上占有地利的地区，逐步确立了其作为主要产地的地位。《梦粱录》卷一二《江海船舰》载：

其浙江船只，虽海舰多有往来，则严、婺、衢、徽等船……杭城柴炭、木植、柑橘、干湿果子等物，多产于此数州耳。

以下，对宋代著名的远程交易商品水果做一番探讨。

荔枝　荔枝是产于岭南、福建、四川等南方特定产地的水果。在宋代，它与柑橘一样具有最高的商品声价。关于荔枝，在蔡襄《荔枝谱》[136]、曾巩《荔枝录》[137]、洪迈《容斋四笔》卷八《莆田荔枝》[138]、王十朋《荔支七绝》[139]、《淳熙三山志》卷四一《物产·荔支》[140]、曾巩《元丰类稿》卷三五《福州拟贡荔枝状》[141]、范成大《桂海虞衡志·志果》[142]和《吴船录》卷下"孝宗淳熙丁酉七月辛亥"[143]、费衮《梁溪漫志》卷四[144]、元王祯《农书》卷九《荔枝》[145]，及其他著作中都有详细记载。如果将这些记载加以综合归纳，大致有如下述。即荔枝在中国也是仅产于温暖地方的水果，早在汉代就已作为宫廷的贡纳品而闻名了。在隋朝南北统一后的唐代，这种南方产的水果再次获得北方城市的市场，从而特产化了。岭南产荔枝运往洛阳，四川产荔枝运往长安，成为杨贵妃等宫廷贵族及市民的嗜好之物，声价不断提高。到了宋代，除了以上这些产地之外，又新增加了福建，所产质、量兼优，一举确立了主要产地的地位。其原因大概是作为新兴开发地的福建，其气候风土恰好适于荔枝的生产；最大的市场，首都开封、临安均离东方海岸很近，而且交通尤其是海上运输及运河运输的技术进步，与市场的经济距离方面也最为有利；福建出身的官僚在首都极力推崇宣传，福建商人也热心地将荔枝连同其他福建特产一起运到江浙和华北的市场贩卖；等等。总之，由于以沿海东南地区为中心逐渐活跃起来的经纪商业的刺激，福建地方的果树栽培迅速地发展起来。在宋代，以主要产地福建（福州、兴化军、泉州、漳州沿海一带）为首，四川（夔州、眉州、嘉州、涪州、叙州、泸州等沿江一带）、广南（广州、昭州、贺州、循州、梧州、潮州等）、湖南南部等产地均闻名全国，品种也多样化了。这些荔枝主要在官僚、寺院、道观、富民的果树园里栽培。施一揆在《历史研究》1957 年第九期上介绍的元代地契八件，是泉州晋江县三十七都、东塘庙西保的谢安等所拥有的山园由阿拉伯人沙律忽丁买去经营荔枝园，其子麻合抹将山园转卖给另一阿拉伯人蒲阿友之父，蒲阿友又将山园典卖出去，直至落到最后的买主之手的一系列土地买卖文书[146]。年代是在元末至元二年（1336 年）到至正二十六年（1366 年）、二十七年（1367 年）的三十年间，据载，当时在荔枝产地之一的泉州确实有人经营过荔枝的果树园。蔡襄称：

> 福州种殖最多，延迤原野，洪塘水西，尤其盛处。一家之有，至于万株。城中越山，当州署之北，郁为林麓。暑雨初霁，晚日照耀……焜如星火，非名画之可得，而精思之可述。[147]

曾巩称：

> 闽粤官舍民庐，与僧道士所居，自阶庭场圃至于山谷，无不

列植。^[148]

此说决非夸张，当时荔枝生产都集中于适合荔枝栽培之地。在福建，贩卖时，由商人对果园估价，进行预先签订合同的投机包买；而且园林不断被转卖给其他园主^[149]。于是，商人所收集的果实，一部分趁新鲜便经海陆两路运往江浙等消费地，另一部分晒干后用福建特产砂糖加工，尔后再运往开封和各地消费。《西湖老人繁胜录·福州新荔枝到进上》记述在临安上市的荔枝云：

> 御前送朝贵，遍卖街市，生红为上，或是铁色。或海船来，或步担到。直卖至八月，与新木弹相接。

王十朋《梅溪先生后集》卷一二《静晖楼前有荔子一株，木老矣，犹未生，予去其枯枝，今岁遂生一二百颗，至六月方熟》载：

> 木老生迟六月丹_{夔涪荔枝，皆五月间熟……路远应难三日寄荔枝过一日，则色味俱变。闽中荔枝，三日到永嘉。}

记载了福建的荔枝经海路三日到达温州。范成大《石湖居士诗集》卷二一《新荔枝四绝》载：

> 鄞船荔子如新摘……趁泊飞来不作难，红尘一骑笑长安。孙郎皱玉无消息，先破潘郎玳瑁盘_{四明海舟自福唐来，顺风三数日至，得荔子色香都未减，大胜戎涪间所产。}

由于航海技术的发达，福州的荔枝用鄞船装载，顺风三数日便可达浙江，在市场上销售，从而有力地压倒四川产的荔枝。

此外，用红盐、蜜煎等加工的荔枝，被当作奢侈的嗜好品成为买卖和赠送的对象，不仅在国内贩卖，还运销"北戎、西夏、新罗、日本、琉球、大食"[150]。

柑橘　橘和柑自古以来就是很有名的南方产水果。《重修政和经史证类备用本草》卷二三《橘》载："图经（本草）曰橘柚生南山川谷及江南，今江浙、荆襄、湖岭皆有之。……又闽中、岭外、江南皆有柚，比橘黄白色而大，襄唐间柚，色青黄而实小，皆味酢皮厚。"王祯《农书》卷九《橘附柑》也有大致相同记载，橘是"南方之珍果"。关于柑，王祯《农书》卷九《橘附柑》亦云产于"江汉唐邓间"，有"乳柑、生枝柑、郪柑、海红柑、衢柑"，以浙江温州、台州所产为最佳，"江浙之间，种之甚广，利亦殊博"。又云，橙，"唐邓间多有之，江南尤甚，北地亦无此种"。据上所载，柑橘特产于浙东西、福建、广南、江西、荆湘、四川的气候温暖，交通、市场方便的地方，其主要产地是温州、衢州、太湖中的洞庭山、广南惠州的罗浮山、江西吉州、四川果州等。

关于太湖洞庭山的柑橘栽培，在陈舜俞《都官集》卷一四《山中咏橘长咏》中有极其详细的记述[151]。主要是说，太湖的洞庭包山，有大姓（即豪农）栽培包橘（绿橘、朱橘），他们先从苏州、湖州、秀州买来树苗，在斜坡上筑石垣造段丘，于围起枳棘篱的旱地里植栽，经过除草、驱除病害、灌水、修剪等极其细致的管理后获得收成，贮藏一段时间让其出水，而后每笼装一百斤，以六七百文至一千五百文的价格用商船载往市场出售。洞庭产的柑市场声价很高，对此，范成大《吴郡志》卷三〇《土物下》云：

真柑出洞庭东西山。柑虽橘类，而其品特高，芳香超胜，为天下第一。浙东、江西及蜀果州皆有柑。香气标格，悉出洞庭下。

庞元英《文昌杂录》卷四亦云，"洞庭柑橘最佳"。这大概是因为市场条件优越，而且土地也适宜种柑的关系。结果，在洞庭东西山柑橘经营专业化，主谷全仰给于外地[152]。次于洞庭柑橘的有温柑、夔州柑、罗浮山柑。关于温柑，韩彦直著有《橘录》三卷做了详细的记述，在温州有真柑（乳柑）、生枝柑、海红柑、洞庭柑、朱柑、金柑、木柑、甜柑、橙子、黄橘、塌橘、包橘、绵橘、沙橘、荔枝橘、软条穿橘、油橘、绿橘、乳橘（漳橘）、金橘、自然橘、早黄橘、冻橘、朱栾、香圆、枸橘等二十七种，其中真柑最为名贵。泥山是温州四县的主要产地，集中于不足一里之地里栽培。海红柑产于海岸，荔枝橘产于与福建接壤的横阳。洞庭柑移植自洞庭山，其亚种有朱柑、木柑、甜柑，乳橘则系从漳州移植的品种。这些温柑除了以鲜果运往市场外，还经腌渍、蜜渍后运销远地。温柑在北方很有名，倍受京师珍视，还被列为贡品和用作赠品[153]。冯山《安岳冯公太师文集》卷一一《黄甘（柑）寄李献甫》载，在四川：

果山多果遍林丘，惟有黄甘格最优。……嘉名今媿下温州，多栽厚利赢栀茜。

果州的黄柑虽然在商品声价方面敌不过温柑，但由于其产量极高，作为商品作物栽培，获利多于栀和茜。此外，浙江的衢州、婺州、徽州等也是供应江浙市场的果树栽培地[154]。杨万里《诚斋集》卷二六《衢州近城果园》载：

未到衢州五里时，果林一望蔽江湄。黄柑绿橘深红柿，树树无风缀脱枝。

记述了衢州近郊五里远的山村果园生产黄柑、绿橘、柿子的情况。《梦粱录》卷一八《物产·果之品》列举了杭州富阳县王洲的橘。在福建山区的上四州（建宁府、邵武军、南剑州、汀州）也和沿海一带的下四州（福州、兴化军、泉州、潭州）栽培荔枝一样，盛行柑橘的栽培，但由于侵占了水稻田，因此官府禁止种植柑橘。方大琮《铁庵方公文集》卷二一《上乡守项寺丞书》载：

闽上四州产米最多，犹禁种秫，禁造曲，禁种柑橘……

在沿海的福州产有朱柑、乳柑、黄柑、罗浮柑、镜柑、石柑、沙柑、洞庭柑、蜜橘、朱橘、乳橘、塌橘、山橘、黄淡子、金橘、绿橘、宜母子等柑橘[155]，福柑[156]曾运往临安市场。广南是如周辉《清波别志》卷二所载"有七十二子"的水果高产区。惠州罗浮山的柑橘[157]及馒头柑等[158]都很有名。在广南，园艺作物比粗放的农业更为发达，甚至有专门贩卖用于防虫的蚂蚁的商人[159]。江西吉州的金橘[160]、金柑[161]，一开始便被列为贡纳品而闻名京师，吉州出身的官僚把它作为土产赠品，从而扩大了其名声，成为特产品。

正如上面所说，虽然根据不同的风土条件，柑橘在各地形成各自的主要产地，但也是因为那些地方市场条件尤其是中介商业、交通运输条件好，最终那些能适应市场嗜好的地方，通过品种改良、集约化的生产管理，确立了全国性的生产中心地。这些中心地以缺少水田的山区为多，出现了压倒主谷生产的专业化趋势。特别是在浙江、福建等主谷生产不能自给的沿海地区，和荔枝一样，柑橘主产地向山村的转移，是宋代一大特色。

其他　除上述水果之外，还有太原的葡萄[162]，河北邢州内丘县的鹅梨[163]，甘棠梨，凤栖梨，西京雪梨，镇府浊梨[164]，徽州的歙梨[165]，福建的军庭李[166]，建宁的均亭李，北方的御黄李[167]，明州奉化、鄞县、越州的杨梅[168]，宣州的木瓜[169]，卫州的白桃，南京的金桃[170]，太原的金桃，西京的昆仑桃、饼子桃[171]，越州的桃[172]，河阴的石榴[173]，河阳的查子[174]、查条，沙苑的榲桲（柠）[175]，青州、亳州的枣[176]，安邑的枣[177]，福柑，福李，陈州果儿，密云柿儿[178]，苏州的蜜林檎（苹果）[179]等。又见于《咸淳临安志》卷五八《物产·果之品》、《梦粱录》卷一八《物产·果之品》载，运到临安的水果有橘（富阳县王洲产）、橙、梅、桃（金银桃、水蜜、红穰、细叶、红饼子）、李（透红、蜜明、紫色）、杏（金麻）、柿子（方顶、牛心、红柿、禅柿、牛奶、水柿、火珠、步檐、面柿）、梨（雪糜、玉消、陈公莲蓬梨、赏花霄、砂烂）、枣（盐官县产）、林檎（苹果）（邬氏园、郭府园产）、枇杷、木瓜、樱桃、石榴子、杨梅、葡萄、银杏、栗子、甘蔗（仁和县、临平县小林产）；周密《武林旧事》卷三《都人避暑》也列举了新荔枝、军庭李、奉化项里的杨梅、椒核枇杷、林檎、金桃、蜜渍昌元梅、木瓜豆儿、水荔枝膏、金橘等。据载临安有青果团（行）、柑子团[180]等行会组织，可以认为各地的水果正是通过行、团进行流通的。

五 砂糖

据加藤繁所述，甘蔗是在战国末年经由今广东一带传到湖广地方，在南北朝时期从江西推广到江苏、安徽的南部。到了唐宋之际，四川、福建也有栽培。甘蔗分为竹蔗（一曰昆仑蔗）、荻蔗两种，作为砂糖原料的是竹蔗，因此在砂糖发明之后，竹蔗便是主要栽培对象了。最初只吃甘蔗的茎部吸其甜汁，后来又榨取汁液饮用，浓厚如饴的叫作糖，糖再精制成粉末，称为砂糖。这种技术梁代就已经有了，当时广州已开始制砂糖。在唐代，除广州之外，四川及江东也制造砂糖，除普通的砂糖之外，糖霜也在四川、福建、两浙、广东生产。《本草图经》特别提到泉、福两州是砂糖的产地，《糖霜谱·原委第一》中列举了福唐（糖）之名，由此看来，后来福建称霸于糖业界的基础早在宋代就已经建立起来了。无论是甘蔗还是砂糖的制法，似乎都是从交趾传来的。石蜜（糖乳）的制法似乎也早已从交趾传来，因此唐代在越州、宋代在四川都制造过石蜜[181]。

宋代，甘蔗生产已普及于江南、四川等南方地区，"所在皆植，所植皆善，非异物也"[182]。当时的甘蔗栽培地是浙江、福建、广南、江西、四川，而泉州、福州、吉州、广州是制造砂糖的糖业区[183]。从宋末至元，浙江也成了糖业区之一[184]。《旧五代史》卷一一〇《周太祖纪一》"广顺元年"记载，周太祖下令废止贡纳的物品中有湖南乳糖和白砂糖。此外，能制造糖霜（粗冰砂糖）、制糖技术先进的地区有明州、兴化、福州、广州、广汉、梓州、遂宁、藤州、惠州[185]。宋代糖业取得如此显著的发展，大概是因为受到了商业、交通发达和城市消费的刺激。当时，城市里有身背瓦瓶行贩砂糖的小商[186]；在临安，正如"五间楼泉福糖蜜"[187]，"五间楼福客、糖果所聚"[188]所载，曾出售福建产的砂糖、石蜜和郊外临平产的甘蔗[189]。在吴中乡村，岁节时也将砂糖作为嗜好品来消费[190]。另一方面，在华北和北方各民族之间，砂糖是贵重的嗜好品[191]。有了这样广阔的市场，在糖业地周边的农村，蔗糖生产显著扩大了。在浙江，台州黄岩县冗山等生产竹、荻两种蔗[192]。在福建，如方大琮《铁庵方公文集》卷二一《上乡守项寺丞书》云，"（兴化军）仙游县田耗于蔗糖，岁运入淮浙者，不知其几千万坛，蔗之妨田固矣"，兴化军的农田被面向淮浙市场而生产的蔗糖蚕食了。《八闽通志》卷二六《物产·兴化府·冰糖》引曾师建《闽中记》云："荻蔗节疏而细短，可为稀糖，即冰糖也。"又莆田洪希文《续轩渠集》卷六《糖霜》载，"春余甘蔗榨为浆，色弄鹅儿浅浅黄。金掌飞仙承瑞

露，板桥行客履新霜。携来已见坚冰渐……";《舆地纪胜》卷一二八
《福州府》载有"白露园林紫蔗甜龙昌期""绛节束围甘蔗坞张徽"之句；
侯官县用竹蔗制砂糖很盛，甚至出现了"甘蔗洲"这样的地名[193]。在
广南，辑本《大元一统志》卷一〇《广州》载："蔗。番禺、南海、东莞有，
乡村人煎汁为沙糖，工制虽不逮蜀汉川为狮子形，而味亦过柳城也。"[194]《舆地纪胜》
卷一〇九《藤州》载："糖霜。土人沿江皆种甘蔗，弥望成林。冬初压取汁作糖，
以静器密贮之，经夏结霜，如石榴子，乃天之成也。"藤州有糖霜业，甘蔗栽培极
盛。辑本《大元一统志》卷一〇《藤州》亦载："竹枝霜。土人沿江种甘
蔗，冬初压汁作糖，以净器贮之，醮以竹枝，皆结霜。自至元丁丑以后山地作乱，民失此
业，今德庆有一二民户，往往能之。"[195] 苏轼《东坡先生诗》卷七《次韵正辅
同游白水山》也记载"糖霜不待蜀客寄（次公）东蜀梓州有糖霜，而广南亦有"，
广东的惠州、四川的梓州也制糖霜。在桂州，太宗太平兴国八年以前，
每岁向管内之民收买砂糖[196]。潮州、汀州也产砂糖[197]。这样一来，宋
元之际的糖业地，尤其是生产作为远程商品的砂糖、糖霜的地区，便
扩大为杭州、明州、福州、兴化军、泉州、藤州、惠州、广州、桂州、
梓州、遂宁、广汉、吉州等。下面根据王灼《糖霜谱》，就其中记载稍
具体的四川遂宁的糖业做一介绍。

在遂宁府小溪县涪江东二十里的伞山山麓据说是糖霜的创始之
地，糖业最盛。耕种蔗田者占全部农家的十分之四，其中糖霜户占十
分之三。位于伞山下的礼佛坝、山下五里的乾滩坝、山下十里的石溪
坝、涪江西长江县的凤台镇，大约有三百余家糖霜户，每家制一二瓮
至数十瓮的砂糖。位于伞山左边的蓬溪县张村、巷口，山后的霈地、
吴村，涪江西的法宝院、马鞍山，也有数百家糖霜户，但制品属中下
品。在白水镇、土桥，据说蔗田虽多但无制造糖霜的能力，只好把糖
水卖给山前的糖霜户。蔗的栽培品种，除红蔗（生啖用）、芳蔗（制砂
糖用）外，分化出了专供制糖霜的杜蔗和西蔗。因甘蔗栽培要靠地力，

所以必须进行细心管理，十一月后深耕，上元后二月初种植、施厩肥，十月收割。大抵与五谷轮作，一年期间休养地力，有余地时，翌年改种。(《原委第三》)糖霜的制法：十月乃至十一月，用蔗削削蔗皮，用蔗镰裁断，接着放入蔗碾以牛拉碾，用甑蒸后压榨，再把糖液倒入锅中煎熬，隔天将其倒入漆瓮，盖上盖。(《原委第四》)倒入瓮中的糖水逐渐结晶，到了五月便可取糖霜。根据结块大小和凝固程度，顺序定名为假山、团枝、瓮鉴、小颗块、沙脚。按色泽，以紫（最佳）、深琥珀、浅黄、浅白依次品评质量。如果制造失败，以糖液出售也可获利。制品存储时在瓮底铺上大小麦，摆上竹皮，用绵絮包装，运输时装在放有石灰的瓦瓶里运送（也许是为了防潮）。(《原委第五》)

上述遂宁之糖业与后世相比，制法还很幼稚，成功率也不高，而且从耕田到制作需要一年半时间，尽管利润很大，但也有投机的一面。然而，随着各地糖业的普及，主产地已固定在浙江、福建、广南、四川，作为新兴产业而发展起来，促使周边农村的农业产生了变革。

六　木材

在中国，森林资源自古以来就因自然条件的不同而于各地特产化，成为各地区间相互交换的重要贸易品。《尚书·禹贡》中的九州职贡记录了青州泰山的松，徐州峄山的孤桐，扬州的梗、梓，豫章、荆州的椿、栝、柏、楛等树种的分布。司马迁[198]也列举了山西的木材，江南的柟、梓、桂，并说"山居千章之材……渭川千亩竹"，可获得与千户侯的年收入相等的利润。元稹《元氏长庆集》卷二三《估客乐》、《太平广记》卷二四三《窦义》亦云，唐代木材的交易也带来了丰厚的商业利润。

宋代的木材市场有官府的采买和民间的消费。官衙、宫殿、寺观等的营造及筑城、治河、造船等主要用材，除贡纳、折纳以外，还在河川下游木材集散地（中央市场）的竹木场抽解（征发）一至二成民间流通品，或是在上游产地（山脚市场）和下游木材集散地（中央市场）的市木场直接向生产者和商人收买。另一方面，民间消费的木材包括建筑用木材及棺材、船材、煮盐、精炼和日常的薪炭、漆木器什器等手工业用木材。

　　木材是自然物产，但原木是不能直接商品化的。至今原木的价格也要从市场价格逆算，扣除运输成本折算出来。也就是说，木材的商品化大多受到搬运的难易、运输费的多少等市场距离所制约，并不是仅仅靠木材的自然分布而特产化的。《夷坚支景》卷一《峡州泰山庙》载：

　　　　峡境虽饶林木，而多去江远，正有力可买，猝难挽致。

证明了这一事实。宋代，随着大城市的人口集中，建筑、造园的盛行及造船、什器、棺材等需求的增加，木材的消费量变得相当大了。那些交通运输便利，特别是水运方便的、离市场较近的地方的森林资源也迅速地得以商品化——不仅在原木的采伐运出方面，而且在造林营利方面——这应该说是宋代的一个显著特色。下面分别对木材的消费情况做一番探讨。

　　建筑用材　城市木材消费量最大的是建筑用材。宋代，奢侈的消费从宫廷开始影响到城市富民、市民和农民[199]。就建筑来说，围绕宫室的奢侈土木形成了特殊用材树种的特产分布。洪迈《容斋三笔》卷一一《宫室土木》载：真宗大中祥符间，在建筑首都开封府壮丽的道观及玉清昭应宫时，从全国征集的建筑用材有秦州、陇州、岐州、同州的松材，岚州、石州、汾州的柏材，潭州、衡州、道州、永州、鼎州、吉州的椶、柟、楮材，温州、台州、衢州、吉州的梼材，永州、澧州、处州的槻、樟材，潭州、郴州、明州、越州的杉材，孟州、泽州的槐材等。从这种地理分布看，作为建筑用材的森林资源，在华北主要集中于陕西、山西的山地，在华南则集中于浙江、江西、湖南的沿河山地。这里之所以没有包括福建、广南、安徽南部的徽州等南宋时期的重要木材供应地，大概是因为克服经济距离的交通条件在北宋前期尚未具备。

以下，是李诫《营造法式》卷二四《诸作功限一》"锯作"之记载：

解割功

桐檀枥木每五十尺

榆槐木杂硬材每五十五尺<small>杂硬材谓海枣龙菁之类</small>

白松木每七十尺

楠柏木杂软材每七十五尺<small>杂软材谓香椿椴木之类</small>

椵黄松水松黄心木每八十尺

杉桐木每一百尺

右各一功<small>每二人为一功，或内有盘截，不计若一条长二丈以上、枝橦高远，或旧材内有夹钉脚者</small>，并加本功一分功。

这是根据木材的硬软程度来规定采伐工和木工的砍切作业的劳动量。这些木材作为常用的建筑树种，可按硬软顺序排列如下：檀、枥、榆、槐、海枣、龙菁、白松木、楠、柏、香椿、椴木、椵、黄松、水松、黄心木、杉、桐。同书卷一六《壕寨功限》在规定筑城土木用料的搬运劳动量时云：

诸木每方一尺，重依下项：

黄松寒松赤甲松同二十五斤方一寸四钱

白松二十斤方一寸三钱二分

山杂木谓海枣、榆、槐木之类三十斤方一寸四钱八分

列举了黄松、寒松、赤甲松、白松、海枣、榆、槐。这些用材当然根据各自用途而特产化，但比较常用的是松、杉和柏等。黎忠义《江苏宝应县泾河出土南唐木屋》报告出土有杉、松材[200]。陕西省文物管理委员会《陕西丹凤县商雒镇宋墓清理简报》的报告中列举有柏枋[201]。《夷坚支戊》卷七《鼹鼠蚁虎》载："鄱阳人屋宇多用松。"《淳熙新安志》卷二《叙物产·木果》亦载：

> 木则松梓槻柏梼榆槐檀赤白之杉，岁联为桴，以下浙河，大抵松杉为尤多……

正如欧阳守道《巽斋文集》卷二五《赠戴天从六杉说》所云，在吉州，大小居室必以杉为材。《天圣附令》载，"诸卖旧屋材柴草米面之物及木铁为农具者，并免收税"[202]，旧屋材和农民的日常用品一样都是免税（商税）流通品，由此可以推测一般农民的造屋用材曾使用旧屋材。

船材　宋代官、私航运业十分发达，这就促进了制造交通工具所需的资材的生产和贩卖，遂使航运业发达地区的腹地农村的社会分工得到了发展。根据元沙克什《河防通议》卷上《造船物料》，当时黄河船的建造每一百料必用板木计二百二十二条片，丁镝三千六百八十五个，油五十三斤一十五两，石灰一百六十一斤一十三两等资材。为此，在华北，如澶州曾试图用秦、陇、同州之木，磁州之铁和石灰来建造浮桥用船[203]，黄河上游也有造船的计划[204]，但以木材油等生产情况看，北方基本上不适合作为造船的地方。吕颐浩《忠

穆集》卷二《论舟楫之利》载:

> 臣尝广行询问海上北来之人,皆云:南方木性,与水相宜,
> 故海舟以福建船为上,广东西船次之,温明州船又次之。北方之
> 木与水不相宜,海水咸苦,能害木性,故舟船入海,不能耐久,
> 又不能御风涛,往往有覆溺之患。

对海舶来说,南方福建产的船材在全国声价最高,广东、广西、温州、
明州次之,北方则不适宜。

作为船材使用较多的树种是杉、松、楠、樟、桧、杞、梓等,
似乎松、杉、楠最为普遍。如马可·波罗记载,中国船(海舶)以
松为主,侧面用两重松板建造[205]。在孝宗淳熙十年,湖南曾建造了
一百六十八艘松木粮船[206]。关于杉树,《重修政和经史证类备用本草》
卷一四《杉材》引《本草图经》载:

> 䈽与杉同。郭璞注云:䈽似松,生江南,可以为船及棺材,
> 作柱埋之不腐也。又人家常用作桶板,甚耐水。

强调了杉的耐水性。同书同卷《楠材》亦引《本草衍义》载:

> 楠材,今江南等路造船场,皆此木也。缘木性坚而善居水。

认为楠材同样具有耐水性,适合用作船材。《梦粱录》卷一二《湖船》、
周密《癸辛杂识续集》卷下《黑漆船》也有用香楠木造御舟的记载。
关于樟木,李时珍《本草纲目》引陈藏器云:

> 江东舸船，多用樟木。

赵善括《应斋杂著》卷一《船场纲运利害札子》记江西赣江上游的造船场云：

> 江西上游，木工所萃，置立船场，其来久矣。采松桧，截杞梓，钉多庾粟，油溢漏泉。

使用松、桧、杞、梓为船材。顺便一提，明《天工开物》卷中《舟车第九》记楠、槠、樟、榆、槐木用来造船。《明史》卷七九《食货志三》"漕运"、《皇明经世文编》、《万历会典》卷二七和卷二〇一记载，作为船材，杉最佳且高价，楠次之，松最粗俗[207]。还有特殊的船材，如舵材、棹材等，由于需要特殊的树种，产地也就有所限定。周去非《岭外代答》卷六《器用门·柂》云，广西钦州的海山有奇材两种：一是紫荆木，用作栋、梁，可经数百年；一是乌婪木，为海舶之舵材中的最好树种。一般其他地方产的舵材长三丈余，用于一万石左右的海舶，而钦州产的舵材长五丈，极为坚牢，可用于数万石级的外国船。因此，也出于运输困难的缘故，一根数百贯文的钦产乌婪木，在泉州和广州造船地就能以高出原价十倍的数千贯进行交易。周密《癸辛杂识续集》卷上《海鳅》像是要证实此事似的记云：柂梢之材用钦州产的铁棱木或乌婪木，一合银五百两。另据《淳熙新安志》卷二《叙物产·木果》载，徽州产的棕用来作橹。

于是，造船业都以能供给船材的地点为基地。在浙江，明州、温州具备了良好的条件，明州有铁冶业，而且明州、温州的林业也都很兴旺，特别是温州与其腹地处州同是盛产木材的地方，如《万历温州府志》卷一《市镇·永嘉县》载：

> 白沙镇。宋政和四年，以白沙村系材木经由要处，差官监镇，今废。

永嘉县白沙村因木材的集散而繁荣起来，并由此从村升格为镇。又温州和明州均是浙江有名的外港，由广南、福建和日本的海洋船运载来的木材曾从那里进口。早在宋皇祐年间，就于两州置官营的造船场，温州设有买木场、板税场，明州后来也设了山场。在这期间，曾一度试图将造船限定于其中一州，但由于南宋官船的需求量急增，甚至课造像两浙漕船那样的内河船[208]。后来温州木材供给能力枯竭，造船量也极为有限，以至征佣民间的贸易船和渔船为官船[209]。江西吉州的永新、龙泉县的造船场，购买湖南衡州茶陵县商人贩来的枋木作船材[210]。吉州还以赣江上游的赣、袁州的木材用作船材[211]。建康府由于不出产木材，因此从上江（江西、湖南）收买船材[212]。湖南鼎州的造船场将辰、沅、靖州的"私下材植""官板木"充作船材[213]。可见，官营造船场基本上就是这样通过商人之手，从拥有森林资源的腹地收买船材的。《文献通考》卷一四《征榷考·征商》载：

> 天禧四年，福建转运司奏：尚书屯田员外郎方仲荀奏，乞收福建枋木税，每估一贯税一百文。本司勘会《祥符编敕》，每木十条抽一条讫，任贩货卖，不收商税。

这是一则反映福建除抽解商税外还收枋木税的奏书，也显示出船材的集散是通过商人之手进行的。

棺材　对有土葬风俗、为祈祷死后冥福而在生前就准备好漂亮棺材的中国人来说，棺材的需求量一定是相当大的。而且城市生活水平的提高和奢侈的风潮也助长了棺材的消费。据前述《本草》记载，江南用作棺材的树种是杉。徐铉《稽神录》卷三述及徐彦成的故事云：

> 军吏徐彦成，恒业市木。丁亥岁往信州汭口场，无木可市，泊舟久之。……居一二日，果有杉木大至，良而价廉。市易既毕，往辞，少年复出大杉板四枚，曰："向之木，吾所卖，今以此赠君，至吴当获善价。"彦成回，始至秦淮，会吴帅殂，纳杉板为棺，以求材之尤异者，获钱数十万。彦成广市珍玩，复往汭口以酬少年。更与交易于市，三往返，获其厚利。(《徐彦成》)

信州产的杉板常作为棺材高价交易。《夷坚甲志》卷八《不孝震死》亦载：

> 鄱阳孝诚乡民王三一者，初其父母自买香木棺二具，以备死。王易以信州之杉，已而又货之，别易株板。及母死，则又欲留株板自用，但市松棺敛母。

举出香木棺为最好木材，以下逐次为信州杉、株板、松材，松材必是常用之粗质品。

南宋棺材的消费量似乎很大，国内资源供应不足，因而还从国外尤其是日本进口木材。《开庆四明续志》卷七《楼店务地》载，在贸易城市明州城内有一条叫作棺材巷的街。陆游《放翁家训》亦载：

> 厚葬于存殁无益，古今达人言之已详。余家既贫甚，自无此虑，不待形言。至于棺椁，亦当随力。四明、临安，倭船到时，用三十千，可得一佳棺。念欲办此一事，窘于衣食，亦未能及。

厚葬的习俗日趋奢侈，甚至有人以三十贯文的高价向来到明州、杭州的日本船购买棺材。包恢《敝帚稿略》卷一《禁铜钱申省状》亦就寄泊明州、温州、台州，归航时密输铜钱的倭船做了记载，特别记其板木、螺头、硫黄等舶载品云：

> 倭船之主抽解之场，初不过板木螺头等废物耳。而使之得以博易吾铜钱而归，是犹以土而博吾之真金，以石而博吾之美玉，利害本非难见。螺头仅可以供燕饮之需，虽无之，未至如五谷之养生。板木不知济何等急切之用，虽无之，未至如无棺木之送死。岂不可禁绝其来乎？惟硫黄可供军需者，许其博易抽解。

大概倭国舶载的板木也被用作上等棺材。据森克己所述，宋代进口的日本木材是周防出产的松、杉、桧等[214]。藤田丰八引用《诸蕃志》卷上《倭国》、《宝庆四明志》卷六《市舶》、《至正四明续志》卷五《市舶物货》、《武林旧事》卷四《翠寒堂》、《放翁家训》等论证了日本产的罗木（桧？）、松柏、松板曾被用于建筑和棺材[215]。

其他　除上述之外，有关日常的薪炭、什器、木器、杖、栉、鞍等方面的资料很不充分。关于薪炭，在杭州有"谚云：东菜西水，南柴北米，杭之日用是也"[216]的记载，市民的薪炭均仰赖于南方即浙江山区供给，正如《梦粱录》卷一二《江海船舰》所云，"如杭城柴炭、木植、柑橘、干湿果子等物，多产于此数州耳"，即严、婺、衢、徽州等供给地。但《鸡肋编》卷中却载：

> 昔汴都数百万家，尽仰石炭，无一家燃薪者。今驻跸吴越，山林之广，不足以供樵苏。虽佳花美竹，坟墓之松楸，岁月之

间，尽成赤地。

杭州周边的薪炭资源转眼之间便枯竭了的情况，多半是事实。如开封似乎也已从薪炭转而消费煤，以补充资源的不足。同样，在建康有"米麦薪炭薤茗之属，民间日用所须者，悉资客贩"[217]之说，市民日常所消费的薪炭全仰给于客贩。因此，城市周边的山林一定都作为薪炭林来植造并贩卖。朱继芳《静佳龙寻稿·负薪》云：

> 腰镰上到白云边，惆怅长松不尽年。近市山山皆有主，远山高峭步难前。

靠近城市的每座山都有它的所有者，能够自由进入、砍伐树木用作薪炭的山只有难以攀行的远山高峭。在四川，出于军事目的，曾实行山禁，禁止砍伐[218]。在盐业地区以官山林木充作煮盐的薪炭[219]。

此外，关于什器，《鸡肋编》卷上载，处州龙泉县有很多优质木材，特别是在豫章这个地方，木工盛行，制作几案盘器。徐铉《稽神录》卷三《广陵贾人》载："广陵有贾人，以柏木造床，凡什物百余事，制作甚精。其费已二十万，载之建康卖以求利。"《淳熙新安志》卷二《叙物产·木果》载，在徽州用桦制作什器几案，用榔栗制杖，用柞制栿，用石肤烧炭，用枸制鞍。

接着谈一谈木材的流通和生产（植林）。林木先集中于山脚市场的山场或场，后编成木筏顺流而下，在中央市场的木场、柴垛场卸下，经由木市、柴市贩卖。前面说过，在华北，城市已从薪炭消费转为煤，建筑资材、船材总的看来也显不足，而且秦、陇、同[220]、华[221]、永兴军[222]、熙河路[223]的山林，经济距离较远，运输条件也很差，除官吏利用特权进行私贩之外，见不到一般的流通记录。而华南资源丰富，交通发达，市场也很兴盛，因此留下了许多有关记载。正如前引《梦梁录》卷一二《江海船舰》已经述及的严、婺、衢、徽州等地便是临安木材消费的供应地。范成大《骖鸾录》"乾道癸巳（九年）正月三日"条亦载：

> 三日，泊严州，渡江上浮桥。……浮桥之禁甚严，歙浦移排毕集桥下，要而重征之，商旅大困，有濡滞数月不得过者。余掾歙时，颇知其事。休宁山中宜杉，土人稀作田，多以种杉为业，杉又易生之物，故取之难穷。出山时，价极贱，抵郡城，已抽解不赀，比及严，则所征数十倍。严之官吏方曰："吾州无孔利，微歙杉不为州矣。"观此言，则商旅之病，何时而瘳。盖一木出山，或不直百钱，至浙江乃卖两千，皆重征与久客费使之。

徽州休宁县的山林是杉的特产区，当地人们多以植杉造林为业，从事农业者很少。杉在山脚市场价格低廉，在运集地方市场歙州时受抽解（征税 10%），运往临安市场途中，经过歙江、浙江的合流地点严州又遭征重税。由于严州是靠征收徽州产杉材的流通通过税来维持财政的，因此故意让筏停留加以征税，这样一来，一根山脚批发价不满百文的杉在下游则卖到二贯文，价格大多都由这种流通费构成。关于徽州的林业，《淳熙新安志》卷二《叙物产·木果》载：

> 木则松梓槻柏梼榆槐檀赤白之杉，岁联为桴，以下浙河，大抵松杉为尤多，而其外则纸漆茶茗以为货。

贩往浙江下游的有松、杉等木材，纸、漆、茶等山区土特产品。同书卷一《风俗》载：

休宁俗，亟多学者。山出美材，岁联为桴，下浙河，往者多取富。……祁门水入于鄱，民以茗漆纸木行江西，仰其米自给。

休宁的美材向浙江下游流通，祁门的木材、茶、漆、纸向祁门下游的江西鄱阳地方流通。元初方回《桐江续集》卷一五《泝行回溪三十里入婺源县界》亦载：

厥土最宜杉，弥岭互岗麓。种杉二十年，儿女婚嫁足。杉林以樊圃，杉皮以覆屋。猪圈及牛栅，无不用杉木。联筏下浙河，善价不轻鬻。

徽州婺源县一带的林业也以植杉而繁盛起来，其杉材曾售往浙江下游。正如顾炎武《天下郡国利病书·苏州下》所载，"后之商人，由宣歙贩运簜木，东入二浙"，宣歙地方的木材曾长期以二浙为市场。浙江的处州是杉等优质木材的产地[224]，这里的木材经温州海路贩出，前面述及的永嘉县白沙村正是作为处州、温州的木材集散地而升格为镇的。浙江永嘉人袁采《袁氏世范》卷中《处己·事贵预谋后则时失》云：

中产之家，凡事不可不早虑。有男而为之营生，教之生业，皆早虑也。至于养女，亦当早为储蓄衣衾、妆奁之具，及至遣嫁，乃不费力。……今人有生一女而种杉万根者，待女长，则鬻杉以为嫁资，此其女必不至失时也。

靠植杉蓄妆奁费，这在浙东是有可能存在的。浙西的湖州武康县武都乡也产杉木[225]。

在福建地区，前述船材和枋木的流通很繁盛。《宋会要辑稿·食货一七》"绍兴二十八年五月八日"条载：

> 知建州章服言：……其松溪县人，于温、处州界首，造到温榫等木植。

在与温州、处州接壤的建州地方植造榀榫林。福州方面，《三山志》卷四一《物产》所载"木筏——罗源、宁德、连江，多取木为筏，出南北洋"，述及了福州的罗源、宁德、连江县向南北洋出售木材的情况。《夷坚支景》卷九《林夫人庙》载：

> 兴化军境内地名海口，旧有林夫人庙……里中豪民吴翁，育山林甚盛，深衮满谷。一客来，指某处欲买，吴许之而需钱三千缗。

兴化军一位豪民抚育山林，并将部分木材售与客商。泉州方面，陈宓《复斋先生龙图陈公文集》卷四《安溪劝农诗》劝人民植林云：

> 是处荒山欲接天，土膏如面草如毡。及时便种松杉子，远计收功只十年。……此间山多肥壤，与永春德化相邻，无不可种松杉之理。人多，苟且不为十年计，弥望皆童山可惜。

《八闽通志》卷二六《物产·泉州府·杉》云：

> 永春最盛，安溪、德化次之也。土人生女，课种百株，木中梁栋，其女及笄，借为奁资焉。

在以后的明代，植林极为普遍。在广南，《舆地纪胜》卷九六《肇庆府·景物上》"顾水"载：

> 上流有美材巨木，商人从水口作巨筏而下，货于南海。

端州产的美材、巨木贩往南海。《岭外代答》卷八《花木门·桂》载：

> 今桂产于钦、宾二州。于宾者，行商陆运，致之北方。于钦者，舶商海运，致之东方。

记及宾州、钦州产的桂；同书卷三《外国门·猺人》载土产有杉板；同书卷六《器用门·柂》记载了紫荆木（栋梁材）、乌婪木（舵材）等木材均经客商之手远程贩运，以获取高利。又《舆地纪胜》卷一六《桂阳军》载："土地之产，有白金、丹砂、水银、锡碧之宝，长楠、文梓、霞桑、美箭之材。襟带三江，控引交广。"广南的林业似乎大多是栽伐巨木和特殊树种的原木，把它运出去贩卖这么一种状况。

在江南，信州、吉州、南安军、赣州、袁州均为林产地。欧阳守道《巽斋文集》卷二五《赠戴天从六杉说》载：

> 杉，美材也。吾州地宜杉，工为室，无大小必材于杉。

吉州适宜植杉，建筑均用杉材。《舆地纪胜》卷三六《南安军·大章山》载：

> 在上犹县西，介于江湖广三路，延数百里，出巨木美材。

赣江上游的南安军也生产巨木美材。还有，信州的杉和长江上游的船材贩往建康，徽州的松杉贩往浙江、饶州、江西方向，袁、赣州的船材贩往吉州，而前面已叙述过，赣江上游是松、桧、梓、杞的产地。湖南方面，辰、沅、靖州的船材和衡州茶陵县的枋木（角材）分别由客商贩往鼎州和江西吉州的情况亦如前述。茶陵县还是湖南有名的船材供应地（参照第二章第一节）。

七　耕牛、养鱼及其他

耕牛　牛主要产于华中、华南，分为黄牛、黑（乌）牛和水牛等。《重修政和经史证类备用本草》卷一七《鹿角》引陈藏器《本草拾遗》载：

> 牛有数种，南人以水牛为牛，北人以黄牛、乌牛为牛。

北方以黄牛、黑牛为"牛"，南方则以水牛为"牛"。牛被用于犁耕、牵引和肉食，其角、皮、胶可用作武器等加工原料。关于牛的买卖，官府禁止牛流往化外地[226]和外国[227]，禁止在发生牛疫的地方买卖牛[228]。而且屠杀牛必须经过官府的许可[229]，并规定皮、角、胶作为禁榷品由政府收买[230]。此外，官牛的赁贷需课牛租[231]，耕牛的买卖需课牛税[232]。牛的流通是百姓的自由，在开垦荒地的情况下，牛税也与米柴面等必需品一样予以免除，奖励百姓饲养耕牛[233]。

耕牛的买卖基本上是从淮南、荆湖、江西等产地贩往华北。例如太宗淳化中，宋州、亳州百姓从江淮购买耕牛[234]，据仁宗康定元年欧阳修所述，当时湖南的牛曾在京西出售[235]。南宋施行禁止向全国贩卖耕牛的方针，但高宗绍兴末，越过蒋州郑庄私渡金国向其密输的牛，每年春秋有三纲，达七八万头[236]。《夷坚支丁》卷五《淮西牛商》载，庆元元年夏，淮西的一个牛商在浮梁（江西饶州）贩卖赛神用的牛，接着将剩下的牛在浙东各处出售。《夷坚支景》卷一《员一郎马》载，南宋光宗绍熙四年秋，荆门军长林县人员一郎和佣人一起赴襄阳卖牛。《宋会要辑稿·兵二九·备边》"孝宗乾道四年四月二十七日"条载：

> 江南东路安抚使史正志言：和州沿路多商贩牛纲，少者亦不下十余头，自江西贩往濠、寿、光州极边去处，而光州为最甚。

赶着牛纲即十余头乃至数十头牛到处贩卖的江西牛商，经过和州，赴光州、濠州，在全国境内贩卖。《宋会要辑稿·刑法二·禁约》"宁宗嘉泰四年五月十六日"条亦载：

> 臣僚言：牛皮筋角，惟两淮荆襄最多者。盖其地空旷，便于水草，其民用之不恤，所以多毙。姑以臣前任安丰一郡（寿州）言之，每岁官收皮角不下千余件。寻常皆系奸民计会所属估卖，却行转卖与北人。

两淮荆襄多旷土，适于牛的放牧，但农民过度驱使耕牛，并私自把毙死之牛的皮、角、胶卖给北方人。从《宋会要辑稿·职官一六·军器所》"孝宗乾道六年九月六日"条载淮南路一带是黄牛皮、黄牛角的产地来看，两淮荆襄地区是试图将牛贩往北方的牛商的聚集地，而且那里私宰和私贩很盛。元代杨维桢《铁崖先生古乐府》卷五《牛商行》载：

> 黄牛商，水牛商，驱牛渡淮道路长。淮天喘热淮月黄，老商爱牛视如伤。淮民耕稼禾上场，皮角有令恐牛殃。君不见昨夜官

军大索马，牝牡千匹如驱羊。

由此可以想象赶着水牛、黄牛的牛商在淮南各地贩卖的情景。江西与淮南一样，也是牛商的据点。前面已经叙述了从江西经由和州，在光、濠州的边境贩卖牛的牛商之例子。又《宋会要辑稿·食货一八·商税》"宁宗嘉定七年二月二十四日"条载：

> 广西转运判官兼提举盐事陈孔硕言：二广州郡收贩牛税，其来久矣。近因漕臣有请，始蠲罢之。然赣吉之民，每遇农毕，即相约入南贩牛，谓之作冬。初亦将些小土布前去博买，及至买得数牛，聚得百十人，则所过人牛，尽驱入队。南人力弱众少，则坐视而不敢问；力强众多，则互相斗杀，间被官司捕去，按法施行，则是贩牛者少，而行劫者多。近到广西，多言湖南北人来广西贩牛，为害有素，自奏罢收税之后，来者愈多，为患愈甚。

江西吉州、赣州之民先是将一些土布与广南之民博买，到了农闲期，便结伴涌向广南，以牛作为土布的代价进行掠夺性的买卖，称为"作冬"。湖南北之民似乎也同样去广西各地收买牛。赣州是从广南经由大庾岭通往江浙、华北的中转站，湖南亦正当经桂林通往南北的干线，在南宋，这两个地方都是茶盐私贩者的据点。胡铨《胡澹庵先生文集》卷一〇《与吉守李侍郎书》云：

> 吉之人以酒为生，如虔民以宰牛为业，自古严守，令所不能禁。

与吉州的私自造酒一样，赣州的私自屠牛也是一种地方专业化的职业[237]。《淳熙新安志》卷二《叙物产·畜扰》载，"水牛色苍而多力，其角如环，古所谓吴牛也。黄牛小而垂胡色，杂驳不正，黄土之所产，亦有从江西来者。自绩溪以往，牛羊之牧不收"，徽州曾贩入江西的牛。

总的来说，在宋代，江南、湖南北、荆襄、淮南是牛商活跃的地方。虽然有严格的法禁和佛教的禁忌，原则上不容许屠杀耕牛，但由于北方对耕牛的需求、对军器等加工原料的需求、食肉的普及和涨价，耕牛仍被人们收购，或贩卖或屠杀。在农村市场的角落和村头上住着一些从农村脱离出来的零散无赖屠户，他们私自进行耕牛的屠杀和贩卖，也出现了一些专门贩卖农民耕牛的牙人[238]。

养鱼 在沿江南湖沼、河川的低湿地，人们在水滨围堤建池塘养鱼，以此作为副业收入。尤其是江西、浙江、福建，是养鱼的中心地，特别是江西鄱阳湖周边，是先进的特产地。范成大《骖鸾录》"孝宗乾道九年闰正月二日"条记饶州余干县附近的鱼池见闻云：

> 宿范家池，湖中称某家池者，取鱼处也，随一家占为名。

记述了其养鱼盛况。周密《癸辛杂识别集》卷上《鱼苗》亦载：

> 江州等处水滨产鱼苗，地主至于夏皆取之出售，以此为利。贩子辏集，多至建昌，次至福、建、衢、婺。其法作竹器似桶，以竹丝为之，内糊以漆纸，贮鱼种于中，细如针芒，戢戢莫知其数，着水不多。但陆路而行，每遇陂塘，必汲新水，日换数度。别有小篮，制度如前，加其上以盛养鱼之具。又有口圆底尖如罩篱之状，覆之以布纳器中，去其水之盈者以小碗。又择其稍大而黑鳞者则去之，不去则伤其众，故去之。终日奔驰，夜亦不得息，或欲小憩，则专以一人时加动摇。盖水不定，则鱼洋洋然

无异江湖，反是则水定鱼死，亦可谓勤矣。至家用大布兜于广水中，以竹挂其四角，布之四边出水面尺余，尽纵苗鱼于布兜中，其鱼苗时见风波微动，则为阵顺水旋转而游戏焉。养之一月半月，不觉渐大，而货之。或曰：初养之际，以油炒糠饲之，后并不育子。

江西九江等水滨特产地向养鱼业者提供的幼鱼，被大量培育销往建昌，远至福州、建州、婺州和衢州。卖者将细小如针的幼鱼装入竹器和小篮等容器中，而后沿陆路昼夜兼行进行搬运，休息时也要摇动容器，让鱼好像处于江湖水中，每到一个陂塘就更换新水，一路细心照顾，直至抵达目的地。买鱼苗的养鱼业者将布制的方形提网吊入水中，在提网中饲养鱼苗，经半月一月稍长大后便取出销售。在福建，如方大琮《铁庵方公文集》卷二一《上乡守项寺丞书》所载："闽上四州产米最多，犹禁种秫，禁造曲，禁种柑橘、凿池养鱼，盖欲无寸地不可耕，无粒米不可食。"在上四州（建宁府、南剑州、邵武军、汀州），与种植经济作物、侵占农地一样盛行养鱼，尽管这在稻作本位政策下是遭禁止的，但沿海下四州的兴化军仍以特产子鱼而闻名。太平老人《袖中锦·天下第一》中便列举了"兴化军子鱼"之名。在越州，《嘉泰会稽志》卷一七《鱼部·鲊鱼》载：

> 会稽、诸暨以南，大家多凿池养鱼为业。每春初，江州有贩鱼苗者，买放池中，辄以万计。方为鱼苗时，饲以粉，稍大饲以糠糟，久则饲以草。明年卖以输田赋至数十百缗。其间多鳙、鲢、鲤、鲩、青鱼而已。池有仅数十亩者……

越州之大户大家从事养鱼，其面积最小的也有数十亩。春初从来自江州的鱼苗贩子那里买来鳙、鲢、鲤、鲩、青鱼等鱼苗，从幼鱼开始饲养，翌年出售，并用卖鱼所得输纳田赋。浙江地区的农村就是这样既从事果树、林木、蔗糖、漆、造纸，又从事养鱼，以获取副业货币收入。这也证明了周密有关鱼苗的记录是正确的，除了若干点，如所记鱼的贩卖时期有夏与春初之别外，其他记录与这一记事大体上是一致的。

又周密《癸辛杂识后集·桐蕈鳆鱼》记载，湖州苕溪的鳊鱼和鳆鱼曾作为礼物用鱼篓装盛以漕运送往杭州。范成大《骖鸾录》"乾道壬辰十二月二十二日"亦载，湖州德清县龟溪的嘉鱼全部贩往杭州。《嘉泰吴兴志》卷一八《食用故事》也列举平望车溪的鱼羹、松江的鲈鲙、仪凤桥的鱼脯为名产，并记述了鲈、鳖、白鱼、鲫、鲤等的羹、鲙、鲊。当时，明、越、温、台州的海鲜、鱼、蟹、鲞、腊在江浙均拥有市场[239]。在杭州城内有鲜鱼行、鱼行、蟹行[240]，城内外一二百家的鲞铺通过城南便门外的鲞团进行交易。还有经营金鱼买卖的活鱼儿行[741]。在湖州府治仪凤桥南有鱼脯楼[242]。

其他 在宋代，无论城市还是农村，都把羊作为肉食或宫廷、寺观、村社的祭牲来消费。特别是在北宋的首都开封，必须满足宫廷、官僚、军队、市民的大量需求。为此，官用消费除了从各地民间调拨之外，每年还在榷场购买数万头陕西、华北尤其是契丹、西夏产的羊运往开封[243]。但由于运输途中消耗甚大，在神宗熙宁三年以后便预先付款给屠宰人，分摊头数进行收买，或在开封府的羊圈（常额三千头）饲养供给[244]。民间羊的收购同样也在陕西、河北（契丹）进行[245]。在南方，有在四川永康军崇德庙，祭牲用羊每年达四万头，庙前居住屠户数百家这样的记录[246]。还有一些有关农民在城外放牧而后贩卖于城市的零散记载等。

此外，据说秀州城外的农民韦十二在家里饲养了数百头猪，到杭州、秀州等地贩卖[247]。平江的屠夫贾循养了数十头产于西北的獐，每晚贩入平江市场[248]。华亭县杨墩村村民杨四九饲养了数百只鸭来维持生活[249]。徽州婺源县张村农民张时在溪中养了数十只雌鸭，每年卖四五千个鸭蛋作为副业收入[250]。这些农民饲养的零星家畜集中于地方市场，有"喧嚣鸭子市"[251]"市早集商船、鹅鸭皆成队"[252]"虚市饶鸡鹅"[253]等句描述了这一情景。这些家畜接着经由客商之手被带往城市贩卖[254]。

关于茶、盐、药材、香料、矿物、染料、麦、糯、杂粮等拟今后另文叙述。

第二节 手工业产品的特产化与流通

一 纸

中国的造纸术（现今通常所指的"唐纸""和纸"的制法）的起源，从常识上说是属于2世纪初东汉桂阳蔡伦的发明。的确，无论是在元代[255]还是在后来的民国[256]，造纸业者、纸业行会都以蔡伦为祖师爷。但是，最近的研究[257]似乎把造纸术的起源提早了一些。例如根据劳干的论述[258]，早期的纸是以蚕丝、棉絮为原料加工而成的，这可征引西汉末的事例；后来逐步得到改良，至东汉和帝时，采用了蔡伦用渔网等代替蚕丝作为原料的新的造纸法。也就是说，蔡伦不是创始人，而是杰出的改良者。也许这一见解是正确的。但总的说来，中国在两汉之交又改良了蚕丝和渔网等原料，有了以树皮、麻头、敝布、渔网等为原料的优良的造纸法，因此具备了古代的竹简、木牍、绢帛所不能比拟的轻便廉价的文化传播手段。

此后纸业便普及到了各地。北魏高阳太守贾思勰所著的《齐民要术》卷五《种谷楮第四十八》中记载了楮的人工栽植、培育、砍伐、加工、造纸、贩卖和收益的过程，可以推测当时造纸已作为山村的产业由农家积极经营了。在三国、南北朝时期，蔡伦纸的生产已集中于四川特别是成都附近[259]，以及长江流域特别是荆州[260]、江宁[261]、扬州[262]、会稽[263]及华北[264]等特定地区。在此期间，桑根[265]、海苔[266]、蜜香树[267]、藤[268]、竹[269]、栈香树、松皮、竹膜[270]等原料也得到了开发和利用。

唐朝统一全国后，人口稠密的北方市场和江南、四川两个生产地区紧密地联系了起来。其后，纸业方面也在全国各地经历了资源的开发、生产的集中和特产化。李肇《唐国史补》卷下列举纸的特产品有越的"剡藤""苔笺"，蜀的"麻面""屑末""滑石""金花""长麻""鱼子""十色笺"，扬州的"六合笺"，韶州的"竹笺"，蒲州的"白薄""重抄"，临川的"滑薄"，宋、亳的"乌丝栏""朱丝栏""蚕茧"等名品。

《大唐六典》卷二〇《太府寺》也列举官用纸的逸品云："益府之大小黄白麻纸……杭、婺、衢、越等州之上细黄白状纸，均州之大模纸，宣、衢等州之案纸、次纸，蒲州之百日油细薄白纸。"此外，蜀的"薛涛笺"[271]也很著名。常州、杭州、越州、婺州、衢州、宣州、歙州、池州、江州、信州、衡州是贡纳纸的产地[272]。一般说来像麻纸及藤纸那样厚实、高价的笺纸、敕牒纸，为适应宫廷、官衙的贡纳和贵人文人对书册、文艺的消费而特殊化了，虽然留下了许多记录，但还不足以表明日常广泛的销路和嗜好的分化，即还没有普遍化。这是唐代造纸的特点[273]。

进入宋代以后，中国的造纸业便迎来了飞速发展的时期。竹纸、楮纸的生产，消费的普及便是从这个时代才开始的。轻便、薄、有光泽、白色、便宜、耐久、耐虫等具有实用性的市场嗜好的发达，促使生产方面的技术改良也有了进步，上自公用，下至日常消费，根据各种各样的目的制造出大量的各种规格和质量的纸。后世以造纸闻名的产业基地几乎都是在这一时代开发出来的，而且纸的流通也多方面多角度地展开。宋代纸业的发展，不用说是受到了当时印刷文化的普及 [274]、随着科举考试制度的发展所产生的新兴官人（士大夫）阶层间文运的昌盛、庶民消费水平的提高等因素的直接刺激，但同时也不能忽视，市场的扩大也给受恶劣的自然条件支配的山村社会内部，带来了新的生产力和社会关系的变化，使各地不断出现纸业特产地，促进了社会分工的深化。

关于宋代的造纸业，已有从书志学乃至工艺美术史的角度进行研究的成果发表 [275]。但似乎尚未有从上述这种产业史的视野来全面地有目的地搜集资料，并加以分析的研究。为了填补这种研究的空白，本节拟提供必要的基本史料，并从生产、消费等各方面考证宋代造纸业的发展。

（一）生产与加工过程

A　造纸原料

宋代用作造纸原料的主要资源，一是竹、稻、麦等单子叶植物的茎纤维；二是树皮的韧皮纤维 [276]，特殊的原料有海苔、蚕茧，但一般不用。属于第一类的原料具体有嫩竹、竹笋、麦篙、稻秆；属于第二类的原料有楮、槐、桑皮、桑根、藤、麻。北宋苏易简《文房四谱》卷四《纸谱·二之造》记述了当时造纸原料的大致分布情况：

蜀中多以麻为纸，有玉屑、屑骨之号。江浙间多以嫩竹为纸。北土以桑皮为纸。剡溪以藤为纸。海人以苔为纸。浙人以麦茎、稻秆为之者脆薄焉，以麦藁、油藤为之者尤佳。

即举出四川以麻，江浙（江南、两浙）以嫩竹，北方以桑皮，剡溪
（绍兴）以藤，沿海以海苔，两浙以麦茎和稻秆、麦藁和油藤混合为代
表性的造纸原料。这里并没有提及宋至元最为流行的楮皮，其理由大
概是楮的生产几乎遍及全国，所以无须特别记述。但《负暄杂录》载，
"今中国（华北）惟有桑皮纸，蜀中藤纸，越中竹纸，江南楮皮纸"，
也指出了全国各种原料特产的分布。下面探讨一下主要的原料。

1. 嫩竹（幼竹）

作为竹纸原料的竹，施宿《嘉泰会稽志》卷一七《草部·竹》云：

> 日劫竹，今会稽煮以为纸者，皆此竹也。苦竹亦可为纸，但
> 堪作寓钱尔。

元李衎《竹谱详录》卷三《竹品谱一》亦云：

> 淡竹（苦竹之一种）处处有之……竹嫩时可造纸也。……苦
> 竹处处有之，其种凡二十有二。……然尝见越人多煮乌末苦（苦
> 竹之一种）为纸，但堪作寓钱，不堪印书写字。

总的来说，劫竹是本来的造纸原料，苦竹是祭礼烧香用的粗质纸钱的
原料。《米元章评纸帖》中所言的"越陶竹"大概就是上述的劫竹。在
竹的生长过程中，嫩竹或竹笋是适用的原料，《嘉泰会稽志》卷一七
《纸》对此也记载说：

> 今为纸者，乃自是一种，收于笋长未甚成竹时，乃可用，民

家或赖以致饶。

在宋代，以竹纤维为原料的竹纸的生产，从原料的分布看，都集中于南方。尤其是自古以来竹的名产地会稽（浙江）是其主要产地，其次是湖南潭州[277]、江东饶州[278]、江西[279]、福州[280]，再者是四川[281]。竹纸制造的起源显然是相当早的，晋代以来在会稽曾制造竖纹的竹纸[282]；在唐代，前面所述的广东韶州的竹笺很有名。但竹纸制造的普及还是从宋代才开始的[283]。不过在宋初，市场对竹纸的评价并不一定很高，人们认为竹纸有纸质脆弱、耐久性差的缺点，蔡襄严厉批评说："他处以竹筋，不足道。……吾尝禁所部，不得辄用竹纸，至于狱讼未决，而案牍已零落，况可存之远久哉。"[284] 苏易简亦云："今江浙间有以嫩竹为纸，如作密书，无人敢拆发之。盖随手便裂，不复粘也。"[285]后来，大概是因为造纸法得到了改良，又受到了王安石、苏轼、米芾等有实力的官人和文人墨客的爱好和推崇，北宋中期以后，竹纸在市场上的声价日益提高，其光泽、墨迹的发色、适宜笔锋和保色、耐虫等优点得到了书法家的承认，虽然在官用纸方面让位于楮纸，但却取代麻、藤纸而作为书简用纸、印书纸，得到了广泛的利用[286]。

2. 楮皮

楮的树皮是韧皮纤维。"楮"，别名也叫"谷"，关于其区别，《嘉泰会稽志》卷一七《木部·穀》云：

先贤（《集韵》）以为，皮斑者是楮，皮白色是穀；有瓣者曰楮，无瓣者曰高宗庙讳（构）。古之剡藤名天下。今剡中楮纸，浸有佳者，亦不在徽、池之下。

从斑纹的有无、瓣的有无来分辨楮、穀、构，但一般常用的均指

"楮"。如前所述，山村的农家以人工种植楮树作为经济收入的来源，把幼苗培育长大后，或出卖活树树皮的采集权，或农家自己采集树皮贩卖，乃至自家造纸出售，这在北魏的《齐民要术》卷五《种谷楮第四十八》中已有记载。可见楮纸生产由来已久，而且在生产过程的每个阶段都存在着依据货币计算的商品化的机会。元代王祯《农书》卷一〇《谷楮》也照样引述了《齐民要术》的记载，大概这种生产—采集—贩卖的基本过程从北魏以来并没有什么变化，也广为流行。即使在宋代，有关山村产业的楮纸之生产、采集、贩卖的资料也相当多（后述）。宋代市场的嗜好是"近岁利在薄而易售"[287]，注重价廉、轻薄等实用性。由于楮纸具有这些实用性，便取代了原来的麻、藤纸等奢侈品而普及开来，而且独占了作为官用纸的大量消费。于是在元代"今天下皆以木肤为纸"[288]，全国普遍采用了。楮树、树皮这些原料的生产几乎遍及全国，但主要产地则在江南[289]，尤其是徽州[290]、池州[291]，其次是浙江、福建和四川。

3. 藤

中国用作造纸原料的藤，据说是豆科藤属，大概不是如紫藤之类的吧，就是在宋代其种类也不甚清楚。苏易简《文房四谱》记作油藤（前述），但语焉不详。梁克家《淳熙三山志》卷四一《土俗类·物产·纸》载：

> 竹穰、楮皮、薄藤、厚藤，凡柔韧者，皆可以造纸。……薄藤纸出侯官赤岸，厚藤纸出永福辜岭。

其中所提到的薄藤、厚藤，应是指制品的厚薄。

剥下藤蔓的茎皮作为造纸原料，这似乎是很早以来就有的事。晋代范宁记载用藤角纸作文书用纸[292]。唐代有制书和发日敕用黄麻纸，降敕旨谕、敕牒用黄藤纸的规定[293]。藤纸仅次于麻纸而得到珍视，并按纸质的好坏相应地用于诏书敕牒[294]。总之，在唐代，随着贡纳和奢侈用途的扩大，藤纸似乎也得到了广泛的消费。舒元舆《悲剡溪古藤文》亦记述了当时在陕西、河南剡纸的声价很高，作为其原料的剡溪古藤也因此遭滥伐而濒于灭绝[295]。在宋代，藤纸的生产地首先是绍兴的剡溪[296]，其次是杭州[297]、婺州[298]、衢州[299]、福州[300]、广南循州[301]、四川[302]。元代依然有绍兴产的藤纸[303]。明代福建仍有制造藤纸[304]。然而，在主要产地绍兴，藤纸因受竹纸的压制而逐渐趋于消失。

4. 麻

麻，有全国各地均栽培的大麻（包括牡麻、牝麻）和原产于南方的苎麻[305]。这两者均用于造纸，但直接的原料还是经过捻丝加工的麻丝、纺织品的屑丝、使用过的废麻织品。《蜀笺谱》云：

> 今天下皆以木肤为纸，而蜀中乃尽用蔡伦法。笺纸有玉板，有贡余，有经屑，有表光。玉板、贡余，杂以旧布、破履、乱麻为之。惟经屑、表光，非乱麻不用。

苏轼《东坡题跋》卷五《书布头笺》亦云：

> 川笺取布头机余经不受纬者，治作之，故名布头笺，此纸冠天下。六合人亦作，终不佳。

如前所述，麻纸是唐代官用（诏书制诰）纸中最上等者，也作为贵人、文人的笺纸、书简纸而受到了珍视。但在宋代，由于人们的嗜好和需求已转向竹纸、楮纸，麻纸似乎与藤纸同样只限定于特殊的用途。其主产地是同时亦为麻的生产地的四川，特别是成都近郊[306]，其次是承袭四川技术的扬州六合县[307]。

除了以上这些原料之外，在两浙还以麦茎和稻秆、麦藁和油藤混合制成纸[308]。徽州也产一种名叫"麦光"[309]的制品。还有，河北用桑皮、桑根作原料[310]，宋、亳州以自古就有的蚕茧为原料[311]，其中的桑皮、桑根和蚕茧等当然是同养蚕地区有关联的。此外，槐[312]、栈香树[313]、松皮[314]、茋皮[315]等树皮也与楮树一样以用作造纸原料而闻名。

B 生产过程

有关中国造纸术的记录，恐怕要推明代宋应星的《天工开物》卷中《杀青第十三》述之最详。但也有一些宋代的零星记录，从中似乎也可获得相当具体的知识。例如苏易简《文房四谱》卷四《纸谱·二之造》做了如下记载：

> 黟歙间多良纸，有凝霜、澄心之号。复有长者，可五十尺为一幅。盖歙民数日理其楮，然后于长船中以浸之，数十夫举抄以抄之，傍一夫以鼓而节之。于是以大熏笼周而焙之，不上于墙壁也，由是自首至尾，匀薄如一。

这是徽州产的长幅楮纸之例，花几天时间捣碎原料，浸在长船的抄纸槽里（加入纸药），数十人一齐翻抄之，然后取出围于大熏笼上焙干。虽然没有采用往常那种贴在炉壁上烘干的办法，但制作得首尾一样均匀轻薄。下面补充一些其他记录来探讨生产过程。

1.采集

楮和麻等材料，或由农民采集后通过市场而商品化（后述），或进行自家生产。江南池州青阳县九华山一带是主要的楮纸产地，沈辽《云巢编》卷七《三游山记》记述了其中之一的马牙市进行楮的采集和生产的情况：

> 民家擘楮为纸，皆即其溪流有足佳者。

像楮那样的特产原料，似乎有专业的采集业者，舒元舆《悲剡溪古藤文》云：

> 溪中多纸工，刀斧斩伐无时，擘剥皮肌，以给其业。

对采集业者即纸工做了记载。

2. 沤渍

竹、楮、麻等原料采集后，沤渍水中煮沸、捣烂后，再用清水淋洗。因此，具有适合造纸的溪水，对产业基地来说是必不可缺的。《新安志》卷二《叙物产·货贿》载：

> 今歙县绩溪界中，有地名龙须者，纸出其间，故世号龙须纸。大抵新安之水清澈见底，利以沤楮，故纸之成，振之似玉雪者，水色所为也。其岁晏敲冰为之者，益坚韧而佳。

高似孙《剡录》卷七《纸·敲冰纸》亦载：

> 剡之极西，水深洁，山又多藤楮，故亦以敲冰时为佳，盖冬水也。

《东坡题跋》卷五《书六合麻纸》也记云：

成都浣花溪，水清滑胜常，以沤麻楮作笺纸，紧白可爱。数十里外，便不堪造，信水之力也。扬州有蜀冈，冈上有大明寺井，知味者，以谓与蜀水相似。西至六合，冈尽而水发，合为大溪，溪左右居人亦造纸，与蜀产不甚相远。自十年以来，所产益多，工亦益精。更数十年，当与蜀纸相乱也。

藤、楮、麻等原料的沤渍需要特定的水质，冬季的溪水最为合适。可见水质的好坏对制品的质量有着很大的影响。

　　3. 椎捣

　　楮、藤、竹等原料沤渍后，放入石臼，以木椎捣烂，再用水淋。如《蜀笺谱》云：

　　　　以浣花潭水造纸故佳，其亦水之宜矣。江旁凿白为碓，上下相接，凡造纸之物，必杵之使烂，涤之使洁，然后随其广狭长短之制以造。

蜀之造纸用石臼捣烂材料，以清水洗涤。《剡录》卷七《纸·剡藤》亦云：

　　　　顾逋翁《剡纸歌》云：……剡溪剡纸生剡藤，喷水揭为蕉叶棱。

同书卷七《纸·剡碓》云：

　　　　近相传以捣熟纸名碓鸡。……碓纸其法椎捣也。

藤纸也同样采用椎捣。米芾《米元章评纸帖》云：

> 福州纸浆，硾亦能岁久。……越陶竹万杵，在油拳上紧薄可
> 爱。……河北桑皮纸，白而慢，爱糊浆，硾成佳如古纸。……油
> 拳不浆湿，则硾能如浆。……

对获取福州之（竹）纸，越之陶竹纸，河北之桑皮纸，杭州之油拳
（藤）纸的捣烂浆（大概是沤渍后已烂碎的材料）或材料（尤其是藤）
的方法做了记载。总之，这种作业在制造优质纸方面是很重要的过程。

4. 煮沸

前述《嘉泰会稽志》载"劫竹，今会稽煮以为纸者，皆此竹也"，
《竹谱详录》卷三《竹品谱一》载"越人多煮乌末苦为纸"，《齐民要
术》卷五《种谷楮第四十八》载"煮剥卖皮者，虽劳而利大"，宋赵鼎
《忠正德文集》卷二《乞免上供纸》之奏议中把洪州武宁、分宁、奉新
县下的造纸业者、纸户称作"窑户"。由上述这些记录也可类推，经过
沤渍、椎捣的竹、楮等材料再煮沸而成糊状。

5. 漂白、水淋

关于将捣烂的材料用水淋后再进行漂白的作业，《米元章评纸帖》
记云：

> 廿年前未使灰，透明有骨，古纸捣细者，不在唐澄心之下。

用灰水漂白的方法从北宋末期开始普及，在此之前似乎是通过捣烂和
水淋来使之显出光泽和白色的。漂白法的进步大概是同印刷术的进步
相适应的。

6. 纸药（固体剂）

关于糊状的浆经洗净、漂白之后，使其逐渐固形成纸而抄起所用的纸药，周密《癸辛杂识续集》卷下《撩纸》记云：

> 凡撩纸，必用黄蜀葵、梗叶新捣，方可以撩，无则占粘，不可以揭。如无黄葵，则用杨桃藤、槿叶、野葡萄皆可，但取其不粘也。

在抄纸槽中放入经过椎捣的浆液时，使纤维粘接形成纸的纸药常用黄蜀葵、梗叶捣的汁，也可以杨桃藤、槿叶、野葡萄为代用品。又《米元章评纸帖》载"川麻不浆，以胶作黄纸"，也有使用胶的记载。

7. 抄纸帘

关于抄纸帘，赵希鹄《洞天清禄集·古翰墨真迹辨》载：

> 北纸用横帘造纸，纹必横，又其质松而厚，谓之侧理纸，桓温问王右军求侧理纸是也。南纸用竖帘，纹必竖。若二王真迹，多是会稽竖纹竹纸。

指出了北方的横帘（横纹纸）和南方的竖帘（竖纹纸）在技术上的不同。抄起的纸的宽狭长短，由抄纸帘的大小而定，但很少有这方面的具体记录。只是从制品规格 [316] 来看，正如《宋会要辑稿·刑法二·禁约》"大中祥符五年七月十九日"条所载：

> 开封府言：三司先降纸式，并长二尺三寸，付洪、歙州捣造。

官用纸按规格定长为二尺三寸。《庆元条法事类》卷一六《文书门一》

"文书·杂令"亦载：

> 诸诏敕纸高一尺三寸、长二尺。余官司纸高长不得至此。及写宣纸，各
> 不得私造及卖，违者纸仍没官。

诏纸规定为高一尺三寸、长二尺，其他官用纸按理不可超过这一尺寸。
但一般说来根据不同目的分为各种各样的规格，如长达三丈乃至五丈
的匹纸[317]，徽州的五十尺一幅的长纸[318]、长连纸，"长不满尺"的学士
笺[319]及只有其一半大小的小学士笺[320]等。另外，徽州的上供纸有常
样、降样、大抄、京运、小抄等[321]，后三者表明了制法的粗细和大小。
还有《蜀笺谱》载"凡纸皆有连二、连三、连四售者连四，一名曰船"，这
是根据制法的粗细所进行的区分，连四纸是最上等的纸。

8. 干燥

抄过纸药的纸之干燥办法，在唐代，有皇甫枚《三水小牍》卷上
《风卷曝纸如雪》载"钜鹿郡南和县街北有纸房，长垣悉曝纸"的太阳
干燥法。据宋代的记载，正如前述，一般采用贴在炉壁烘干的方法，
有时也将长幅纸围在熏笼上焙干。

C 加工过程

1. 揭纸、染纸

蜀笺、吴笺等较厚的笺纸，都做刷上颜色和花纹的揭纸加工。例
如《文房四谱》卷四《纸谱·二之造》载：

> 蜀人造十色笺，凡十幅为一榻，每幅之尾，必以竹夹夹之，
> 和十色水，逐榻以染。当染之际，弃置椎理堆盈，左右不胜其委
> 顿，逮干则光彩相宣，不可名也。然逐幅于方版之上研之，则隐

起花木麟鸾，千状万态。又以细布，先以面浆胶，令劲挺隐出其
文者，谓之鱼子笺，又谓之罗笺，今剡溪亦有焉。亦有作败面
糊，和以五色，以纸曳过，令露濡，流离可爱，谓之流沙笺。亦
有煮皂荚子膏并巴豆油，傅于水面，能点墨或丹青于上，以姜搅之
则散，以狸须拂头垢引之则聚，然后画之为人物，研之为云霞及鸷
鸟翎羽之状，繁缛可爱，以纸布其上，而受采焉。

即：或单对纸幅染色；或先在纸上押花纹，而后染色研光；或用面汁
让细布坚挺，再取花纹模型印染；或以染过色的面糊印染；或将油膜
敷于水面，用墨、丹青在油膜上描以人物等而后印染。据载，吴的彩
笺也基本上采取同样的染法，将颜料掺入胶进行印染，研光后浮出罗
纹 [322]。在唐以前也采用在椎捣过程中加入黄檗的染纸法，既可染成黄
色，又具有耐虫效果 [323]。

2. 纸钱、醮纸

祭礼用的纸钱、醮纸，采用前文述及的粗质纸（即所谓生纸 [324]）。
剪纸做纸钱业者称为"纸工"。廖刚《高峰文集》卷一《乞禁焚纸札
子》载：

臣尝怪，世俗凿纸为缗钱焚之，以徼福于鬼神者，不知何所
据依？非无荒忽不经之说，要皆愚民下俚之所传耳。……是使南
亩之民，转而为纸工者，十且四五，东南之俗为尤甚焉。盖厚利
所在，惰农不劝而趋……而迩来造纸为钱者益众。

《夷坚支景》卷八《诸暨陆生妻》亦载：

诸暨县治有湖四，饶民陆生者，居县后湖塍上，以打凿纸钱

为业。

说东南地方的农民十之四五转为纸工，这也许是夸张，但可见有许多离开乡村的过剩人口乘醮纸需求增大之机，转而从事纸加工业。大概中国传统的剪纸就是起源于这种纸工[325]。

3. 其他

据陆游《老学庵笔记》卷三、庄绰《鸡肋编》卷上、周密《癸辛杂识前集·简牍》记载，宋代在士大夫之间流行着一种作为书简的副封——供传话、报答用的轻便小型封书，南人称之为"简版"，北人称之为"牌子"，通称"简版"或"简牌"。这种封书的流行似乎始于王安石时代，其材料也是用金漆版和镶裹的木简等，不一定使用纸。到了南宋便转而使用高数寸、宽尺余的竹纸（会稽的越薄纸、括苍的轩样纸），称为"手简"。据说由于这种"手简"的流行，纸肆因而大获其利。

此外，随着纸币[326]、盐钞[327]、纸袄[328]、纸衣[329]、纸甲[330]、茶衫子纸（茶包装纸）[331]、灯笼[332]等纸之用途的特殊化，可以推测加工过程也复杂地分化了。

（二）生产的集中

正如前面的论证所表明的，在宋代，作为制纸业存在的基础条件，水质适合的溪水之有无、造纸原料的自然分布状态、生产技术传统的有无，是最根本的因素。其次，消费的增大、人们嗜好的分化形成了广阔的市场，商业、交通使这种消费和生产在广域的社会分工组织中结合起来，并将一部分农村和乡村卷入了流通过程，促进了生产的地方性集中，并在相互竞争中出现了许多特产地和特产品。兹将宋代造纸的特产地、特产品及其出典列如下表[333]：

表3.3 宋代造纸的特产地、特产品

杭州	藤纸〔小井纸、赤亭纸、由拳纸〕（寰、九、宋、咸、梦） 油拳（米） 官会纸（梦）
越州	纸（九、宋） 藤纸、竹纸〔姚黄、学士、邵公、常使、展手〕（嘉） 敲冰纸（宝） 剡藤、剡纸、剡硾、剡溪玉叶纸、澄心堂纸、玉板纸、敲冰纸、罗笺（剡） 剡纸、竹纸（方） 越簿纸（癸） 越陶竹（米）
苏州	彩笺〔鱼子笺、鱼笺、蜡笺〕（方） 彩笺（吴） 吴笺（都）
常州	粉笺（文）
婺州	藤纸（九、宋）
明州	皮纸、竹纸（至）
温州	蠲纸（寰、三） 蠲潗纸（宋） 纸（九、事、文）
处州	轩样纸（癸）
台州	天台玉版、黄檀、东陈、大澹、黄公（赤）
衢州	藤纸（九、宋）
严州	纸（严）
真州	六合麻纸（东） 麻纸（宋） 纸（九）
亳州	鸟丝拦
建康	南唐李氏会府纸（文房四谱） 凝光纸＝银光纸（文房四谱） 澄心堂纸
宣州	纸（寰）
徽州	垂纸（寰） 纸（九、宋） 绩溪纸（舆） 麦光、白滑、冰翼、凝霜（方） 麦光、白滑、冰翼、凝霜、龙须纸（新） 上供七色纸〔常样、降样、大抄、京运、三抄、连运、小抄〕、学士院纸、右曹纸、盐钞纸、引纸（新） 澄心堂纸（文）
池州	纸（九、宋） 札纸（方） 楮纸（石） 纸（文、事） 池纸（蜀、舆、徽州） 澄心堂纸（文）
南康军	布水纸（寰）
饶州	鄱阳白（蕉）
江州	布水纸（寰）
吉州	竹纸（寰）
袁州	纸（寰）

抚州	清江纸（方） 茶衫子纸（文房四谱） 纸（事）
洪州	纸（忠）
鄂州	蒲圻县纸（却、老）
峡州	纸（方） 峡州纸（欧）
枣阳军	纸（文房四谱）
金州	纸（寰、鄱）
潭州	竹纸（夷） 纸（续）
福州	福州纸（米） 古田纸（文、事） 竹纸〔古田玉版、小牌〕、楮纸、藤纸（三山志） 古田钱纸（八）
建州	纸被（方）
泉州	蜀纸（寰） 官会纸（梦）
汀州	蜀纸（寰）
循州	藤纸（文）
惠州	纸（文）
成都	薛涛十色笺（寰） 染色笺（九） 笺纸（宋） 蜀牌（方） 布头牌（东坡志林） 松花牌、薛涛牌（资） 十样蛮笺、彩霞金粉（延） 蜀中藤纸（负） 松花纸、杂色流沙纸、彩霞金粉、龙凤纸、棱纹纸（牧） 十色笺、鱼子笺、罗笺（文） 玉屑、屑骨（文） 玉版、贡余、经屑、表光、薛涛笺、谢公十色笺（蜀） 浣花笺〔玉版、表光、百韵笺、青白笺、学士笺、小学士笺、假苏笺、澄心堂、玉水纸、冷金笺、广都纸、假山南、假荣、冉村、竹纸、双流纸〕（蜀） 蜀笺〔松花纸、金沙纸、流沙纸、彩霞纸、金粉纸、龙凤纸、桃花冷金〕（纸）
剑州	蜀纸（寰）
雅州	蜀纸（寰）
兴元府	蜀纸（寰）
洋州	纸（方）
广安军	似池纸（舆）
合州	破故纸（大）
通安州	纸（大）
兴中州建州	纸（热）

蒲州	经纸（寰）　河中纸（欧）
河北 （华北）	桑皮纸（负、文房四谱）
孟州	纸（大）

根据上表，可以得出如下认识：造纸特产地大体上分布于江南的山村，特别是浙江北部、福建、安徽南部、江西北部、湖南、四川。当然华北也有以桑皮、桑根为主要原料的北纸，据载司马光、欧阳修等人也很爱用这种土产品[334]。从全国性的评价和生产量来看，北纸的特产品大概是不成问题的。而江南纸的主产地当然分布于竹、楮、麻、藤等南方原料的主要产地。成都的浣花潭[335]、六合的大明寺井[336]、绍兴的剡溪[337]、鄞县的章溪[338]、奉化县的棠溪[339]、太平县的龙镇水[340]、歙县绩溪界的龙须[341]，都是水质制约基地的好例子。而且举（杭州余杭县的村名）纸、赤亭（杭州富阳县的地名）纸、小井（同上）纸、绩溪（徽州的县名）纸、龙须（徽州歙县绩溪界的地名）纸、清江（临江军的县名）纸、六合（真州的县名）纸、剡（绍兴的溪名）纸、浣花（成都的潭名）笺、广都（成都的县名）纸、冉村（成都的村名）、古田（福州古田县）玉版、鄱阳白、吴笺、蜀笺、徽纸、池纸等称呼，以及如《三山志》卷四一《物产·纸》所载：

> 竹穰、楮皮、薄藤、厚藤，凡柔韧者，皆可以造纸。竹纸出古田、宁德、罗源村落间。黄鲁直有《次韵惠玉板诗》："古田小笺惠我百，应知溪翁能解玉。"楮纸出连江西乡，薄藤纸出侯官赤岸，厚藤纸出永福辜岭。

均说明了生产向州、县、乡、村、岭、溪等地方专业性地集中，在那里形成了主产地；而且也证实了其制品作为商品流通于市场，具有全国性的声价。事实上，在湖南的主要产地潭州，湘潭县内昌山附近约千户居民向来靠制竹纸及其他竹手工艺品维持生计[342]。在江南的主要产地池州，青阳县九华山麓的人称马牙市的市场镇民家"擘楮为纸"，也就是因制造楮纸而繁盛起来的[343]。在江西洪州管下的分宁、武宁、奉新三县，有二百余户的纸户生产贡纳纸[344]。在成都郊外的浣花溪也有数百户的纸户聚居从事造纸业[345]。此外，陆游《剑南诗稿》卷九《谒汉昭烈惠陵及诸葛公祠宇》云，"陵边四五家，茆竹居接栋。手皲纸上箔居民皆以造纸为业……"，位于四川成都府城南八里[346] 的三国蜀昭烈帝陵附近的居民皆以造纸为业。又彭汝砺《鄱阳集》卷二《六月自西城归》描述均州和金州交界的景色曰"田功微粱稻，圃学蕃麻枲，截筒户割漆，剥楮人抄纸"，述及了山村农民制造楮纸的情景。

另一方面，大量的官用消费为著名的纸产地提供了广阔的市场。据《元丰九域志》记载，杭州以藤纸一千张、越州以纸一十（千）张、婺州以藤纸五百张、温州以纸五百张、衢州以藤纸五百张（此五条出自卷五《西浙路》）、真州以纸五百张（卷五《淮南东路》）、徽州以纸一千张、池州以纸一千张（此二条出自卷六《江南东路》），每年依此定例纳贡。还有，潭州在宋初每年上缴一百七十八万余幅官用纸[347]，杭州在北宋中期每年上缴五万张官用纸[348]，洪州在南宋初上缴八十五万张官用纸[349]，徽州曾承包生产了五十万的会子（纸币）纸[350]和总计一百四十四万八千六百三十二张的上供纸[351]。从这么多的上缴额不难推测各个纸业地贡纳生产的规模。不仅如此，正如"贡余"[352]这一制品名称所直接表示的那般，纳贡以外的产品当然通过商人之手投入流通过程。在当时的那种情况下，一般流通品都以质量和价格在市场上进行竞争。例如会稽的竹纸中有"常使"[353]；蜀笺也分化为"中等""连二""连三""连四"纸，最次的"冷金笺"供泛使（常用）；

"广都纸"中，"双流纸"质量最次，因而价格低廉，用途也很广^[354]；
会稽竹纸的低级品则专用作纸钱^[355]。另外《夷坚志》还有厕纸的记录。
这种制品的分化表明，除贡纳以外，广泛的日常消费也是生产的背景。

然而，当时市场的嗜好是"近岁利在薄而易售"^[356]，即实用主义，
人们乐用轻薄、白色、有光泽、耐久、耐虫、价廉的纸，因此纸的生
产必须适合广泛的、日常的、大量的消费。于是唐代以来依存于特殊
的宫廷以及贵人、文艺家的消费，原料也受限制的麻纸、藤纸，由于
又厚又重，趋于被人们敬而远之。《蜀笺谱》云：

> 吾蜀西南，重厚不浮，此坤之性也。故物生于蜀者，视他方
> 为重厚。……蜀笺体重，一夫之力仅能荷五百番。四方例贵川笺，
> 盖以其远，号难致。然徽纸池纸竹纸在蜀，蜀人爱其轻细，客贩
> 至成都，每番视川笺价几三倍。

蜀笺反映了重厚的四川风土，而且是一种重厚的特产，因此向远程
市场的流通费用颇大，这是形成其市场价格和声价的主要因素。反之，
从实用的观点看，就连在产地四川，其市场嗜好也已移向楮皮纸和竹
纸，甚至产生了不顾流通费用高而输入徽纸和池纸的具有讽刺意味的
现象。浙江的藤纸也出现了同样的情况^[357]。

另一方面，官用纸从麻、藤纸转向楮、竹纸也是左右市场嗜好
的重要因素。在唐代中书起草的制、诰中，发日敕用黄麻纸，敕牒用
黄藤纸，敕书用绢黄纸，学士起草用麻纸，各有等差^[358]，成都、浙江
是主要的供给地^[359]。宋代的官用纸（诰敕、札纸）主要使用江南的楮
纸^[360]，徽州则上纳学士院纸、右漕纸、盐钞、茶引纸^[361]。会子（纸币）
用纸也采用楮纸，产地也从徽州移至成都，后来还在杭州九曲池和泉
州安溪县造币^[362]。在楮纸和竹纸流行的情况下，四川诸司及州县缄牍

的官纸使用了徽、池纸。在广都纸中，楮纸用于公私的簿书、契券、图籍、文牒，竹纸则供印刷经史子集[363]。峡州纸既结实又具有耐久性，蒲州的河中纸（桑皮纸？）被用于抄写公家及馆阁的官书[364]。鄂州蒲圻县纸也同样供抄写之用[365]。大概在公私印刷业兴盛的地方，大多使用楮纸或竹纸作为印书纸。

如上所述，随着市场的扩大，在著名的造纸业基地，专业纸户都聚居于傍临溪流的城市近郊和村落，以先进的方法从事生产。以这种先进的方法生产并精选出来的商品，与个体农家在农闲期生产的零星低劣商品相比，当然在质量和声价方面都会有显著的优势，在产地之间的质量、价格上的竞争中确立起主要产地的地位，这样一来主产地的生产便愈发兴盛了。蜀的假苏笺、假山南、假荣、似池纸[366]，蜀和绍兴的澄心堂纸的生产，都表明了业已确立起主产地的声价而使各地出现了仿造品。蔡襄在《文房杂评》中论主要产地的兴亡云：

> 纸，李王澄心堂为第一，其物出江南池、歙二郡，今世不复作精品。蜀笺不堪久，自余皆非佳物也。……歙州绩溪纸，乃澄心堂遗物，唯有新也，鲜明过之。今世纸多出南方，如乌田、古田、由拳、温州、惠州，皆知名。拟之绩溪，曾不得及其门墙耳。……李陂下于绩溪，而优于由拳，与乌田相埒。循州藤纸微精细而差黄，他处以竹筋，不足道。……蜀笺惟白色而厚者为佳。今上方有故时贡者，实可爱也。近岁利在薄而易售，以是绝不佳此物，乃可惜耳。常州强武贤造粉笺殊精，虽未为奇物，然于当今好事，亦难得耳。云母粉不利人目，用者宜审之。吾尝禁所部，不得辄用竹纸，至于狱讼未决，而案牍已零落，况可存之远久哉。

对文艺纸规定了评价的基准。可见当时徽、池州的楮纸基本上垄断了市场，竹纸次之，而蜀笺则已经走下坡路了。

（三）流通情况

最后谈谈流通情况。正如前面所述，造纸在生产、加工等各个阶段都有商品化的机会。例如在广西的宾州、澄江洞，《舆地纪胜》卷一一五《宾州·景物下·澄江洞》记云：

> 在迁江县之西，猺人所居，无田可耕，惟恃山畬，刀耕火种，造楮为业。

在落后山区，可以看到栽楮为原料贩卖的原始采集产业，伐采业者有如前述称为纸工。关于山村农民的专业性或副业性的原料贩卖，幸元龙《松垣文集》卷三《云石市记》云：

> 高安之旌义乡，有墟曰云石。厥土惟夷，厥货惟楮、惟丝麻，厥谷惟粟麦、惟酒。

释道潜《参寥子诗集》卷一《归宗道中》亦云：

> 数辰竞一墟，邸店如云屯。或携布与楮，或驱鸡与豚。

这就是其代表性的事例，在农村的原始市场[367]经由客商的转卖、集货运往上级市场。在具备造纸产业条件的地方，如上述的池州青阳县马牙市[368]、成都郊外的惠陵[369]、潭州湘潭县、金州均州界[370]的例子，这些山村以集约造纸来维持生计。更如洪州那样大量生产官用纸的地方，在分宁、武宁、奉化三个县各住有二百余户的窑户、纸户"抄造中卖"。洪州的上供额八十五万张当中，一半为实物，一半为钱纳，因此纸户每年将相当数量的纸卖给商人以换取现钱[371]。成都、徽州、绍兴、杭州等主产地大概也是如此。

当时的纸市场，正像前面所说，上自宫廷官厅、文人贵人的消费，下至庶民的消费，有多样的分化。与此相应，纸制品的流通也自然分化为用于远程流通的优质纸的流通，和用于农村及局部地区日常消费的劣质纸的流通。《宋会要辑稿·食货一七之一三》"至道元年九月"条载：

> 诏：两浙诸州纸扇芒鞋及他细碎物，皆勿税。

同书《一七之四〇》"绍兴二十一年六月二十五日"条亦载：

> 大理评事莫濛言：场务收税，各有定则。而比年诸州郡守，辄于额外令监官重加征取，又以民间日用油布席纸细微等物，置场榷卖，展转增利。

纸一方面是以庶民阶层广泛的日常需要（尤其是纸钱、纸被等）为背景的局部地区的流通品，因此原则上便被排除在重农主义的商税的课税对象之外。宋代范致明《岳阳风土记》讲到吕洞宾的传说时，有他游历湘潭鄂岳间，曾在市场上卖纸墨这样的记载，大概零散的局部地方的贩卖也是当时道士的副业[372]。

另一方面，就远程流通来看，郑侠在《西塘集》卷六《上王荆公书》中批评王安石的仓法时指出，当时从地方商贩到京师开封的"长连纸"，在仓法施行前由在京商税院收税，各处的纸铺也都在商税院的控制下接受客商批发，但在仓法施行后，由于在诸门收税，这种批发、零售的惯行和组织也就崩溃了。在《梦粱录》卷一三《诸色杂货》中也可见连纸、坠纸之名。这些都是向大城市的远程流通的例证。在海外贸易方面，周去非《岭外代答》卷五《钦州博易场》列举了中国的小本贸易商在广西钦州的互市场上与安南人交易的商品，有"纸、笔、米、布"；《真腊风土记·欲得唐货》也记述泉州输入真腊的贸易品中有纸札。至于对日本[373]和朝鲜[374]的所谓"唐纸"输出，那就更不用说了。

在城市有推销外来客商贩来品的零售商——纸铺，而纸铺又伙伴般地结合成为纸行。例如《东京梦华录》卷二《宣德楼前省府宫宇》记载，在开封的州桥西大街有"卖时行纸画花果铺席"，在马行街大货行有"笺纸店"；《梦粱录》卷一三《铺席》亦载有"舒家纸札铺""汪家金纸铺"等临安纸铺的名称；《续资治通鉴长编》卷三二五"元丰四年八月己巳"、卷三五八"元丰八年七月庚戌"，《宋会要辑稿·食货一七之二六》"元丰四年八月十五日"、同书《职官二七之一二、一三》"元丰四年八月十五日"均记载了开封的纸行；《西湖老人繁胜录·诸行市》载有临安的纸扇行、蠲糨纸行、造翠纸行、乾红纸行；《至元嘉禾志》卷三《乡里·录事司》亦有关于嘉禾乡的纸行的记录。另外，《夷坚志补》卷六《金源洞》载有歙州州桥的卖纸商朱庆的故事；《夷坚续志后集》卷一《道教门·斋醮灵验》载有在隆兴府（洪州）有一道人受顾客之托，在纸铺寄放三十贯文让其制作纸钱；同书卷一《吕仙教化》载有邵武军卫前的"殷家香纸店"平素殷勤地接待僧侣道士；《夷坚甲志》卷七《周世亨写经》载有鄱阳纸匠江某受顾客委托制造写经纸；《舆地纪胜》卷一七七《万州老翁山》载有"纸坊"的存在；《两浙金石志》卷一五亦载元安吉州长兴有浇烛打纸印马行。这些记述，均说明了城市小零售铺的纸铺或与同业集结形成行会，或聚居于纸坊，或大多仍处于尚未与手工业分离的状态，而进行加工和受顾客委托的生产。

在以上的叙述当中，笔者始终依据文献从造纸的生产过程至流通过程，对宋代的造纸业进行了探讨。结果表明，宋代的造纸业与其他产业一样，其生产和流通在这一时期取得了显著的进展。也就是说，无论是在原料开发方面，还是在生产技术、加工技术方面都有了明显的进步，即使说后世著名的产业基地（广南除外）几乎都是在宋代得以开发的也并不过分。而且，在此期间，由于来自市场嗜好的制约，造纸也出现了流行现象，重厚的麻、藤纸逐渐被淘汰了，遂使楮、竹纸的生产成了宋代造纸的代表。对于这种嗜好的转变，不可忽视从奢侈消费向实用的日常消费这样的购买力在质方面的变迁。当然，当时纸业的集中实际上在很大程度上依存于官用筹措和贡纳生产，在这一点上必须承认它与瓷器、丝织品等手工业生产存在着同样的情况。但也值得注意，纸同时是通过醮纸的流行等已与农民和城市居民的广泛购买力联系起来的日常流通品。同时，这种从上至下的广泛需求也刺激了以往受恶劣的自然条件影响的山村，使之通过山村特有产业的完全特殊化而成为社会分工的一环，出现了经由商品流通来扩大经济关系范围的趋势。当时在整个江南都可看到这种倾向，尤其是徽州、池州、绍兴等地，具备适合这种倾向的条件，并积极地进行了开发。正如《淳熙新安志》卷一《风俗》所载：

> 休宁俗，亟多学者。山出美材，岁联为桴，下浙河，往者多取富。……祁门水入于鄱，民以茗漆纸木行江西，仰其米自给。

这是其中的一个例子。关于这一点，拟在其他文章中另做考察。

二 丝织品

中国近代以前的手工业可分为（1）农村手工业、（2）城市手工业、（3）官营手工业三个范畴[375]。就丝织业而言，宋代以前农村的养蚕、制丝、织绢，是如租、庸、调的贡纳体制所表示的那样，主要用于贡纳和自家消费的生产，商品化还很不发达。也就是说，宋代以前的丝织业是以生产宫廷奢侈消费品的官营手工业和城市手工业为主体的。从这一意义上看，作为丝产地而生产集中的地方自古是山东、河南东部、河北等。汉末以来以湖北襄阳为中心勃兴的丝织业，到了三国、南北朝便转到蜀而独自发达起来[376]。接着从南北朝开始，江、浙地方兴起了养蚕业，这样一来，在唐宋时代，便出现"北方的河北、山东，南方的两浙、江东，西面的四川，均作为主要养蚕场地、绢类的名产地而形成鼎立的状态"[377]。唐宋时代丝织业的发展是当时农业生产力显著提高的结果之一。但是，在两税法下，贡租依然以实物收纳为原则，因此丝织品首先是为了贡纳大量的官丝而生产的，而且传统的官营手工业也由于宫廷奢侈消费的增加和以岁币、回赐的形式作为外国贸易的返赠品而加大生产。但更为重要的是，随着远程贸易的发达和城市的发达，作为远程贸易商品，丝的市场扩大了。而受到城市化、农业商品经济化影响的农村逐渐开始为商业资本所掌握，专业养蚕地的出现、桑叶的投机买卖、在农村纺织业地的集货和经纪商人的出现、地方中小城市土特产品的出现等现象，随着农村在一定程度上的分解而产生。尤其是在实行和买、预买法且物纳体制崩溃以后，这种倾向愈加显著了。下面将这些方面分为（一）生产的集中、（二）商品化的诸阶段、（三）市场三个项目来加以探讨。

（一）生产的集中

宋代全国性市场形成的同时，养蚕、丝织业倾向于向特定产地集中和特殊化从而成为社会分工之一环，形成了如前述的河北山东、四川、江浙三个地方鼎立的局面。河北山东的绢被称为"关东绢"或"东绢"[378]"北绢"[379]，在全国各地均有很高的声价。太平老人《袖中锦·天下第一》列举有"东绢"和"蜀锦"。《续资治通鉴长编》卷五一六"元符二年闰九月甲戌"所引的邵伯温《题贾炎家传后》也就长安的物价记有"川绢"一匹二千文，而"河北山东绢"一匹二千三百文。《三朝北盟会编》卷七二"靖康元年十二月十五日"载，金军欲求绢一千万匹，宋政府售与内藏库、左藏库的河北绢、浙绢、南绢，但金人却对"浙绢"不感兴趣，仅征发"北绢"的精致品。《鸡肋编》卷上亦载：

> 南人养蚕室中，以炽火逼之，欲其早老而省食。此其丝细弱，不逮于北方也。

"南丝"较为细弱，不如"北丝"。《宋会要辑稿·食货六四·匹帛》"绍兴三年正月三日条"也同样有"两浙绢"丝较细弱，不及河北土产"定罗"的记载。赵希鹄《洞天清禄集·画品》亦记云，"河北绢"经纬均质，无背面，而"江南绢"经粗、纬细，有背面。如上述，大致可以这样评价：拥有传统技术的河北山东绢至少在质量上是最佳的，其次是川绢，最后是新兴的浙绢、南绢。《鸡肋编》卷上云"河朔山东，养蚕之利，踰于稼穑"，述及了养蚕业、丝织业的集中，反映了北绢、东绢在市场上的声价。事实上，北宋元祐中，京东、河北、河东等西北数路的客商经由密州板桥，与广南、福建、淮浙等南商、蕃商进行交易的北货便是"见（现）钱、丝绵绫绢"[380]。正如元汪大渊《岛夷志略》所记南海贸易品中，与苏杭色段、建宁锦、花色宣绢、单锦一起并列了"北丝"，河北山东产的绢、生丝的质量无疑在宋元时代尤其是在北宋是很优良的。但是，尽管市场评价如此，养蚕、丝织业的技术还是逐步向南方转移，特别是以浙江、安徽南部、江西为中心的江南养蚕、丝织业，由于具备了生产条件和市场，其产量已大大超过了北方。元虞傅《尊白堂集》卷一《春蚕行》云：

今年桑叶贱如土，吴蚕戢戢多于鲁。

正说明了这种情况。下面从 A 贡纳生产的分布、B 特产品的分布两个观点出发，对生产的集中现象做数量上的具体考察。

A 贡纳生产的分布

首先，将《宋会要辑稿·食货六四》所载北宋中期全国各路的绢制品贡纳额列表 3.4 加以比较（表中 S 为夏税、A 为秋税、"①②③……"为顺序，括号内为《宋会要》合计数）。

此表数据并不完整，还有待今后进行探讨，但大致上可以说明问题。关于锦、绮、鹿胎、透背等需要熟练技术的奢侈品，开封、河北及成都所产占了贡纳额之大半。罗（绍、搦织）的产量，两浙、江东居压倒性多数。绫（纶子）的产量河北最多，四川也是主要产地。绢（平绢）的产量数两浙、江东及河北为多。絁绫、縠子、隔织（纶子）产于荆南、河东、两浙、淮南。绸产于江东、两浙、京东、河北等。丝（生丝）、绵（真绵）、茸线产于两浙、河北、四川等。据此可得，在全国贡纳生产的分布中，除特殊官营手工业品锦、绮、鹿胎、透背及绫之外，江南特别是两浙、江东的产量都很高，四川则多产奢侈的高级品和生丝。

一般的贡纳品用于官僚、军队的俸给，春冬衣的赐予。而用于宫廷消费和岁币、回赐、礼仪等的高级品由官营手工业直接生产，或经由和市从主要产地收买，或由折科代纳。兹述之如下：

1. 官营手工业

开封〔绫锦院[381]〕→锦、鹿胎、花罗、绉縠、绫、绅、绢

潭州〔绫锦务[382]〕→废

西京、真定府、青州、益州、梓州〔场院[383]〕→锦、绮、鹿胎、透背

江宁府[384]、润州[385]〔织罗务〕→罗

梓州〔绫绮场[386]〕→绫、绮

湖州〔织绫务[387]〕→绫、废

杭州〔织务[388]〕

益州〔锦院〕→锦

益州〔市买院[389]〕→熟色绫

彭州、绵州、汉州、叩州、蜀州、眉州、陵州、简州、资州、遂州、荣州、普州、怀安军[390]→大小绢、歡正、花纱

2. 和市

大名府、贝州、沧州、德州、博州、棣州、杭州、越州、湖州、婺州[391]→小绫

亳州[392]→绉纱

大名府[393]→绉縠

青州、齐州、郓州、濮州、淄州、潍州、沂州、密州、登州、莱州、衡州、永州、全州[394]→平绅

开封府榷货务[395]→平罗、小绫

3. 折科

庐州、寿州[396]→小绫、白縠

庐州、寿州、濠州、泗州、和州、泰州、光州、高邮军、涟水军[397]→官绅

表3.4 北宋中期全国各路绢制品贡纳额

产地	锦、绮、鹿胎、透背		罗			绫			绢		
	岁入	上供	岁入	两税	上供	岁入	两税	上供	岁入	两税	上供
在京府界	①2799		⑤314			⑦1341			7578	S 46327	21577
京东东路	⑤250	250	4			⑩447		52		S 263194 / A 19646	398849
京东西路			7			④5468	S 4032	11400		S 207589	296812
京西南路						3			⑩137396	S 18497 / A 3	21765
京西北路						25			113940	S 298259 / A 230910	21791
永兴军路	1		1			60			66		
秦凤路						14			3717		
河北东路						①22231	S 7315	10600	168		12000
河北西路	②1246		⑨4		4	35			②679470		
河东路			18			379		3	⑦323899	S 40646	121768
淮南东路			⑧22		24750	7			71051	S 40646	121768
淮南西路		1	⑩12		5	⑤4106	S 2871	6417	60537	S 39038	84191
两浙路	⑥10		①65731	S 860	69657	⑥1369		2029	①1667285	S 673009	1058052
江南东路			②12409		10114	⑨1004			③606334	S 367011 / A 16648	405834

产地	锦、绮、鹿胎、透背 岁入	锦、绮、鹿胎、透背 上供	罗 岁入	罗 两税	罗 上供	绫 岁入	绫 两税	绫 上供	绢 岁入	绢 两税	绢 上供
江南西路			1			4		3	④ 428010	S 105478 / A 60	320787
荆湖北路			⑥ 42			5			⑧ 312923	S 122064 / 9073	84733
荆湖南路						7			7903	S 45	
福建路	⑦ 2		⑦ 28			43			28901	S 28545	
广南东路	⑧ 1		1			12				594	
广南西路			1							570	
成都府路	③ 1094	759	③ 1524		1942	③ 16793		6126	⑥ 337357	S 63760	7369
梓州路	④ 804		④ 418			② 20600		8330	⑤ 381353	S 121308 / A 92088	13672
利州路						⑧ 1289			⑨ 190923	S 65860 / A 45790	15
夔州路						88	S 83		28935	S 17176 / A 2264	
总计	6207 (9615)	1010	80537 (166620)	860	106472 (106481)	75420 (147385)	14301 (14291)	44960 (44906)	⑤ 5388910 (5382709)	S 2984333 (2935586)	2876215 / 2876105

续表

产地	紬绫、縠子、隔织 岁入	两税	上供	紬 岁入	两税	上供	丝、绵、草线 岁入	两税	上供
在京府界	⑥ 1746				S 3851		⑨ 464874 173179	S 170633	
京东东路	24		16	③ 102802	S 25532 A 7721	77596	229354	S 35099	119112
京东西路	⑨ 198			⑤ 87870	S 21574		515677	S 469332	2000
京西南路	23	S 42	375	17108	S 2514	3439	151375	S 62928	
京西北路	⑩ 160			40866	S 3530	4927	⑩ 637366	S 508023 A 392	
永兴军路	36			1123			40148	S 101	
秦凤路	3			375			16823	S 1226	
河北东路	80			④ 87059	S 52988	106	⑥ 1134653	S 618804	
河北西路	12			50627	S 40753		③ 1334127	S 955008	
河东路	② 22821	S 22726 A 3	1	33			5799	S 86	
淮南东路	④ 2500	S 2149	1763	20655	S 10537	35300	⑧ 717028	S 622835	96279
淮南西路	③ 2614	S 2247	2928		S 8301	37636	474530	S 452595	35429
两浙路	⑧ 376		19	171511	S 104256	124285	① 2095345	S 2004800	1613398
江南东路	10			① 184801	S 62067 A 221	90330	④ 1309139	S 1198244	408943
江南西路	2			⑧ 75951	A 25	64887	368196	S 344784	91000

产地	绸绫、縠子、隔织 岁入	两税	上供	䌷 岁入	两税	上供	丝、绵、革线 岁入	两税	上供
荆湖北路	3			⑨ 72504	S 11753 / A 12753	29071	229433 S	198101	675
荆湖南路	① 23750 S	20694		2263			101962		
福 建 路	75			26			33448		
广南东路	50			4			26647		
广南西路	⑦ 430			3			489		
成都府路	⑤ 1812		1442	⑦ 86329	S 11703	34	② 1480480 S	831505	12
梓 州 路	69		67	⑥ 87526	S 14060 / A 5780	2183	⑤ 1234702 S	A 309650 / 123734	
利 州 路	3			⑩ 53152	S 9046 / A 2630		⑦ 854913 S	A 156506 / 38164	
夔 州 路				9740	S 4676 / A 46		104113 S	94439	
总 计	56806 (111716)	49861 (47861)	6611	1177508 (2290966)	416317 (415570)	469774 (468744)	13733800 (13852797)	9234989 (9115421)	2366848 (2365848)

B 特产品的分布

关于贡纳品及一般流通，从各种资料中摘出宋代丝织品的特产品，按地方进行分类整理，列如下表[398]（顺便述及，可以认为绸、绢绸、绵绸相当于"捻线绸"，绉、绉纱、縠相当于"缩缅"，绮、纱绫、绫、花纹绫、隔织相当于"纶子"，纱相当于"薄绢、夏衣"，罗相当于"织、搦织"，刻丝、克丝相当于"缀锦"，段相当于"缎子、纁子"，绣相当于"刺绣"，花相当于"纹织"，素相当于"无地"，平相当于"平织"[399]）:

表3.5 宋代丝织品的特产地、特产品

开封府	方纹绫（九、宋）方纹纱（九、宋）京段（新）师姑绣作（东）京纱帽（廛）
京东东路	青州仙纹绫（寰）生花白隔织（绫）潍州仙纹绫（寰、九）纻丝素绝（寰、九）淄州绫（九、宋）济南临棣罗（鸡）
京东西路	兖州大花绫（宋、九）镜花绫（寰）徐州双丝绫（寰、九）单州薄绢（鸡）单锦（刍）莱州山绸（小）
京东南路	襄州白縠（九）随州会罗、奈花绫、小绢（寰）
京西北路	滑州方纹绫、花绸（寰）蔡州龟甲双距绫、四窠云花鸂鶒绫（寰）颍州花官绝（寰）
永兴军路	虢州方纹绫、花纱（寰）邠州绵绸（鸡）
秦凤路	泾州方胜花（鸡）
河北东路	沧州大绢、绫（宋）博州平绸、平绢（寰、九、宋）大名府花绸、绵绸、平绸（九、宋）
河北西路	镇州瓜子罗、春罗、孔雀罗（寰）无极罗（鸡）定州定罗（宋）刻丝（鸡）大花绫（宋）两窠纹绫、罗绮（寰）邢州散花绫（寰）相州相撷（诚）
淮南东路	亳州轻纱（老）绉纱（宋）扬州白绫（寰）罗、白锦（夷坚支庚）泰州隔织（宋、九）
淮南西路	庐州纱（九、宋）白縠（文）寿州白縠（文）

两浙路	杭州绯绫、白编绫（寰）柿蒂花绫、内司狗蹄绫、花罗、素罗、结罗〔熟罗、线罗〕、锦〔绒背〕、花克丝、素克丝、杜缂〔起线〕、鹿胎〔透背〕、纻丝〔织金、闪褐、间道〕、素纱、天净纱、三法暗花纱、粟地纱、茸纱、官机〔绢〕、杜村唐绢（咸、梦）越州越罗、寺绫（鸡）宝街罗、会稽尼罗、万寿罗、藤七罗、宝火罗、齐珠罗、双凤罗、绶带罗、十样花纹绫、樗蒲绫、绉纱、轻容生穀、花山绢、同山绢、板桥绢、萧山纱（嘉）卜样绫、大花绫、轻交梭绫、白编绫（会）茜绯花纱（九）轻容纱（宋）润州润罗（三）大花罗（嘉定镇江志）方纹绫、水波绫（寰）婺州婺罗、清水罗（宋会要食货）细罗（嘉定镇江志）婺纱、暗花婺罗（朱）红边贡罗、东阳花罗（鸡）明州平罗、婺罗、花罗（挥）奉化绳（宝）常州晋绫绢（毗）紧纱（寰）苏州吴纱（都）轻容生穀（嘉）苏杭色段（岛）严州交梭纱、绢、绸（严）温州番段（新）湖州樗蒲绫（嘉）绢、杂小绫、花绸、纱、丝、鹅脂绵（嘉泰吴兴志）
江南东路	建康府花绢、花纱、四紧纱、夏纺丝、冬纺丝（景）太平州纱（九、宋）宣州花色宣绢（岛）
江南西路	抚州莲花纱（萍）抚纱（都）醒骨纱（清）建昌军纹绫、绢、纱（九、宋）临江军绢（九、宋）
荆湖北路	江陵府方绫、绢（寰）澧州龟甲绫、五纹绫、纻练纱（九、宋）靖州白绢（宋）常德绵绣（大）
荆湖南路	邵州邵阳隔织（夷）邵绰（新）
成都府路	成都府"上贡锦"八答晕锦、"官告锦"盘球锦、簇四金雕锦、葵花锦、六答晕锦、翠池狮子锦、云雁锦、"臣僚袄子锦"簇四金雕锦、八答晕锦、天下乐锦、"广西锦"真红锦、大窠狮子锦、大窠马大球锦、双窠云雁锦、宜男百花锦、"青绿锦"青绿云雁锦、"细色锦"青绿瑞草云鹤锦、青绿如意牡丹锦、真红宜男百花锦、真红穿花凤锦、真红雪花球露锦、真红樱桃锦、真红水林檎锦、秦州细法真红锦、鹅黄水林檎锦、秦州中法真红锦、秦州粗法真红锦、紫皂段子、真红天马锦、真红飞鱼锦、真红聚八仙锦、真红六金鱼锦、真红湖州大百花孔雀锦、四色湖州百花孔雀锦、二色湖州大百花孔雀锦（蜀）单丝罗、九璧锦、高杼衫段、交梭纱、拓蚕丝（寰）花罗（九）川段（新）蜀州九璧大绫（赵）春罗、单丝罗（九、宋）白花罗（寰）彭州罗（九、宋）绵州小绫、交梭纱（寰）简州绵绸（寰、九、宋）汉州纹绫（寰）陵州缎、元武县鹅溪绢（寰）眉州皂罗（宋会要商税）邛州九璧大绫（赵）
梓州路	梓州白花绫（九、宋）遂州樗蒲绫（寰、九、宋）越罗（老）渠州绵绸（九、宋）怀安军绸（九、宋）昌州、广安军绢
利州路	洋州隔织（寰）阆州重莲绫（寰）巴州绵绸（九、宋）蓬州绵绸（九、宋）纻丝绫（九、宋）剑州纱（寰）

夔州路	达州绸（九） 丝（九） 忠州绵绸（寰）
福州路	建州红锦、绿锦（方） 建阳小纱（春） 建溪锦（启） 建亭绵（岛） 福州绸（三山志） 汀州绫、绸（临）
广南东路	韶州、循州、南雄州绢（九、宋）
广南西路	高州水绸（岭） 邕州白绫（岭）

上述特产品也包括贡纳和官营手工业品，因此下面来看看其中作为地方性和国际性流通品而闻名的产品。首先，以极为广泛的全国性流通范围为市场的产品有东绢、蜀锦、川绢、北绢、南绢、浙绢、越罗、婺罗、定罗（前述）、吴绫、吴纱、北绫、京段、川段、淮绢、邵缚、婺纱、番段、番罗[400]、南丝、北丝、苏杭色段、建宁锦、花色宣绢、单锦[401]等，又《鸡肋编》卷上所列举的定州刻丝、单州成武县的薄缣、开封鄢陵县的一种绢、泾州的方胜花、邠宁的锦绸、越州的寺绫、婺州的红边贡罗、东阳花罗、镇州无极县的罗、济南临棣县的罗也在全国性市场中占有地位。《都城纪胜·铺席》所云"外郡各以一物称最，如抚纱、供扇、吴笺之类"的地方城市特产之一的抚纱，也是城市间的流通品。朱彧《萍洲可谈》卷二载：

> 抚州莲花纱，都人以为暑衣，甚珍重。莲花寺尼凡四院造此纱，捻织之妙，外人不可传。一岁每院才织近百端，市供尚局并数当路，计之已不足用。寺外人家织者甚多，往往取以充数，都人买者亦自能别。寺外纱，其价减寺内纱什二三。

用抚州莲花寺尼院及城内产的莲花纱所精制的暑衣控制了开封的市场。这种僧尼制作的文绣在开封、临安、越州等城市也可看到。在开封，师姑（尼）绣工们居住于相国寺东门绣巷，在相国寺的三、八庙市出售制品，这些制品流通于全国[402]。官府曾录用这些师姑为文绣院的匠人[403]。这使人联想到欧洲中世纪修女的纺丝[404]。越州城下的宝街罗即著名的越罗，也是僧尼的制品。在越州还有剡县的绉纱（盛夏燕服），萧山县的萧山纱，诸暨县的吴绢（春服，贩于杭州），在技术上与苏州竞争的萧山县的轻容生縠，与湖州吴兴和四川遂宁齐名的樗蒲绫[405]。在遂宁，正如"遂宁出罗，谓之越罗，亦似会稽尼罗而过之"[406]所述，模仿越罗而制出了优质品。越罗、樗蒲绫的商品名频频在各地出现，并与主产地争优劣，说明了这些产品具有相当广泛的流通圈。产于亳州的绉纱据载是继承了唐以来技术的产品。在光州，以早生茧制成的绢也很闻名[407]。开封士大夫的帽子采用了光纱，后来又转而流行南纱[408]。在湖南，邵阳的隔织、邵绰[409]很著名。《夷坚三志辛》卷一〇《陈小八子债》载，湖州人陈小八是一名缣帛商人，他于庆元三年正月携金银前往邵阳，购买了隔卜织（《夷坚志》原文如此），投宿于柯氏店；同书《三志辛》卷六《金客隔织》亦载，商贩于蕲州蕲口镇市的绢帛商人金客的行李中有两匹邵阳隔织。在福建，建阳的纱、锦以地方名产而闻名，《春渚纪闻》卷六《东坡事实·赝换真书》载，南剑州的一名进士以一百贯文买了建阳小纱二百端，赴京城开封出售，充作停留费用。刘弇《龙云先生文集》卷三《建阳县二首》有"细民趁商市日高，红女机杼仍分曹"之句。《新编事文类聚启札天章》卷五《珍异门·癸集》载："建溪锦冠天下。"《岛夷志略·真腊》载，建宁锦是输出南海的商品。在广南，虽养蚕不振，但邕州蛮人所织的白縛却相当于临安的线罗，是南方的礼服，而产于高州被称为"水绸"的粗质绸也很出名[410]。

值得注意的是，随着上述主要产地的形成，不仅其中心城市，甚至周边农村的手工业也发达起来，从而出现了农工分离。例如，刘敞《公是集》卷五一《先考益州府君行状》云：

公……庆历中……改大理寺丞知婺州金华县。县治城中民，以织作为生，号称衣被天下，故尤富。

婺州金华县城是自北宋中期以来号称"衣被天下"的高产丝织业地。正如《宋会要辑稿·食货一八·商税五》"乾道四年九月五日"亦云：

诏："婺州义乌县，放散柜户牙人，任其买卖……。"先是义乌县有山谷之民织罗为生，本县乃尽拘八乡柜户，籍以姓名，掠其所织罗帛，投税于官，民甚苦之。

管内义乌县的山村以织罗为生业，其制品通过柜户牙人出售或上纳。还有婺州根溪老太婆为人家纺织的记载 [411]。在苏杭地区，米产地和丝织业地之间实行地区分工，各自专业化。程俱《北山小集》卷三七《乞免秀州和买绢奏状》载：

苏、秀州出米至多，逐年和籴，既已甲于他郡。而杭湖等州属县多以桑蚕为业，故和买绸绢比他郡为多。

苏、秀州产米较多，因此米的和籴特别多。而杭州、湖州由于是养蚕之地，故绸绢的和买最多，并且官府向米产地和苏、秀州课以绢的两税及和买，于是便出现了这么一种状况：

苏、秀两州乡村，自前例种水田，不栽桑柘。每年人户输纳夏税物帛，为无所产。多被行贩之人预于起纳日前，先往出产处杭、湖州乡庄，贱价僦揽百姓合纳税物，抬价货卖，人户要趁限了纳，耗费甚多，官中又不纳得堪好物帛。

在纳税期限前，牙人便前往杭州、湖州的乡庄以低廉的价格购买了税绢，再以高价卖给苏、秀的农民。《咸淳毗陵志》卷一三《土产·绢》亦载：

> 曩有机户善织，号晋绫绢，今绝。郡之民户岁输租绢，皆先期于溧阳诸处，售以充赋。

在江苏武进县，机户织有一种称为晋绫绢的土产绢，到了南宋，地区间的分工有了进展，农民只得从邻近的镇江溧阳县的各地农村购买以充租税。湖州是养蚕、丝织业的一个中心，据载，湖州一个叫朱家顿的村庄有农民朱佛大，每年专以养蚕为业[412]。陈旉《农书》卷下《种桑之法篇第一》载：

> 湖中安吉人皆能之（桑的接木），彼中人唯借蚕办生事。十口之家，养蚕十箔，每箔得茧一十二斤，每一斤取丝一两三分，每五两丝织小绢一匹，每一匹绢易米一硕四斗，绢与米价常相侔也。以此岁计衣食之给，极有准的也。以一月之劳，贤于终岁勤动，且无旱干水溢之苦……

湖州安吉县的农民以养蚕为专业，他们通过计算来平衡米价和茧→丝→小绢在市场上的交换价格，从而能够经营比水田更为稳定的农业。又据《嘉泰吴兴志》卷二〇《物产》载，富室植桑数十亩，山乡专业机户之富裕者，育蚕达数百箔。还有，杭州郊外的杜村生产名叫唐绢的画绢[413]。在富阳县则"此邦平地，固盛植桑。然江东、江西之人，凡低山平原，亦皆种植。尝见太平州老农云：彼间之种桑者，每人一日只栽十株，务要锄掘深阔，则桑根易行，三年之后即可采摘。盖桑根柔弱，不能入坚，锄掘不阔则拳曲不舒，虽种之十年亦可摇扳，此种桑之法也"[414]，养蚕极为繁盛，江东、江西特别是太平州的养蚕业实行了较精细的管理。关于江东、江西，《新编事文类聚翰墨全书·癸集》卷八谢迭山（枋得）《谢刘纯父惠木棉布》一诗曰：

> 吾知饶信间，蚕月如歧邠。儿童皆衣帛，岂但奉老亲。妇女贱罗绮，卖丝买金银。

饶州、信州地方养蚕很普遍，连儿童都穿着绢衣，妇女也贱视罗绮，卖生丝以换取金银。

最后，谈一下与小范围的流通圈相对应的小城市的丝织业。作为农工分离的一种现象，试举农村小城市丝织业繁荣的一个例子。方回《桐江续集》卷一四《夜宿白土市》有句云"丹阳朝冒冻，白土暮逢晴。俗织纱为业，村帘酒有名"，建康句阳县来苏乡的白土市[415]是一个以织纱为业的小都会。另外，就不属于丝织业的麻布来看，据载，四川峨眉县的符文镇以纺织"符文布"为地方产业，村妇均从事这种生产[416]。这些现象证明，农村农工未分离的自给状态开始解体，纺织业已向城镇集中，而且具有了一定范围的流通圈。

（二）商品化的诸阶段

养蚕、丝织业虽然具有贡纳生产和官营手工业的性质，但在全国性市场圈的形成过程中已逐渐向特产地集中，在特定地区出现专业化。同时，农村的自给生产也开始通过与商业的接触而逐步具有生产商品化的倾向。这在前面已经说过。这里，拟从原料、生产过程的各个阶段来考察一下商品化究竟产生于生产的哪个阶段。

蚕具、蚕种　首先需要蚕具。苏轼《东坡先生诗》卷二三《和子由蚕市》云：

> 去年霜降斫秋荻，今年箔积如连山。破瓢为轮土为釜，争买不翅金与纨（次公）获箔乃荐蚕之具，瓢轮土釜乃缲丝之物，争买三者以急于用，所以甚于金纨也。

荻箔、瓢轮、土釜三者是养蚕的必需品，因此养蚕地区的农民正如苏辙《栾城集》卷一《蚕市》所云：

> 枯桑舒芽叶渐青，新蚕可浴日晴明。前年器用随手败，今冬衣着及春营。倾囷计口卖余粟，买箔还家待种生。不惟箱筐供妇女，亦有锄镈资男耕。

在清明节前后，桑树吐绿之时，便上蚕市（后述）卖掉自给消费以外的余粟，购买蚕具和妇女的箱筐、男夫的农具，或购买车檐、楤木、果树和器用杂物[417]。蚕种也不止一种[418]，大概亦有购买来的。

桑苗、桑树、桑叶　《十国春秋》卷三六《高祖本纪下》"光天元年六月壬寅"记述桑苗的买卖云：

> 按《五国故事》，蜀中每三月为蚕市，至时货易毕集，阛阓填委。（王）建常登楼望之，见鬻桑者不一，顾左右曰："条桑甚多，傥税之，必厚获利。"由是言出于外，民惧，尽伐其桑柘焉，此亦重赋厚敛之一端。

蚕市上大量出售条桑（桑苗）。《朱文公文集》卷一〇〇《劝农文》
亦云：

> 一蚕桑之务，亦是本业，而本州从来不宜桑柘，盖缘民间种
> 不得法。今仰人户，常于冬月，多往外路买置桑栽。

说明南剑州的农民于冬季到外路买桑苗，如果小心培育，必获其利。
在宋代，如前述陈旉《农书》所载，桑的精细管理技术相当发达，除
植苗之外，还采用压条法和嫁接。桑的种类有传统的鲁桑、荆桑。梅
尧臣《宛陵先生集》卷五一《和孙端叟蚕具十五首·科斧》有"鲁叶
大如掌"之句。《嘉定赤城志》卷三六《土产·木之属·桑》也列举
"有黄桑、青桑、花桑、水桑、过海桑"。陈旉《农书》卷下《种桑之
法篇第一》就非实用品种举出了鸡桑（山桑）、花桑，又云湖州安吉人
善丁嫁接海桑。《嘉泰吴兴志》卷二〇《物产》载："今乡土所种，有
青桑、白桑、黄藤桑、鸡桑，富家有种数十亩者。檿桑，山桑也，生
于野。"《淳熙新安志》卷二《叙物产·木果》载"桑之类有花桑，遇
叶少时亦可以食蚕"，记有花桑。程大昌《演繁露续集》卷五《桑无附
枝》记有"浙桑""徽之桑"。陆游《剑南诗稿》卷三九《村舍杂书》
载"中春农在野，蚕事亦随作。手种临安青_{桑名}，可饲蚕百箔"，记
有"临安青"之桑名；同书同卷《散步至三家村》注云"湖桑埭，西
村名"；同书卷四〇《晓赋》载"八月江湖风露秋……人语正灌过古
埭_{湖桑埭，五鼓挽船声甚喧}"，亦记有"湖桑埭"的地名。《咸淳临安志》卷
五八《物产·木之品》和《梦粱录》卷一八《物产·木之品》所载
"桑数种，名青桑、白桑、拳桑、大小梅红、鸡爪等类"，列举了杭州
地区桑的品种。叶茵《顺适堂吟稿》戊集《蚕妇吟》云："扫下鸟儿毛
样细，满箱桑叶剪青桑。"沈与求《沈忠敏公龟溪集》卷一《蚕》亦有

"吴桑成绿阴，吴蚕盈翠箔"之句。王祯《农书》卷五《种植篇》也列举了荆桑、鲁桑，并讲到用荆桑作砧木嫁接鲁桑的方法。这些特产的桑树还得以改良，成为适宜于地方土质的桑树，在市场上广泛流通。

关于桑叶的买卖，《太平广记》卷一三三《王公直》记述了这样一件事情，唐代咸通庚寅年（870年），洛阳闹灾荒，谷价腾贵，桑叶也因遭虫害价钱暴涨，于是新安县慈涧店北的村民王公直，采数十株桑叶，弃蚕进洛阳市贩卖，得三千文换了肉和饼。陈旉《农书》卷下《收蚕种之法篇第二》云，"今人多不先计料，至阙叶则典质贸鬻之，无所不至。苦于蚕受饥馁，虽费资产，不敢吝也，纵或得之，已不偿所费"，警告养蚕农家不要因为桑叶在市场上流通便进行投机养蚕，否则，待桑叶短缺时就要不得不耗费资产购入桑叶了。《夷坚甲志》卷五《江阴民》云，绍兴六年，淮南桑叶价格上涨时，住在长江中洲的江阴农民丢弃数十箔的蚕，往对岸泰州如皋县贩卖桑叶；《夷坚支景》卷七《南昌胡氏蚕》云，淳熙十四年，在养蚕盛行的江西南昌，当桑叶价格暴涨数十倍时，南昌县忠孝乡农民胡二因有供自家养蚕剩余的桑叶，便放弃所有的蚕，到市场上去贩卖桑叶，以获取厚利；《夷坚丁志》卷六《张翁杀蚕》云，乾道八年，信州桑叶腾贵，每斤至一百文，沙溪村民张六翁弃所养之蚕，投机贩卖了一千斤自家的桑叶。高斯得《耻堂存稿》卷六《桑贵有感》云，高斯得在流浪中，为了赚取生活费而养蚕，因无田园，便购买桑叶来饲养，但由于桑叶价格高涨而耗尽了资产。虞俦《尊白堂集》卷一《春蚕行》云："今年桑叶贱如土，吴蚕戢戢多于鲁。"如上所述，桑叶一般说来是较为广泛地流通于市场的，但其价格很不稳定，从而成为投机买卖的对象。

生丝　关于制丝和织纴的分离即生丝的买卖问题，有关资料是很丰富的。这从前述"南丝""北丝"的流通及其市场方面的评价，以及《景定建康志》卷四二《土产》所记建康府的"夏纺丝""冬纺丝"等特产品也可见一斑。在当时流行的诗歌中有"二月卖新丝，五月粜新谷"的句子，以及意思差不多的"织得罗成还不着，卖钱买得素丝归"[419]"更愿春蚕一百箔，卖新得价丝贵乐"[420]"舍后煮茧门前香，缫车嘈嘈似风雨，茧厚丝长无断缕，今年那暇织绢着，明日西门卖丝去"[421]"东家麦饭香扑扑，西家卖丝粜新谷"[422]等，说明了用纺车纺的丝或在农村市场出售，或由牙人集买的情形。文同《丹渊集》卷二三《梓州永泰县重建北桥记》载"阆中、清化、始宁、符阳诸郡，所仰二川产殖缯锦絺纻、蒳茗刺绣、镂刻髹治之物，与所市易牛骡羊豕、丝茧椒蜜之货，日夜旁午络绎"，记述了丝茧在梓州的流通情况。元《丁巨算法》载有"今有钱三十二两二钱五分，买丝二斤十二两八铢，问每斤该钞几何"的计算问答题，《透帘细草》亦载"今有丝一斤，直钱一贯二百四十八文，问一铢直钱多少"，可见生丝的买卖是日常的问题。同上书又载"今有生丝五十二斤一十二两，欲练之，每斤折三两，问练得多少"，如果进行捻丝加工，则每斤必折三两。

制品的贩卖　前述陈旉《农书》卷下《种桑之法篇第一》中曾做过这样的计算，湖州安吉县的养蚕专业农家，一家十口人养蚕十箔，每箔可收十二斤茧，每斤茧可制一两三分丝，每五两丝可织一匹小绢，一匹绢可换取一硕四斗米，足够维持一家一年的食物消费。当然这是仅供自给的最小数值，因此为了满足贡纳和日常消费，至少必须饲养二三十箔。《夷坚支丁》卷七《余干谭家蚕》载，江东饶州余干县润陂的农民曾二的家中每年饲养一百箔蚕，绍熙元年，生丝、真绵比往年增收一倍，小蚕、寒蚕也获得丰收，这种状况曾持续了两三年。像这样的养蚕农家，无论是专业的还是兼营的，其生活剩余品的商品化并不是偶然的，可以认为是进行了有意识的商品化生产。《嘉泰吴兴志》卷二○《物产》载，在湖州的山乡，人们靠丝织业维持生计，富室养蚕数百箔，兼营织布。

至于这些制品以什么样的途径被集中，又通过什么样的流通组织被消费，这个问题就不那么清楚了。《朱文公文集别集》卷九《晓示乡民物货减饶市税》载，"近城乡民，全借将些小系税之物入城货卖，办籴口食。若依递年收税，切虑无从所出。合将客旅步担兴贩纱帛药草、丝绵杂物依旧收税外，其余乡民应有些小土产物货入城转变，并与减饶三分之一"，对城市近郊农民生活剩余品的商品化与客商及步担集货贩卖纱、丝、绵等商品做了区别，农民零星贩卖的土丝、土绢与经牙人和行商挑选后运往特定市场的精制品，两者的市场声价当然是不同的。就这一点而论，前述婺州义乌县村丝织业地的柜户牙人[423]、湖州的绢商为采买邵阳的隔织而投宿的邵州柯氏店[424]、承办苏州秀州和买绢的纳入而走遍湖州乡庄进行收买的行贩人[425]、接受农家的委托承办代纳税绢的揽户[426]等介于市场和生产者之间的经纪人，在流通组织方面起着很大的作用。

下面顺带提一下麻。州城的布商通过分散在各县的牙侩（经济批发商，后述）向织户预付货款，一到期限便来收集制品，这样的例子周藤吉之已经做过介绍[427]，可以推测绢的流通机构也存在着同样的事实。与和买、预买同时发达起来的贡纳的揽纳户（承办人[428]），想来立足于并已利用了业已存在的流通机构。另外，关于往来于地方的绢帛商人，《夷坚乙志》卷三《浦城道店蝇》载，严州的客商贩丝绢一担投宿于建州、信州交界的一个旅店；同书《甲志》卷二、《三志己》卷三《宗立本小儿》亦载，登州的一对行商夫妇用车载缣帛贩至潍州。

（三）市场

下图是当时绢制品之配给机构的简单示意。

图3.2 宋代绢织品的配给

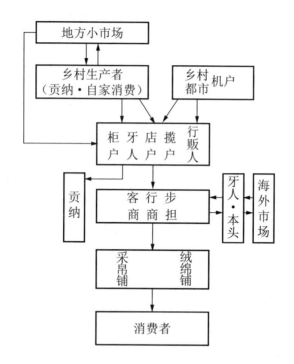

绢的市场也可进行大致分类：

国内市场┬官用消费—两税、和买、和市、折科（宫廷消费、赐衣、
　　　　│　　　　　国信岁币、圣节、郊祀、大礼、诰敕）
　　　　└民间消费—奢侈衣料、日常衣料

海外市场—辽、金、高丽、日本、大理、西夏、西羌、南海

即使在两税、和买、折科的情况下，如果考虑到揽户、柜户等经纪人
的存在，也就未必仅限定于纯粹为贡纳而进行的生产了。就民间消费
来说，也有像前述养蚕的先进地饶州和信州那样"儿童皆衣帛……妇
女贱罗绮"，普遍将丝织品作为日常衣料的地方，但在一般农村则常用
麻布。四明陈允平《西麓诗稿·采桑行》云：

消磨三十春，渐喜蚕上簇。七日收得茧百斤，十日缫成丝两束。一丝一线工，织成罗与縠。百人共辛勤，一人衣不足。举头忽见桑叶黄，低头垂泪羞布裳。

对照叙述了织罗縠的村妇着的却是布裳。在广南，妇女仅在婚礼三天内才穿绢，称为"郎衣"[429]。看来，除了部分养蚕、丝织业的中心地之外，主要是以城市的奢侈消费而形成了市场。阳枋《字溪集》卷九《辨惑》载：

> 俗言：三世仕宦，方会着衣吃饭。余谓：三世仕宦，子孙必是奢侈享用之极。衣不肯着布缕绸绢、衲絮缊敝、浣濯补绽之服，必要绮罗绫縠、绞绡靡丽、新鲜华粲、絺绤绘画、时样奇巧、珍奇殊异，务以夸俗而胜人。

正如"在京及诸道州府臣僚士庶之家，多用锦背及遍地密花透背段等制造衣服"[430] 所述，奢侈消费已从官僚阶层扩展至士庶。王迈《臞轩集》卷一《丁丑廷对策》亦论及"不惟巨室为之，而中产亦强仿之矣。后宫朝有服饰，夕行之于民间矣。上方昨有制造，明布之于京师矣"，指出了奢侈消费已从宫廷到民间、自富豪至庶民而流行开来。不仅仅在城市，即使在农村，也如《淳熙三山志》卷四〇《岁时·序拜》所载：

> 三十年来，渐失等威，近岁尤甚。农贩细民，至用道服、背子、紫衫者，其妇女至用背子、霞帔，称呼亦反，是非旧俗也。

在福州农村的节日上，连农夫贩夫及其妇女都穿上了只有士大夫和命妇才能穿的高级绢服，以及只有道士才能穿的道服。至于输出海外者，如前所述有南北丝、苏杭色段、花色宣绢、单锦运销南海[431]；舶载真腊的五色轻缣帛仅次于金银[432]；蜀锦也从钦州的博易场贩往交趾[433]；"蜀江的锦""蜀锦"和"吴郡的绫"一起被运销日本[434]；契丹[435]、高丽[436]也通过宋商之手输入绫、锦等。

如上所述，宋代绢制品的流通，虽然从根本上受到了为贡租而生产以及作为官营手工业品主要用来供官府消费的时代特点的限制，但随着两税、和买的揽纳，城市农村的奢侈消费，养蚕中心地区的日常消费，以及海外奢侈消费市场的需求等，可以说其生产的各个阶段都出现了倾向于商品化生产的现象。

三　漆器^{附漆液}

漆，在中国自古以来就被用作手工业原料，除涂抹木器和杂器之外，还用于建筑[437]、武器、织布、绘画、制墨[438]、药用、黏合剂[439]等，其技术也很发达。在宋代，随着城市的发达和国内外商业的发达，漆市场也跟着扩大了。原液采取作为山村的产业很是盛行，与此同时漆器制作也在南方大加发展起来。

漆树、漆液的产地，梁的陶弘景列举有梁州、益州、广州。在唐代，襄阳则是很知名的漆产地。

五代蜀韩保升云金州之漆最佳[440]，宋苏颂则称"今之蜀汉、峡、襄、歙州，皆漆之产地"[441]，文献上还列举有湖州（后述）、宋州[442]、成都府[443]、达州[444]、金州[445]、襄州[446]、归州[447]、宣州[448]、处州[449]、严州[450]、漳州[451]、广南[452]、梧州[453]、陈州与嘉州[454]。另外，除云南、福建以外，河南、四川、湖北、安徽南部、浙江、广南等地几乎都以盛产漆资源而闻名。尤其是在宋代，包括徽州在内的东南沿海，作为主要产地，要比河南、四川、湖北更为著名。《袖中锦·天下第一》亦载"蜀锦、定磁、浙漆"云云，即成为全国性的商品而引起人们的注目。其原因，可以说是江浙城市的发达所带来的消费的扩大，以及海港的远程商业的影响，促使乡村产生了变化，而且，浙江本身也是适宜于漆业发展之地。

漆液的采取完全是以原始的方法进行的。《淳熙新安志》卷二《叙物产·货贿》云：

> 漆则诸邑皆有之。山民夜刺漆，插竹笕其中，凌晓涓滴取之，用匕刮筒中，磔磔有声，其勤至矣。岁旱则益少，天时雨，汁则又不佳。

彭汝砺《鄱阳集》卷二《六月自西城归》亦云均州、金州山村"截筒户割漆"。《严州图经》卷一《风俗》也有"割漆"的记载。可见这种作业是采用割破树皮，以竹筒接滴下来的树液的方法进行的。采取的漆液由来到产地的商人集中收买。欧阳修《欧阳文忠公文集》卷一一《初至夷陵答苏子美见寄》记述了商船在峡州山村收买漆的情形：

> 斫谷争收漆，梯林斗摘椒。巴賨船贾集，蛮市酒旗招。

又《淳熙新安志》卷二《叙物产·木果》记载了下浙江的徽州林产品有松、杉之类和纸、漆、茶等；同书卷一《风俗》载"祁门水入于鄱，民以茗漆纸木行江西，仰其米自给"，祁门县的漆贩往江西方面。《夷坚丁志》卷一七《淳安民》载，严州淳安县一富翁受知己临安一市民之委托，收买漆二百斤。方回《桐江续集》卷一三《听航船歌十首》载，秀州魏塘镇的航船承包运送"五千斤蜡、三千漆"（五千、三千当然不是实数，但也不是全非现实数量）。《至正四明续志》卷五《市舶物货》载，广漆得到了推广，蜀漆被用作药材。《续资治通鉴长编》卷九二"真宗天禧二年六月壬辰朔"载"禁陕西民鬻漆于北界"，禁止自陕西向西夏、契丹贩卖漆。顺便一提，漆因为是军器材料，所以是禁止运往海外的禁榷品[455]。

以这种山村之漆的生产贩卖为背景，漆器业在苏州、湖州、温州、襄州、成都、梓州等蓬勃兴起。特别是东南地区的浙江，在宋元明均为主产地。关于温州，《方舆胜览》卷九《瑞安府》引《永嘉志》云：

> 温居涂泥之卤，土薄艰植，民勤于力而以力胜。故地不宜桑而织纫工，不宜漆而器用备。

为了克服山村的恶劣条件，积极地振兴产业，以从他州（大概是处州*）输入漆液，靠加工漆器的技术而专业化。在浙东，漆工便用桐油来加工，桐油的生产也很兴盛[456]。温州的漆器也就是以浙江的这种产业分布为背景而确立其地位的。在东京开封府有"温州漆器什物铺"[457]，在临安有"温州漆器铺"[458]"漆器墙"[459]，输入真腊的贸易品中也有"温州之漆盘"[460]。据说在最近发现的淮安宋墓的随葬品中，有刻着温州、杭州之漆工铭文的漆器[461]。蒋津《苇航纪谈》载，宁宗嘉泰年间，天台出身的漆匠曾参加临安寺院的修建，可见台州的漆器业也很兴旺。《嘉泰吴兴志》卷一八《食用故事》、卷二〇《物产》载，在湖州，县脚岭多漆林，安吉、武康的山上也有很多漆树，市行的漆器以前很有名，曾用于贡纳，但到了南宋嘉泰时便有些衰落了。另据

---

* 参考本章注［224］［449］。——编者注

宋《春明退朝录》云：

> 绿髹器，始于王冀公家，祥符天禧中，每为会，即盛陈之。
> 然制自江南，颇质朴。庆历后，浙中始造，盛行于时。

绿漆器自江南传入，盛行于浙中。元杨瑀《山居新话》卷三载有平江漆匠王某的故事。明曹昭《格古要论》卷下《古漆器论·钿螺》载，钿螺是宋朝临安内府宫廷手工业品中的佳品，后来江西吉州也有制造；镶犀器皿也是宋朝旧作较好，而剔红器皿新旧之间无好坏之别，宋朝内府的制品是以金银为质地的，元朝嘉兴府张成的剔红很著名，多朱薄坚致之品；戗金器皿以元初嘉兴府彭君宝的制品为佳；古犀毗则以称为福犀的福州之旧作和元朝嘉兴府的制品为上。可知在南宋、元、明之间，漆器产地从温州、杭州、湖州扩大到平江、秀州、吉州、福州，且不仅限于官营手工业品，城市中一般的漆匠也制作出了名器。关于前代以来的产地四川，文同《丹渊集》卷二三《梓州永泰县重建北桥记》载，在梓州，人们将阆中、清化、始宁、符阳诸郡的牛骡羊豕、丝茧椒蜜之货，与东西两川的缯锦绨纻、荈茗刺绣、镂刻髹治之物做交换，四川产的漆器也贩往西南边境。此外，魏松卿《元代张成与杨茂的剔红雕漆器——记故宫博物院重要藏品之一》[462]、王世襄《记安徽省博物馆所藏的元张成造剔犀漆盒》[463]、蒋缵初《谈杭州老和山宋墓出土的漆器》[464]、杨有润《王建墓漆器的几片银饰件》[465]、冯汉骥《前蜀王建墓出土的平脱漆器及银铅胎漆器》[466]、李鸿庆《明清漆器和元代雕漆》[467]等有关出土物方面的最近研究成果，也可供参考。

四　铁器、铜器及其他

关于宋代铁制品的生产及其流通，日野开三郎《北宋时代铜、铁的产量》[468]和《北宋时代铜铁钱的铸造额》[469]、哈特威尔《北宋时期中国铁与煤工业的革命（960—1126）》[470]和《十一世纪中国钢铁业的市场、技术和企业组织的发展》[471]、吉田光邦《关于宋代的铁》[472]、宫崎市定《宋代的煤和铁》[473]和《关于中国的铁》[474]、笹本重己《广东的铁锅》[475]、周藤吉之《南宋的农锻冶与农具的贩卖》[476]，在数量上进行了整理和研究，并提及了基本的问题及其资料。然而，关于流通量及其时代性质，却没有足够的材料来决定应该怎样考察其作为日常商品的流通和生产。这里拟利用上述研究成果中未加收录的若干资料，对此做一补充。《淳熙三山志》卷四一《物产·铁》载：

> 庆历三年，发运使杨告乞下福建严行禁法，除民间打造农器、锅釜等外，不许私贩下海。两浙运司奏："当路州军，自来不产铁，并是泉福等州转海兴贩，逐年商税课利不少，及官中抽纳折税收买，打造军器。乞下福建运司晓示，许令有物力客人兴贩。"仍令召保出结〔给〕长引，只得诣浙路去处贩卖，本州今出给公据。

福建虽产生铁及铁器，但由于兵器私贩下海之禁，除农具、锅釜之日常用品外，严禁出港贸易。但是，江浙自不产铁，可又有军器之需，因此弛下海之禁，给商人长引公据，让福建的铁往两浙路贩卖。《万历泉州府志》卷七《杂课》亦载：

> 铁课。宋开宝中设诸州坑冶场务二百有一，泉州产铁之场，在永春曰倚洋，安溪曰青阳，德化曰赤水，而晋江之石菌、卢湾、牛头屿、长箕头，惠安之卜坑、黄崎、礁头、许埭、港尾、沙溜、卢头、峰前、牛埭，皆有铁砂。庆历三年，立法禁兴贩入

海。后有诏，许于两浙货卖，未几罢。至淳祐中，永春东洋、肥湖、德化信洋、上田、丘埕铁砂，尚有业作者，通判掌之。诸县岁有炉税钱，解送建宁府坑冶。

泉州诸县均以铁砂制铁，贩于两浙。《至正四明续志》卷五《器用·铁器》载：

生铁出闽广，船贩常至，冶而器用。

福建、广南产的生铁以江浙为市场进行贸易，明州的加工业很兴盛；同书同卷《器用·铜器》载"如铁之冶，为铠釜差胜"，输入的生铁用来加工成日常用品及各种器具；同书同卷《市舶物货》又载有"条铁""镀铁""丁铁"，不仅仅生铁，铁材、铁锅、铁钉等大概也是从福建、广南舶载而来的。《建炎以来系年要录》卷八五"绍兴五年二月乙酉"载：

铜铁利源也，而大贾擅之，比屋鬻器，取直十倍。海舟贩运，远出山东。

记录了从海上秘密将铜铁运往金国的情况，这大概也是福建、广南产的铜铁。元《岛夷志略》列举了运往南海的贸易品有铁器、铁条、铁线、铁鼎。《真腊风土记·欲得唐货》载，从泉州输出的贸易品有铁锅、针。综合上述情况来看，从南宋至元代，福建、广南的生铁、铁制农具及日用品，拥有了江浙、华北乃至南海诸国这样一个广阔的市场圈。

此外，各地著名的铁器有上饶葛溪的二仪刀[477]，醴陵县的方响

（乐器）[478]，泾州的铁石、镊子，原州的铁衔镫，河间府的篦刀子，衢州开化县的铁锁[479]，太原府的铁镜[480]，邠州的剪刀[481]，舒州的铁酒器[482]，建宁的铁茶器，雷州的铁制茶碾、汤瓯、汤匮[483]，渠州的铁器[484]等。又据辑本《大元一统志》载，大都路宛平县，孟州济源县，平阳路辽山县，大宁路兴中州、利州、惠州，南阳府嵩州、兰州，汀州长汀县，瑞州新昌州亦产铁，并设有铁冶、铁务。

铜器　铜既作为铸钱原料，也作为军器、寺院道观的祭器佛像、士大夫和庶民的装饰品、日用器具、镜、美术工艺品等，有着极其广泛的需要。因此，人们对铜矿的开采也大力进行，而且铜被列为禁榷品，严格限制其流通特别是流往国外。于是，英宗治平年间铜产量达到了中国史上的最高额，到了南宋初期，除了元、明的云南之开发外，铜矿资源几乎被挖掘殆尽。这些铜矿主要用作铜钱的原料，徽宗大观中，各铸钱监合计铸钱二百万贯。宋代是采用湿式收铜的精炼技术且技术不断进步的时代，因而宋钱尤其是北宋钱的质量极为优良，周围的异族均求取为通货乃至宝货，铜钱之密输也就半公开地盛行起来。到了发行纸币的南宋，铜的储藏价值增加，铜钱的改铸和一般铜器的铸造成为极其有利可图的产业而在各地勃兴。这里拟对此做一点论证。

首先，李弥逊《筠溪集》卷三《户部乞禁铜器札子》云，民间冒鍮石、铜器之禁，铜制美术工艺品的铸造贩卖盛行，以铜钱百文铸十两器物，卖之可得一贯即十倍的利益，故浙东路绍兴府、温州、台州、明州，浙西路临安、平江、镇江府、湖州、秀州、常州，江东路建康府句容县、信州，福建路福州、泉州、建州，江西路虔州（赣州）、吉州丰城县、临江军新淦县等城市，铸造铜工艺品的产业很繁荣。说起来，玩赏铜制古器的风潮在北宋时代就已在宫廷和士大夫之间流行，在《三古图》即吕大临《考古图》、王黼等《宣和博古图》和《古玉图》中均著录有当时有名的古器。在南宋，不单单是古器物的鉴赏，制作铜制工艺品的热潮也在各地迅速兴起。铸成的各式各样的器具有铜锣、铃铎、铜壶、花器、烛台、马具、铜钟、铜像、铙钹等，建康府句容县的句容古器尤为著名。据赵希鹄撰写的美术鉴定书《洞天清禄集》之《古钟鼎彝器辨》记载，句容器是唐代天宝年间至南唐后主时在句容县的官场铸造的器具。明曹昭《格古要论》卷上《古铜器论·新铜器》记述了其后的经过，到了宋元时代，句容器作为民间的工艺品发展了起来，铸造于句容县及台州。而且像杭州的姜娘子、平江路的王吉等以高超的铸铜技术而闻名的铜匠层出不穷，句容器普遍化，也变得廉价了。《宋会要辑稿·刑法二·禁约》"宁宗庆元二年八月二十七日"条在述及铜器铸造之盛行后云：

> 又如建康之句容、台州之城下，专以古器得名，今则绍兴、平江等处皆有之。江西之抚州，专以七筋器皿得名，今则四明、隆兴（九江）、鄂州、静江等处皆有之。

随着产地的移动和技术的传播，建康府句容、台州城下的特产"古器"传到了绍兴、平江，而在明州[485]、洪州、桂州、鄂州等地也开始制作江西抚州的特产品"七筋器皿"了。《宋史》卷一八〇《钱币下二》"理宗淳祐八年"条载：

> 楮便于运转，故钱废于蛰藏。……京城（临安）之销金（金箔），衢、信之鍮器，醴、泉之乐具，皆出于钱。临川、隆兴、桂林之铜工，尤多于诸郡。姑以长沙一郡言之，乌山铜炉之所六十有四，麻潭、鹅羊山之铜户数百余家，钱之不坏于器物者无几。今京邑鍮铜器用之类，鬻卖公行于都市畿甸之近。

临川、隆兴、桂州，特别是长沙，作为临安的销金，衢州、信州的真
鍮器，醴、泉的乐具等铸铜工艺的中心地而繁荣了起来。

除此之外，著名的铜铸器物还有河东之铜器[486]，特别是太原之铜
镜[487]、扬州之铜镜[488]、成都府之铜盆[489]、静江府（桂州）之铜器[490]、
扬州之照子[491]、真州之锡镴[492]等。

如上所述，铜工艺品的兴隆当然与货币流通的特殊情况有关，但
同时与以城市为中心的士大夫、庶民阶层生活文化水平的提高，及奢
侈消费的增加也有关系。从宫廷的玩赏物扩及庶民之间，铜制器具的
使用增多了，于是铜工艺在江南著名城市意外地一时兴盛起来，并发
展到元、明代。而且从在临川市买卖句容铜香炉[493]，以及把挖掘于金
陵的宰相秦桧庄园的铜瓮运往句容改铸器物[494]等记载中可以看到，这
些铜器似乎作为城市间、地方间的流通商品和海外贸易品而广泛流通。

注释

[1] 石田干之助的《元稹的乐府〈估客乐〉——唐代商业史之一史料》（载《东方学会创立十五周年纪念东方学论集》，东方学会，1962）中有详细的注释。

[2] 参考石田干之助《刘禹锡的〈观市〉——唐代经济史之一史料》（载《和田博士古稀纪念东洋史论丛》，东京：讲谈社，1960）的详细注释。

[3] 参考鞠清远、陶希圣：《唐代经济史》第五章，上海：商务印书馆，1936。

[4] 马祖常：《石田集》卷五《南方贾客词》。

[5] 宋代太宗太平兴国七年，在海商舶来的商品中，被禁榷的有玳瑁、象牙、犀角、宾铁、鼊皮、珊瑚、玛瑙、乳香等八种，全由政府收买。对木香、槟榔、石脂、硫黄、大腹、龙脑、沉香、檀香等三十七种药物进行部分收买，其余让船商与内地商人进行交易。参见《宋会要辑稿·职官四四·市舶司》"太平兴国七年闰十二月"。香药即如上物品之总称。

[6] 据《庆元条法事类》卷二九《榷禁门二·兴贩军须》。

[7] 加藤繁：《宋代和金国的贸易》，载《中国经济史考证》下卷，东京：东洋文库，1953。

[8] 藤田丰八：《宋元时代的海港杭州（附上海、胶州）》，载《东西交涉史研究·南海篇》，东京：荻原星文馆，1943。池田静夫：《宋元时代的澉浦港》，《东亚经济研究》21，4。

[9] 孟元老：《东京梦华录》卷三《相国寺内万姓交易》。

[10] 《续资治通鉴长编》卷五一六"哲宗元符二年闰九月甲戌"云："邵伯温题贾炎家传后云，治平之末，长安钱多物贱……商贾尚多，南商南货尤多。"

[11] 陆游：《渭南文集》卷四七《入蜀记》卷五。范成大：《吴船录》卷下"淳熙丁酉八月庚午"。

[12] 宋祁《景文集》卷四六《寿州风俗记》："越纻缣丝、金铁匏革会南北之交"。

[13] 元费著：《岁华纪丽谱》。宋陈元靓：《岁时广记》。

[14] 吴自牧：《梦粱录》。

[15] 《嘉泰会稽志》卷七《宫观寺院·开元寺》。

[16] 加藤繁：《宋代和金国的贸易》，载《中国经济史考证》下卷，东京：东洋文库，1953。

[17] 南宋中期，为防御金军南侵，制订了借助在淮南拥有资本的茶商、米商、盐商的财力修筑堡垒，保全他们之财产的政策。（《水心别集》卷一六《后

总》）在南北交易中获得巨利的便是这些商人。

[18] 田村实造：《辽宋的交通与辽国内的经济发达》，《满蒙史论丛》2。

[19] 森克己：《日宋贸易研究》，东京：国立书院，1948。

[20] 藤田丰八：《宋代输入之日本货》，载《东西交涉史研究·南海篇》，东京：荻原星文馆，1943。

[21] 据周去非《岭外代答》、赵汝适《诸蕃志》、周达观《真腊风土记·欲得唐货》、汪大渊《岛夷志略》。

[22] 一般说来，富农等的投机贩卖人为地阻碍了大米流通，具有操纵米价的意味。官府禁运大米的情况有两种，一是因灾害和歉收等大米供应不足时，为了维持管辖区内的米价或防止大米外流；二是两个以上的官府在同一个地方收购官米时，为了让一方优先收购。

[23] 淮南路在南宋时代为了防备金军入侵成了特殊的军政地带，淮南的粳米渡长江南下，这在军政方面原则上似乎是遭禁止的。参考《宋史》卷四〇八《汪纲传》、《宋会要辑稿·食货四〇·市籴粮草》"孝宗乾道九年十一月十二日"。

[24] 利用海船将大米运往金国境内和南蕃，以及在北宋时与辽国进行大米贸易，均遭到禁止。但事实上走私贸易相当繁盛。《宋会要辑稿·食货三八·互市》"宁宗嘉定十年三月一日"（《刑法二·禁约》所载略同）。

[25] 载《中国经济史考证》下卷，东京：东洋文库，1953。

[26] 同上。

[27] 东京：茶水书房，1962。

[28] 东京：东京大学出版会，1965。

[29] 载《中国社会经济史研究》，东京：岩波书店，1943。

[30] 东京：弘文堂，1940。

[31] 东京：生活社，1940。

[32] 《历史语言研究所集刊》10。

[33] 载《宋史研究集》1。

[34] 《西日本史学》8、9。

[35] 《史渊》50。

[36] 《史渊》40。

[37] 《历史学研究》292。

[38] 福冈：西日本学术出版社，1964。

[39] 陆游：《渭南文集》卷二〇《常州奔牛闸记》。

[40] 范成大：《吴郡志》卷五〇《杂志》。吴泳：《鹤林集》卷三九《隆兴府劝农文》。叶绍翁：《四朝闻见录乙集·函韩首》。高斯得：《耻堂存稿》卷五《宁国府

劝农文》。

[41]　王炎：《双溪类稿》卷二一《上赵丞相书》。

[42]　廖行之《省斋集》卷四《石鼓书院田记》："湖南地瘠，率一亩为米，不过二三斗。"

[43]　祝穆：《新编方舆胜览》卷一六《徽州》"山出美材"有同上记载。

[44]　例如《嘉泰会稽志》卷一七《草部·穄》所言"今吴越泽国，唯山乡高原有种穄者"之外，还有在常州当降雨量不足时种荞麦豆粟（《慈溪黄氏日抄分类》卷七三《申省控辞改差充官田所干办公事省札状》），在湖北荆门军陆田种麦豆麻粟（《象山先生全集》卷一六《与章德茂书三》），在峡中整年食用麦豆粟（《石湖居士诗集》卷一六《劳畲耕》）等例子。

[45]　载《宋代经济史研究》，东京：东京大学出版会，1962。

[46]　如洪迈《夷坚丙志》卷八《谢七嫂》所述："信州玉山县塘南七里店民谢七妻不孝于姑，每饭以麦，又不得饱，而自食则秔饭。"（《夷坚续志前集》卷一《人伦门·事姑不孝》所载略同）其食用有白秔和大麦，而且前者较为珍贵。

[47]　参考《淳熙新安志》《嘉泰会稽志》《嘉定赤城志》《宝庆四明志》《淳祐玉峰志》《咸淳毗陵志》《宝祐琴川志》《咸淳临安志》《海盐澉水志》《吴郡图经续记》的米品种条，及《太平寰宇记》卷一〇〇《南剑州·土产》（记稻有十一种，即金黍、赤鲜、白稴、先黄、金牛、青龙、虎皮、女儿、狭糖、黑林、先凹），《盘洲文集》卷四六《奏水潦札子》、《至顺镇江志》卷四《土产》等。另请参考前述加藤、天野的论文。

[48]　参见《琴川志》《玉峰志》《吴郡图经续记》。

[49]　当时江南方言既称粳（秔），也叫籼（丁度《集韵》卷三、司马光《类篇》卷二〇《重音九》、《嘉泰会稽志》卷一七《草部》、《稻品》所引字书）。罗愿进而解释籼＝早稻，粳＝晚稻（《尔雅翼》卷一），又解释徽州的籼＝小米，秔＝大米（《淳熙新安志》卷二《叙物产·谷粟》），同时将占城稻解释为早稻或籼的一种。《宝祐琴川志》卷九《叙产·谷之属》也同样有先禾＝籼禾＝早稻的见解。但是一般的事例却未必都与上述一样。例如《舒文靖集》（本文前引）认为粳稻＝大禾，占稻＝小禾＝山禾（籼？）；李纲《梁溪集》卷一〇六《申省乞施行籴纳晚米状》认为大禾＝粳稻晚米、早禾＝早占；《宋会要辑稿·食货六二·诸州仓库》"孝宗淳熙十二年五月十三日"条则认为占米＝小米等。一般说来稻米在淮南、江东西、湖南北等有早晚、大小之分类，大多认为早禾、小米就是占稻，反之似乎可以认为晚稻即是大禾、粳稻。又《嘉定赤城志》卷三六《土产·谷之属·稻》记载："占城自占城国至剡，籼自剡至。"这种籼也可理解为是占城稻的亚种或改良种。

[50] 《宋会要辑稿·食货九·赋税杂录》"高宗绍兴元年七月四日""高宗绍兴二年五月十日"（尤其是在后一条中）记载，在秋税缴纳限期之前，浙江、荆湖地方先以早占替纳；税限后两浙只纳粳米，江湖则允许增加一成收纳早占。另参考《梁溪集》卷一二八《与张子公舍人书》、真德秀《西山先生真文忠公文集》卷一二《奏乞将知宁国府张忠恕亟赐罢黜》。

[51] 李纲：《梁溪集》卷一〇六《申省乞施行籴纳晚米状》。《宋会要辑稿·食货四〇·市籴粮草》"孝宗乾道九年闰正月七日"，同书六二《诸州仓库》"孝宗淳熙十二年五月十三日"。

[52] 舒璘：《舒文靖集》卷下《与陈仓论常平》。

[53] 欧阳守道：《巽斋文集》卷四《与王吉州论郡政书》。

[54] 戴埴：《鼠璞》卷下《蓄米》。

[55] 《庆元条法事类》卷三七《库务门二·籴买粮草仓库令》。

[56] 李纲：《梁溪集》卷一〇六《申省乞施行籴纳晚米状》。

[57] 韩元吉：《南涧甲乙稿》卷一八《建宁府劝农文》。

[58] 《续资治通鉴长编》卷五一六"哲宗元符二年闰九月甲戌"。

[59] 楼钥《北行日录》卷上"孝宗乾道五年十二月三日甲申"："宿宿州……城中人物颇繁庶，面每斤二百一十，粟谷每斗百二十，粟米倍之。"

[60] 《续资治通鉴长编》卷一八六"仁宗嘉祐二年十一月己卯"。

[61] 马端临：《文献通考》卷二四《国用考二》。王应麟：《玉海》卷一八五《会计·元丰议经费》等。

[62] 《宋史》卷四四《理宗本纪四》"宝祐四年九月甲寅"。

[63] 《文献通考》卷二四《国用考二》等。

[64] 《建炎以来朝野杂记甲集》卷一八《乾道内外大军数》等。

[65] 陈傅良：《止斋集》卷一九《赴桂阳军拟奏事札子》。《玉海》卷一八五《会计·庆元会计录》等。

[66] 章如愚：《山堂先生群书考索续集》卷四五《财用门·今日费用》。

[67] 参考曾我部静雄：《宋代财政史》第一篇《宋代财政一般》，东京：生活社，1941。日野开三郎：《北宋时代货币经济的发展与国家财政的关系之一考察》，载《历史研究》（旧）2，4；《宋代的便籴》，载《东洋学报》23，1；《北宋时代的博籴》，载《史渊》3；《南宋四川的对籴》，载《史渊》10。佐伯富：《宋代的坐仓》，载《人文科学》2，4。周藤吉之：《南宋末的公田法（上、下）》，载《东洋学报》35，3、4；36，1。斯波：《宋史食货志译注（一）》"和籴"，和田清编，东京：东洋文库，1960。宋晞：《北宋商人的入中边粮》，载《宋史研究集》5。青山定雄：《宋代漕运的发达》，载《唐宋时代的交通与地志地图研究》，东京：吉川弘

文馆，1963。

[68]《宋会要辑稿·食货四二·漕运》"太宗雍熙四年十一月"。

[69]《建炎以来系年要录》卷一八三"高宗绍兴二十九年八月甲戌"。

[70]《宋会要辑稿·食货四○·市籴粮草》"孝宗乾道九年闰正月七日"。

[71]《宋会要辑稿·食货六二·京诸仓》"绍兴十一年六月六日"。

[72] 吴自牧：《梦粱录》卷九《诸仓》。《咸淳临安志》卷九《监当诸局》。

[73]《朱文公文集》卷九四《敷文阁直学士李公（椿年）墓志铭》载"京师月须米十四万五千石"，即一年一百七十四万石。《建炎以来系年要录》卷一五八"高宗绍兴十八年九月丙申"载"行在岁支军粮百五十万石"，同书卷一八四"绍兴三十年正月癸卯"载"行在合用米百十二万石"，两文数字不甚统一，但可推定在一百五十万石左右。

[74]《宋会要辑稿·食货四○·市籴粮草》"乾道元年正月二十日"。《玉海》卷一八六《理财·至和便籴》。

[75] 周密：《癸辛杂识续集》卷上《杭州食米》。《嘉靖仁和县志》所引的胡长孺《广福庙传》。吴自牧：《梦粱录》卷一六《米铺》（一二千石为三千石之误）。

[76]《建炎以来系年要录》卷一八四"绍兴十一年二月丙申"。

[77]《景定建康志》卷二三《诸仓·平止仓》。真德秀：《西山先生真文忠公文集》卷六《奏乞蠲阁夏税秋苗》。

[78] 李曾伯：《可斋杂稿》卷一九《奏总所科降和籴利害》。

[79]《永乐大典》卷七五一三《桂阳志》。

[80] 黄震：《慈溪黄氏日抄分类》卷七三《申省控辞改差充官田所干办公事省札状》。

[81]《建炎以来系年要录》卷一八三"绍兴二十八年八月壬申"。《建炎以来朝野杂记甲集》卷一五《东南军储数》。

[82]《宋会要辑稿·食货五○·船》"乾道九年十一月一日"载："吉州一岁运米三十七万余石。"

[83] 平籴，指根据常平法收购米。

[84] 例如《宋会要辑稿·食货六八·赈贷》"乾道三年八月二十五日"载，在浙西，于冬春两季从富家借出一斗米，到了秋天必须加上数升或加倍偿还。又载，缺粮时以一斗五百文借出，到秋天就得卖掉四斗米偿还五百文钱。

[85] 指包括常平之意的和籴。

[86]《梦粱录》卷一二《河船》："又有下塘等处，及诸郡米客船只……其老小悉居船中，往来兴贩耳。"又《舆地纪胜》卷六九《岳州景物·上·潭户》。范致明《岳阳风土记》。

[87] 《梦粱录》卷一二《河船》。

[88] 《梦粱录》卷一二《河船》。

[89] 《夷坚支丁》卷七《芜湖龙祠》。

[90] 《夷坚志补》卷二五《鄱阳雷震》。

[91] 周去非:《岭外代答》卷一《灵渠》等。

[92] 《渭南文集》卷四七《入蜀记》卷五"乾道六年九月十一日"。

[93] 《渭南文集》卷四五《入蜀记》卷三"乾道六年七月二十八日"。

[94] 《渭南文集》卷四七《入蜀记》卷五"乾道六年九月十七日"。

[95] 张舜民:《画墁集》卷八《郴行录》"丙戌"等。

[96] 《宋会要辑稿·食货三八·互市》"嘉定十年三月一日"。

[97] 《石林奏议》卷一五《申枢密院乞下浙西沿海州县权暂禁止贩米以绝朱明粮食状》。

[98] 徐兢:《宣和奉使高丽图经》卷三四《客舟》。

[99] 这一判例题为"莆阳",就卷头的《清明集名氏》来看,难以断定是何人。恐怕是桃苍刘希仁,或是臞轩王迈。关于《清明集》,参考仁井田陞博士的《清明集户婚门研究》,载《东方学报》4,东京。

[100] 《清明集》之《户婚门·争财·掌主与看库人互争》:"此事拖阅县案,黎润祖状可疑者二,陈氏儿状可疑者三,而大可疑者有一焉。试与言之,黎润祖状称:赁范雅屋一所,开小米铺。乙未岁下,范雅以米五十硕寄桌,面约五十贯足。至次年三月,展算加利,令作一百七十贯手批。论此一节,以五十贯米钱,越数月而算利两倍之余,未委是实。至若令作手批一语,尤为难信。天下事非合于理,当于情,又或非心甘意肯,岂肯依人使令也耶?……此可疑者一也。其曰自后节次入还讫,所有上项手批,范雅称卒寻未见,后因循不曾就取。论此一节,既曾以钱还人,纵使不得元约,亦岂不讨交领为照,乃置之于不问之域耶?此可疑者二也。……黎润祖状谓:曾于范雅家处馆三年,人情如此深熟,只缘两家妇女有少言语不足,因黎润祖去小湖省亲,遂致范雅群妾有喝骂之辱,妻阿陈搬徙之行,吁!可笑也哉!……合是六者之疑,而又参之以勘会一时之见,若之何而折衷哉?今据范雅执出黎润祖手批云:端平三年正月日起,再展计算,钱一百六十八贯文足,再加三贯文足。又黎润祖状谓:戊子、己丑、辛卯三年,在范雅家守馆,甲午年,赁范雅屋开米铺。夫守馆至于三年,人情深熟,理固然也。缘其深熟,则于范雅边假贷少钱,以为开肆之资,在黎润祖可以启口,而范雅亦不可得却也。夫既借之矣,范雅又虑其久假不归还,遂于端平三年索其照约,黎润祖写手榜,作一百七十一贯。其间或展算加利,虽不可知,然既是亲书,夫复何说?黎润祖非颠非狂,若谓范雅令其如此写,即依其如此写,吾未之信

也。……范雅于体究之日，但执黎润祖与其看库一说，时或厉声与黎润祖争，此是范雅欲显我为掌主、汝为看库人，使当职知有分存焉耳。但昔黎为馆宾，范为主公，宾主交欢，至于人情深熟，今虽借少钱未还，不应以看库人视之。……此必黎润祖与范雅人情深熟之时借贷钱物，开张店肆，后因有争，黎欲席卷而去之。范雅得知，遂致拦截，不过如是而已。若谓劫夺，恐无是理耳。……当厅勒黎润祖斟酌少钱，填还范雅，不必拘以元数，亦俗所谓卖人饶买人之意也。又况范雅之子范继既得黎润祖训导，其模范已正矣。今范雅责偿于黎润祖者，又能不求其足，是亦阴之一助。"文中所提"寄粜"一词，如《续资治通鉴长编》卷三三四"哲宗元丰六年四月癸酉"载"户部言：恩州至沧州等处见有寄粜粮斛约八十万石，欲乞下河北路都大提举粜便司，令随本处州县人户赊借内，第三等不得过两石，第四等、第五等不得过一石，即不得抑勒。候次年夏秋收成日输纳，其已有赊欠者勿给。从之"的寄粜法，系赊卖之意。

[101] 在《梦粱录》中有柏烛铺（卷一三《铺席》）、油蜡局（卷七《大河桥道》）、南油局（卷一〇《防虞巡警》）、油车巷（卷九《监当诸局》）、油作（卷一三《团行》）、挑担卖油（卷一三《诸色杂卖》）、灯心巷（卷七《禁城九厢坊巷》）及出租宴会用油烛的油烛局（卷一九《四司六局筵会假赁》），据此足可推测大城市的大量消费。亦可参考《嘉泰吴兴志》卷二《坊巷》、《开庆四明续志》卷七《楼店务地》。

[102] 《宋会要辑稿·食货一七·商税》"徽宗宣和七年正月二日"。

[103] 《宋会要辑稿·食货一七·商税》"高宗绍兴二十一年六月二十五日"。

[104] 《宋会要辑稿·食货一七·商税》"孝宗淳熙元年十一月十一日"。

[105] 《鸡肋编》卷上："油通四方，可食与然者，惟胡麻为上，俗呼芝麻。言其性有八拗，谓雨旸时则薄收，大旱方大熟，开花向下，结子向上，炒焦压榨，才得生油，膏车则滑，钻针乃涩也。而河东食大麻油，气臭，与苤子皆堪作雨衣。陕西又食杏仁、红蓝花子、蔓菁子油，亦以作灯。祖斑以蔓菁子熏目，致失明，今不闻为患。山东亦以苍耳子作油，此当治风有益。江湖少胡麻，多以桐油为灯，但烟浓污物，画像之类尤畏之。沾衣不可洗，以冬瓜涤之，乃可去。色清而味甘，误食之，令人吐利。饮酒或茶，皆能荡涤，盖南方酒中多灰尔。尝有妇人误以膏发，黏结如椎，百治不能解，竟髡去之。又有旁毗子油，其根即乌药，村落人家以作膏火，其烟尤臭，故城市罕用。乌桕子油如脂，可灌烛，广南皆用，处、婺州亦有。颍州亦食鱼油，颇腥气。宣和中，京西大歉，人相食，炼脑为油以食，贩于四方，莫能辨也。"

[106] 山根幸夫氏藏书。

[107] 《植物栽培的起源》卷下（Alphons de Candolle, *Origine des Plantes*

Cultivees, 1883, Paris：Nabu Press）云：根据中国的诸著作推测，公元前胡麻还没有传入中国。确切的记述，见于《齐民要术》卷二《胡麻第十三》。另据加茂仪一译注，布雷特施奈德·赫什根据明李时珍《本草纲目》卷二二《胡麻》（引用沈括《梦溪笔谈》）所载，主张胡麻由大宛传来，但笔者认为这仅仅是一种传说，并无确证。

[108]　参考《永乐大典》卷一三一九四《种字门》所引吴攒《种艺必用》。

[109]　陈旉：《农书》卷上《善其根苗篇》。

[110]　《重修政和经史证类备用本草》卷二七《蒜叶》。

[111]　《重修政和经史证类备用本草》卷一四《桐花》。

[112]　同上。

[113]　《永乐大典》引《山居备用》。

[114]　李时珍《本草纲目》卷三九《蜜蜡》："时珍曰：蜡乃蜜脾底也。取蜜后炼过，滤入水中，候凝取之。色黄者俗名黄蜡。煎炼极净，色白者为白蜡。非新则白而久则黄也，与今时所用虫造白蜡不同。"

[115]　元汪大渊：《岛夷志略》。

[116]　洪迈：《容斋三笔》卷二《国家府库》。

[117]　根据《太平寰宇记》（寰）、《元丰九域志》（九）、《宋史·地理志》（宋）、《大元一统志》（元），列举蜡及蜡烛之土产如下：

河南府白蜡（寰、九、宋）	汝州蜡（寰）
雍州蜡（九、宋）	凤翔府蜡烛（寰、九、宋）
成州蜡烛（九、宋）	凤州蜡、蜡烛（九、宋）
邠州蜡（寰）	丹州蜡烛（寰）
阶州蜡烛（九、宋）	延州黄蜡（寰）
绥州蜡烛（寰）	石州蜡烛、蜡（寰、九、宋）
晋州烛蜡、蜡（寰、九、宋）	绛州蜡烛（寰、九、宋）
慈州蜡烛（寰）	隰州蜡（寰、九、宋）
庐州蜡（寰、九、宋）	舒州蜡（寰）
杭州蜡（咸淳临安志）	徽州蜡（寰）
严州蜡（严州图经）	洪州蜡（寰）
峡州蜡（寰）	归州黄蜡（寰）
汀州黄蜡、蜡烛（寰、九、临汀志、宋）	
利州蜡烛（寰）	沔州蜡（宋）
夔州蜡（寰、九、宋）	黔州蜡（寰、九、宋）
开州蜡（寰）	达州蜡（寰）

思州蜡（寰）	夷州蜡烛（寰）
贺州白蜡（寰）	琼州蜡（寰）
金州蜡（寰、元）	邓州花蜡烛（九）
均州蜡（寰）	大宁路蜡（元）
嵩州蜜蜡（元）	蓬州冬青蜡（元）
云南丽江蜜蜡（元）	汀州蜡场（元）

[118] 欧阳修《归田录》卷上："邓州花蜡烛名著天下，虽京师不能造，相传云是寇莱公烛法。公尝知邓州而自少年富贵，不点油灯，尤好夜宴剧饮，虽寝室亦燃烛达旦。每罢官去，后人至官舍，见厕溷间烛泪在地，往往成堆。杜祁公为人清俭，在官未尝燃官烛，油灯一炷，荧然欲灭，与客相对清谈而已。"

[119] 《鸡肋编》卷上。

[120] 俗名菜市门，见《梦粱录》卷七《杭州》。

[121] 《梦粱录》卷一八《物产·木之品》。

[122] 《梦粱录》卷一九《瓦舍》。《咸淳临安志》卷一九《市·菜市》。《武林旧事》卷三《祭扫》。

[123] 参见《梦粱录》卷一八《物产·菜之品》，又《咸淳临安志》卷五八《物产·菜之品》。

[124] 同上。

[125] 丁家洲在安徽省铜陵东北。

[126] 唐李复言：《续玄怪录·定婚店》（四部丛刊续编本《续幽怪录》卷四）。又在龙谷大学大谷文书（吐鲁番出土）第三〇八五号文书中记有菜子行及蔓菁子、萝卜子等物品价格，参见仁井田陞：《中国法制史研究·土地法、交易法》第797、818页，东京：东京大学出版会，1960。

[127] 《嘉定赤城志》卷三六《土产·草之属》："蓝三种：中有梗者曰木蓝，可为淀者曰松蓝，可杂碧者曰蓼蓝。"

[128] 《淳熙三山志》卷四一《物产·货》："蓝淀诸邑皆有之。闽县桐江上下尤多，故地有名音青蓝或青布者，为盛出于此。"

[129] 《续资治通鉴长编》卷一三八"仁宗庆历二年三月丙寅"。

[130] 楼钥：《攻媿集》卷一一一《北行日录》卷上"乾道五年十二月十五日"。

[131] 《宋会要辑稿·食货三八·互市》"孝宗乾道五年十月十七日"。

[132] 大名府紫草（九） 泾州红花（寰） 灵州红花（寰） 泽州紫草（寰） 潞州紫草（寰） 易州纺草（寰） 泉州红花（寰） 蜀州紫草、红花（寰） 嘉州红花（寰） 邛州红花（寰） 梓州红花（寰） 兴元府红花（寰、

宋） 文州红花（襄） 热河、川州红花（元）

[133]　《淳熙三山志》卷四一《物产·货》："红花闽县、怀安、福清、长乐等县皆有之。花如刺结，秋末种，春末采，可染绛。"又"紫草八月末种，二月采根，用密笼收，见海风则变黑矣，与红花同所出"。

[134]　舒岳祥，台州宁海人，宝祐进士。

[135]　"张知县菜"的故事在朱彧《萍洲可谈》卷二、王得臣《麈史》卷上《惠政》、陈师道《后山谈丛》卷三、元王结《文忠集》卷六《善俗要义·九曰治园圃》中均有记载。

[136]　蔡襄《蔡忠惠公集》卷三〇《荔枝谱》："第一，荔枝之于天下，唯闽粤、南粤、巴蜀有之。汉初南粤王尉佗以之备方物，于是始通中国。……唐天宝中，妃子尤爱嗜，涪州岁命驿致。时之词人多所称咏，张九龄赋之，以托意白居易刺忠州，既形于诗，又图而序之。虽仿佛颜色，而甘滋之胜，莫能着也。洛阳取于岭南，长安来于巴蜀，虽曰鲜献而传置之速，腐烂之余，色香味之存者亡几矣。是生荔枝中国未始见之也，九龄、居易虽见新实，验今之广南州郡与夔梓之间所出，大率早熟，肌肉薄而味甘酸，其精好者仅比东闽之下等。是二人者，亦未始遇夫真荔枝者也。闽中唯四郡有之，福州最多，而兴化军最为奇特，泉漳时亦知名。列品虽高，而寂寥无纪，将尤异之物昔所未有乎？盖亦有之而未始遇乎人也。……第二，兴化军风俗，园池胜处唯有荔枝。当其熟时，虽有他果，不复见省。尤重陈紫，富至大家，岁或不尝，虽别品千计，不为满意。陈氏欲采摘，必先闭户，隔墙入钱，度钱与之，得者自以为幸，不敢较其直之多少也。今列陈紫之所长，以例众品：其树晚熟，其实广上而圆下，大可径寸有五分，香气清远，色泽鲜紫，壳薄而平，瓤厚而莹，膜如桃花红，核似丁香母，剥之凝如水晶，食之消如绛雪，其味之至，不可得而状也。荔枝以甘为味，虽百千树莫有同者。过甘与淡，失味之中，唯有陈紫之于色香味，自拔其类，此所以为天下第一也。凡荔枝皮膜形色一有类陈紫，则已为中品。若夫厚皮尖刺，肌理黄色，附核而赤，食之有查，食已而涩，虽无醋味，自亦下等矣。第三，福州种殖最多，延迤原野，洪塘水西，尤其盛处……当州署之北，郁为林麓。暑雨初霁，晚日照曜，绛囊翠叶，鲜明蔽映，数里之间，焜如星火，非名画之可得而精思之可述。观览之胜，无与为比。初着花时，商人计林断之，以立券。若后丰寡，商人知之，不计美恶。悉为红盐者，水浮陆转，以入京师，外至北戎、西夏。其东南舟行新罗、日本、琉球、大食之属，莫不爱好，重利以酬之。故商人贩益广，而乡人种益多，一岁之出，不知几千万亿。而乡人得饫食者盖鲜矣，以其断林鬻之也。品目至众，江家绿为州之第一。……第五，初种畏寒，方五七年，深冬覆之，以护霜霰。福州之西三舍，曰水口，地少加寒，已不可植。……最忌麝香，或遇之，花实尽落。

其熟未经采摘，虫鸟皆不敢近；或已取之，蝙蝠蜂蚁争来嘿食。园家有名树，旁植四柱小楼，夜栖其上，以警盗者。又破竹五七尺，摇之答答然，以逐蝙蝠之属。第六，红盐之法，民间以盐梅卤浸佛桑花为红浆，投荔枝渍之，曝干，色红而甘酸，可三四年不虫。修贡与商人皆便之，然绝无正味。白晒者，正尔烈日干之，以核坚为止。蓄之瓮中，密封百日，谓之出汗。去汗耐久，不然逾岁坏矣。福州旧贡红盐、蜜煎二种。……蜜煎，剥生荔枝，笮去其浆，然后蜜煎之。予前知福州，用晒及半干者为煎，色黄白而味美可爱，其费荔枝减常岁十之六七。然修贡者皆取于民，后之主吏，利其多取以责赂，晒煎之法不行矣。第七（陈紫以下十二品有等次，虎皮以下二十品无等次）。"

[137] 曾巩：《元丰类稿》卷三五《荔枝录》（总计列举三十四个品种）。

[138] 洪迈《容斋四笔》卷八《莆田荔枝》："莆田荔枝，名品皆出天成，虽以其核种之，终与其本不相类。宋香之后无宋香，所存者孙枝尔。陈紫之后无陈紫，过墙则为小陈紫矣。《笔谈》谓焦核荔子，土人能为之，取本木，去其大根，火燔令焦，复植于土，以石压之，令勿生旁枝，其核自小。里人谓不然，此果形状变态百出，不可以理求，或似龙牙，或类凤爪，钗头红之可簪，绿珠子之旁缀，是岂人力所能加哉？初，方氏有树，结实数千颗，欲重其名，以二百颗送蔡忠惠公，给以常岁所产止此。公为目之曰方家红，著之于谱，印证其妄。自后华实虽极繁茂，逮至成熟，所存者未尝越二百，遂成语谶。此段已载《遁斋闲览》中，郡士黄处权复志其详如此。"

[139] 王十朋《梅溪先生后集》卷一八《荔支七绝》列举了陈紫、江绿等七品。

[140] 《淳熙三山志》卷四一《物产·果实》载，"荔支州北自长溪、宁德、罗源至连江北境，西自古田、闽清，皆不可种，以其性畏高寒。连江之南虽有殖者，其成熟已差晚半月。直过北岭，官舍民庐，及僧道所居，至连山接谷，始大蕃盛。大观庚寅冬、大霜，木皆冻死，经一二年，始于旧根复生。淳熙戊戌冬、大雪，亦多枯折，常时霜雪寡薄，温厚之气，盛于东南，故闽中所产，比巴蜀、南海，尤为殊绝。蔡公襄谱之'其于果品，卓然第一'，非虚语也。"（之后原文列举蔡襄记录的品种、曾巩记录的品种及其他四种）

[141] 曾巩《元丰类稿》卷三五《福州拟贡荔枝状》："右，臣窃以，贡扬州，厥包橘柚锡贡，则百果之实列于土贡，所从来已久，二帝三王所未尝易也。荔枝于百果为殊绝，产闽粤者，比巴蜀南海又为殊绝。闽粤官舍民庐，与僧道士所居，自阶庭场圃至于山谷，无不列植，岁取其实，不可胜计。故闽粤荔枝食天下，其余被于四夷。而其尤殊绝者，闽人著其名至三十余种。然生荔枝留五七日辄坏，故虽岁贡，皆干而致之。然贡概以常品，相沿已久，其尤殊绝者，未尝以献。盖

东汉交趾七郡，贡生荔枝，十里一置，五里一候，昼夜驰走，有毒蛊猛兽之害。而唐天宝之间，亦自巴蜀驿致，实开侈心。"

[142] 范成大《桂海虞衡志·志果》："荔枝自湖南界入桂林，才百余里便有之，亦未甚多。昭平出櫍核，临贺出绿色者，尤胜。自此而南，诸郡皆有之，悉不宜干，肉薄味浅，不及闽中所产。"

[143] 范成大《吴船录》卷下"淳熙丁酉七月辛亥"："发恭州。……至涪州乐温县……自眉嘉至此，皆产荔枝。唐以涪州任贡，杨太真所嗜，去州数里有妃子园，然其品实不高。今天下荔枝，当以闽中为第一，闽中又以莆田陈家紫为最。川广荔枝子，生时固有厚味多液者，干之肉皆瘠，闽产则否。"

[144] 费衮《梁溪漫志》卷四《东坡荔支诗》："东坡《食荔支诗》有云：'云山得伴松桧老，霜雪自困楂梨粗。'常疑上句似泛，此老不应尔。尔后见习闽广者云，自福州古田县海口镇至于海南，凡宰上木松桧之外，悉杂植荔支，取其枝叶荫覆，弥望不绝，此所以有伴松桧之语也。"

[145] 王祯《农书》卷九《荔枝》："岭南记云：……生岭南、巴中，泉、福、漳、兴、嘉、蜀、渝、涪及二广州郡皆有之。其品闽为最，蜀川次之，岭南为下。"

[146] 在八件地契中，最后一件地契的内容为："晋江县三十七都东塘头庙西住人蒲阿友，父祖在日买得麻合抹荔支园及山地，坐落本处，今来阙银用度，就本山内拨出西畔山地，连荔支树及六角亭一座，并门屋等处。东至自家麦园，西至墙，南至姐姐住小屋，北至后山墙及路为界，欲行出卖。经官告，给日字三号半印，勘合公据，为无房亲立帐，尽问山邻，不愿承买。托得本处庙东保住人徐三叔作中，引至在城南隅潘五官前来承买。三面议定价钱花银六十两重，随立文契日交领足讫。……至正二十七年二月　日立　卖山地荔枝园人蒲阿友　知见人吴佮仔　作中人徐三叔"

[147] 《蔡忠惠公集》卷三〇《荔枝谱》第三。

[148] 《元丰类稿》卷三五《荔枝录》。

[149] 《蔡忠惠公集》卷三〇《荔枝谱》第三。

[150] 同上。

[151] 陈舜俞《都官集》卷一四《山中咏橘长咏》："……清香掩兰杜，真液贱楂梨。拣选收藏日采橘日以冬至前二十日为候，凡得霜后，及有西北风后天色晴霁时，则家家采而藏之，无过冬至前十日者。过则为寒所损，亦损明年树矣。辛勤种接时。壤须来处美树皆用小舟买于苏、湖、秀三州，得于湖州者为上，亦莫能语其由也。移怕树同知《齐民要术》云：移树无时，莫令树知。朱绿争珍旨有朱橘，有绿橘，荆湘辨等差橘有荆南种，有湘州皮者。蹊深比桃静一无纤草爽洁成蹊，岁晚与松期岁寒不凋。坛楚

龟鼋石种树傅山为级，以石砌之，龟鼋二山在太湖中，园栽枳棘篱。讨虫烦钻凿树有蠹则实不蕃，春夏用小钻凿取而杀之，谓之讨虫，科冗付蒸炊采橘后即芟去小枝不能结实者，谓之科树。穿井防天旱橘树夏遭旱，则冬不耐寒而死，人家皆凿井于树旁，责负荷之近也。熙宁七年大旱，井泉竭，山中担湖水浇树，有一家费十万钱雇人者，禳瘟甚岁饥橘忽有坚小而青黑者，谓之青瘟黑瘟，往往祝祭禳祈焉。向阳删密叶橘得日，则色亦深而味甘，伐木树低枝橘繁则树枝为之折。有义曾分客山中橘熟时，见客来者，无不为赠，无偷不禁儿小儿习见厌食，不复为偷。牝普高切嫌连雨长雨多则皮虚而大，不可久藏，谓之牝也，老要劲风吹见上注。满把留长蒂采橘必留枝蒂，成一掘三指，所以养橘，否则易干，盈箱借短茨破竹为笆，借用短茨。入仓宁愧稻，出汗仅同医采橘先制地板上，堆之数日，谓之入仓。微覆用草，使汗出，然后入笆，谓之出汗，否则味醋。雅俗传珍惜，深林或弃遗。稍收先落子橘生花至繁，初结实多落，收之堪淹藏为药橘，争晒已残皮山中人言：东西两山卖干橘皮，岁不下五六千斤。趁市商船急，充庭使驿驰。公筵荐魁磊，内合送瑰奇贡柑有径围之限，大者不敢以进，虑不可常也。唯官府公筵，负担至京师卖之贵家，最为大矣。寄远曾非选寄惠远，惟未甚熟而小者，乃不坏。既黄而大者，不能久矣，熏藏品最卑橘之小者，谓之脚橘。山中作土窖，熏用烟而收之，谓之熏橘。善生惟计亩种橘大姓不复计树若干，但云有几亩，市价旋论赀每一百斤为一笼，或得价笆一千五百钱，下价或六七百，不可常也。薄探酬来赏，精尝侑举卮。他年修果谱，应载野人诗。"

[152]《鸡肋编》卷中："平江府洞庭东西二山，在太湖中……地方共几百里，多种柑橘桑麻，糊口之物，尽仰商贩。"

[153] 参考《梅溪先生后集》卷一九《知宗柑诗用韵颇险，予既和之，复取所未用之韵，续赋一百三十韵》："……洞庭夸浙右，温郡冠江南。节物清霜重……夔子那能比，罗浮未许参予往在夔府，食黄柑，味颇佳，然不及温柑远甚。去冬至泉州，始食罗浮柑，又远不及夔子。"陈元靓《岁时广记》卷一一《鬻珍果》引《岁时杂记》："京师贾人预畜四方珍果，至灯夕街鬻，以永嘉柑实为上味。"《燕翼诒谋录》卷五："承平时，温州、鼎州、广州皆贡柑子，尚方多不过千，少或百数。其后州郡苞苴权要，负担者络绎。又以易腐多其数，以备拣择，重为人害。天圣六年四月庚戌，诏三州不得以贡余为名，饷遗近臣，犯者有罚。然终不能禁也。今惟温有岁贡岁馈。"又刘敞《公是集》卷一三《温柑》，《宋会要辑稿·刑法二·禁约三》"绍兴二十四年八月十三日"，张九成《横浦先生文集·家传》，沈遘《西溪文集》卷一等。

[154]《梦粱录》卷一二《江海船舰》、卷一六《分茶酒店》。

[155]《三山志》卷四一《物产·果实·柑橘》。

[156]《梦粱录》卷一六《分茶酒店》。

[157] 《舆地纪胜》卷九九《惠州》。

[158] 《桂海虞衡志·志果》。

[159] 《鸡肋编》卷下："广南可耕之地少，民多种柑橘以图利。常患小虫损食其实，惟树多蚁则虫不能生，故园户之家买蚁于人。遂有收蚁而贩者，用猪羊脬盛脂其中，张口置蚁穴傍，俟蚁入中，则持之而去，谓之'养柑蚁'。"苏辙《栾城集》卷一六《题王诜都尉画山水横卷三首》："我昔得罪迁南夷（雷州安置）……小园蓄蚁防橘蠹橘性甘，多蠹，南人蓄蚁于园中，蚁缘木食蠹。"

[160] 欧阳修：《归田录》卷下。《夷坚志补》卷八《李将仕》。

[161] 罗大经：《鹤林玉露》乙编卷五《肴核对答》。

[162] 文彦博：《文潞公文集》卷七《次韵留守相公》。Yule & Cordier, *The Book of Ser Marco Polo*, Vol.II, p.202, New York: Charles Scribner, 1903.

[163] 范成大：《石湖居士诗集》卷一二《内丘梨园》。

[164] 以上见《东京梦华录》卷二《饮食果子》。

[165] 《淳熙新安志》卷二《叙物产·木果》。

[166] 《武林旧事》卷三《都人避暑》。

[167] 王祯《农书》卷九《梨》。

[168] 《宝庆四明志》卷四《叙产·果之品》。《嘉泰会稽志》卷一七《木部·杨梅》。

[169] 《舆地纪胜》卷一九《宁国府》。

[170] 以上见《东京梦华录》卷八《是月巷陌杂卖》。

[171] 王祯《农书》卷九《桃》。

[172] 《嘉泰会稽志》卷一七《木部》"桃之品不一"。

[173] 《东京梦华录》卷二《饮食果子》。

[174] 同上。

[175] 《东京梦华录》卷二《饮食果子》。《重修政和经史证类备用本草》卷二三《温栌》有关于楂的"处处有之，孟州特多"之记述，但《大元一统志》无载。

[176] 《东京梦华录》卷八《立秋》。《太平寰宇记》卷一八《青州》。《元丰九域志》。

[177] 周邦彦：《汴都赋》。

[178] 《梦粱录》卷一六《分茶酒店》。

[179] 范成大：《吴郡志》卷三〇《土物下》。

[180] 《梦粱录》卷一三《团行》。《都城纪胜·诸行》。《西湖老人繁胜录》。《武林旧事》卷六《诸市》。

[181]　加藤繁:《中国甘蔗和砂糖的起源》,载《中国经济史考证》卷下,东京:东洋文库,1953。又载《中国经济史概说》,第43—45页,东京:弘文堂,1944。

[182]　王灼:《糖霜谱·原委第一》。

[183]　《重修政和经史证类备用本草》卷二三《甘蔗》《本草图经》。

[184]　元杨瑀《山居新话》卷一:"李多尔济左丞,至元间为处州路总管。本处所产荻蔗,每岁供给杭州砂糖局煎熬之用。糖官皆主鹘回回富商也,需索不一,为害滋甚。李公一日遣人来杭果木铺,买砂糖十斤,取其铺单,因计其价,比之官费,有数十倍之远……"

[185]　王灼:《糖霜谱》"原委第一""原委第二"。

[186]　王辟之《渑水燕谈录》卷一〇《谈谑》:"顷有秉政者,深被眷倚,言事无不从。一日御宴,教坊杂剧为小商,自称姓赵名氏,负以瓦瓶卖砂糖。"

[187]　《梦粱录》卷一三《团行》。

[188]　《都城纪胜·市井》。

[189]　《梦粱录》卷一八《物产·果之品》。

[190]　范成大:《石湖居士诗集》卷三〇《腊月村田乐府十首》。

[191]　洪迈:《容斋四笔》卷二《北人重甘蔗》。

[192]　《嘉定赤城志》卷三六《土产·果之属·甘蔗》。

[193]　《三山志》卷四一《物产·货·糖》。

[194]　《永乐大典》卷一一九〇七《广字门》引《大元一统志》。

[195]　《永乐大典》卷二三三九《梧字门》引《大元一统志》。

[196]　《续资治通鉴长编》卷二四"太平兴国八年八月癸巳"。

[197]　《大元一统志》《临汀志·土产·货之属》。

[198]　《史记》卷一二九《货殖列传》。

[199]　参考《夷坚续志前集》卷一《人事门·效人做屋》:"宋丞相崔与之,号菊坡,理宗朝入相。归蜀建造府第,极其壮丽。里有豪商姓李,亦从而仿之,就请崔府造屋匠人,一依崔府绳墨,尺寸不差。"《夷坚丁志》卷一四《明州老翁》:"明州城外五十里小溪村,有富家翁,造巨宅,凡门廊厅级,皆如官舍。"

[200]　《文物》1965,8。

[201]　《文物参考资料》1956,12。

[202]　苏轼:《东坡全集》卷六三《乞免五谷力胜税钱札子》。

[203]　《续资治通鉴长编》卷一〇六"天圣六年三月己酉"。

[204]　参考洪迈《容斋四笔》卷六《记李履中二事》,李复《潏水集》卷一《乞罢造船奏疏》。

[205]　Yule & Cordier, *The Book of Ser Marco Polo*, Vol.II. pp.252, 206, New York: Charles Scribner, 1903.

[206]　《宋会要辑稿·食货五〇》"淳熙十年六月十二日"。

[207]　薮内清：《关于粮船》，载《天工开物研究》，东京：恒星社，1953。

[208]　《宝庆四明志》卷三《造船官》。《宋会要辑稿·食货五〇》"政和四年八月十九日""宣和七年七月九日""绍兴元年正月十八日"。

[209]　《攻媿集》卷二一《乞罢温州船场》。

[210]　《宋会要辑稿·食货五〇》"天圣四年七月"。

[211]　《宋会要辑稿·食货五〇》"乾道九年十一月一日"。

[212]　《宋会要辑稿·食货五〇》"嘉泰四年二月九日"。

[213]　《宋会要辑稿·食货五〇》"绍兴四年二月七日"。

[214]　森克己：《日宋贸易研究》，第271、272页，东京：国立书院，1948。

[215]　藤田丰八：《东西交涉史研究·南海篇》，第494—496页，东京：荻原星文馆，1943。

[216]　《梦粱录》卷一八《物产·果之品》。

[217]　《絜斋集》卷一三《龙图阁学士通奉大夫尚书黄公行状》。

[218]　《宋会要辑稿·刑法二·禁约》"庆元三年十月十三日"。《建炎以来系年要录》卷一〇〇"绍兴六年四月辛酉"。

[219]　《海盐澉水志》卷上《山门·黄毛山》。

[220]　《续资治通鉴长编》，卷一〇六"天圣元年三月己酉"、卷一二"开宝四年三月丁巳"、卷八"乾德五年二月"。

[221]　《续资治通鉴长编》卷五七"景德元年九月丙午"。

[222]　文彦博：《文潞公文集》卷一七《奏陕西衙前押木筏纲（至和二年）》。

[223]　《续资治通鉴长编》卷三一〇"元丰三年十二月乙酉"。

[224]　方勺《泊宅编》："处（州）民物繁夥，有漆楮杉材之饶，富商巨贾多往来。"——原注。同书卷下原文为："青溪为睦大邑，梓桐、帮源等号山谷幽僻处，东北趋睦、西近歙。民物繁庶，有漆楮林木之饶，富商巨贾，多往来江浙。"此处描述的是睦州（后更名为严州，治建德），而非处州（治丽水），且"杉"字应为误识。另可见《青溪寇轨》、《宋史》卷二二七《方腊》。——编者注

[225]　《永乐大典》卷二二七八《湖字门》引《大元一统志》。

[226]　《续资治通鉴长编》卷五四"真宗咸平六年四月壬戌"："禁蛮人市牛入溪洞。"

[227]　《宋会要辑稿·刑法二·禁约》"孝宗淳熙四年八月二十七日"："诏：累降指挥，立法禁止私贩耕牛过界。"同"五年七月十二日"。

[228] 《宋会要辑稿·刑法二·禁约》"真宗大中祥符二年七月"。

[229] 《宋会要辑稿·刑法二·禁约》"徽宗大观四年三月二十七日"。

[230] 日野开三郎:《五代的沿征》(牛皮钱),载《史渊》13。张纲:《华阳集》卷一四《论买牛筋角札子》。南宋禁榷;北宋仁宗庆历中禁榷,皇祐中才开始通商,参见《续资治通鉴长编》卷二七四"熙宁九年夏四月庚戌"。

[231] 日野开三郎:《宋代的赁牛》,载《史渊》56、59。

[232] 《宋会要辑稿·职官二七·都商税院》"真宗大中祥符二年八月"。

[233] 《续资治通鉴长编》卷二五七"神宗熙宁七年冬十月庚辰"。《建炎以来系年要录》卷一五四"高宗绍兴十五年八月",同书卷一七六"绍兴二十七年四月丙申"。

[234] 《续资治通鉴长编》卷三五"太宗淳化五年三月甲寅"。

[235] 《续资治通鉴长编》卷一二九"仁宗康定元年十二月乙巳"。

[236] 《建炎以来系年要录》卷一八六"绍兴三十年九月壬午"。

[237] 《续资治通鉴长编》卷七三"真宗大中祥符三年三月癸卯"载"禁虔州民造黐胶",可知在宋初虔州(即靖州)就开始私宰牛和造胶了。

[238] 《夷坚志补》卷四《李大夫庄牛》,亦参考同书卷四《汤七娘》之记述。又参考本书第四章第二节"一 宋代江南的村市"。

[239] 《梦粱录》卷一九、一六各处。

[240] 《临安志》卷一九《市》。

[241] 《梦粱录》卷一九《社会》。

[242] 《吴兴志》卷一八《食用故事》。

[243] 《续资治通鉴长编》卷五三"真宗咸平五年十二月丙戌"。《宋会要辑稿·职官二一·牛羊司》。《宋史》卷一八六《市易》。

[244] 《续资治通鉴长编》卷二一一"神宗熙宁三年五月庚戌",《宋会要辑稿·职官二一·光禄寺、牛羊司》。《范文正公集》卷一一《宋故同州观察使李公神道碑铭》(《四库全书本》)。

[245] 这是唐代的例子,见于《太平广记》卷一三三《朱化》的记载:洛阳的羊商到陕西邠宁,从附近乡村的羊王那里买羊,返回洛阳贩卖。又周辉《清波杂志》卷九:"辉顷出疆,自过淮,见市肆所售羊边甚大,小者亦度重五六十斤。盖河北羊之胡头,有及百斤者,驿顿早晚供羊甚腆。"

[246] 《夷坚支丁》卷六《永康太守》。《吴船录》卷上"淳熙丁酉六月辛未"。

[247] 《春渚纪闻》卷三《悬豕首作人语》。

[248] 《夷坚支庚》卷二《贾屠宰獐》。

[249] 鲁应龙:《闲窗括异志》。

[250]《夷坚三志辛》卷六《张时鸭洪胜鸡》。

[251] 邓深:《大隐居士集》卷上《丰城道中》。

[252] 元张之翰:《西岩集》卷五《至青州》。

[253]《舆地纪胜》卷九五《英德府》。

[254]《东京梦华录》卷三《天晓诸人入市》:"其杀猪羊作坊,每人担猪羊及车子上市,动即百数。"

[255] 元费著《蜀笺谱》:"人至今称蔡伦纸,今天下皆以木肤为纸,而蜀中乃尽用蔡伦法。……于是造纸者,庙以祀蔡伦矣。庙在(成都)大东门雪峰院,虽不甚壮丽,然每遇岁时,祭祀香火,累累不绝,示不忘本也。恩足以及数十百家,虽千载犹不忘如此。"

[256] 仁井田陞:《中国的社会与行会》,东京:岩波书店,1951。

[257] 王明:《蔡伦与中国造纸术的发明》,载《考古学报》1954,8。张子高:《关于蔡伦对造纸术贡献的评价》,载《清华大学学报》1960,7(2)。黄天佑:《蔡伦与造纸术关系的探讨》,载《北京日报》1961,9,7。潘吉星:《世界史上最早的植物纤维纸》,载《文物》1964,11。黄文弼:《罗布淖尔考古记》第168页,北平:国立北京大学出版,1948年。田野(程学华):《陕西省灞桥发现西汉的纸》,《文物参考资料》1957,7。李书华:《造纸的传播及古纸的发现》,台北:中华丛书编审委员会,1960。张子高编:《中国化学史稿》,北京:科学出版社,1964年。

[258] 劳干:《论中国造纸术之原始》,载《历史语言研究所集刊》1948,19。

[259] 宋赵朴:《成都古今记》。元费著:《蜀笺谱》。

[260] 梁陶弘景:《真诰》卷一九。

[261] 刘宋山谦之:《丹阳记》。

[262] 宋米芾:《米元章评纸帖》。

[263] 宋施宿:《嘉泰会稽志》卷一七《纸》。苏轼:《东坡题跋》卷五《书海苔纸》。

[264] 宋顾文荐:《负暄杂录》。苏轼:《东坡志林》卷四。

[265] 同上。

[266] 苏轼:《东坡题跋》卷五《书海苔纸》。晋张华:《博物志》。

[267] 晋嵇含:《南方草木状》卷中。

[268] 唐舒元舆:《悲剡溪古藤文》。《全唐文》卷七二七。宋苏易简:《文房四谱》卷四《纸谱·一之叙事》。

[269] 宋赵希鹄:《洞天清禄集·古翰墨真迹辨》。

[270] 唐段公路:《北户录》卷三《香皮纸》。

[271]　元费著：《蜀笺谱》。

[272]　根据《元和郡县图志》《新唐书·地理志》《通典·食货志》。

[273]　鞠清远：《唐宋官私工业》第五章第七节《造纸工业》，上海：新生命书局，1934年。内藤虎次郎《东洋文化史研究》（东京：弘文堂，1938）中关于纸的记述。

[274]　孙毓修：《中国雕版源流考》，上海：商务印书馆，1918年。

[275]　E. Chavanne, "Les Livres Chinois avant L'invention du papier", *Journal Asiatique*, 1905。长泽规矩也：《从文献看中国纸的制法》，载《书苑》5，1。上村六郎：《中国古代的制纸原料》，载《大阪学艺大学家政科研究业迹》2。森田子龙：《笔、墨、纸》，载《墨美》93。仁井田陞：《唐宋法律文书研究》，东京：东方文化学院东京研究所，1937，第7—23页。内藤虎次郎：《东洋文化史研究》，东京：弘文堂，1938。桑原隲藏：《东洋文明史论丛·纸的历史》，东京：弘文堂，1934。神田喜一郎：《中国印刷术的起源》，载《东洋学说林》，东京：弘文堂，1948。

[276]　这一分类参照了木村康一《纸和墨》，载薮内清编《天工开物研究》，东京：恒星社，1953。

[277]　洪迈：《夷坚三志辛》卷八《湘潭雷祖》。

[278]　宋米芾：《米元章评纸帖》。

[279]　《太平寰宇记》卷一〇九《吉州》。

[280]　《三山志》卷四一《物产·货·纸》。

[281]　元费著：《蜀笺谱》。

[282]　《洞天清禄集·古翰墨真迹辨》。

[283]　《东坡题跋》卷五《书海苔纸》。

[284]　《蔡忠惠公文集》卷三一《文房杂评》。

[285]　《文房四谱》卷四《纸谱·三之杂说》。

[286]　《嘉泰会稽志》卷一七《纸》。

[287]　《蔡忠惠公文集》卷三一《文房杂评》。

[288]　元费著：《蜀笺谱》。

[289]　《负暄杂录》。

[290]　《新安志》卷二《叙物产》。

[291]　叶梦得：《石林燕语》卷三。

[292]　《文房四谱》卷四《纸谱·一之叙事》。

[293]　叶梦得：《石林燕语》卷三。

[294]　程大昌：《演繁露》卷四《黄麻白麻》。《大唐六典》卷九《中书令》。

[295]　《全唐书》卷七二二。

[296] 《嘉泰会稽志》卷一七《纸》。

[297] 《太平寰宇记》卷九三《杭州》。

[298] 《元丰九域志》卷五《上婺洲东阳郡保宁军节度》。

[299] 《元丰九域志》卷五《上衢州信安郡军事》。

[300] 《三山志》卷四一《物产·货·纸》。

[301] 《蔡忠惠公文集》卷三一《文房杂评》。

[302] 《负暄杂录》。

[303] 明项元汴:《蕉窗九录·元纸》。

[304] 《万历福安县志》卷一。

[305] 周藤吉之:《南宋苎麻布的生产及其流通过程》,载《宋代经济史研究》,东京:东京大学出版会,1962。

[306] 元费著:《蜀笺谱》。

[307] 《东坡题跋》卷五《书六合麻纸》。

[308] 《文房四谱》卷四《纸谱·二之造》。

[309] 《新安志》卷二《叙物产·货贿》。

[310] 《负暄杂录》,《文房四谱》卷四《纸谱·一之叙事》,《米元章评纸帖》。

[311] 《唐国史补》卷下。《蕉窗九录·宋纸》。

[312] 林和靖:《槐木纸椎》。

[313] 唐刘恂:《岭表录异》卷中。

[314] 《负暄杂录》。

[315] 同上。

[316] 晋令:大纸宽一尺三分,长一尺八分,小纸宽九寸五分,长一尺四寸。参见《文房四谱》卷四《纸谱·一之叙事》。

[317] 《蕉窗九录·宋纸》。

[318] 《文房四谱》卷四《纸谱·二之造》。

[319] 元费著:《蜀笺谱》。

[320] 同上。

[321] 《新安志》卷二《叙贡赋·上供纸》。

[322] 《吴郡志》卷二九《土物》。

[323] 姚宽:《西溪丛语》卷下。宋祁:《宋景文公笔记》卷上《释俗》。

[324] 参考邵博:《邵氏闻见后录》卷二八。

[325] 沈之瑜:《剪纸探源》,载《文物参考资料》1957,8。

[326] 洪迈:《容斋三笔》卷一四《官会折阅》。

[327] 罗愿:《新安志》卷二《叙贡赋·上供纸》。

[328]　王辟之：《渑水燕谈录》卷九《杂录》。

[329]　《文房四谱》卷四《纸谱·三之杂说》，《西湖老人繁胜录》。——原注。《西湖老人繁胜录》中有"纸灯""纸马""纸被""纸扇行"等，并无"纸衣"。——编者注

[330]　司马光：《涑水纪闻》卷一二。

[331]　参考《文房四谱》卷四《纸谱·三之杂说》；《关于山西稷山县元墓出土的纸衣服》，载《考古》1959，2。

[332]　参考陈元靓：《岁时广记》卷一〇《州郡灯》；周密：《武林旧事》卷二各处；《西湖老人繁胜录》等。

[333]　表中所引典籍略称：《太平寰宇记》·寰、《元丰九域志》·九、《宋史·地理志》·宋、《咸淳临安志》·咸、《梦粱录》·梦、《米元章评纸帖》·米、《嘉泰会稽志》·嘉、《宝庆会稽续志》·宝、《剡录》·剡、《方舆胜览》·方、《癸辛杂识前集》·癸、《吴郡志》·吴、《都城纪胜》·都、《文房杂评》·文、《至正四明续志》·至、《三柳轩杂识》·三、《事林广记》·事、《赤城志》·赤、《严州图经》·严、《东坡题跋》·东、《舆地纪胜》·舆、《新安志》·新、《石林燕语》·石、《蜀笺谱》·蜀、《蕉窗九录·宋纸》·蕉、《忠正德文集》·忠、《却扫编》·却、《老学庵笔记》·老、《欧阳文忠公文集》·欧、《鄱阳集》·鄱、《夷坚三志辛》·夷、《续资治通鉴长编》·续、《八闽通志》·八、《资暇录》·资、《延漏录》·延、《负暄杂录》·负、《牧竖闲谈》·牧、《纸笺谱》·纸、《大元一统志》·大、《热河志》·热。

[334]　参考邵伯温：《邵氏闻见录》。

[335]　元费著：《蜀笺谱》。

[336]　《东坡题跋》卷五《书六合麻纸》。

[337]　《剡录》卷五《吊剡溪古藤文》、卷七《纸·剡藤、剡溪玉叶纸、罗笺》等。

[338]　《至正四明续志》卷五《器用·纸》。

[339]　同上。

[340]　《舆地纪胜》卷一九《景物下·龙镇石》。

[341]　《新安志》卷二《叙物产·货贿》。

[342]　《夷坚三志辛》卷八《湘潭雷祖》。

[343]　《云巢编》卷七《三游山记》。

[344]　《忠正德文集》卷二《乞免上供纸》。

[345]　元费著：《蜀笺谱》。

[346]　据《四川总志》载。

[347] 《续资治通鉴长编》卷一二"开宝五年二月癸亥"。

[348] 《续资治通鉴长编》卷二五四"熙宁七年六月乙酉"。《宋会要辑稿·刑法二·禁约》"熙宁七年六月十九日"。

[349] 《忠正德文集》卷二《乞免上供纸》。

[350] 洪迈:《容斋三笔》卷一四《官会折阅》。

[351] 《新安志》卷二《叙贡赋·上供纸》。

[352] 元费著:《蜀笺谱》。

[353] 《嘉泰会稽志》卷一七《纸》。

[354] 元费著:《蜀笺谱》。

[355] 《竹谱详录》卷三《竹品谱一》"苦竹"。

[356] 《蔡忠惠公文集》卷三一《文房杂评》。

[357] 《嘉泰会稽志》卷一七《纸》。

[358] 宋叶梦得:《石林燕语》卷三。《演繁露》卷四《黄麻白麻》。《大唐六典》卷九《中书令》。

[359] 《大唐六典》卷二〇《大府寺》。

[360] 叶梦得:《石林燕语》卷三。

[361] 《新安志》卷二《叙贡赋·上供纸》。

[362] 吴自牧:《梦粱录》卷九《监当诸局》。

[363] 元费著:《蜀笺谱》。

[364] 欧阳修:《欧阳文忠公文集》卷一二九《峡州河中纸说》。

[365] 陆游:《老学庵笔记》卷一。

[366] 《蜀笺谱》。《舆地纪胜》卷一六五《广安军·风俗形胜》"广安有十似"。

[367] 拙稿:《宋代江南的村市和庙市》,载《东洋学报》44,1。参考本书第四章第二节。

[368] 《云巢编》卷七《三游山记》。

[369] 《剑南诗稿》卷二《谒汉昭烈惠陵及诸葛公祠宇》。

[370] 《鄱阳集》卷二《六月自西城归》。

[371] 《忠正德文集》卷二《乞免上供纸》。

[372] 参照《夷坚志补》卷一二《传道人》,《夷坚志再补》之《治目疾方》。

[373] 森克己:《日宋贸易研究》,东京:国立书院,1948。

[374] 《高丽史》卷九"文宗三十四年七月癸亥"。

[375] 西嶋定生:《以十六、十七世纪为中心的中国农村工业之考察》,载《中国经济史研究》,东京:东京大学出版会,1966。

[376] 仲山八郎:《唐末以前的蜀锦生产》,《一桥论丛》32,4。

[377] 加藤繁:《中国经济史概说》,第54页,东京:弘文堂,1944。

[378] 吴曾:《能改斋漫录》卷七《关东绢》。

[379] 《三朝北盟会编》卷七二"靖康元年十二月十五日"。

[380] 《续资治通鉴长编》卷四○九"元祐三年三月乙丑"。

[381] 《宋史》卷一七五《布帛》。《续资治通鉴长编》卷八"乾德五年十月丙辰"。《宋会要辑稿·食货六四·匹帛》"乾德五年十月",同书《职官二九·绫锦院》。后蜀置绫锦工数百名,亦称机杼院。

[382] 《文献通考》卷二○《市籴考·市》。

[383] 《宋史》卷一七五《布帛》。

[384] 《景定建康志》卷一三《建康表九》。

[385] 《嘉定镇江志》卷一二《公廨》。《宋会要辑稿·食货六四·匹帛》"景德三年五月"。

[386] 《文献通考》卷二○《市籴考·市》。

[387] 《文献通考》卷二○《市籴考·市》。《宋会要辑稿·食货六四·匹帛》"太平兴国六年"。

[388] 《文献通考》卷二○《市籴考·市》。

[389] 同上。

[390] 同上。

[391] 同上。

[392] 《宋史》卷一七五《布帛》。《老学庵笔记》卷六。

[393] 《宋史》卷一七五《布帛》。

[394] 同上。

[395] 同上。

[396] 《文献通考》卷二○《市籴考·市》。

[397] 同上。

[398] 表中所引典籍略称,除已见于纸的特产品一表外,其他分别为:《新编事文类聚翰墨全书》·新、《东京梦华录》·东、《麈史》·麈、《鸡肋编》·鸡、《岛夷志略》·岛、《小畜集》·小、《攻媿集》·攻、《文献通考》·文、《会稽风俗赋》·会、《三朝北盟会编》·三、《朱文公文集》·朱、《挥麈余话》·挥、《宝庆四明志》·宝、《毗陵志》·毗、《景定建康志》·景、《萍州可谈》·萍、《清异录》·清、《蜀锦谱》·蜀、《赵清献公集》·赵、《春渚纪闻》·春、《启札天章》·启、《岭外代答》·岭、《临汀志》·临。

[399] 参考《和汉三才图会》。太田英藏:《天工开物中的机织技术》,载薮内

清编《天工开物研究》，东京：恒星社，1953。

[400]　《新编事文类聚翰墨全书·癸集》卷八。

[401]　元汪大渊:《岛夷志略·尖山》。

[402]　《东京梦华录》卷三《相国寺内万姓交易》。——原注。参见第四章第二节的"开封相国寺的庙市"。——编者注

[403]　《续资治通鉴长编》卷三二三"元丰五年二月乙卯"。《宋会要辑稿·职官二九·文绣院》"崇宁三年三月八日"。

[404]　Eileen Power, *Medieval People*, Cambridge: Cambridge University Press. （三好洋子译《生活在中世纪的人们》第三章，东京：东京大学出版会，1954。）

[405]　《嘉泰会稽志》卷一七《绫》。

[406]　《老学庵笔记》卷二。

[407]　《鸡肋编》卷上。——原注。原文为："鄢陵有一种绢，幅甚狭而光密，蚕出独早，旧尝端午充贡。"鄢陵在两宋均属于京畿路开封府，光州在两宋均属于淮南西路。——编者注

[408]　吴处厚:《青箱杂记》卷二。王得臣:《麈史》卷上《礼仪》。

[409]　《新编事文类聚翰墨全书·癸集》卷八。

[410]　周去非:《岭外代答》卷六《服用门》。

[411]　《夷坚志补》卷四《李姥告虎》。

[412]　《夷坚丙志》卷一五《朱氏蚕异》。

[413]　《梦粱录》卷一八《物产·丝之品》。

[414]　《洺水集》卷一九《壬申富阳劝农文》。

[415]　《景定建康志》卷一六《镇市》。

[416]　范成大:《吴船录》卷上"淳熙丁酉六月壬辰"。《石湖居士诗集》卷一八《峨眉县》。

[417]　陈元靓:《岁时广记》卷一《售农用》。

[418]　龚璛《存悔斋稿·吴中寒食》:"江南蚕子非一种。"

[419]　徐积:《节孝先生文集》卷二五《织女》。

[420]　洪咨夔:《平斋文集》卷七《禽语》。

[421]　范成大:《石湖居士诗集》卷三《缫丝行》。

[422]　方岳:《秋崖先生小稿》卷三〇《扣角》。

[423]　《宋会要辑稿·食货一八之四》。

[424]　《夷坚三志辛》卷一〇《陈小八子债》。

[425]　《北山小集》卷三七《乞免秀州和买绢奏状》。

[426]　《宋会要辑稿·食货一二之一五》。

[427]　周藤：《南宋苎麻布的生产及其流通过程》，载《宋代经济史研究》第355、356 页，东京：东京大学出版会，1962。

[428]　参考袁甫《蒙斋集》卷二《知徽州奏便民五事状》："自来揽户之弊，其受于税户也，则昂其价；及买诸机户也，则损其直。以纰疏难售之绢，乘纲运正急之时，官虽明知其奸，每每阴堕其术。"《续资治通鉴长编》卷四三二"元祐四年八月是月"条"苏轼上言"。《宋会要辑稿·食货一二·户口杂录》"绍兴三十二年五月二十一日"。

[429]　《鸡肋编》卷下。

[430]　《宋会要辑稿·食货六四·匹帛》。

[431]　元汪大渊：《岛夷志略》。

[432]　《真腊风土记·欲得唐货》。

[433]　《岭外代答》卷五《钦州博易场》。

[434]　森克己：《日宋贸易研究》，第 193—195 页，东京：国立书院，1948。

[435]　田村实造：《辽宋的交通与辽国内的经济发达》，载《满蒙史论丛》2。

[436]　参考《高丽史》卷九"文宗三十四年七月癸亥"。

[437]　李诫：《营造法式·漆作》。——原注。《营造法式》中并无"漆作"。——编者注

[438]　苏轼：《仇池笔记》卷上《论漆》。

[439]　《梦粱录》卷一三《诸色杂货》："其巷陌街市，常有使漆修旧人……"

[440]　《蜀本草》。《重修政和经史证类备用本草》卷二三。

[441]　《本草图经·木部上品卷第十·干漆》。

[442]　《太平寰宇记》卷一二《宋州　亳州》。

[443]　《太平寰宇记》卷七二《益州》。

[444]　《太平寰宇记》卷一三七《达州》。

[445]　《太平寰宇记》卷一四一《金州》。《重修政和经史证类备用本草》卷二三《漆》。

[446]　《太平寰宇记》卷一四五《襄州》。《容斋四笔》卷八《库路真》。

[447]　《容斋三笔》卷一一《宫室土木》。

[448]　《袖中锦·三出》。

[449]　《泊宅编》。——原注。见本章注［224］，原文描述的应是睦州。——编者注

[450]　《严州图经》卷一《今产》。陆游：《渭南文集》卷二五《戊申严州劝农文》。

[451]　《尔雅翼》。——原注。《尔雅翼》卷一二《漆》："《职方氏》：'豫州其

利林漆。'"——编者注

[452] 《至正四明续志》卷五《市舶物货》。

[453] 《大元一统志》。《永乐大典》卷二三三九《梧》。

[454] 周邦彦:《汴都赋》。

[455] 《庆元条法事类》卷二九《榷禁门二·兴贩军须》。

[456] 程大昌:《演繁露续集》卷五《桐油》。

[457] 《东京梦华录》卷二《宣德楼前省府宫宇》。

[458] 《都城纪胜·铺席》。《梦粱录》卷一三《铺席》。

[459] 《武林旧事》卷六《歌馆》。

[460] 《真腊风土记·欲得唐货》。

[461] 罗宗真:《淮安宋墓出土的漆器》,《文物》1963,5。

[462] 《文物参考资料》1956,10。

[463] 《文物参考资料》1957,7。

[464] 同上。

[465] 同上。

[466] 《文物参考资料》1961,11。

[467] 《文物参考资料》1957,7。

[468] 《东洋学报》22,1。

[469] 《史学杂志》46,1。

[470] R. Hartwell, "A Revolution in the Chinese Iron and Coal Industries during the Northern Sung, 960—1120 A. D.", *The Journal of Asian Studies*, Vol. 21. (1961—1962); "Markets, Technology and the Structure of Enterprise in the Development of the Eleventh-Century Chinese Iron and steel Industry", *The Journal of Economic History*, Vol. XXVI, March 1966, No.l.

[471] 同上。

[472] 《东洋史研究》24,4。

[473] 《东方学》13。

[474] 《史林》40,60。

[475] 《东洋史研究》12,2。

[476] 载《宋代经济史研究》,东京:东京大学出版会,1962。

[477] 陶谷:《清异录》卷下《二仪刀》。

[478] 范成大:《骖鸾录》"乾道癸巳(九年)正月闰月三十日"。

[479] 以上见于《鸡肋编》卷上。

[480] 《太平寰宇记》卷四〇《并州》。

[481] 《太平寰宇记》卷三四《邠州　宁州》。《宋史》卷八七《地理志第四十》"陕西"。《元丰九域志》卷三《紧邠州新平郡静难军节度》。

[482] 《太平寰宇记》卷一八二《舒州》。

[483] 以上见于《岭外代答》卷六《茶具》。

[484] 《太平寰宇记》卷一三八《渠州》。

[485] 《至正四明续志》卷五《器用·铜器》载，"如铁之冶，为锗釜差胜"，除工艺品外也生产日用品。

[486] 苏辙《苏黄门龙川略志》卷三《与王介甫论青苗盐法铸钱利害》载有"河东铜器，其价极高"。

[487] 《元丰九域志》卷四《次府太原府太原郡河东节度》。《宋会要辑稿》。

[488] 《宋会要辑稿》。《元丰九域志》卷五《大都督府扬州广陵郡淮南节度》。《太平寰宇记》卷一二三《扬州》。

[489] 《太平寰宇记》卷七二《益州》。

[490] 同上。

[491] 《建炎以来系年要录》。

[492] 《真腊风土记·欲得唐货》。

[493] 《夷坚三志壬》卷一《饶次魏后土诗》。

[494] 《夷坚丁志》卷五《荆山庄瓷》。

第四章　宋代城市和市场的发展

第一节　宋代城市的经济形态

关于宋代城市的发展，加藤繁以及诸先学已经做了大量的重要研究工作[1]，这对于认定历史事实的确是丰富而又精密的。然而，如果我们不单单是确认事实，探讨其发展的各种情形，而且进一步直接追究城市发展的性质上的意义，就不得不承认在一些资料和问题上还存在着尚未解决之点。例如:（1）从文化和法制的角度（实证）的论述较为充分，而从经济史、人口史和社会史的角度（实证）的论述则不够完备;（2）概念上的混乱，特别是"城市"这一概念;（3）对农村和城市缺乏统一的理解；等等[2]。

这些研究方面的空白，固然是由史料的限制或对象本身那种过渡、流动、复杂不定的性质所带来的，但也可以说前辈先学们所尝试的各种假说，在学说的验证以及实证的追究上没能充分、全面地展开和继承，这样的研究状况也是其根本原因之一。

譬如加藤在纵观了众所周知的秦汉至明清城市发展的基础上，用

"市"制的崩溃对唐宋划时代的城市转换加以说明。这种假说，说明了秦汉至隋唐时代的"城市"的崩溃过程，明确了秦汉至隋唐时代"城市"显著的政治性质[3]，乃至弄清了与交换经济的不发达相适应的"消费城市"[4]的性质，是卓越的见解。但是，宋以后城市的发展果真是全面自由放任的吗？还有，宋以后的城市在经济上是否只是单纯地被赋予工商城市的性质？对于这些问题，加藤仅指出了现象而未进一步加以说明。莫如说，在多方面的分析上，特别是对人口史、租税史方面的研究仅仅提出了有待补充的课题[5]。其后，在研究的发展、继承的过程中，如藤井宏推测，自古以来的城市和农村分工的结构，以宋代农民货币经济的发展为划时代的发展且进一步深化了[6]。宫崎市定也正确地指出了宋代城市人口的集中及其贫富阶层的两极分化，与出资和经营的分离现象是息息相关的[7]。前田直典[8]和堀敏一[9]等则认为宋代城市的发达以及市场关系的深化，为集权体制的建立和农民阶层身份地位上的变化，提供了一定的条件。曾我部静雄[10]、日野开三郎[11]以及草野靖[12]都采取了用租税史的观点来考察宋代城市发展的方法。最近，施坚雅（G. W. Skinner）在《中国农村的市场和社会结构》[13]一文中参考了中日研究者的研究成果，提供了有趣的文化社会学的分析法和丰富的资料（只是清末民国的）[14]。诸先学们的尝试，都在宋代城市研究的基本分析方法上分别给我们以启示，但是，很难说他们为一个统一的课题进行了积极的具体的探索。本节正是以这些研究史上值得反省之处为出发点，对宋代城市经济实态这一向来比较空白的课题，提出基本资料并加以探讨，试论性地树立一个观点。在论述中，有意地减少如开封、临安这些毋宁说是例外的大城市的举证，而尽量地引用地方城市的事例，目的在于试图从中厘清标准的、平均的城市实态。

一 城市领域——城市农村间分工的变动

在"市"制俨然存在的秦汉至唐初时代，社会上对"城市"的普遍概念即是"城郭"，它是政府官厅的所在地，也就是政治都市[15]。当然，从经济上看，城郭里的状况与农村并无多大差别，大多是耕地以及菜园等混杂在一起[16]。然而，"市"制原则上是把工商业吸收到城里，官府对场地、时间、营业直接加以管理和保护。如果从这种城市经济政策来看[17]，当时的"城郭"和"乡村"在行政领域上的划分，就是城市和农村之间社会分工的基本组成结构。在这样的相互排斥的分工组成的基础上，进行了一定的商品流通。

这种"市制"与表里不一的城乡分工界限，早在南北朝以后[18]，实质上是在唐中期以后，随着远程商业（国内商业、海外贸易）的发展，以及以农村为基础的各种生产力的发展而开始崩溃，从宋代以后形成了与过去阶段不同的新的社会分工关系。

（一）城市领域的扩大

关于宋代城市与农村之间分工组成情况，特别需要提到的一点是城市领域的扩大，它关系到商业城市的形成。在"市"制崩坏[19]，城垣内外可以自由进行工商活动以后，无论是转口城市（如明州、泉州、寿州、鄂州南市），还是特产商品的生产城市（兴化军、建州、绍兴府、杭州、苏州、徽州、成都府），这些处于远程商业联结点上的城市，商人普遍在城郭内定居，出现了"城郭之民，类多工商"[20]这种以城郭为工商业基地的观念。新膨胀起来的城市人口超过了"市"，越过行政领域而溢至城外，从而形成了经济城市的领域。

例如，据《永乐大典》卷七八九〇引述的南宋《临汀志》[21]载，福建汀州人口急剧增多，结果超出了北宋治平年间构筑的周围五百里的旧城，市街和军营向城外转移，城内仅有三个坊，而城下却有三十三个坊、街[22]，这一城下街还包括了位于城门外五里的杉岭市这样的卫星城市。而且，这一城外街的繁荣状况可与江浙的中州相匹敌[23]。同书又载，与汀州同样发达的城外市街在江西州县已有先例，江西为维护扩大了的城外市街地的治安，除县尉以外又特派一名官兵，为此，汀州也要求效仿此法。同样"宋元四明六志"所收录的明州各地志记载，鄞县由于人口集中，城内市街区人家密集，以致一些民房的修建侵占了水路、街衢等官有土地[24]（城内的东安乡、武康乡都有楼店务所属的官有市街地[25]）。在明州，为了维持这些城内外市街区的治安，补设了东南厢、东北厢、西南厢、西北厢等行政区[26]，后来还加设了甬东厢、城西厢等，而且这种状态一直持续到元乃至明嘉靖年间（1522—1566）[27]。另据范成大《吴船录》[28]、陆游《入蜀记》[29]等记载，鄂州城外的卫星城南市（南草市），是四川、广南、湖南北、淮南、两浙的商品转运城市，是长江沿岸屈指可数的都会，数以万计的住房、店铺、酒楼鳞次栉比，十分壮观。此外，像建康府及城南门外的草市[30]，宿州及其附近的州县[31]，福州[32]、邵武军[33]、台州仙居县、宁海县[34]，严州建德县[35]，徽州歙县[36]等都是这种城市领域扩大的例子。对业已确立了优越的商业地位的城市来说，不消说这是一种普遍现象，而且有开封、临安这样的首都城市作为典例。开封在大中祥符元年[37]发展到城外的新市街地，分为八厢来统治，其后于元祐四年城内外合并为四厢[38]。临安市区也由于西北人口的流入而膨胀，曾是郊外的园地变成了住房的密集地[39]，城内分九厢，城外分四厢予以统辖[40]。

图4.1　秦汉至唐初城乡分工结构图

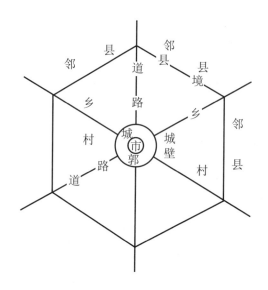

　　随着这种发展，值得注意的是亦可称之为城市生活圈的近郊和郊外区的发达。人们习惯性地把"厢"作为"近郊"的同义语来使用是在明初[41]，但在南宋已把建康府城门外的草市通称为"城南厢"。《续资治通鉴长编》卷二五二"熙宁七年四月甲午"条云"诸城外草市及镇市内保甲，毋得附入乡村都保"，就是说城外的卫星城在行政上不作为"乡村"而被看作是城市领域的一部分。同书卷三七六"元祐元年四月己酉"条之记述对此做了旁证，亦云：

　　　　今欲乞应坊郭、草市、镇市义勇及旧系义勇之家，改排充保甲见教阅者……诏：三路坊郭、镇市人户，依条合排充不教阅保甲。

总之，包括上面的汀州、明州在内，扩大了的市街区以及卫星城，作为城市向"乡村"领域的扩展，在行政上被当作城市领域的一部分。

元秦简夫《东堂老劝破家子弟》杂剧载"你负郭有田千顷，城中有油磨坊、解典库"云云，反映了城市居民的农业财产往往在城市的近郊，他们期待着地价上涨以营生[42]。《宋会要辑稿·食货七〇之六一》"乾道五年五月二日"条云：

> 本府（隆兴府）奉新县附郭，系建康、同安两乡，平时上户多居近郭，故将别乡产税并归所居乡分催科。

记述了富农也连同他们的农业资产定居于近郊的事实。以上所述可以证明，随着远程商业的发展，商人们定居下来，农村人口集中分布，与过去的"市"制相适应的"城郭"和"乡村"的分工结构崩溃了。市区的扩大和包括卫星城在内的近郊地区的发达产生了商业城市，在与地方农村之间进行远程商品的集散和城市消费品由农村流入城市的商品流通过程中，产生了新的分工关系。

（二）供需中心地的分散

上面说过，被商业城市的发达牵引，又以农村局部地区生产发展为背景，"乡村"内部自发地产生了许多市场地和半农村城市。按照农村→市场地→半农村城市→中小城市的发展过程反复不断地产生新的城市，由于这种现象，供需的中心向地方扩散，城市经济网进一步增加了密度。这是关于宋代城市农村间分工组成特别需要强调的第二点。文献上所出现的"虚""会""团""集""场""村市"等名称，都是反映这种地区性分工体制的农村市场地，"镇""店""市""村坊""场务"等，均为前面提到的处于商业城市和农村市场地之间的半农村城市[43]。《至顺镇江志》卷一〇《观·凝禧观》所引之宋镇江府丹阳县东南五十里的丁桥市的记录中，有一段关于以局部地区供求为背景而产生的标准的市场中心地的记载：

> 今夫十家之聚，必有米盐之市。日市矣，则有市道焉，相
> 时之宜，以懋迁其有无；揣人情之缓急，而上下其物之估，以规
> 圭黍勺合之利，此固世道之常。丁桥虽非井邑，而水可舟，陆可
> 车，亦农商工贾一都会[44]。

许多事实证明，这种地方性的供需中心地是以农村内社会分工（农、
商、工、雇佣人等）为基础，以农产品及手工业品生产剩余的商品化
为背景，成为农民的商品与远程商品交换的场所。例如，就农民生产
的主谷商品化而言[45]，当时的主谷（特别是稻米），像贡租用的晚生粳
米，农村及城市富民消费的较奢侈的晚生优质米，还有农民、手工业
者和城市贫民消费的早生占（籼）米之类，不同的消费阶层都各有市
场。而且在两税法之下，贡租米的种植一般不做强制性的要求，条件
比较优越的区域可以自由地种植，因此，较先进的经营自主性高的地
区的农民，不论是自耕农还是佃户，他们自己通过地方市场出售稻米，
依靠经济作物（茶、糖、糯米等）以及农村手工业来获取货币。不过，
在依然残存着自给自足式庄园经济的地区，以及在对大商人和地主隶
属性很强的农村地带，谷物进一步集中在地主和大商人的手中被用来
投机贩卖。在宋代，农村工业的分布还没有像明代以后那么广泛，因
此，如上面所讲的以市场地为中心的农民的货币经济，依然与地主和
大商人的货币经济并存，乃至相互竞争，看来这种看法是较为稳当的。
总而言之，这种农民的商品生产，还广泛而又明了地表现在杂谷、绢
织物、麻织物、农具、造纸等方面（前述）。

这样的市场街以及半农村城市，也出现于两县相邻的县界上，或
是远离县城的交通要地。其分布密度，以幸元龙《松垣文集》卷三

《云石市记》载的江西筠州高安县为例，相距仅有五里。《淳祐琴川志》卷二《乡都》载，南宋的苏州常熟县，将乡村编为九乡五十都，共三百八十六个村，其中，根据市、店等名称可以推测为市场地的约四十处，与部分村落相重合，其上层又分六至九个镇或市。《弘治常熟县志》卷一《形胜》引旧志云：

田畴鳞次，平衍百里，村市里分，联络四邻。

这些村市一定起到了局部地区流通网联结点的作用。《嘉靖通州志略》卷一《市集》在列举了市集名后云"已上市集，各有地分"，明确说明各个市集都有自己的市场圈。上述的常熟恐怕采取了一种单个市场地在其市场圈内支配着几个村的体制，通过其上层的"镇""市"，在商业城市即县城内形成重叠联系的结构。如将这种关系图表化即如下图所示：

图4.2　宋代城乡分工结构图

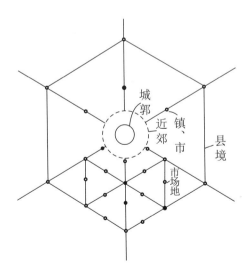

（三）行政上的组成与实态的乖离

如上所述，宋代城市与农村间的分工结构是（1）商业城市与周边农村、（2）局部地区的市场街及其周边农村，这样既互相重叠又有秩序地有机地结合在一起。那么，这样的结构在"市"制崩溃后的"城郭"和"乡村"的行政领域内是怎样组成的？首先就农村的市场地而言，《作邑自箴》卷三《处事》载有县令督责耆长对村内的亭馆、停塌、酒坊、客店的开闭逐一登记，并进行报告，从这样的条文可见官府承认对税役、治安有监视的责任。但对小规模市场地的出现，基本上放任自由，在行政上似乎没有采取与农村不同的特别措施。其次，市场地不断扩大、增多，如果要让盐场（官盐贩卖所）、酒坊（官许民营的酿造所）以及商税场务等由民间承办的官课活动永久存在下去，就必须防止由于规则林立互相抵触而产生的纠纷，确保官课的收益。为此，官府出面来调整市场圈内的人口数，以及市场距离等这些让市场存在下去的条件，并采取官府许可的制度[46]。这种官许制和由此带来的市场地的政治寄生性质，表明了由于市场的狭小而产生的农民商品流通机构在结构上的软弱性。

总之，这些场务、村坊在实际活动中是官府的统治与农民货币经济的纽带。市场地在百户[47]以上，通常拥有数千户的市街地的聚落，则被指定为"镇"。"镇"除包括盐场、酒坊和商税场外，还有独自的四至领域[48]，个别的还建有城墙[49]，并驻有盐镇官[50]、巡检[51]（即当时的县尉[52]），有的也组织有坊[53]，而且行籍（官府许可的商人行会[54]）市街被规定为州县治之下的"坊郭"。这样一来，镇实质上就是商业城市，应把它看作行政上的基层单位。然而，这里值得注意的是，这种镇市以及上面谈到的市场地，还有近郊的市街地，它们在行政上归根到底都被编入"乡村"之列。同时，还应看到，唐代有州治三百二十八、县治一千五百七十三[55]，而宋代州治则是三百五十一、县治一千二百三十四[56]，作为以户数编成为原理的行政领域及其中枢的行政城市，并不见其阶层分布数在本质上有增减的迹象。也就是说，"城郭"和"乡村"在行政上的分工结构与"城市"和"农村"在经济、社会上的分工结构之间，唐以后出现了前者固定，而后者在有流动成分的基础上明显乖离之倾向。与这种乖离相抗衡，税役方面进行了重新组织"都市""农村"间分工的尝试。于此，以下从另外的角度再加以探讨。

二 城市的土地所有——课税原理与城市的再编成

在"市"制俨然存在的时代，工商业者定居在"城郭"内，他们的营业理应被限定在"市"区以内，因此，城郭内"市"以外的一般的土地、房屋的地租，原则上不可能被视为重要的收入来源。但是，在"市"制崩溃、工商业者定居于城郭内外自由营业的唐末、五代、宋以后，作为工商业基地的市街地的城市地租，也就是营利业者支付给房屋所有（者）的地租，便成了城市独自的收益来源，当然也就规定了与农业土地所有不相同的、独有的课税原理。

（一）城市的土地所有

要究明这个问题，首先来探讨一下城市的土地（房屋）所有。郑獬《郧溪集》卷一八《郑氏世录》中云：

> 郑氏世居秦，以财擅关中。五代末，高祖讳保雍，行贾于湖湘间，至安陆，乐其风土，遂去秦而居之。安陆人喜，以为长者之来吾乡邑也。有寓钱数百万者，积十余年，异日客过之，乃其子也，悉出钱予之，封题如故。

王得臣《麈史》卷下《鉴戒》云：

> 郑屯田建中，其先本雍人，五季时徙家安陆，赀镪巨万，城中居人多舍客也。每大雨过，则载瓦以行，问有屋漏则补之。若舍客自为之屋，亦为缮补。又隆冬苦寒，蠲舍缗盈月。

陕西大富豪郑氏，五代乱世之时，成为客商，遍历了湖南湖北，后定居安州成了城市地主，城里居民多数是他的舍客。同样，吴潜《许国公奏议》卷四《奏按象山宰不放民间房钱》中也有明州象山县城小商人的店铺，由乡村的"寄居官户的屋主"租赁营业的记载。当时商人以及农村的富豪为了更快、更有利于积蓄资财，集中到了城市里。例如《三朝北盟会编》卷二九"靖康元年正月八日"条载，京师四方客旅云集，买卖亦多，故有资本者多投资于仓库业、当铺、运输业、客商；同书卷一八〇"绍兴七年十月"条亦载，富人必居四通八达之都，以谋天下之财，获天下之利，由此也可见一斑。集中到城市里的财富，除直接投资于工商业外，还多分散于金融业、仓库旅馆业、房屋土地以及运输业等，这恐怕是针对国内商业的危险性以及租税递增式核查而采取的分散资产的做法；另一个原因，大概可以认为是，与城市财产有关的官僚，是不能进行公开的商业行为的。总之，由于富商、富农以及他们的财富向城市集中，城内土地价格上涨，城市的土地（房屋），已成为有利可图的投资对象。当时城里的大部分邸店、房廊、停塌（旅馆仓库业）等房屋业均为富庶阶层所占有（后述）。他们的收入是租赁土地、房屋、仓库等的工商业者及市民们支付的租借费。当时把这种出租称为"佃赁"[57]"僦赁"[58]"租赁"[59]等；称地租为"赁钱"[60]"房钱"[61]"房赁"[62]"僦直"[63]；称出租者为"业主"[64]"财主"[65]"掌主"[66]"屋主"[67]"主家"[68]等；称租赁者为"舍客""赁居人"[69] "屋佃"[70] "赁户"[71] "店户"[72] "租户"[73] 等。《宋会要辑稿·刑法二·禁约一》"大观元年八月十二日"条云:

> 诏:在京有房廊屋业之家,近来多以翻修为名,增添房钱,往往过倍,日来尤甚,使编户细民难以出办,若不禁止,于久非便。自今后,京城内外业主,增修屋业,如不曾添展间椽地步者,不得辄添房钱。

同书"绍兴三年七月二十二日"条亦云:

> 诏:江北流寓之人,赁屋居住,多被业主骚扰,添搭房钱,坐致穷困。又豪右兼并之家,占据官地,起盖房廊,重赁与人,钱数增多,小人重困。

以上是房廊屋业之所有者恣意增加地租的一个例子。顺便提一句,江宁府上元县坊郭的房屋所有者,日收入至少二三十贯文。在句容县日收入也达一百五十文左右[74]。不难想象,这些地租收入一定会转向投资到其他方面。《清明集》之《户婚门·争财·掌主与看库人互争》的判文中详细地介绍了一城市富豪(也可能是米商)当旧使用人独立营业时答应借给开店资本和小米铺,后来在关于收回借出资金问题上相互争执的经过。由此可见,业主本身利用多种途径来追求利益[75]。

城市内除民有地外,还有官衙官舍、祠庙、军营等基地(占地)、公路、水路、市场、城墙、码头等公有地,同时还有官府作为土地的所有者向民间出租的房廊、邸店、房屋和土地。《开庆四明续志》卷七《楼店务地》载,属楼店务所营的官有地总面积达二万九千九百三十丈二尺五寸,遍布于城下东安乡、武康乡之市街,课赁钱计一万三千七百三十八贯九百一十一文。同书又载，楼店务的官地在税收上也受到优惠，富豪赁借要地而不纳官钱，甚至有转租他人而收取租金者，拖欠官税现象十分严重。同样的情况还可见于《八琼室金石补正》卷一二六《京兆府提学所帖碑》的金京兆府学所有地，例如：

> 秦顺，佃本街（左第一厢银行街）舍二间，计十椽，并地基东西长一十七步、南北阔二丈；并于王真处，兑佃到东壁舍一间，计五椽，并地基南北阔一丈、东西长八十五尺。

详细地记述了房舍的大小（以间或椽为单位）和地基（占地）的广窄，而且承认兑佃（佃即出租）也就是转借的事实。

从以上所述可以看到，宋以后，城市具备了作为工商业基地的条件。随着人口和财富的集中，城市内地价上涨，于是，比起直接投资于商业，富商、富农们对更为安全和踏实的对象，也就是向城内的土地房屋进行的二次投资更显活跃了。其结果是"今州县城郭之内，则兼并之家，侵削贫民"，财产所有的不平衡、贫富不均现象日趋严重。这种有着工商业之源泉的城市土地所有，与农村的土地所有相比较，有着明显的本质的区别，这样，基于城市的土地所有，就不可避免地产生对城市进行经济再组织的政策。

（二）城市课税的选定地点——坊郭基地

作为反映了"市"制崩溃之后城市与农村分工进一步加深的课税，唐时的间架钱或许可算是个先导了。780 年开始实施的两税法，虽然未必能贯彻实施单税主义的原则[76]，但却产生一个倾向，即五代时以"城郭"内为对象的课税应与"乡村"的课税相区别。《全唐文》卷一〇三《后唐庄宗·减东京赋税诏》中云：

> 都城内店宅园圃，比来无税，顷因伪命，遂有配征。

产生了如屋税（对房屋资产的课税）、地税（对城郭内耕地、菜园的课税）之类城郭独有的课税[77]。直至宋初仍继承之，把"城郭之赋"与乡村民田的夏秋两税相区别[78]。这种宋初的"城郭之赋"以屋税、地税为主体，此外由付给官盐的盐钱，官有店铺、房屋、仓库的地租即房廊基地钱，租借利用市场、码头等公共地的地铺钱[79]等构成。

另一方面，在农村则承认各地风土情况的差异，对课税标准不是一刀切，而是适当地参照田亩、产钱＝税钱（根据钱的兑换比例把耕地换算为担税力指数）、种石（播种量）、租课（佃户等租赁收入）、家业钱（非农业收入）酌情评定资产[80]。这里的家业钱指的是当铺、房廊、停塌、店铺、租牛、赁船这六种[81]（后来又加上酒坊[82]）富农的生业。很显然，这是以掌握住"乡村"内农户的副业营利以及寄生于市场地的生业为目标的。无论如何，在农村，靠农业创造的财富，被极严密、极固定地控制住了，而对于城市也适用农村之法加以类推，即主要以家业钱为基准分成了十几个层次，但缺乏严密性。"城郭之赋"与农村的课税（两税、职役等）相比，显得极为轻微。城郭课税的重点是官府于意外情况的物资调配（即科配），或是发生饥荒、贼盗、河防、筑城等紧急事务而有大量财政负担时，向城市上层市民征收的临时税[83]。尽管如此，城市里有许多如官户、寺观、女户、僧道等免税的特权者[84]，可以逃避征税，所以，平均看来，城市很显然要比农村更能得到特权的优遇。可见经济城市的发展，财富向城市的集中，在北宋前半期，显然是以农村的牺牲为代价而进行的[85]。

然而，到了仁宗朝，农村和城市税务负担的不平等，城市内财富以及阶层的不均衡，招致了严重的财政拮据，因此，不得不根据实际情况重新进行课税负担能力的合理的再评定。这就是王安石变法，特别是其免役法和方田均税法的改革[86]。在免役法的规定下，过去的如坊郭、未成丁、单丁、女户、寺观、官户等免税特权之拥有者也需课助役钱，为此，在课税上城市所拥有的特权优遇几乎全没有了，并且，取而代之的是以与农村同样严格的标准来评定资产。《永乐大典》卷七五〇七《仓》引《中书备对》列举了熙宁九年开封及诸路的免役法课税基准：

表4.1 开封及诸路免役法课税基准

路名	免役法课税基准	
	乡 村	坊 郭
京东东西路	家业、田土	家业、田土
夔州路	物力、田段、房店	物力、田段、房店
淮南东路	物业	？
荆湖北路、河东路	物力	物力
河北东西路	产业物力	产业物力
两浙路	田土物力、税钱、苗米顷亩	家产
永兴军等路、秦凤路	田色顷亩、物力（三等以上）	家业
江东西路	税钱	家业钱
福建路、广南东西路	产钱	物力（房店）
成都府路	税钱、家业、税色	物力
荆湖南路	田亩、税钱	家业
利州路、淮南西路	田亩、家业	家业
梓州路	税钱、租课、沿沽钱、税色、种子、家产、丁产簿	家业、丁产簿
京西南路	家业	科配体例

　　各地方未必完全一样，但在对城市及农村的资产阶层的理解上，

不是城市→工商业、农村→农业这样单纯的分工结构，而是根据现实生业的"收入＝物力"（田土物力、浮财物力[87]）的收益来源，彻底采取了统一掌握城市、农村的方针。这是很值得注意的。全国各地的城市资产几乎都以家业钱为标准，一定是因为像浮财营运物力那样的城市中直接的工商业营利，主要都属城市贫困阶层，不是有担税力的固定的资产。这样一来，作为城市内工商营利源泉的土地、房屋所有（即家业），与耕地菜园区别开来[88]，受到了严密的查核。正如周藤吉之所明确指出的唐末五代以来的均税法已集大成，而熙宁五年开始施行的方田均税法则为免役法打下了基础并加以增补[89]。这种方田均税法规定耕地一方为四十一顷六十六亩一百六十步，并根据土地的种类（陂原、平泽、红淤地、黑墟）和瘠肥情况分十个等级来征税，以期做到公平。方田均税法同样也适用于城市，城市的城郭之内除耕地菜园外，丈量房屋占地（地基），根据重要地带（市中心、繁华区）和闲散地带（市场边缘、小巷）的不同分十个等级，而且规定了每亩地的建房率（如每亩盖八间）以间为单位来计算课税额[90]。这时直接征收的是屋税，其结果是为城市普及免役法打下了基础，做了准备，这一点是很明确的。城市的土地所有＝坊郭基地，城市的地租＝家业，这些在过去一直是被作为特权受到优惠的，而现在都被规定为重要的收入来源。后来，南宋的经界法继承了方田法的均税主义，把农村内的地目分类精密化，同时，也严密地算出了坊郭基地。明正德刊《兰溪县志》卷五《土田》引用了根据南宋绍定初的经界法统计的婺州兰溪县田土的地目，极为详细地做了如下记载：

表4.2 婺州兰溪县田土地目

水田	39545 亩 1 角 30 步 5 厘
平田	178145 亩 1 角 10 步 5 厘
山桑	17933 亩 3 角 18 步 5 厘
平陆	35705 亩 43 步 5 厘
山陆地	29064 亩 44 步 5 厘
竹脚	8288 亩 2 角 28 步
竹篠	8322 亩 2 角 44 步 5 厘
屋基[91]	15222 亩 44 步
塘	28393 亩 9 步 5 厘
杂木	58385 亩 18 步 5 厘
桐果木	15699 亩 2 角 5 步
柴山	508935 亩 38 步
白地	24685 亩 1 角 5 厘
坟地	8013 亩 2 角 13 步
茶地	146 亩 1 角 29 步 5 厘
石灰山	280 亩 2 角 38 步
坊郭基地	20825 丈 5 尺 2 寸 9 分

同样,《景定严州续志》卷二《税赋》中记载建德县民产如下:

坊郭基地　　　　33864 丈

田　　　　　　　131635 亩

山若桑牧之地　　545297 亩

　物力

坊郭基地（以三等均数计）　　　（三等）　　31172 余贯

田山桑牧之地（为等不一）　　　（不等）　　770448余贯
总　计　　　　　　　　　　　　　　　　　801620余贯

又《嘉定赤城志》卷一三《版籍门一》记载了绍兴经界后的统计：

五县总数：
田　　2628283余亩
山　　1753538余亩
基　　172440余丈
临海县：
坊郭舍基（一等至九等）
94008丈3尺
坊郭舍基（十等）
9899丈8尺2寸
坊郭　　279亩3角36步
天台县：坊郭　　19509丈4尺5寸
仙居县：坊郭　　49022丈5尺

这就是说，在实行经界法的地区，城市的土地所有（＝坊郭基地）是以丈、尺为单位来计算的（丈、尺大概指的是正面的宽度），而且分成十个等级，似乎是用三等（上中下）至十等来计算物力（即家业）的。

这种与行政上的编制相区别，把工商业者向土地（房屋）的占有者支付的地租，作为全国统一的课税标准来掌握的体制，可能是在北宋末年至南宋初年间建立起来的。这一体制无疑为新兴的城乡分工结构在经济上的再编成和支配带来了效果，城市经济的发展也被局限在一定的范围之内。

三 城市人口——城市市场的性质

与当时城市农村间分工的发展相联系，需要弄清集中到城市里的人口在全社会人口中占多大的比例，城市人口都是由哪些职业构成的，他们是怎样划分阶层的，也就是要搞清楚城市的市场（即购买力）的性质。

（一）城市人口

关于城市人口的比例，我们缺乏城市原有的人口统计，所以，只好以若干例子加以类推。例如，据《永乐大典》卷七八九〇所引《临汀志》的记载，列如下表：

表4.3 汀州户口一览

		祖账户		递年见管		见管	
		主户	客户	主户	客户	主户	客户
坊市	户数 （单位：户）	2889	2395	33456	39170	33759	39381
	丁数 （单位：人）	5005	2505	82101	39362	82347	39926
	老小单丁残疾 （单位：人）	2233	8213	1415	25932	1504	26707
	口数 （单位：人）	7238	10718	83516	65294	83851	66633
	主户、客户占比	55%	45%	46%	54%	46%	54%
	主口、客口占比	40%	60%	56%	44%	56%	44%
乡村	户数 （单位：户）	99825	45221	93645	56091	93857	56436
	丁数 （单位：人）	120447	47405	155851	56119	156257	56507

		祖账户		递年见管		见管	
		主户	客户	主户	客户	主户	客户
乡村	老小单丁残疾（单位：人）	130691	4581	133588	38313	133738	38465
	口数（单位：人）	251138	51986	289439	94432	289995	95041
	主户、客户占比	69%	31%	63%	37%	62%	38%
	主口、客口占比	83%	17%	75%	25%	75%	25%

$$\frac{坊市口数}{乡村口数+坊市口数}=\frac{6}{100}（祖账户）\sim\frac{28}{100}（见管）$$

表4.4 汀州每户的口数

	祖账户		见管	
	主户（单位：人）	主户（单位：人）	主户（单位：人）	客户（单位：人）
坊市	2.5	4.5	2.5	1.7
乡村	2.5	1.2	3	1.7

表4.5 汀州户口增加率

	祖账户			见管		
	总户数	主户	主户	总户数	主户	客户
坊市	100	100	100	838	1158	622
乡村	100	100	100	127	115	183

上面的统计中，"见管"指绍定以后的南宋中晚期，这一点是确凿的。"祖账"恐怕指与同书中《庆元旧志》的记载相近的年代。总而言之，

在汀州，就南宋的一个时期来看，农村人口增长处于停滞状态，而与此相反，城市人口急剧集中，城市人口以总户数增加八倍（主户十一倍半、客户六倍）的速度增殖。城市人口的比例也从 6% 增加到了 28%。城市人口中，主户占 55% 至 46%，客户占 45% 至 54%；而乡村人口中，主户占 69% 至 62%，客户占 31% 至 38%，并且客户的家庭人口极少。这些都证明了城市拥有人数众多的流动人口。同样，《宝庆四明志》卷一三《鄞县志·叙赋·户口》也做了记载：

表4.6　鄞县户口数

	户数 （单位：户）	口数 （单位：口）
坊郭两乡	5321	9283
外十一乡	36296	56411
总计	41617	65694

$$\frac{坊市口数}{乡村口数＋坊市口数} = \frac{14}{100}$$

每户的口数 ┌ 坊市 1.7 人
　　　　　 └ 乡村 1.6 人

明州鄞县城市人口的比例为 14%。《淳熙新安志》卷一《户口》、卷三《歙县·户口》的记录是：

表4.7　乾道八年歙县户口数

	户数 （单位：户）	口数 （单位：口）
郡城中	1281	6858
城外	650	3281
城内外合计	1931	10139
主户	25534	
客户	409	

《嘉靖徽州府志》卷一《户口》的记录是：

歙县

宋嘉定中户 22613

　　口 39783

$$\frac{城内外口数（乾道八年）}{歙县口数（嘉定中）}=\frac{26}{100}$$

歙县的城市人口比例为 26% 左右。另据《至顺镇江志》卷三《户口》转引的《宋嘉定志》《宋咸淳志》的记载：

表4.8　《宋嘉定志》记载的户口数

	户数 （单位：户）	口数 （单位：口）
城厢	14300	56800
江口镇	1600	6900
丹徒县	27000	169600

$$\frac{城厢口}{城厢＋江口镇＋丹徒县口}=\frac{24}{100}$$

表4.9　《宋咸淳志》记载的户口数

	户数 （单位：户）	口数 （单位：口）
在城五隅	8698	38385
丹徒县	14081	76335

$$\frac{在城五隅口}{在城五隅＋丹徒县口}=\frac{33}{100}$$

即镇江府丹徒县的城市人口比例为 24% 至 33%。还有，《嘉靖汉阳府志》卷六所引宋黄榦《政教录》载，汉阳军二县的乡村人口约二万户，坊郭内外的城市人口约三千户，那么城市人口比例为 13%。从以上诸实例可以看出，州治所在的县大体上有 20% 左右的人集中在城市里。但是，镇以下的市场聚落的人口大概没有算入，而且，这种统计主要是从关心税役的角度进行的，所以流动不定的商人以及近乎无产的短工、游民等是否都包括进去了还值得怀疑。司马光云："以今天下之民度之，农者不过二三，而浮食者常七八矣。"[92] 欧阳修云：

> 京西素贫之地，非有山泽之饶，民惟力农是仰。而今三夫之家一人、五夫之家二人为游手，凡十八九州，以少言之，尚可四五万人……[93]

姚合亦云：

> 客行野田间，比屋皆闭户。借问屋中人，尽去作商贾。官家不税商，税农服作苦。[94]

又《海盐澉水志》卷上《户口》载：

> 户口约五千余，主户少而客户多，往来不定，口尤难记。

叶梦得《建康集》卷四《建康掩骼记》载：

> 建康承平时，民之籍于坊郭，以口计者，十七万有奇，流寓商贩游手往来不绝。

《崇祯义乌县志》卷八《编户》亦载：

> 宋兴，以主客分户，至详细矣。然转徙无常，反恣影射。

从这些记载可以知道，众多的非生产流动人口脱离农业生产，寄生在城市或市场地，因此户籍的编制是很困难的。从这一事实，应该认识到，城市的实际人口所占比例比上面的百分比要高些。

（二）职业的阶层构成

下面来研究一下这样的城市人口到底是由什么样的职业来构成的。陈淳《陈北溪先生文集》卷四四《上赵寺丞论秤提会子》记述了南宋漳州在让市民收藏会子促进流通时调查了市民的资产状况，据调查，市民中的富室上户（产钱七百贯以上）、巨商贾户（铺前积货七百缗以上）、质库户（簿历有典百贯以上）、僧户（产钱二十贯以上）属资产阶层，此外还有官户、吏户、军户、小小户等。朱熹《朱文公文集》卷二五《与建宁诸司论赈济札子》也大体一样，将建宁府的市民分为上户、僧道、军人、公吏、工匠等。总体来说，城市富豪、批发零售商人、贸易商人、金融业者等为资产阶层，此外，一般的城市人口构成要素，还有一部分官僚、军人、僧侣，以及大批零散的小工商业者。

在这种构成中，富豪是城市地租的收取者，即房廊、邸店、屋业等的所有者，也是大金融业者，这在前节已经述及，他们中间，有的人积蓄了数十万乃至百万的财富[95]。比较著名的，如开封的姜氏[96]、任氏[97]、孙氏、郭氏，青州的麻氏，龙门的李氏，寿春的王氏[98]等。他们向被称为"行钱""干人"的资产管理人或全权受托以增值资产的机能资本家投资，以期获取收益[99]。在他们当中，有本身是官僚而冒法禁半公开地以资产追逐利润者，但多数是用金钱买官职，以官号开店肆，靠特权来维护和确保追逐利益的工商业者[100]。

上层市民阶层的这种政治寄生性质，是工商业者在城市经济的发展和官府对其加强统治的对抗漩涡中，为保全和维护自己的资产所选择的道路。其结果，必然地造成了市民阶层的贫富两极分化。《欧阳文忠公文集》卷一一五《乞减配卖银五万两状》记载了河东路宁化军的主客十等户的三十四户中，五等户以上的占十五户、六等以下的占十九户这样的分化情况；同书卷一一六《乞免浮客及下等人户差科札子》亦载，河东辽州的四等户包括日收房钱六文的饼店，七等户包括有十四贯文家业的卖松明者，十等户包括卖水、卖柴以及孤老妇人等零细户。可见，城市里的下层社会是由离开村庄的农民、无产小商人、手工业者、艺人以及临时帮工等多而杂的规模很小的经营者构成的。这一阶层肯定占城市人口的半数以上，但是，他们的购买力却不是市场的支配力量。城市的市场，归根到底还是依存于少数富家的资产。可以说，这也给城市工商业者的发展带来一定的限制。

正如韦伯（M. Weber）曾经指出的，中国城市的性质是突出的政治性的，政厅所在地本身便是城市，从经济角度来看，官僚家产制和政治的收入都成为城市消费者购买力的基础，北京就是一个典型[101]。

的确，自秦汉以来，中国城市的性质一直是政治性的。特别是在秦汉至唐初"市"制存在的时代，工商业被"市"吸收，除州县治以外原则上不允许长久性的市场地及都会的存在，因此，城市、农村之间分工的基本结构，也与"城郭""乡村"这种行政上的区域划分相一致。而且，城市的购买力主要依靠官僚、军队等定居者的消费和补给，带有浓厚的消费城市的性质。

然而，唐宋以后，随着远程商业的发达、农民经济的历史性进展，商人定居于城市，农村人口向城市集中，便产生了城市范围扩大、供需中心地扩散的现象，使城市经济网络密度进一步增加，传统的中国城市的政治性质也起了某种变化，即所谓"市"制的崩溃以及经济上分工结构与行政上编成原理之间的乖离。从唐末到北宋中期的时代，确实是城市发展史上的过渡时期，在统制涣散的情况下，城市的工商活动、财富的积累也积极进行，贫富的阶层分化也愈加激烈了。但是，另一方面，基于城市土地（房屋）所有的地租，成了众所注目的城市独有的重要收入之固定来源，以至于成为官府直接控制的对象。因此，城市的经济发展遭到了阻碍和限制，市民财产到了不得不与特权阶层相结合，或以巧妙手段分散资产以求隐蔽保全的地步。中国城市恐怕正是由于这样的机缘而重新深化了政治寄生的性格。

关于宋代城市的发达情况，迄今为止，有的仅从开封、临安等二三个大城市的例子进行归纳推理，而评价过大；有的则将其列为例外，仅从农村的自给体制单方面来强调，而评价过小；还有的仅强调新兴城市的工商业城市性质而给予一个方面的评价。所有这些，都只不过是抓住了现象的一个断面，而未能充分地说明城市和农村的标准的分工结构。这不能不认为是一件遗憾的事。本节正是试图从经济角度来再次探讨城市研究的方法上和资料上的这一空白。

第二节　宋代江南的村市和庙市

在中国，作为商品交换特定的具体场所的市场（marketplace），其起源，如《易经·系辞下传》神农氏的"日中为市"[102]，可以说很是古远。而且，作为制度的"市"制，正如已见于《周礼》的规定，将交易限于城内官设商业区[103]，此外，根据需要，可经官府之手在交通干线上设"市"[104]。由于朝贡、册封的关系，在与以中国为中心而构成商业圈的东亚各国的贸易中，国境上设有官办的互市场，不过只能在限定的时机内进行交易，这种"市"制原则，至少实施于中唐以前[105]。在州县治以外的场所滥设"市"则为法令所禁止[106]。

然而，尽管存在着这样的"市"制，随着远程商业以及地方交换的发展，自发的市场在城市近郊及农村也渐渐地发展起来了。这种与官设的"市"相比粗陋得很的（田舍的）市（即草市）及村落的定期市（墟市）的存在，于地方开发比较发达的两晋南北朝时期[107]始有散见于文献上的记录。

而且，到了唐宋时期，江南的农业、交通、产业的开发急速展开，商品经济集约发展。由于商品交换的扩大，过去的"市"制从内部开始瓦解。与此同时，地方上各交换点也得到了飞速的发展。正如唐杜牧所云：

凡江淮草市，尽近水际，富室大户，多居其间。[108]

中、晚唐时的江淮地方，草市、亥市、墟市等村落集市（market，weekly market，Wochenmarkt）如雨后春笋般地产生，并且像药市、蚕市那样进行远程交易的跨地区的交易点（fair，foire，Messe）同时在各地出现。而在宋代，国内商业在农业生产急剧上升的基础上发达了起来，随之，村市的规模显著扩大，其中一部分发展为村落，成为"某市""某站""某堤（步）"之类的小规模城市（Zwergstadt）或半农村城市（Halbstadt），有的甚至成了镇、县那样的行政单位之治所。另外，汇集远近商人而举办的交易范围很广的庙市（fair），无论数量还是举办机会也都增加了。

从唐末至宋，这样特有的地方市场的发展，早已为诸位学者所注目。自加藤繁从"市"制崩溃观点对草市及诸多的定期市之存在进行总括的研究发表以后[109]，问题的探讨被个别地、缜密地继承和发展。周藤吉之发表了关于店、市、步的研究[110]；曾我部静雄发表了关于草市的研究[111]；日野开三郎及梅原郁发表了关于镇市的研究[112]；日野开三郎及池田静夫发表了关于埠（步）的研究[113]。在中国，何格恩、全汉昇发表了关于虚市的研究[114]；鞠清远发表了关于蚕市的研究[115]；全汉昇发表了关于庙市起源的研究[116]。这些研究的精密度有了显著地提高。但是，若把"地方诸交换点的发达"作为总体问题来看的话，那么，这诸多成果多数也是对若干地方小城市而进行的研究。其实，其下层还广泛地分布着小规模的市场，还有一年一度或数次跨地区举办的庙会，关于它们的实际情况，过去并没能充分了解（与史料的制约有关）。

考虑到这一点，本书尽量具体地记述宋代（元代作为补充）村落的市及庙市的实态，努力地介绍这方面史料。因受史料保存状况的制约，范围主要限于江南、四川地区。在新兴的开发地江南，"市"的出现受到了注意，所留下的记录也较多，这是很自然的。而关于华北、华中地区市的多少，没有证明其分布及发达程度的充分记录，尚无从推断。

一　宋代江南的村市

（一）村市的名称

宋代，随着江南地方的农业、交通、产业开发的发展，地方上的交换也活跃起来，文献中出现了各种名称，有虚市、亥市、村市、山市、野市、草市、小市、朝市、早市等等。村市及草市不消说是普通的称呼，虚市、亥市是江南的特殊方言，而山市、野市、小市在多数场合是多少带点文学色彩的表现方法，朝市、早市则是以开办时间来表现的。这些市的名称，因在市场的生成上、地方的发展上以及方言上，而有所差异，但大体上是为在村落内、道路旁和村边上经营的极小的交换及交换场地所起的名称。

虚市　对于虚市名称意义的解释，史料记载不同而没有一定的说法。一般而言是南方（岭南、四川、湖南）对村落定期市场的特殊称呼，本来它是整个江南通用的用语。这里，从许多史料的各种各样的表述，重新为虚市下个定义。

虚市的首次出现可追溯到晋代。晋沈怀远*《南越志》[117]云：

> 越之市名为虚，多在村场，先期招集各商，或歌舞以来之，荆南岭表皆然。

从晋代开始，越、荆南、岭南农村的市已被习惯称为"虚"了。其后，唐代，柳子厚《柳州峒氓诗》[118]以及《童区寄传》[119]述及了唐代广西柳州、湖南郴州的虚市（野市）的存在。唐梁载言《十道志》也讲到广西容州村落的定期市、虚市的情况。

宋代吴处厚《青箱杂记》卷三记云：

> 岭南谓村市为虚。……盖市之所在，有人则满，无人则虚。而岭南村市，满时少，虚时多，谓之为虚，不亦宜乎？

这里对"虚"的解释是，岭南的村市交易是零散而又间歇的，也就是说"虚"的时候居多，因此为"虚"。这种说法，源于徐筠[120]编纂的江西分宁县地志[121]《修水志》，此见于陈元靓编《事林广记·新集》卷三《城市门·市肆类》（尊经阁藏版）[122]，记云：

> 亥上声，常俗呼市曰亥。虚常俗呼市曰虚。徐筠《〔修〕（笔者补）水志》云分宁曰，本当州亥市也。岭南村落，有市谓之虚，不常会，多虚日也。西蜀曰痎音皆，如疟疾间日复作也。江南人恶以疾称，故止曰亥耳。又荆吴俗，有取寅申巳亥日集于市，故谓亥市。

---

* 沈怀远为南朝宋官员。因此处前后亦有几处提及晋，故保留原文，以存原意。——编者注

《修水志》记的这件事，除了乐史《太平寰宇记》[123] 早已引用外，上面提到的《青箱杂记》、明谢肇淛《五杂俎》[124]、清外方山人《谈征·名部·亥市》[125] 等书都直接或间接引用过。据这些史料记载，以南昌为首的江南、岭南、荆湘地区，把村之市叫作"亥"或"虚"，而在四川则称作"痎"。王阮《义丰文集》卷一《代胡仓进圣德惠民诗一首》云：

> 楚语，以江岸为步，村市为虚。

湖南北地方的方言也把农村的村市称为"虚"。前面提及的唐柳宗元《五百家注柳先生集》卷一七《童区寄传》亦云：

> 童寄者，郴州荛牧儿也。行牧且荛童〔宗说〕（笔者补）曰荛采薪也。二豪贼劫持，反接，布囊其口，去逾四十里之墟所卖之。旧注，南越中，谓野市曰墟。

湖南、广南把野市称为"墟"。又王象之《舆地纪胜》卷九七《广南东路·新州》云：

> 南方呼市为虚。

钱易《南部新书·辛集》云：

> 端州以南，三日一市，谓之趁墟。

看来在南方，特别是广南的定期市，大概都被称为"虚"。中国人把交趾[126]、真腊[127]、海南岛和高丽的村市也叫作"虚"（后述）。另一方面，《宋会要辑稿·食货一八·商税》"孝宗淳熙元年九月二十二日"条载：

> 臣僚言：乡落有号为虚市者，止是三数日一次市合。

这种看法是单单以交易间歇进行这一点来规定虚市的。陈元靓《事林广记·庚集》（和刻本）卷九《绮语门》载有"墟市、市、闲市"，认为墟市是零细而闲散的市。

把这些各种各样的史料归纳起来，"虚"或"墟市"，首先指的是村落的市，其特点是交易零散而量少，随之而来，间接地产生了市的举行乃是定期、间歇的属性。而且，"虚"或"虚市"之用语的通用范围，尽管有某些例外[128]，但大体上限定在长江以南的南方地区。其中，"虚市"这一称呼最多见的是在广南、福建、江西和湖南，虽然这是事实，但要准确地说，这种叫法应是在长江以南即江南整个地区通行。下面是从宋代特别是南宋的文献中（并补充以元代的文献）收集来的地点明确的墟市名一览表。

表4.10 宋代部分地区墟市一览表

路名	墟市名	地点	出典
淮南东路	? 桐墟（镇、务）	宿州蕲县	《宋会要辑稿·食货》之《商税》《酒曲》《盐法》；《续资治通鉴长编》卷282；《九域志》卷5
	柴墟（镇、务、口岸）	泰州（后改隶扬州）泰兴县进化乡	《宋会要辑稿·食货》之《商税》《酒曲》《盐法》《方域市镇》；《续资治通鉴长编》卷216；《九域志》；《北盟会编》卷138；《雪岩吟草补遗》
两浙东路	鲁墟 虚市 蒲墟	绍兴府山阴县 温州南郭外 婺州义乌县双林乡	《渭南文集》卷13、35 《夷坚丙志》卷5 《柳待制文集》卷15

路名	墟市名	地 点	出 典
两浙西路	? 韩墟（村）	平江府吴县吴苑乡第十都	《江苏金石志》卷 14《吴学续置田记》
	? 西狩墟（村）	平江府吴县吴苑乡第十都	《江苏金石志》卷 14《吴学续置田记》
	? 东狩墟（村）	平江府吴县吴苑乡第十都	《江苏金石志》卷 14《吴学续置田记》
	? 狩墟（村）	平江府吴县吴苑乡第一都	《江苏金石志》卷 14《吴学续置田记》
	鸡陂墟	平江府吴县	《太平寰宇记》卷 91
	千石墟	镇江府	《舆地纪胜》卷 7;《方舆胜览》
	陆墟市	常州无锡县富安乡	《界陵志》卷 3
	墟市	严州青溪县南	《蛟峰集》卷 5
江南东路	荻港（镇、务）	太平州繁昌县	《宋会要辑稿·食货》之《商税》《盐法》
	? 方墟铺	建康府	《景定建康志》卷 16
	村墟（虚市）	池州东流县	《夷坚支癸》卷 9
	子午会	池州	《海录碎事》卷 5
	虚市	南康军星子县	《参寥子诗集》卷 1
	古步	饶州余干县	《夷坚三志壬》卷 9
	墟市	饶州鄱阳县	《夷坚支癸》卷 6
	广平墟	饶州浮梁县	《夷坚支丁》卷 5
江南西路	亥市	洪州分宁县	《修水志》;《太平寰宇记》卷 106
	村虚（虚市）	洪州新淦县	《夷坚丙志》卷 13
	村虚（虚市）	洪州南昌县	《夷坚支戊》卷 1
	新义墟（镇）	豫章、筠州界	《松垣文集》卷 3
	云石市	筠州高安县胜义乡	《松垣文集》卷 3
	墟市	南安军	《渔墅类稿》卷 8
	佛图市（镇）	兴国军	《平庵悔稿后编》卷 3;《宋会要辑稿·食货》之《商税》《酒曲》《盐法》
	虚市	吉州庐陵县玉笋山	《山谷外集》
	虚市	抚州临川县	《攻媿集》卷 102
	虚市	筠州	《诚斋集》卷 80
荆湖北路	墟市	峡州	《水云村泯稿》卷 5

续表

路名	墟市名	地点	出典
荆湖南路	山市 村墟 墟市 黄茅墟 有鼻墟 台步墟 墟市（草市）	潭州湘阴县附近 潭州醴陵县 全州清湘县 衡州常宁县 永州零陵县 湘中 永州祁阳县	《夷坚支癸》卷 4 《可斋续稿后集》卷 10 《舆地纪胜》卷 55 《舆地纪胜》卷 57 《云巢编》卷 4 《后村先生大全集》卷
夔州路	墟市 墟市 墟市	大宁监 夔州 夔州	《舆地纪胜》卷 181 《石湖居士诗集》卷 16 《可闲老人集》卷 4
成都府路	虚市	彭州	《鹤山先生大全集》卷 75
福建路	虚市（海口镇） 虚市 墟市 虚市 县市（墟市） 杉岭市 何田市 成功墟 谬屋墟 南温墟 归仁墟 三州墟 单溪墟 襄荷墟 县市（墟市） 中沙墟 石壁墟 乌村墟 安乐墟 滑石墟 县市（墟市） 白石墟 吴地墟 廖源墟 清口墟 浮竹墟 长仞墟	福州福清县 福州侯官县神光寺 兴化军 汀州 汀州长汀县水东 长汀县西五里 长汀县南四十五里 长汀县西南百里 长汀县西南八十五里 长汀县西南百二十里 长汀县东七十里 长汀县南六十五里 长汀县南百二十里 长汀县南百四十里 宁化县水南 宁化县北三十里 宁化县西四十里 宁化县东北五十里 宁化县西南九十里 宁化县西南七十里 清流县南 清流县北五里 清流县东北四十里 清流县东南五十里 清流县东北四十里 清流县东北八十里 清流县东北三十里	《后村先生大全集》卷 88 《三山志》卷 40 《后村先生大全集》卷 91 《投辖录》 《永乐大典》卷 7890

路名	墟市名	地点	出典
福建路	县市（墟市）	莲城县南	《永乐大典》卷 7890
	吕溪墟	莲城县南六十里	《永乐大典》卷 7890
	北团墟	莲城县北三十五里	《永乐大典》卷 7890
	县市（墟市）	武平县南	《永乐大典》卷 7890
	东坑墟	武平县东三十五里	《永乐大典》卷 7890
	大洋墟	武平县西四十五里	《永乐大典》卷 7890
	椒屯墟	邵武军	《八闽通志》卷 14
广南东路	石梯（墟）	广州	《宋会要辑稿·商税》
	石津（墟）	广州	《宋会要辑稿·商税》
	刺铜墟	春州	《宋会要辑稿·商税》
	村虚（虚市）	韶州	《夷坚乙志》卷 20
	查渡墟	韶州	《宋会要辑稿·盐法》
	都渚墟	韶州	《宋会要辑稿·盐法》
	长岗墟	韶州	《宋会要辑稿·盐法》
	马渡墟	韶州	《宋会要辑稿·盐法》
	太平墟	韶州	《宋会要辑稿·盐法》
	郑村墟	韶州	《宋会要辑稿·盐法》
	宁乐墟	韶州	《宋会要辑稿·盐法》
	禅明墟	韶州	《宋会要辑稿·盐法》
	永乐墟	韶州	《宋会要辑稿·盐法》
	泉塘墟	韶州	《宋会要辑稿·盐法》
	白沙墟	韶州	《宋会要辑稿·盐法》
	黄村墟	韶州	《宋会要辑稿·盐法》
	和溪墟	韶州	《宋会要辑稿·盐法》
	苏渡墟	韶州	《宋会要辑稿·盐法》
	廓城墟	韶州	《宋会要辑稿·盐法》
	周田墟	韶州	《宋会要辑稿·盐法》
	大桥墟	韶州	《宋会要辑稿·盐法》
	绵普墟	韶州	《宋会要辑稿·盐法》
	黄浪墟	韶州	《宋会要辑稿·盐法》
	吴田白土墟	韶州	《宋会要辑稿·盐法》
	灵源墟	韶州	《宋会要辑稿·盐法》
	柑唐墟	韶州	《宋会要辑稿·盐法》
	岭田墟	韶州	《宋会要辑稿·盐法》
	莘田墟	韶州	《宋会要辑稿·盐法》
	零溪墟	韶州	《宋会要辑稿·盐法》
	涡头墟	韶州	《宋会要辑稿·盐法》
	沙子墟	韶州	《宋会要辑稿·盐法》
	南康（塘）墟	韶州	《宋会要辑稿·盐法》
	清流墟	韶州	《宋会要辑稿·盐法》
	大黄墟	韶州	《宋会要辑稿·盐法》

路名	墟市名	地点	出典
广南东路	泉墟	韶州	《宋会要辑稿·盐法》
	蕡塘墟	韶州	《宋会要辑稿·盐法》
	大乌墟	韶州	《宋会要辑稿·盐法》
	感普墟	韶州	《宋会要辑稿·盐法》
	思村墟	韶州	《宋会要辑稿·盐法》
	仁（兴）利墟	韶州	《宋会要辑稿·盐法》
	岗头墟	韶州	《宋会要辑稿·盐法》
	虎子岩乌田墟	韶州	《宋会要辑稿·盐法》
	仁利莲塘墟	韶州	《宋会要辑稿·盐法》
	虚市	韶州翁源县	《后村先生大全集》卷 148
	虚市	英德府	《舆地纪胜》卷 95、《方舆胜览》卷 35
	大岗墟	英德府	《宋会要辑稿·食货》之《商税》《盐法》
	台石虚	英德府	《宋会要辑稿·食货》之《商税》《盐法》
	凤林墟	英德府	《宋会要辑稿·食货》之《商税》《盐法》
	长岗墟	英德府	《宋会要辑稿·食货》之《商税》《盐法》
	黄牛（中）墟	英德府	《宋会要辑稿·食货》之《商税》《盐法》
	白驹（钩）墟	英德府	《宋会要辑稿·食货》之《商税》《盐法》
	光口墟	英德府	《宋会要辑稿·食货》之《商税》《盐法》
	龙岗墟	英德府	《宋会要辑稿·食货》之《商税》《盐法》
	莲塘墟	英德府	《宋会要辑稿·食货》之《商税》《盐法》
	板步墟	英德府	《宋会要辑稿·食货》之《商税》《盐法》
	回口墟	英德府	《宋会要辑稿·食货》之《商税》《盐法》
	阳溪墟	英德府	《宋会要辑稿·食货》之《商税》《盐法》
	归墟	康州	《宋会要辑稿·食货》之《商税》《盐法》
	晏墟	康州	《宋会要辑稿·食货》之《商税》《盐法》
	新墟	康州	《宋会要辑稿·食货》之《商税》《盐法》

路名	墟市名	地点	出典
广南东路	扶蚕墟	康州	《宋会要辑稿·食货·盐法》
	都合墟	康州	《宋会要辑稿·食货·盐法》
	横岗墟	康州	《宋会要辑稿·食货·盐法》
	禹墟	康州	《宋会要辑稿·食货·盐法》
	合水墟	康州	《宋会要辑稿·食货·盐法》
	霸图墟	康州	《宋会要辑稿·食货·盐法》
	马墟	康州	《宋会要辑稿·食货·商税》
	墟市	（五虚六虚）封州	《舆地纪胜》卷 94
	橄榄墟	封州封川县归仁乡	《宋会要辑稿·食货》之《商税》
	外任墟	封州	《盐法》
	翡翠墟	新州	《舆地纪胜》卷 97
	虚市	端州以南	《南部新书·辛集》
	邕溪墟	南雄州	《宋会要辑稿·食货·盐法》
	怀化墟	南雄州	《宋会要辑稿·食货·盐法》
	陂墟	南雄州	《宋会要辑稿·食货·盐法》
	沙水墟	南雄州	《宋会要辑稿·食货·盐法》
	墟市	惠州	《眉山唐先生文集》卷 5
	泊头墟	惠州	《广东通志》卷 19
广南西路	墟市	静江府灵川县	《庄简集》卷 3
	博旺墟	白州	《宋会要辑稿·食货·盐法》
	双水墟	白州	《宋会要辑稿·食货·盐法》
	顿繁墟	白州	《宋会要辑稿·食货·盐法》
	功饶新墟	邕州	《可斋续稿后集》卷 7
	大理界墟	邕州	《岭外代答》卷 3
	大秀墟	邕州溪峒归德州	《岭外代答》卷 7
	虚市	钦州	《鬼董》卷 2
	石六场	钦州灵山县石六山	《夷坚三志己》卷 1
	虚井	郁林州博白县	《铁围山丛谈》卷 6
	虚市	容州	《舆地纪胜》卷 104
	皇华墟	藤州岭溪县	《舆地纪胜》卷 109
	小墟	藤州岭溪县	《宋会要辑稿·食货·商税》
	罗绣墟	浔州桂平县	《舆地纪胜》卷 110
	东濠墟	浔州平南县	《舆地纪胜》卷 110
	芙蓉墟	浔州平南县	《舆地纪胜》卷 110
	古辣墟	横州	《桂海虞衡志》、《宋会要辑稿·巡检》
	快活墟	横州宁浦县西二十里	《舆地纪胜》卷 113
	新平墟	横州宁浦县南四十里	《舆地纪胜》卷 113
	古帝墟	横州宁浦县西二十里	《舆地纪胜》卷 113
	虚市	宾州	《舆地纪胜》卷 115
	墟市	高州	《舆地纪胜》卷 117
	墟市	宜州	《舆地纪胜》卷 122

路名	墟市名	地点	出典
广南西路	草虚	宜州	《宋会要辑稿·食货·商税》
	利仁墟	象州	《宋会要辑稿·食货·商税》
	郑驮墟	象州	《宋会要辑稿·食货·商税》
	油蓝墟	象州	《宋会要辑稿·食货·商税》
	石傅墟	象州	《宋会要辑稿·食货·商税》
	足莫墟	象州	《宋会要辑稿·食货·商税》
	大乌墟	象州	《宋会要辑稿·食货·商税》
	广化墟	象州	《宋会要辑稿·食货·商税》
	张峒墟	象州	《宋会要辑稿·食货·商税》
	足连在墟	象州	《宋会要辑稿·食货·商税》
	双田墟	贺州	《诚斋集》卷 133
	虚市	琼州	《岭外代答》卷 2

对于分析论证来说，与墟市的名义相比，其实质上的机能和内容更为重要。这个表仅表明，有关墟市的记录集中在江南，特别是集中于华南[129]。

亥市　关于亥市，唐白居易《白氏长庆集》卷一七《江州赴忠州至江陵已来舟中示舍弟五十韵》云：

　　亥市鱼盐聚，神林鼓笛鸣。壶浆椒叶气，歌曲竹枝声。

同书卷一六《东南行一百韵寄通州元九侍御澧州李十一舍人果州崔二十二使君开州韦大员外庾三十二补阙杜十四拾遗李二十助教员外窦七校书》亦云：

　　水市通阛阓，烟村混舳舻。吏征渔户税，人纳火田租。亥日饶虾蟹，寅年足虎豿。

又张籍《张司业集》卷一《江南曲》云：

江村亥日长为市。

《全唐诗·张祜》诗云：

野桥经亥市，山路过申州。

而且，宋代有前面提到的《修水志》的有关记载。在元代，陈旅《安雅堂集》卷一《题陈氏潇湘八景图》亦载：

百货集亥市，莫猛偏买盐。山日出未高，翠雨湿酒帘。山市晴岚。

这里所说的"亥市"，大都是指长江中下游流域南方的吴、江南、荆湘、蜀等地农村的定期市。"亥"来源于十二支的亥日，或者说是以寅、巳、申、亥即三日乃至十二日为周期举办的市而得名。除叫"亥市"外，还被称作"亥虚""亥""痎""山市"，其实质与上面提到的虚市差不多。

痎市　关于"痎市"，吴处厚《青箱杂记》卷三记载：

又蜀有痎市，而间日一集，如痎疟之一发，则其俗又以冷热发歇为市喻。

这大概是根据《修水志》所言而作的记载。前引《修水志》云：

西蜀日痎音皆，如疟疾间日复作也。江南人恶以疾称，故止日亥耳。

西蜀把江南相当于"亥市"的集市称为"痎""痎市"。这种用语的由来是把定期集市比为疟疾。宋杨彦龄《杨公笔录》亦云：

> 疟痁痎三字，亦通用。然寒热休作，谓之疟；多日之痁，谓之痁；二日发，谓之痎。亦各有证，不可交互。

可见，痎指的是每隔一日定期举行的集市。

子午会　所谓"子午会"，叶廷珪《海录碎事》卷五《商贾货财部·市廛门·子午会》记云：

> 池州俗喜为问[130]，而市井无交易，聚落至有期日虚集处，谓之子午会。

在长江下游的池州地区，聚落中有按日定期集会互通有无的习俗，被称为"子午会"。其名称的由来同"亥市"一样，也是因以十二支的特定日期即子、午举行集会而起的名称。从文中所记有"虚集"来看，大概它也是近似"虚市"的村市。附带提及，宋代池州的邻县太平州有杨家会镇，《嘉靖太平县志》卷一《市镇》也记有中会市、杨家会镇之名。

会　《崇祯瑞州府志》卷六《市·新昌县》记载：

> 白土会、乌江会俱三十里宣风乡、故里会十五都陶渊明故居之地、广堂会在东南四十五里新安乡、长坑会在东五十里大德乡、同安会在东六十里太平乡、方塘会在西三十里广贤乡，已上俱宋制，今存遗址。

在江西瑞州（高安县）地方，自宋以来就有称为"某某会"的集市。
《万历将乐县志》卷二亦载：

> 高滩会馆止，岁以二月五日迎土社神，四方民贸易大会者三日、大原会隆
> 溪上都，岁以七月二十日、二十三日迎张睢阳会，与高滩同、孙坊会隆溪下都，岁
> 以八月二日亦迎张睢阳，与大原同。

列举了庙市之会，并与一般的市、墟做了区别。

　　山市　"山市"之名，记载最多的是在宋元时代以画题、诗题著名
的潇湘八景之一《山市晴岚》[131]。如举例的话，有周密《草窗韵语》卷
四《潇湘八景·山市晴岚》：

> 黄陵庙前湘竹春，鼓声坎坎迎送神。包茶裹盐作小市，鸡鸣
> 犬吠东西邻。卖薪博米鱼换酒，几处青帘扶醉叟。趁虚人散渡船
> 闲，一抹晴烟隔高柳。

刘学箕《方是闲居士小稿》卷上《赋祝次仲八景·山市晴岚》：

> 贸易足鱼米，相逢话桑麻。村墟人蚁纷……

杨公远《野趣有声画》卷上《山市晴岚》：

> 横岚仿佛抹高冈，村市人家酿秋香。溪上晓来争渡急，裹盐
> 沽酒趁虚忙。

与"小市""虚""村市""村墟"可通用。总之，指的是荆湘地区山

里的集市。而且《八闽通志》卷一四《坊市·邵武府·椒屯墟》引宋《黄伯原诗》亦云：

> 乔木村墟十里秋，渔盐微利竞蝇头……竹外客喧山市散。

说明不仅在荆湘，江南各地山间地带的山村集市，也常被称为山市。

以上所讲的虚市、亥市、痎市、子午会、会、山市，是内容大体相同的村落集市。不言而喻，无论是从其产生的原因还是从其地理分布来看，它们相互间都有区别，研究与它们的产生有关的种种情况是很有趣的课题。就其实际的经济和社会机能而言，可以一概把它们作为村市的考察对象（但庙市之会例外）。

（二）村市的举办

当时，把举办村市、买卖双方会集在一起称为"上市""市逢""市合""市集""会集""趁墟""墟集"等等，相当于明清时代的"赶集"。村市最突出的特点是定期而间歇地举办，而交易一般是在短时间内结束的。为了具体地弄清这一点，下面列举一些关于村市市集日期和时间的记录。当时人们生活的标准是以十干十二支为周期的，所以，开办市场所取的日期也是定于旬日之中的某日或者十二支中的某日，恰如西欧的市举办日期是按星期来定的一样。

徐筠《修水志》：

> 荆吴俗，有取寅申巳亥日集于市，故谓亥市。

这是根据十二支而定的，即每三日一次。《南部新书·辛集》：

端州以南，三日一市，谓之趁墟。

《太平寰宇记》卷一六三《岭南道七·窦州》[132]：

三日一市。

《宋会要辑稿·食货一八·商税》"淳熙元年九月二十二日"条：

臣僚言：乡落有号为虚市者，止是三数日一次市合。

以上例子皆是每三日举办一次集会，即十二支举办四次集市。此外，项安世《平庵悔稿后编》卷三《佛图市》：

兴国军道中，值虚市方合，此俗以卯酉日[133]趁墟。

《海录碎事》卷五《商贾货财部·市廛门·子午会》：

池州俗喜为问，而市井无交易，聚落至有期日虚集处，谓之子午会。

此系在十二支一周期中举办两次，每六日一次。又有一些以旬日为基准，逢五日、七日举办的例子。周辉《清波杂志》卷七：

（广西路吉阳军〔海南岛〕）无市井，每遇五、七日，一区黎洞贸易，顷刻即散。

饶节《倚松老人集》卷一《送慧林化士》：

> 空庭月作五日墟。市声浩浩如滩濑……

还有十日两次（每五天一次）的例子。《太平寰宇记》卷一六七《岭南道十一·容州》[134]：

> 《十道志》云：呼市为墟，五日一集。

另有隔日举办，即逢单日或双日举办集市的例子。《宋会要辑稿·食货一七·商税》"太宗至道三年七月二十八日"条：

> 上封者言：岭南村墟聚落，间日会集裨贩，谓之虚市。

《太平寰宇记》卷一六一《岭南道五·高州》：

> 市则二日一市。

吕陶《净德集》卷二五《著作佐郎李府君墓志铭》：

> 知遂宁县。……君以为，村落细民，间日而集，有无相易，苟营朝晡之费……

《舆地纪胜》卷一二二《广南西路·宜州》：

> 《国朝宝训》云：旧岭去郡一百二十里，百姓多融〔隔〕日

相聚，交易而退，风俗谓之墟市。

《青箱杂记》卷三 [135]：

> 又蜀有痎市，而间日一集。

陈孚《交州稿·安南即事》：

> 村落有墟，每二日一集。

当然也有每天开办的集市。周达观《真腊风土记·贸易》：

> 每日一墟，自卯至午即罢。

《乾道四明图经》卷八《和马粹老四明杂诗聊记里俗耳十首》：

> 草市朝朝合四郭皆有市。

韩淲《涧泉集》卷八《卢教授约周县丞来访次周丞韵》：

> 朝市无间日。

然而，由于每天举办的朝市、早市、日市为常事，因此有关这方面的记录当然就很少了。

仅以上述不多的实例便可知道，举办村市的日期及决定日期的方式是多种多样的。不过，正如加藤繁所指出的，集市举办的频率并不意味集市商业规模的大小 [136]。显然商业规模是由市的影响范围、交易品以及市与市的间隔等有关因素来决定的。

下面列举若干关于市集时间的资料。朱继芳《静佳龙寻稿·农桑》载："带得鸡豚趁晓虚。"赵蕃《淳熙稿》卷八《秋陂道中》载："晨钟离野寺，早市出村墟。"董嗣杲《庐山集》卷二《过林口市》载："此景自献酬，此市亦清美。纷纷赴墟者，未晓听钟起。"道潜《参寥子诗集》卷一《归宗道中》载：

> 朝日未出海，杖藜适松门。老树暗绝壁，萧条闻哀猿。逦迤转谷口，悠悠见前村。农夫争道来，聒聒更笑喧。数辰竞一墟……

范成大《石湖居士诗集》卷六《晓出古城山》载"落月堕眇莽，残星澹微茫。……墟市稍来集，筠笼转山忙"；同书卷一九《马当洑阻风居人云非五日或七日风不止谓之重阳信》载："趁墟渔子晨争渡，赛庙商人晚醉归。"还有前面提到的《真腊风土记》也载有"自卯至午即罢"的例子。村市的交易一般在早晨的短时间里进行的居多。在炎热的南方，这是理所当然的。亦如全汉昇已经指出的鬼市和黑市的实例那样，村落的定期小规模交换，一般是在接近黎明的短时间内结束的 [137]。

（三）村市的景观

这里，让我们来考察一下村市的发生机缘、市场规模、市场设施以及赶集者的情况。

首先可以理所当然地预测到，村市一般是以村落内部的物资交易为前提而成立的。周藤吉之已经指出了岳家市以及陶庄市、下庄市、乌镇市、横金市、新丰市、青山市等市的发展与周边庄园的关系 [138]。更小规模的村市，则是以农民交换为基础的近地商业（local trade）对市的成立起主要作用。《宋会要辑稿·食货一八·商税》"宁宗开禧元年六月二日"条载：

> 广东提举陈采言：广州、肇庆府、惠州共管墟税八十三场，皆系乡村墟市。

仅从"郑村墟""黄村墟""思村墟"等名称上来看，还有柴墟（泰兴县进化乡）、韩墟村（吴县吴苑乡第十都）、陆墟市（无锡县西北富安乡）、云石墟（高安县旌义乡）、橄榄乡（封川县归仁乡）等，可见这些墟市至少在行政区划上是属于"乡村"而非"坊郭、城市"（都市），意味着是产生于农村的市。《宋会要辑稿·食货一八·商税》"宁宗嘉泰三年六月二十四日"条云：

> （广州清远）县有原曰石梯、石津，在两山间，田土狭隘，人户耕凿，方成聚落。转运司忍〔认〕置二场，召乡豪买朴（扑），自置土典、拦头。初无客旅，但将人户所收谷米、麻豆之属，一一征取。

新的村子出现不久，村里刚刚成立的村落集市（石梯、石津系墟名）就被作为课税对象登记了下来。

　　像这样在村落中自生自长的市也有通过远程商业和交通的媒介而得到发展的。《广东通志》卷一九《惠州府·泊头墟》载，"距罗浮山十五里，即宋泊头镇也。广惠二郡舟楫及自陆路至者，莫不泊此，食货毕集，登岸即贝山"，惠州泊头镇（墟）也是交通商业城市。以"荻港""古步""板步墟""查渡墟""白沙渡""都渚墟"等为墟市名的，都是因临近港、步、渡、渚等交通要冲发展起来的。例如，方逢辰

《蛟峰集》卷五《芳润堂记》云：

> 青溪之南，去邑三十里，曰云程。其溪山演迤……绝溪而南
> 有墟市，富者商者鸠焉。其水陆达杭越、通衢建，凡舟车日夜之
> 所奔走，皆夺吾山川芳润之实以去之者。

在离严州青溪县（浙江省淳安县）县城三十里的山路上，与杭州、绍
兴、衢州、建州相通的水陆路辐辏处，有一墟市，富家、商人聚居，
车船昼夜奔忙，破坏了幽邃的自然雅趣。洪迈《夷坚三志壬》卷九
《古步王屠》云：

> 余干古步，有墟市数百家，为商贾往来通道，屠宰者甚众。

在饶州余干县一个叫作古步的小港，有数百户人家聚居，形成的墟市
因地处商人往来之要冲而繁荣，有许多屠宰业者在那里营生。就是说，
这个墟市也是靠商业与交通的发达而发展起来的小城市。如果进一步
想象一下，也可以说这里是地方性的牲口家畜市场。又《渭南文集》
卷四五《入蜀记》卷三"孝宗乾道六年七月二十一日"条记载说，陆
游寄泊的太平州繁昌县的荻港，是繁昌县的小墟市。其实，这个荻港
乃是镇市，其商税和盐场的税额在太平州系中等水平 [139]。另据《夷坚
三志己》卷一《石六山美女》载：

> 宁越（钦州）灵山县外，六山相连，故名曰石六山。岩谷奇
> 伟，山容秀绝。旧为墟市，居民益广，商旅交会，至于成邑。

记述了钦州灵山县的一个村市发展为小城市的情况，在这里，宋代

曾设立过叫作石六场的官盐贩卖所[140]。与此相同，在邕州、宾州、贵州、横州交界处有一个酒的名产地古辣墟，它也是靠商业而繁荣起来的村市（后述）。还有像柴墟镇、荻港镇、佛图镇、海口镇、新义镇、夔州城内的虚市等，这些在镇或城内发展起来的虚市，不仅仅是单靠邻近地区的物资交换，而且是通过交通的媒介、与远程商业的接触等条件的刺激而发展起来的。一部分村市也经历了同样的发展过程。

也有许多在寺庙的门前，借很多人集中在这里参加寺庙祭礼的机会形成的集市。董嗣杲《庐山集》卷二《行兴国宫前市中》云：

> 聚落风物古，环住神仙麓。鱼盐无多腥。蔬茹有余馥。彼此
> 通有无，朝昏事樵牧。罢市不待晚……

邹浩《邹忠公文集》卷三《次韵钱济明访定力僧及寄吴行古三首》云：

> 门前朝市喧，门内山谷寂。

刘攽《彭城集》卷一五《酬王定国五首》云：

> 风烟何处喧墟市，箫鼓谁家赛水神。

前引周密《草窗韵语》卷四《潇湘八景·山市晴岚》云：

> 黄陵庙前湘竹春，鼓声坎坎迎送神。包茶裹盐作小市，鸡
> 鸣犬吠东西邻。卖薪博米鱼换酒，几处青帘扶醉叟。趁墟人散渡
> 船闲……

正如以上所述，寺院的门前或村庙往往是开办村市的地点。晋代的虚市及唐代的亥市的举办，本来就是与宗教活动一起进行的（前述）。在宋代则有许多叫作道会、佛会、时会、社会的村市存在，在元代也有许许多多叫作集场的村市以及庙会（参照前面讲到的会和后面将要提及的庙市）。

另一方面，也有官办的墟市。刘克庄《后村先生大全集》卷一四八《王翁元墓志铭》云：

> 治（韶州）翁源县，先教化……立虚市。

元陈孚《交州稿·安南即事》云：

> 墟落多施榻，颠崖屡改途。村落有墟，每二日一集，百货萃焉。五里则建屋三间，四面置榻，以为聚墟之所。

官府在认为有必要振兴地方流通时，往往会设立市。

可是，宋代墟市的市场圈范围有多大呢？就拿离县城的距离来看，有的仅有五里[141]，也有十五里[142]、二十里[143]、三十里[144]、四十里[145]的。据载，在福州福清县，县城、墟市、税场都密集地分布在二十里之内[146]。当然这种材料是说明不了什么问题的。幸运的是保存着下面这样值得注目的记录。幸元龙《松垣文集》卷三《云石市记》（宋宁宗戊辰年著）记载：

> 高安之旌义乡，有墟曰云石。厥土惟夷，厥货惟楮、惟丝麻，厥谷惟粟麦、惟酒。隶于省籍，距豫章之新义墟五里有赢，两墟迭为消长。云石以靖康钦宗兵火废，新义专垄断凡七十年，以致人心

狡于射利，强弱贾货者溃。绍兴乙卯高宗五年，复兴云石，新义益落，失利者妒，鼓簧于郡，以蠹关征罢之，交易散亡，不得其所。开禧丙寅宁宗二年，栾城苏公来镇筠郡，士途告以利病，墟复兴。新义衰，贿欲褫音耻，撤也，秘阁赵公持节江右，以日中聚货，沿袭鬷古，橄郡惟民便。适苏公解印绶，通守三山黄公摄郡事，龟照兴没情伪，云石得弗废，民是以和。

江西筠州高安县旌义乡的云石墟（市）在州登记纳定额商税，但由于与豫章（南昌）的新义墟（镇）仅隔五里多地，在贸易上相互消长，结果反目。云石墟偶因靖康之乱毁于兵火，而新义墟独占了商利，但因市商争夺利益以致共同垮台，云石墟却在绍兴五年得以复兴。结果，新义墟益趋凋落，新义墟的商人则以云石市"垄断关征（商税）"为由诉于州，为此，云石墟被罢而交易散亡。后来到了宁宗开禧二年，士人利用苏某到任知筠州的机会告以利害，云石墟再度复兴，而新义墟方面则集财图谋妨害。然而，后任黄某就任知筠州不久，决定保留云石墟，民事才得以和解。上述云石墟与新义墟之所以会兴亡交替、纷争不休，其原因就在于彼此之间仅隔五里，距离太近。前述《交州稿》也有"五里则建屋三间"的记载，可见五里左右的分布密度是完全可能的。在缺乏自主的市场管理规则的情况下，只有借官府之力才得以垄断商业，确保市场圈。

据天野元之助《中国农业的诸问题》（下）第四篇《农业的原始市场》（第 83 页）记载："在山东省邹平县'五支里到十支里之间是农村集市活动（市场圈）最普遍的范围'，而且据这里的地方不成文的规定，五里（约三粁）以内不得设两个或两个以上的市集。这是因为市集与市集之间距离过近，必然引起纷争。负责征收市集的税捐（斗捐及牙税）的包税人，为了维持顾客和税捐，便申报于县政府，制止新市集的成立，以保证旧集市的税收，避免旧集市的顾客被新集市吸引过去。"这样看来，与上面所讲的山东省邹平县（今邹平市）新旧市场的市场圈之争相同的情况，早在宋代就已于江西的南昌、高安地区存在了。

接着谈谈市场设施。所有的村市是否都设有市场广场或市场建筑物？笼统地讲是不清楚的。有相当一部分交易是在野外露天的路旁，或是在乡村边上的指定地点进行的，当然其中往往也附设简单的市场设施。楼钥《攻媿集》卷一〇二《朝奉郎主管云台观赵公墓志铭》记载有赵善誉任江西抚州临川县知县时，有人曾因当时（南宋）在官府税场与税场之间或私路滥设私税场问题（参照本书第八章第三节）提议拆掉虚市之屋、罢去市集之事。其云：

> 或议虚市，比之私创税场，请撤屋罢市。

这里的屋大概指的就是为物资交换而设的设施。前面述及的《交州稿》也有"五里则建屋三间，四面置榻"的记载（但是在安南）。元代纳廷《金台集》卷二《居庸关》亦记云：

> 环村列墟市，凿翠构庐屋。

好像是说存在设有窝棚之类的陈列地点或墟廊。但据《真腊风土记·贸易》载：

> 每日一墟，自卯至午即罢。无居铺，但以蓬席之类铺于地间。

看来有时设备是很简陋的。

据三上次男的指教，在阿萨姆的卡西（Khasi）族，村边上平时搭有无人住的窝棚，村民们指定日期在那里进行交易，直到现在南方的原始市场仍然存在着虚市。三上教授恳切赐教并赠给数张实地考察的照片，在此深表谢意。

在规模大的集市有常设的店铺及旅馆，而且，拥有特定市场圈的定期市的建立与常设店铺的存在并不一定矛盾。这样，墟市里不仅往往有米肆[147]、酒店[148]、酒坊[149]，甚至连小规模的村市也有批发兼旅馆业的邸店、客店。赵蕃《淳熙稿》卷八《上宠市早饭》云：

> 逢虚旅饭菅。

《夷坚支癸》卷四《醴陵店主人》亦云：

> 次醴陵界，投宿村墟客店。

又《参寥子诗集》卷一《归宗道中》[150] 云：

> 数辰竞一墟，邸店如云屯。

很明显，这些设施是对客商和远程商业者开放的。《作邑自箴》卷三《处事》中说，乡村的各耆长（村役人）有登记所管村内的寺观、庙宇、亭馆、酒坊、客店等建筑物，及申报其变动情况的义务。这一记述证明了上面讲的村落内存在商业行为的事实。

虽然与市场圈的大小并无直接关系，但举办市集的聚落规模却是一个问题。其大大小小很不一样，例如，朱继芳《静佳龙寻稿·农桑》云：

　　带得鸡豚趁晓虚，荒村牢落数家居。

《后村先生大全集》卷二〇《咏潇湘八景各一首》云：

　　萧条数家聚，三两趁墟人。

陈孚《交州稿·山市晴岚》云：

　　茅屋八九家，小桥跨流水。市上何所有？

这些例子虽然有点极端，但是说明确有如"小市环农亩"[151]或如"乱山围草市"[152]那样，微小的市集只不过是与农田混杂在一起的山区农村的情况。然而，也有数百家的聚落，如前述《夷坚三志壬》卷九《古步王屠》所云"有墟市数百家"，以及像《诚斋集》卷一三二《刘隐君墓志铭》记载的：

　　　邻乡有山市曰双田墟者，两山墙立，一溪蛇行其间，居民数
　　百家在焉。

当时也有二百户左右的镇市，所以像柴墟镇、荻港镇、新义镇、佛图镇、海口镇和古步、双田墟等聚落，都超越了单纯的农村规模而实际上具备了"半城市""小城市"的性质。

　　最后来谈一下赶集人的情况。我们已经知道，市集上聚集着商人、商船（参照《江帆山市图》）、富豪、屠宰业者和流浪汉。此外，

附近的农民、渔夫也出入于市集。《参寥子诗集》卷一《归宗道中》：

> 农夫争道来，聒聒更笑喧。数辰竞一墟……

项安世《平庵悔稿后编》卷三《二十八日行香即事》云：

> 晓市众果集……亦趁贩夫忙。

《筠溪集》卷一六《南楼》云：

> 趁虚渔唱来成市。

从这些记述可以想象到农夫以及渔民们带着交换物资，三五成群去赶集的情景。

特别是在虚市，南方有由农妇承担向市场搬运货物的特殊风俗习惯，这样的例子很多。如范成大《石湖居士诗集》卷一六《夔州竹枝歌九首》云：

> 瘦妇趁墟城里来，十十五五市南街。行人莫笑女粗丑，儿郎自与买银钗。

周去非《岭外代答》卷一〇《十妻》亦云：

> 余观深广之女，何其多且盛也。男子身形卑小，颜色黯惨；妇人则黑理充肥，少疾多力。城郭虚市，负贩逐利，率妇人也。而钦之小民，皆一夫而数妻，妻各自负贩逐市，以赡一夫。

此外,《舆地纪胜》卷九一《循州》以及李曾伯《可斋续稿后集》卷七《回宣谕团结奏》(邕州宣化、武缘县),还有《真腊风土记·贸易》和陈普《石堂先生遗集》卷一六《古田女》一诗等,均可见到这种农妇搬运货物和经商的记载。

（四）村市的交易

为具体地了解以墟市为支配中枢而构成的市场圈内的交换和商业内容,研究一下交易品种是很有必要的。由于资料缺乏而其表现多夸张和形式化,这里仅将见于记录的墟市交易品罗列如表4.11。

表4.11　宋代墟市交易品一览表

交易品种	备　考	出　典
楮、丝、麻、粟、麦、酒	墟市	《松垣文集》卷3《云石市记》
布、楮、鸡、豚、箕帚材	墟市	《参寥子诗集》卷1《归宗道中》
米、竹、木、鱼鲜、农器、火柴	墟市	《宋会要辑稿·食货18·商税》"嘉定八年二月三日"
谷、米、麻、豆	墟市	《宋会要辑稿·食货18·商税》"嘉泰三年六月二十四日"
梅、杏、青李、木瓜	墟市	《平庵悔稿后编》卷3《二十八日行香即事》
鱼、豆、彘、尨	墟市	《云巢编》卷4《湘中宿台步寺》
鱼、盐、酒	墟市	《八闽通志》卷14《坊市·邵武府·椒屯墟》
蚝、骨、米	墟市	《太平广记》卷465《水族》2《蚝》
米、粟	墟市	《宋会要辑稿·食货18·商税》"开禧元年六月二日"
鸡、豚	墟市	《静佳龙寻稿·农桑》
盐、米	墟市	《渔墅类稿》卷8《过南安道中》
薪、蔬	墟市	《剑南诗稿》卷1《溪行》
酒、茶	墟市	《可斋续稿后集》卷10《入清湘界》
柴、米	墟市	《宋会要辑稿·食货17·商税》"淳化二年十二月十六日"

交易品种	备　考	出　典
果、醪	墟市	《庐山集》卷2《过林口市》
薪、米	墟市	《后村先生大全集》卷6《土马村》
鱼、豆	墟市	《云巢编》卷4
鸡、鹅	墟市	《舆地纪胜》卷95《英德府》
春、蔬	墟市	《山谷外集》卷7《上萧家峡》
米	墟市	《夷坚丙志》卷5《徐秉钧女》
鱼	墟市	《筠溪集》卷16《南楼》
酒	墟市	《夷坚支癸》卷9《东流道人》
鲊	墟市	《夷坚乙志》卷20《饮食忌》
茶、盐、薪、米、鱼、盐	山市	《草窗韵语》卷4《潇湘八景》
鱼、米、桑、麻、酒	山市	《方是闲居士小稿上·赋祝次仲八景》
酒、蔬	山市	《沧洲尘缶编》卷10《虚舟相逐至岳阳录示旧日避风诗和韵纪事》
盐、酒	山市	《野趣有声画上·山市晴岚》
酒	山市	《雪楼程先生文集·题仲经家江贯道潇湘八景图》
酒	山市	《顺适堂吟稿》乙集《潇湘八景图》
盐、酒、百货	亥市	《安雅堂集·题陈氏潇湘八景图》
鱼、盐	亥市	《白氏长庆集》卷17《江州赴忠州至江陵已来舟中示舍弟五十韵》
虾、蟹	亥市	《白氏长庆集》卷16《东南行一百韵》
鱼、菜	野（墟）市	《柯山集》卷11《罔沙阻风》
米、薪	野（墟）市	《淳熙稿》卷2《书事十首》

这个表仅介绍了部分实例，简单地说，交易品种大体上是市场圈内山村农民、渔民们的生产物以及消费物资。诸如米、麦、粟、柴、薪、蔬菜、鱼、鸡、猪、水果等等，多半是未经加工的、还称不上商品的物资及嗜好品。这些物资甚至不经过货币的媒介，而以实物进行交换。正如《宋会要辑稿·食货一八·商税》"嘉定八年二月三日"条论述广南墟市之税所云：

> 滨江之民，担负鱼鲜，止于村落博卖，未尝经涉城市。

《真腊风土记·贸易》云：

> 小交关则用米谷及唐货，次则用布。若乃大交关，则用金
> 银矣。

然而，假如把墟市交易片面地解释为自然经济式的，那也是违背
事实的。像茶、盐等从特定产地贩来的物资，就是以客商的参与为前提
的。而像楮、丝、麻布、农具、箕帚材等山村产品、农村加工品及其原
料，还有像鸡、猪、牛之类的家畜和水果、果树等物资，都会自然而然
地使人想到专门从事集货贩卖的商人。而且，商业对于农民经济来说，
尽管仅起辅助作用，可是由商业带来的农闲余业和农村加工业，因而带
来的收入的增加，渐渐地改变了村落的面貌，并必然实现货币化。

舒岳祥《阆风集》卷三《自归耕篆畦见村妇有摘茶、车水、卖鱼、
汲水、行馌、寄衣、舂米、种麦、泣布、卖菜者作十妇词》，叙述了江
浙台州附近已经货币化了的农民经济：

> 卖菜深村妇，休嗟所获微。芜菁胜乳滑，莱菔似羔肥。橐里
> 腰钱去，街头买肉归。种蔬胜种稻，得米不忧饥。

由此不难看出，有为市场需要而从事蔬菜生产胜过了稻作这种依存于
市场的现象。又如邓深《大隐居士集》卷上《丰城道中》云：

> 喧嚣鸭子市。

《舆地纪胜》卷九五《英德府》，引郭祥正《凤凰驿》诗云：

虚市饶鸡鹅。

《诚斋集》卷三二《早起秣陵镇》云：

人趁村中市，鸡鸣檐上笼。

元张之翰《西岩集》卷五《至青州》亦云：

市早集商船。鹅鸭皆成队……

这些记载，说明也有专门从事家畜买卖的。方大琮《铁庵方公文集》卷三三《广州乙巳劝农文》有为确保开垦所必需的耕牛，劝告广州各虚市的宰牛业者改行的记载。还有前面述及的在余干县古步有许多人靠屠宰业过活的事实。这些都说明了墟市也是家畜、家禽的买卖场所。此外，漆[153]、油[154]、楮、麻布等是经商人之手通过市场进行集货的。这样一来，正如《铁庵方公文集》卷一四《与李丞相书》所记云：

自浙入闽，行役所见，暨还里门，日与闾阎接。……市之贸易，例以镪（钱贯），自乡村持所产，到市博镪。

在一些像福建那样商业发达的地区，市场上货币的使用已经普及到了农村。

（五）法的诸关系

起初全然是偶发的、小规模的市集，当逐渐发展为较大规模的市时，完全可以预想到在买卖双方之间便会因度量衡、商品规格、价格、纠纷等等，而产生自发性的管理规则及不成文的法律。但有关这方面的资料是比较少的。《参寥子诗集》卷一《归宗道中》记载：

> 数辰竞一墟，邸店如云屯。或携布与楮，或驱鸡与豚，纵横箕帚材，琐细难具论。老翁主贸易，俯仰众所尊。区区较寻尺，一一手自翻。得无筋力疲……

在江西的某一村市，由众人推崇的高龄长者作指挥监督来主持买卖。他大概相当于近代中国市集的集头[155]。这种市场管理规则在当时会自行得以发展，这是怎么也想象不到的。当时，决定成立墟市之类市集的，是承担建设和维持市集的实力派豪族、商人与提供法律保护和接受公法规定的诸赋课为补偿的地方政厅的巧妙结合。前面提到过的幸元龙所记载的调停云石市与新义镇之间的纠纷问题等，如实地反映了在市场成立方面政治保护起到何等重要的作用。

农村产生的市集，其规划建设者是当地的土地所有者，位于商道旁的比较发达的市集则是由商人、富豪承担，而在未开发地区和边境地带的市往往是官方自筹建立的。在一般的墟市，土豪或商人大多为官府承办商税的征收工作，与此同时强化自己市场圈内的私人所有权和市场管理的特权。另一方面，官府似乎也对通过市场可能获取的作为地方财源的金钱收入给予特别的关心。前面已引述过的《宋会要辑稿·食货一八》"孝宗淳熙元年九月二十二日"条云：

> 臣僚言：乡落有号为虚市者，止是三数日一次市合。初无收税之法，州郡急于财赋，创为税场，令人户买扑纳钱，俾自收税。凡买扑者，往往一乡之豪猾，既称趁纳官课，则声势尤甚于

官务。官司既取其课利，虽欲为小民理直，有所不能。

对登记过的地方市集，官府及租税承办之豪族均加以收税。

官方对商业不振的边远地区从政治立场出发建立市集，免除市场税，给商人以保护，以促进流通。吴儆《竹洲文集·附录》之《竹洲先生吴公儆行状》记载了这样的例子：

> 及宰安仁，安仁旧号冷邑。公至，则肃吏厚民，薄征缓赋，异时负贩少有至者，公立为会市。会之日，官无征敛，市不二价，约束明肃，商贾四集，皆得所欲以归。于是井邑饶富，江东壮县，或愧焉。

然而，在政治保护的背后，也潜存着对财政收入的顾虑，因此，必然会出现强行课税的现象。如吕陶《净德集》卷二五《著作佐郎李府君（逢）墓志铭》云：

> 改某郡节度推官，知遂宁县。是时转运使急功利，不复恤困穷小人，好承迎，议置镇市税局，以图羡入。主者委君按视，锐意必行。君以为，村落细民，间日而集，有无相易，苟营朝晡之费，一旦设官置局，限其税课，则疮痍何时而愈，理不当置。主者虽不悦，亦不敢行。

政治保护的内容是统制商业和维持治安。在大的市集，根据"市"制设置市令司，制定市价，配驻商务监督官、胥吏、保安巡检以及酒务、盐的监督官。当然，设置这些官方机构的一般仅限于经州登记过的市及镇，就是巡检也仅限于驻在交通往来较繁忙的虚市。例如

《宋会要辑稿·职官四八·巡检》"淳熙二年闰九月七日"条云：

> 广南西路司言："邕、宾、横、贵，数州之间，有古棘〔辣〕虚，通诸州境，寇盗往来会集之地，向来有巡检。今乞依旧置一员，乞以宾横州同巡检为名，招置土军五十人为额。"从之。

在一般的虚市，大多是土豪自己任命部下为胥吏，负责管理市场，维持治安（如前述）。

虚市在公法上对国家担负的主要责任是商税，此外还有如《宋会要辑稿·食货二六·盐法》"高宗绍兴二年五月十五日"条所云的盐课：

> 荆湖南路提举茶盐晁谦之言：乞今后镇市及乡村墟井州县在城所卖盐货，并令税务才据客人赍到盐引，乞验封引住卖。

如《文献通考》卷一九《征榷考六》"大观三年"条所云的酒税：

> 按：坊场即墟市也，商税、酒税皆出焉。

如吴泳《鹤林集》卷二二《奏宽民五事状广东运使》所云的墟市钱：

> 本司所仰以给军食者，只有盐、舶司抱认墟市钱二万贯，及提举司添助大兵钱、义兵钱六万八千七百余贯。

如《宋会要辑稿·食货一七·商税》"太宗淳化元年十二月十六日"条所云的市场税：

诏：邕州、琼州伪命（南汉）日，每遇市集，居人妇女货卖柴米者，邕州人收一钱，以为地铺之直，琼州粳米计税四钱，糯米五钱。

此外，在湖南武冈军向质库、墟户摊派大礼的进奉银两，可见于牟𤩽《陵阳先生集》卷八《创大礼例库申省状》。

（六）小结

以上考察了以墟市为中心的村市，现概述如下：

第一，墟市本来是分布在长江以南整个地区的小规模村落的市，而于宋代，在江西、湖南、广南、福建等地区可见到许多这种名字的市集。

第二，墟市也称作亥市、山市、疹市、村市、野市、草市，它们之间没有实质性的区别。

第三，举办墟市被称为"市合""市集""趁墟"。日期以十干十二支为基准，有每天举办的市，也有隔日，或按卯酉子午、寅巳申亥（每三天一次、五天一次和六天一次）举办等多种多样的市，而且一般都是在早上短时间内结束交易。

第四，墟市大体上是作为村落的市而产生的。然而也有由于交通、商业和宗教活动等条件发展为"小城市"的聚落，此外有岁市、祭市。必要时也由官府设立市集。

第五，举办墟市的聚落，小至几户的小村子，大至数百户的市及镇。墟市里除农民外还聚居着商人、富民和屠宰业者。

第六，墟市除在村内、村边上露天进行贸易外，有的地方为了交易也附设简单的建筑物，墟市内往往有常设的商店、旅馆及仓库。

第七，墟市的分布密度最小在五里左右，如果离得太近，双方商人之间往往会为市场圈的竞争而发生纠纷。

第八，墟市的维持和管理（商业统制和维持治安），是由当地的土豪、商人这些建设规划者和租税承办人，与参与保安和征税的官府双方在利害关系一致的基础上共同担负的。

确定了墟市的上述特殊性质，从实质上存在墟市的市、镇方面来考虑，可以认为像林口市、上宠市、佛图市、云石市，以及柴墟镇、荻港镇、新义镇、佛图镇、海口镇等市或镇里，也有相当数量的与上述墟市同样的定期市。至于其达到了怎样一种程度，还有待于今后进一步研究。然而，不可忽视的是，如周藤也曾指出，宋代的地志将"市"区分为两种：一是在征收商税、盐税、酒税这样的公课和保安方面，与农村分离而独立存在的官府公认的市，其数量大体上是固定的，少有增减；一是以村落名出现的市或小交换点，规模比前者小而数量却比前者多得多。这里仅以《淳祐琴川志》卷二《乡都》为例加以说明。据该书记载，平江府常熟县行政上管内共九乡五十都，九乡管辖下的乡村计三百八十六个。在这些乡村中，有不少村落是以某某市命名的，从村落名称上一眼就可以看出是村市的有三十五个，此外有四个村是以店名命名的。这就是说整个乡村名中约有 10% 强可以认为是村市或进行交换的聚落。另一方面，该书列举了四至七个"市"来与上述村市相区别。这种区别大致可以做这样的解释，恐怕是"市"制崩溃后，在乡村中出现了许多交换点，为适应这种过渡性的新情况，将其一部分作为市登记下来，而剩余的大部分没有登记。总而言之，这是一些使人推测在"市"的下层存在着许许多多村市的资料。据此，我们可以合理地推知，在公私记录中所记述的"市"的下层，广泛地分布着以墟市为代表的村市。

二 宋代江南的庙市

在宋代，与上述的村市并存的，还有许多伴随着村落共同体的土地神和佛教、道教等寺庙的祭礼而举办的庙市（fair, foire, Messe）。在展开讨论之前，先简单地说明一下当时无论是城市还是农村中极普及的社会、会和集场（关于会，参照上文所述的情况）。

所谓社会，指的是祭祀村落共同体和城市共同体土地神的祭神之典，以及同好者社交的会、戏艺娱乐的组合。如果是佛教、道教的法会[156]，则称为"某某会"，这时往往是多数人的聚合，其中最为著名的有临安的社会[157]。借寺庙道观祭礼的机会，许多人于此日聚集在一起，连续几天进行娱乐和社交活动，有演戏和杂耍等，还往往在这里经营商业，举办香烛、斋具及百货的市集。它不仅限于城市，在地方上这种祭祀土地神及有佛教道教祭典活动的社会、佛会、道会也很流行。例如李元弼《作邑自箴》卷六《劝喻民庶榜》载：

> 民间多作社会，俗谓之保田蚕、人口求福禳灾而已。或更率敛钱物，造作器用之类，献送寺庙。动是月十日，有妨经营，其间贫下人户，多是典剥取债，方可应副。

又《宋会要辑稿·刑法二·禁约》"嘉定七年九月二十六日"条载：

> 臣僚言：今之风俗，自京畿以至江浙，其微之不可不谨者非一。社稷之所报，有常祀也；今愚民之媚于神者，每以社会为名，集无赖千百。

《夷坚丙志》卷四《饼店道人》亦载：

青城道会时，会者万计，县民往往旋结屋山下，以鬻茶果。

江南和四川各地，道教、佛教之法会尤盛。水陆斋会、水陆道场（施饿鬼会[158]）、山头斋筵聚会（葬斋[159]）、烧香会、诸神圣诞会等，名目不计其数。最著名的有饶州等地的三清上真（玉皇）社会[160] 和由福建推广开来，自漳州普及到江浙严州、衢州、婺州、温州、台州和安徽徽州之山村的摩尼教的吃菜事魔（魔教、明教、道民、白衣礼佛会[161]）。此外，像华北的凤翔府岐山县法门寺的初夏的社会[162]，拱州城隍神和土地神的社会、葬佛会[163]亦很有名。在华南，如《宋会要辑稿·刑法二·禁约》"绍兴三年七月四日"条云：

> 衢州所盖东岳神祠，气象雄伟，州人每遇岳神生日，人户连
> 日聚集，百戏迎引。

衢州东岳的祭市——寺庙市规模也不小。虽然这里没有明确说明以上的社会一定伴有商业行为，但其可能性是很大的。《元典章》卷五七《刑部一九》"诸禁·禁聚众赛社集场"曾概括地述及有聚众唱词的、祈神赛社的、立集场做买卖的，夜聚晓散[164]，证明了商业行为与宗教活动已融为一体。下面，从宋代的记录中对进行商业买卖的祭市逐个试加探讨。

福州报国寺的庆赞大会 《淳熙三山志》卷四〇《土俗类二·岁时·四月八》：

> 庆佛生日。是日，州民所在与僧寺共为庆赞道场。蔡密学襄为州日，有《四
> 月八日西湖观民放生》诗，此风盖久矣。元丰五年，住东禅僧冲真，始合为庆赞大

会于城东报国寺，斋僧尼等至一万余人，探阄分施衣巾扇药之属。迨建炎四年，为会四十有九而罢。绍兴三年，复就万岁寺作第一会。是日，缁黄至一万六千余人。凡会，僧俗号"劝首"数十人，分路抄题，户无富贫，作"如意袋"散俵，听所施与无免者，真伪莫考。至乾道四年，岁大饥，谷价腾涌成市，会首有取至三千余缗。王参政之望为帅，闻之，谕令籴谷赈济，不服，乃命根治，尽拘其钱入官，自是遂绝。然所至乡社亡业之民，犹有自为之者。乡众似斯之类，借是为利。岁无时节，率旬以三二日，或集民居，或聚社庙，闾阎翁姬辍食诤语来赴者亦数百人，此近岁之俗也。

福州报国寺（后称万岁寺）每年四月八日举办的庆赞大会的佛会，本来是宗教仪式，后来却渐渐地集结施与的金品，发行富签，进行营利活动。而且，在福州的所有乡社，十天中有二三天时间以民居、社庙为中心举行类似的会集，借宗教之名行商业贸易之实（在福建，特别是在福州，农村里的过剩人口几乎都当僧侣，为了生计而从事寺院的副业——商业[165]）。《通制条格》卷二九《僧道·拈阄射利》的记载也证明了这一点：

（江南）各处新附寺院僧徒，例指兴建为由，聚集人众，拈阄射利。其始置备利物数十件，撰造签筹阡万枚，托散权豪势力之家，转行俵卖。招诱新附徒众，约日大聚，远近云合，动以千计。僧收筹价，使之抽拈，探取利物。喧闹往来，填塞街路，获利甚多。

元代江南各地，寺院以建立寺院为名发放富签，以图盈利者颇多。大概与庆赞大会一样，利用这种集会趁机举办斋具、百货之市。

福州神光寺的盂兰盆会 《淳熙三山志》卷四〇《土俗类二·中元·游神光寺》载：

　　　　寺有佛涅槃像，傍列十弟子，有扪心、按趾、哭泣、擗踊、
　　出涕、失声之类。是日盂兰盆会，因怪像以招游人，遂成墟市。
　　相传谓之看死佛。

这是福州侯官县神光寺举办盂兰盆会的开帐仪式，进而发展成为祭市的
一个例子。引人注目的是，有的虚市也是这种祭市和岁市（Jahrmarkt）。
明《八闽通志》卷一四《坊市》中可见到许多这种作为岁市的虚市之
例子。

　　绍兴府开元寺灯市　《嘉泰会稽志》卷七《宫观寺院·府城》载：

　　　　开元寺，在府东南二里一百七十步。……岁正月几望为灯
　　市，傍十数郡及海外商估皆集。玉帛珠犀、名香珍药、组绣髹藤
　　之器，山积云委，眩耀人目。法书名画、钟鼎彝器、玩好奇物亦
　　间出焉。士大夫以为可配成都药市。

绍兴府开元寺每年正月十四日的灯市聚集了附近十几个州郡以及海上贸
易商人，买卖的全是玉、帛、珍珠、犀角、名香、珍药、组绣（吴绫、
越罗、婺罗）、漆器、藤器、书画、骨（古）董、什器等高档商品和奢侈
品。之所以在越州（绍兴府）举办这样的灯市，大概是因为越州是上述
特产的集散地，而且地理位置正好处在消费城市临安和贸易港口明州的
中间。另据洪刍《香谱》卷下《天香传》记载，海南岛在余杭船上举办
"香市"。*

　　苏州昆山县的山神诞　《淳祐玉峰志》卷上《风俗》载：

_____

　　* 原文为："素闻海南出香至多，始命市之于闾里间……闽越海贾，惟以余杭船即市
香。每岁冬季，黎峒俟此船至，方入山寻采，州人徙而贾贩，尽归船商……"——编者注

> （四月）望日山神诞，县迎神设佛老教，以祈岁事，并社为
> 会以送神。自山塘至邑前，幕次相属，红翠如画，它州负贩而来
> 者，肩袂陆续。

昆山县的山神诞也是四月十五日的祭市、社会一并举行，其他州郡的
商人接踵而至。

徽州婺源县的五通神佛会　祝穆《新编事文类聚翰墨全书》所收
录的《圣朝混一方舆胜览》卷一六《徽州》有"五通庙在徽州婺源县，乃
祖庙。兄弟凡五人，本姓萧。每岁四月八日来朝礼者，四方云集"的记载。又元方回
《新安文献志》卷八五《饶州路治中汪公（元圭）墓志铭》载：

> （至元）十九年，敕牒授承务郎婺源县尹……岁四月八日，
> 四方民诣五显神为佛会，天下商贾辏集，自额办官课外，公丝发
> 无取。

在徽州于四月八日举办五通庙（五显神）佛会，当此之际天下商人云集。

衡州南岳的岳市　范成大《骖鸾录》"孝宗乾道九年三月八
日"载：

> 入南岳，半道憩食。夹路古松三十里，至岳市，宿衡岳寺。
> 岳市者，环皆市区，江浙川广诸货之所聚，生人所须皆有。既懂
> 懂往来，则污秽喧杂，盗贼亡命多隐其间，或期会结约于此，官
> 置巡检司焉。

又项安世《平庵悔稿》卷一二《二十五日岳市路口居人皆鬻栉具及风

药》载：

> 家家药榜丸朱墨，处处丝绳胃去声比梳。我有沉疴并宿垢，亦思从此日祛除。

宋代，被称为"五岳"之一、为人们所信仰的湖南衡州的南岳，其岳市是包括江浙、四川、广南药种的地方市场，不仅门前市繁荣，而且还有举办数次的祭市。岳市作为门前市一直持续到清朝[166]。

罗浮山冲虚观洞天药市　《广东通志》卷一九《惠州府·药市》载：

> 一曰药市，在罗浮山冲虚观左，亦曰洞天药市。……宋陈应斗诗：肘后应难一一传，多将灵药种仙山。

广东惠州罗浮山冲虚观药市在宋代就已经存在了。

开封相国寺的庙市　开封府相国寺的市恐怕是寺庙市中最大的了。加藤繁[167]、全汉昇[168]的研究证明，大内前州桥东街巷的相国寺，每月逢三、八日举办五次集市*。大三门上出售飞禽、猫、狗之类，及珍禽异兽；第二、三门上用彩幕搭起摊床或棚子，出售动用什物即蒲合、簟席、屏帏、洗漱、鞍辔、弓剑、时果以及腊脯之类的东西；在近佛殿处有孟家道冠王道人之蜜煎、赵文秀之笔、潘谷之墨等名牌产品；两廊有各寺师姑的绣作、领抹、花朵、珠翠头面、生色销金花样幞头帽子、特髻冠子、条线等物；在佛殿后面、资圣门前是书籍、古玩、图画以及罢任官员们卖的土物、香药之类；后廊还有占师和大路艺人等。

---

*　关于相国寺庙市日期及次数，参见下文《麈史》引文及编注。——编者注

不过，关于市的日期，王得臣《麈史》卷下《谐谑》载：

> 都城相国寺，最据冲会。每月朔望三八日即开，伎巧百工列肆，罔有不集；四方珍异之物，悉萃其间。因号相国寺为破赃所。

这里说的"朔望三八"，即每月举办八次，对此，加藤指出，可能是除掉了哪个日子而成为五次的 *。

永康军崇德庙市 《夷坚支丁》卷六《永康太守》载：

> 永康军崇德庙，乃灌口神祠，爵封至八字王，置监庙官，视五岳。蜀人事之甚谨，每时节献享，及因事有祈者，无论贫富，必宰羊，一岁至烹四万口。一羊过城，则纳税钱五百，率岁终可得二三万缗，为公家无穷利。

范成大《吴船录》卷上"淳熙丁酉六月辛未"亦载：

> （崇德）庙前屠户数十百家，永康郡计至专仰羊税。

又石介《徂徕石先生文集》卷九《记永康军老人说》载：

> 永康军与西蛮夷接，四海一统，夷夏相通，番人之趁永康市门，日千数人。

---

* "朔日"指农历每月初一，"望日"指农历每月十五日，"三八"指每月初八、十八、二十八日。共计五次。——编者注

四川永康军（灌县）的崇德庙，是四川人以及番人之信仰的中心，日有一千多番人参拜，每年用于祭祀之羊达四万只，按五岳之例设有监庙官。

成都以及川峡的药市　关于药市，加藤繁业已论及[169]，这里补充若干资料加以说明。据载，药市始于唐大中年间（847—860）的梓州药市[170]，然而到了宋代，就不仅限于梓州了。在川峡地方，每年春天于州县城便举办有药种市和药市[171]。大概因为四川、湖北是生药、熟药的特产地，农民将采集加工药种作为冬季的副业，开春时卖给商人。药市中以成都药市最为著名，其举办日期和地点如下：

二月八日　成都府观街大慈寺、金绳院[172]

三月九日　成都府观街大慈寺[173]

五月（？）九日　成都府观街[174]

九月九日始二至五天　成都府玉局观、大慈寺[175]

交易的商品是香药[176]、百药犀麝之类[177]、一川所出药草异物[178]、百货等以药种为主的特产。度正《性善堂稿》卷一《步自玉局会饮于判院涂丈廨舍正得日字》一诗，详细地记述了药市的交易情景：

肩舆访药市，散步困两膝。行行初及门，品第已不一。细阅廊宇下，纷然莫穷诘。席地堆雄附，连盘仝参术。云乳色晶荧，沈檀气芬苾。溪毛极草莽，水族包虫蛭。贵者如丹砂，贱者如干漆，苦者如胆矾，甘者如石蜜。陈者如醯醢，新者如枣栗。来为中国用，往往四夷出。海贾冒风涛，蛮商经峍崒。厚利诱其前，颠沛不遑恤。小亦挟千镮，多至金百镒。开张自寅卯，收拾过酉戌。富豪盛僮奴，嬴老携儿侄。车马浩骈填，坌然皆迸溢。晚饮各酩酊，归装满箱帙。

上市的药品种类有雄黄、附子、参术、云母、乳香、沉香、檀香、溪毛、虫蛭、丹砂、干漆、胆矾、石蜜、脯、醮、枣、栗等。其产品不仅限于四川乃至中国所产，而且有经商人之手，从内陆的少数民族以及海外南洋带入的，因而有不少是价格昂贵的远程贸易品。药市是集天下之商人和道士而举办的，当时，道士把卖药作为副业，可以想象，药市与寺庙的关系通常是很密切的。同时，在杭州也有川广生药市[179]，可以推测，当时在那里进行全国性的药种交易。

蚕市 关于蚕市，鞠清远曾做过研究[180]，加藤繁也提到了这一问题。蚕市是在初春正月至三月间的清明节前后，养蚕地带的农家为购入一年经营所必需的物资而举办的，其地域及时期如下：

成都蚕市
  正月五日　州南门[181]
  正月二十三日　圣寿寺前[182]
  二月二日　宝历寺前[183]
  二月八日　大慈寺前[184]
  二月十五日　大慈寺前[185]
  三月三日　龙桥[186]、学射山[187]
  三月九日　大慈寺前[188]
  三月二十七日　府城大西门睿圣夫人庙前[189]
  三月[190]

四川其他蚕市
  二月二日　同州[191]
  二月八日　同州[192]

二月十五日　眉州 [193]

杨真人上升之日　石泉军龙安县西南二十余里玉虚观 [194]

汉州蚕女冢 [195]（什邡、绵竹、德阳三县界）

岁首　峨嵋东畔蜀江南 [196]

单州东山西市 [197]

此外，杭州於潜县令楼璹《耕织图诗·织第十五图·祀谢》有"春前作蚕市，盛事传西蜀"之句，江西筠溪石门寺僧德洪《石门文字禅》卷一三《次韵嘉言机宜》有"幽寻野外兴何如，蚕市村墟忆故墟"之句，可见蚕市不只限于四川，在各地养蚕的农村地带都有。其交易的物资是荻箔、瓢轮、土釜等荐蚕、缫丝用具 [198]，以及"应蚕农所用，以至车檐、椽木、果树、器用杂物皆至，其值千缗至万缗者" [199] "箱筥、木柄、镪镍、灵药" [200] "蚕农之具，及花木果草药什物" [201] "农器" [202] "蚕器" [203] "条桑" [204] 等等。即除了与养蚕有直接关系的蚕具、桑苗以外，还购入价格较高但对农家来说又是必需的农具、果树苗、药材、房屋材料、车檐、什器等等。苏辙《栾城集》卷一《蚕市》是如此描写这一情景的：

枯桑舒芽叶渐青，新蚕可浴日晴明。前年器用随手败，今冬衣着及春营。倾囷计口卖余粟，买箔还家待种生。不唯箱筐供妇女，亦有锄镈资男耕。

农民将自食以外的谷物拿到蚕市上去卖，用来补充、更新蚕具和农具等。

归州的蛮市、腊市、踏啼、踏摇　在归州地方的土民中间，有地方色彩浓厚的祭市。欧阳修《欧阳文忠公文集》卷一一《初至夷陵答苏子美见寄》载：

斫谷争收漆，梯林斗摘椒。巴赛船贾集一作巴江船贾集，蛮市酒旗招。时节同荆俗，民风载楚谣。俚歌成调笑，搽一作攃鬼聚喧嚣夷陵之俗多淫奔，又好祠祭，每遇祠时，里民数百共餕其余。里语谓之攃鬼，因此多成斗讼。

同书卷一一《夷陵书事寄谢三舍人》亦有"腊市渔一作鱼盐朝暂合，淫祠箫鼓岁无休"之记载。又《岳阳风土记》里也说，荆湖之民，岁时会集祷祠之际，有击鼓、男女踏歌之民俗，称之为歌场。

另外，《舆地纪胜》卷七四《归州·风俗形胜·踏啼之歌》载：

> 《晏公类要》云：巴人蛮蜒人好巴歌，名曰踏啼。注云：荆楚之风，夷夏相半，有巴人焉，有白虎人焉，有蛮蜒人焉。巴人好歌，名踏啼，白虎事道，蛮蜒人与巴人事鬼，纷纷相间，浸以成风。伐鼓以祭祀，叫啸以兴哀，诘朝为市，男女错杂。伐鼓以祭祀，日未午，交易而退。故人好巴歌，名曰踏啼。

这是一种最初的祭市。周去非《岭外代答》卷一〇《踏摇》记载广西的猺人每年十月一日在庙前祭祀都贝大王，男女乱舞，这大概也是上述蛮市之一种。

以上列举的庙市，基本上都是与商业并存的记录。可以认为，像这样伴随宗教活动或是利用宗教活动而举办的庙市，在地方城市和农村是很多的。

然而，应该与一般的村市相区别的是，这种庙市多数情况下超越了近距离的交易，而以较广范围的顾客为对象，其交易的商品也主要是特产品和特殊手工业品等远程贸易的流通品。正如李希霍芬（Richthofen）

惊异地指出的^[205]，在旧中国的地方农村，地方上的交换点得到了特有的发展，恰似日本的五日市、八日市一样，有无数定期举办市集的村落和场所，同时也存在着很多影响范围更大，为远程交换服务的超地方性的交换点。地方居民为这种定期市聚集产品和商品，到时由往来于各地方的客商把这些物资带到城市及其他地方，再从城市和其他地方得到他们制造不出来的生活必需品和手工业制品。如果一个个地来看这些地方的交换点的话，其交易是狭隘、间歇的，商业也仅仅是起到对农民经济的补充作用而已。当然这一见解也是能够成立的。然而，要是从总体上来评价这些似网目般大小和分布的各种定期市的重叠存在，那么就可以看到，正因为有了这些定期市，大量的需求与供给才得以结合，市场价格也才得以形成。在这一点上，我们就能够理解作为地方经济的动脉和静脉的这些交换点特有的发展的意义了。

从历史的形成过程来看，这种交换点的存在（发生、分布、规模）引起注意是在唐宋以后。在西欧，这样的市场随着交通运输业的发达而被废止，只不过像陈列品似的残存了下来^[206]，而在中国直至明清时代，它们依然很发达，而且，元明清的交换点基本上是唐宋的延续。应该说在国内产业、商业流通组织的发展方面，唐宋时代市场的形成过程是极为重要的。

本节就过去尚未明确的地方村落的市以及庙市，尝试了若干文献方面的证明。无奈史料缺乏，未能予以充分论证。然而，至少大体上可以明了，这些新兴的地方交换点的分布比预想的要密集。这正是与自唐至宋的远程商业（Fernhandel）和地区商业的集约发展相对应的。从这些大大小小的交换点的分布、发达的事实，我们不难推测国内商业在地方上的渗透情况。对此，笔者打算从土特产品市场的形成和分工的产生方面来进一步探讨。

注释

[1] 关于宋代城市的研究，有仓持德一郎：《中国城市发达概观——以研究成果为主》，载《历史学研究》（旧）7，11。梅原郁：《宋代地方小城市之一面》，载《史林》41，6;《宋代的地方城市》，载《历史教育》1966，12。拙稿：《宋代商业史研究备忘录》，载《史学杂志》72，6;参考本书第一章第三节。

[2] 拙稿：《宋代商业史研究备忘录》，载《史学杂志》72，6;参考本书第一章第三节。

[3] 宫崎市定：《六朝时代华北的都市》，载《东洋史研究》20，2;《汉代的里制与唐代的坊制》，载《东洋史研究》21，3。仓持德一郎：《中国城市发达概观——以研究成果为主》，载《历史学研究》（旧）7，11。曾我部静雄：《中国及古代日本乡村形态的变迁》，东京：吉川弘文馆，1963。以上均论述了秦汉至隋唐的政治都市的性质。

[4] M. Weber, *Wirtschaft und Gesellschaft: Grundriss der verstehenden Soziologie*, vierte, neu-herausgegebene Aufgabe, besorgte von Johannes Winckelmann 1956, Kapital IXM Soziologie der Herrschaft, 8. Abschnitt. Die nichtlegitime Herrschaft (Typologie der stadte), S.735–822. 根据世良晃志郎译《城市类型学》（东京：创文社，1964）的用语规定。

[5] 加藤繁：《中国经济史考证》上卷第344、377、420页（1952年），下卷第218页（1953年），东洋文库。

[6] 藤井宏：《新安商人的研究》，载《东洋学报》36，1、2、3、4;特别是第36卷第1期第2–7、34–41页。

[7] 宫崎市定：《中国近世生业资本的借贷》，载《亚洲史研究》3，京都：东洋史研究会，1963。

[8] 前田直典：《东亚古代的终结》，载《历史》1，4。

[9] 堀敏一：《黄巢叛乱——唐末变革期之一考察》，《东洋文化研究所纪要》13，第45、107、108页。

[10] 曾我部静雄：《宋代财政史》，东京：生活社，1941;《中国及古代日本乡村形态的变迁》，东京：吉川弘文馆，1963。

[11] 日野开三郎：《唐代天宝以前土户的对象资产》，载《东方学》17;《两税法的基本四原则》，载《法制史研究》11。

[12] 草野靖：《宋代的屋税和地税》，载《史学杂志》68，4;《宋代的主户、客户、佃户（下）》，载《东洋学报》64，2。

[13] G. W. Skinner, "Marketing and Social Structure in Rural China", *The Journal*

of Asian Studies, Vol XXIV, No.l, 1964; Vol XXIV, No.2, 1965; Vol. XXIV, No.3, 1965.

[14] 拙稿：书评《G. W. 施坚雅著〈中国农村的市场和社会结构〉》，载《东洋学报》49，2。

[15] 关于唐以前的城市的政治性质，参考仓持《中国城市发达概观》，载《历史学研究》（旧）7，11。宫崎市定：《六朝时代华北的都市》，载《东洋史研究》20，2。

[16] 参考例如《全唐文》卷九七一《议覆收买京城坊户菜园条例奏（长兴二年六月河南府）》："准敕：京城坊市人户菜园，许人收买。窃虑本主占佃年多，以鬻蔬为业，固多贫窭，岂办盖造？"

[17] 加藤繁：《唐宋时代的草市及其发展》，载《中国经济史考证》上卷，东京：东洋文库，1952。

[18] 曾我部静雄：《唐宋以前的草市》，载《东亚经济研究》16，4。

[19] 加藤繁：《宋代都市的发达》《唐宋时代的草市及其发展》，载《中国经济史考证》上卷，东京：东洋文库，1952。陶希圣、鞠清远：《唐代经济史》，上海：商务印书馆，1936。何格恩：《唐代岭南的虚市》，《食货》5，2。

[20] 王结：《文忠集》卷六《善俗要义·八曰殖生理》。

[21] 《永乐大典》卷七八九〇《汀州府·坊里虚市》。

[22] 《永乐大典》卷七八九〇《汀州府》中所引元《延祐志》载城内三坊，城外一七坊。

[23] 《永乐大典》卷七八九五《汀州府》中所引《临汀志》之"开庆元年，知州胡公太初奏请经界保伍及移兵官一员置司城外三事"。

[24] 《开庆四明续志》卷一《坊巷》。

[25] 《开庆四明续志》卷七《楼店务地》。

[26] 《宝庆四明志》卷三《坊巷》。

[27] 《延祐四明志》卷一、《鄞县志》卷一、《嘉靖宁波府志》卷一《坊里》。

[28] 《吴船录》卷下"淳熙丁酉八月辛巳"（庚辰后一日）条。

[29] 《渭南文集》卷四六《入蜀记》卷四"乾道六年八月二十三日"条。

[30] 真德秀：《西山先生真文忠公文集》卷六《奏乞为江宁县城南厢居民代输和买状》。

[31] 《东坡文集》卷三五《元祐七年乞罢宿州修城状》。《北行日录》卷上"乾道五年十二月五日"。

[32] 《淳熙三山志》卷四《子城》《罗城》《夹城》《外城》。

[33] 《嘉靖邵武府志》卷一。

[34] 《嘉定赤城志》卷首《坊城图》。

[35]　如《景定严州续志》卷一《坊市》。

[36]　《淳熙新安志》卷一《城社》、卷三《歙县·户口》。

[37]　《续资治通鉴长编》卷七○"大中祥符元年十二月庚戌"。

[38]　《文献通考》卷六三《职官考·都厢》。

[39]　杨和甫《行都纪事》载："俞家园在今井亭桥之南，向时未为民所占，皆荒地。或种稻，或种麦，故因以园为名。今则如蜂房蚁窝，尽为房廊屋舍巷陌，极为难认。盖其错杂与棋局相类也。"

[40]　《咸淳临安志》卷一九《厢界》。

[41]　《皇明实录·太祖实录》卷一三五"洪武十四年"载："是月……城中曰坊，近城曰厢，乡都曰里。"

[42]　参考《宋会要辑稿·食货六六之二一》"淳熙六年十月十三日"条载："其坊郭及别县户，有物力在数乡。并令各随县分，并归一乡村物力最高处。"又《食货一三之二二》《食货六五之四八》均载："近郭之田，人情所惜。"

[43]　参考拙稿：《宋代江南的村市和庙市》，载《东洋学报》44，1、2。《宋代商业史研究备忘录》，载《史学杂志》72，6。

[44]　《宋端平改元记》。——原注。正文引文《至顺镇江志》转引自漫塘刘宰为凝禧观（太霄观）作的记文（《漫塘集》卷二三《丁桥太霄观记》），记文文末曰："余故不复辞而为之书，时端平改元岁次甲午清明日记。"并非篇名为"宋端平改元记"。——编者注

[45]　拙稿：《南宋米市场的分析》，载《东洋学报》39，3。本书第三章第一节。

[46]　《宋会要辑稿·食货二〇之一〇·酒曲杂录·买朴坊场》"元丰四年二月十一日"；《二〇之一一》"元祐八年七月十三日"。

[47]　《宋会要辑稿·方域一二·市镇》。

[48]　《海盐澉水志》卷上《四至八到》。

[49]　《宋会要辑稿·职官四八·巡检》"嘉定九年三月二十三日"。

[50]　梅原郁：《宋代地方小城市之一面》，载《史林》41，6。

[51]　《宋会要辑稿·职官四八·巡检、县尉》。

[52]　《宋会要辑稿·职官四八·县尉》"嘉定七年十一月二十四日"。

[53]　《弘治上海县志》卷二《镇市·青龙镇》。

[54]　《西山先生真文忠公文集》卷七《申御史台并户部照会罢黄池镇行铺状》。

[55]　据《元和郡县图志》。

[56]　据《宋史》卷八五《地理志》。

[57] 《宋会要辑稿·食货六四之八六、八七·经总制钱》"绍兴元年五月二十日"。

[58] 《西山先生真文忠公文集》卷六《奏乞为江宁县城南厢居民代输和买状》。

[59] 《江苏金石志》卷一八《北禅广福禅院经界寺基之图》,《开庆四明续志》卷七《楼店务地》。

[60] 《两浙金石志》卷一二《宋绍兴府学正复赁钱榜记》。

[61] 《许国公奏议》卷四《奏按象山宰不放民间房钱》。

[62] 《武林旧事》卷六《骄民》。

[63] 秦九韶:《数书九章》卷六下《僦直推原》。

[64] 《宋会要辑稿·刑法二·禁约》"绍兴三年七月二十二日"。

[65] 元秦简夫:《东堂老劝破家子弟》杂剧。

[66] 《清明集》之《户婚门·争财·掌主与看库人互争》。

[67] 《许国公奏议》卷四《奏按象山宰不放民间房钱》,《西山先生真文忠公文集》卷七《申御史台并户部照会罢黄池镇行铺状》。

[68] 《西山先生真文忠公文集》卷六《奏乞为江宁县城南厢居民代输和买状》。

[69] 《八琼室金石补正》卷一二六《京兆府提学所帖碑》。

[70] 《清明集》之《户婚门·争财·掌主与看库人互争》。

[71] 《两浙金石志》卷一二《宋绍兴府学正复赁钱榜记》。

[72] 《景定建康志》卷四一《田赋志二》。

[73] 《江苏金石志》卷一八《北禅广福禅院经界寺基之图》。

[74] 《景定建康志》卷四一《田赋志二》。

[75] 参考拙稿:《南宋米市场的分析》。本书第三章第一节。

[76] 日野开三郎:《两税法的基本四原则》,载《法制史研究》11。

[77] 草野靖:《宋代的屋税和地税》,载《史学杂志》68,4。

[78] 《宋史》卷一七四《食货志·赋税》。

[79] 《续资治通鉴长编》卷二二"太平兴国六年十二月",同书卷五一"咸平五年二月乙酉"。《宋会要辑稿·刑法二·禁约下》"淳熙元年十二月七日"。

[80] 《宋会要辑稿·食货一三之二四》"元祐元年四月二十八"。

[81] 《宋会要辑稿·食货一四之四三》,《六五之九八》。

[82] 《宋会要辑稿·食货一四之四七》,《六五之一〇〇、一〇一》。

[83] 《续资治通鉴长编》卷二二四"熙宁四年六月庚申"。

[84] 《宋会要辑稿·食货一三之二二》。

[85]　宫崎市定:《中国近世生业资本的借贷》,载《亚洲史研究》3,京都:东洋史研究会,1963。

[86]　周藤吉之:《北宋方田均税法的施行过程》,载《中国土地制度史研究》,东京：东京大学出版会,1965。

[87]　资产＝物力,并大致区分为实业物力和浮财物力。所谓实业物力（田土物力、亩头物力）即主要以所有耕地的多寡、地力为基础算定的物力,浮财物力（店库营运、生放营运、行商坐贾负贩营生）即以金融业、批发业、零售商、行商等商业盈利为基础算定的物力。家业（当铺、房廊、停塌、店铺、租牛、赁船）物力不同于上面的分类,指的是副业性的非农业营利。《两浙金石志》卷一一《宋丽水县奏免浮财物力札付碑》。《宋史全文》卷二六下"淳熙五年十一月丁丑"。《宋会要辑稿·食货七〇之一〇〇、一〇一》"庆元六年六月二十四日";《食货一四之四三》,《六五之九八》。

[88]　《宋会要辑稿·食货七〇之三八》。

[89]　周藤吉之:《北宋方田均税法的施行过程》,载《中国土地制度史研究》,东京：东京大学出版会,1965。

[90]　草野靖:《宋代的屋税和地税》,载《史学杂志》68,4。

[91]　屋基可能是指农村的房屋占地面积,单位亩。

[92]　《续资治通鉴长编》卷一九六"嘉祐七年五月丁未朔"。

[93]　《续资治通鉴长编》卷一二九"康定元年十二月乙巳"。

[94]　《姚少监诗集》卷六《庄居野行》。

[95]　《续资治通鉴长编》卷八五"大中祥符八年十一月己巳"。

[96]　楼钥:《攻媿集》卷一〇六《知钟离县姜君墓志铭》。

[97]　《续资治通鉴长编》卷二〇二"治平元年八月丙辰"。

[98]　参考刘弇《龙云先生文集》卷二七《策问第十四·货殖》,《续资治通鉴长编》卷九五"天禧四年四月丙申",司马光《涑水纪闻》卷六,何薳《春渚纪闻》卷二《二富室疏财》等记载的青州麻氏的财货蓄积。

[99]　拙稿:《宋代的干运和经纪》,载《熊本大学法文论丛》13;本书第六章第二节。宫崎市定:《中国近世生业资本的借贷》,载《亚洲史研究》3,京都:东洋史研究会,1963。

[100]　《宋会要辑稿·刑法二·禁约》上"宣和平六月十一日"。

[101]　M. Weber, *Wirtschaft und Gesellschaft: Grundsissder verstehenden Soziologie*, vierte, neu-herausgegebene Aufgabe, besorgte von Johannes Winckelmann, 1956, Kapital IX., Soziologie der Herrschaft, 8. Abschnitt. Die nichtlegitime Herrschaft (Typologie der Stadte).

[102] 《易经·系辞下传》:"日中为市,致天下之民,聚天下之货,交易而退,各得其所。"

[103] 参考《周礼·冬官·考工记》:"匠人营国,方九里,旁三门,国中九经九纬,经涂九轨,左祖右社,前朝后市,市朝一夫。"那波利贞:《从中国首都规划史的角度探讨唐长安城》,载《桑原博士还历纪念东洋史论丛》,东京:弘文堂,1931。伊藤清造:《汉长安城考》,载《考古学杂志》23,7;24,5。伊藤:《上代的都市规划》,载《中国的建筑》,大阪:大阪屋号书店,1929。

[104] 参考《周礼·地官·遗人》:"凡国野之道,十里有庐,庐有饮食;三十里有宿,宿有路室,路室有委;五十里有市,市有候馆,候馆有积。"曾我部静雄:《唐宋时代的草市》,载《社会经济史学》24,1;《中国及古代日本乡村形态的变迁》第414—417页,东京:吉川弘文馆,1963。

[105] 参考加藤繁:《唐宋时代的市》《宋代都市的发达》,载《中国经济史考证》上卷,东京:东洋文库,1952。陶希圣:《唐代管理"市"的法令》,载《食货半月刊》48。仁井田陞:《中国法制史研究·土地法、交易法》第三部《西域发现的有关交易法的文书》第三节"市的交易制度和物品价格表——与唐关市令的关系",东京:东京大学出版会,1960。

[106] 例如《唐会要》卷八六《市》:"景龙元年十一月敕:诸非州县之所,不得置市。"

[107] 曾我部静雄:《唐宋以前的草市》,载《东亚经济研究》16,4。

[108] 《樊川文集》卷一一《上李太尉论江贼书》。

[109] 加藤繁:《唐宋时代的市》《关于唐宋的草市》《唐宋时代的草市及其发展》,载《中国经济史考证》上卷,东京:东洋文库,1952。

[110] 周藤吉之:《宋代乡村中小都市的发展——特别以店、市、步为中心》,载《史学杂志》59,9、10。

[111] 曾我部静雄:《唐宋以前的草市》,载《东亚经济研究》16,4;《唐宋时代的草市》,《社会经济史学》16,4及24,1。

[112] 日野开三郎:《唐宋时代都市的发达与镇》,载《史学杂志》49,7;《五代镇将考》,载《东洋学报》25,2。梅原郁:《宋代地方小城市之一面——以镇的变迁为中心》,载《史林》41,6。

[113] 日野开三郎:《中国称之为埠的地名及其沿革》,载《历史教育》13,9;《唐代堰埭草市的发达》,载《东方学》33。池田静夫:《码头与埠头》,载《文化》6,6、10;《北宋水运的发达》,载《东亚经济研究》23,2、3、4、5。

[114] 何格恩:《唐代岭南的虚市》,载《食货半月刊》5,2。全汉昇:《宋代南方的虚市》,载《历史语言研究所集刊》9。

[115]　鞠清远:《唐宋时代四川的蚕市》,载《食货半月刊》3,6。

[116]　全汉昇:《中国庙市之史的考察》,载《食货半月刊》1,2;《"鬼市子"与"黑市"》,载《食货半月刊》1,8。鞠清远、陶希圣:《唐代经济史》,上海:商务印书馆,1936。

[117]　引自全汉昇:《宋代南方的虚市》,载《历史语言研究所集刊》9。

[118]　《五百家注柳先生集》卷四一。

[119]　《五百家注柳先生集》卷一七《童区寄传》。

[120]　徐筠著有《姓氏源流考》七八卷、《周礼微言》一〇卷、《修水志》一〇卷,参见《宋史》卷二〇四《艺文志三》,《中兴馆阁书目》经类。

[121]　《修水志》乃江西路洪州(南昌)分宁县地志。张国淦:《中国古方志考》,第546页,北京:中华书局,1962。

[122]　祝穆《新编事文类聚翰墨全书·甲集》卷六《地理门》所载略同。

[123]　《太平寰宇记》卷一〇六《洪州·分宁县》:"武宁县地,按邑图经云,本当州之亥市也。"

[124]　《五杂俎》卷三《地部一》:"岭南之市,谓之虚,言满时少,虚时多也。西蜀谓之亥,亥者痎也,痎者疟也,言间日一作也。山东人谓之集。"

[125]　《谈征·名部·亥市》:"《青箱杂记》:'蜀有亥市。'荆吴俗,取寅、申、巳、亥日为市,故为亥市,犹今之市有逢双日、单日也。"

[126]　陈孚:《交州稿·安南即事》。

[127]　周达观:《真腊风土记·贸易》。

[128]　徐兢《宣和奉使高丽图经》卷三《贸易》述及高丽之商业惯行云:"其俗无居肆,惟以日中为墟。"徐兢,淮南和州人。元纳延《金台集》卷二《居庸关》诗,也讲到了墟市的情况。

[129]　此表决非分布表,而是单纯的罗列。例如在福建,除表中所列外还有许多虚市(参考刘克庄《后村先生大全集》卷九一《风亭新建妃庙记》载"妃庙遍于莆,凡大墟市、小聚落皆有之"等)。广南虚市的主要史料见于《宋会要辑稿·商税》,其中把韶州的商税场、商务记作"某某墟",又列举贺州的"某某市"之名。对此,与其认为韶州只有墟,贺州只有市,毋宁说记作墟或列为市两者并无严格的区别。从文献上来验证虚市时,应该把"山""岗""山庄"的墟与市场的墟加以区别。《太平寰宇记》卷九四《江南东道六·湖州》引张元之撰《吴兴山墟名》所列记的某某墟之名,《淳祐玉峰志》卷上《山墩、墟、冈》所列举的"戴墟""兵墟""高墟"等,以及《舆地纪胜》卷四《安吉州·景物上》云"锦墟在归安。吴记云,山有花舟,多蔷薇、红踯躅、朱藤,名为锦墟""桑墟九域志,昔太守周敏,令人种桑艺麦,百姓赖之,见吴兴记"之墟名,都是指山、岗、山庄。此外,淮

南的桐墟、柴墟，临安府余杭县孝女北乡的上墟里、下墟里，临安府的屠墟，镇江府的千石墟，平江府吴县的韩墟、东西狩墟，江宁府的方墟铺等，是否是市场不确切。关于"墟"与"虚"的用法，也有把墟理解为废墟，与虚市相区别的例子，邹浩《邹忠公文集》卷二《闻市中遗火殆尽》云："村市才如一小虚，更堪回禄扫成墟。"按《修水志》以及《青箱杂记》的说法，正确的称呼应为"虚市"，但事实上多数均不加严格区别，两者通用。

[130]　"为问"是"访问""送礼"之意，往往也引申为"做成交易"。对栗原朋信的赐教深表谢意。

[131]　《潇湘八景图》起源于宋代宋迪的平沙落雁、远浦归帆、山市晴岚、江天暮雪、洞庭秋月、潇湘夜雨、烟寺晚钟、渔村落照（沈括:《梦溪笔谈》卷一七）。但其源流可以说是唐王维的《辋川二十景》诗及画。自宋至元以潇湘八景为题的画和诗颇多，参考桂五十郎:《潇湘八景及其作者》,《国华》161。

[132]　亦见《舆地纪胜》卷一一七《高州》。

[133]　明《八闽通志》卷一四《坊市》载，邵武府光泽县的黄岭墟、新田墟、长城墟、崇仁墟、寨前墟、清化墟，均是在子午卯酉之日举办的。这种决定日期的方式与寅巳申亥都是相当普遍的。

[134]　亦见《舆地纪胜》卷一〇四《容州》。

[135]　《修水志》有同样记载。

[136]　加藤繁:《清代村镇的定期市》，载《中国经济史考证》下卷，1953，东京：东洋文库。

[137]　全汉昇:《"鬼市子"与"黑市"》，载《食货半月刊》1，8。

[138]　周藤吉之:《宋代乡村中小都市的发展——特别以店、市、步为中心》，载《史学杂志》59，9、10。

[139]　《太平寰宇记》卷一〇五《太平州》。《宋会要辑稿·食货一九·酒曲杂录》,《食货一七·商税》。

[140]　《宋会要辑稿·食货二三·盐法》开头的统计。

[141]　《夷坚丙志》卷五《徐秉钧女》。

[142]　《夷坚支丁》卷五《黟县道上妇人》。

[143]　《舆地纪胜》卷一一三《横州》。

[144]　《蛟峰集》卷五《芳润堂记》。

[145]　《舆地纪胜》卷一一三《横州》。

[146]　《后村先生大全集》卷八八《福清县创大参陈公生祠记》。

[147]　《夷坚丙志》卷五《徐秉钧女》。

[148]　《夷坚支癸》卷九《东流道人》。

[149] 《文献通考》卷一九《征榷考六》"大观三年"。

[150] 归宗寺是位于江西庐山金轮峰下的禅刹,据《舆地纪胜》卷二五《南康军》记载,系王羲之的故宅,江南名刹。

[151] 王之道:《相山集》卷七《过白羊市》。

[152] 吕诚:《竹洲归田稿》之《则明游余杭三桥步回过余草堂赋此谢之》。

[153] 欧阳修《欧阳文忠公文集》卷一一《初至夷陵答苏子美见寄》:"斫谷争收漆,梯林斗摘椒。巴寳船贾集,蛮市酒旗招。"

[154] 元戴元表《剡源戴先生文集》卷二九《柏坑》:"谁知是剡津(绍兴),行多收柏客。"

[155] 参考天野元之助:《中国农业的诸问题》(下)第83页,东京:技报堂,1953。

[156] 参考志田不动麿:《关于唐宋时代的"社会"这一词语》,载《史学杂志》48,5。铃木中正:《宋代佛教结社的研究》,《史学杂志》52,1、2、3。那波利贞:《基于佛教信仰组织起来的中晚唐五代时代的社邑》,载《史林》24,3、4;《关于唐代的社邑》,载《史林》23,24。小笠原宣秀:《中国近世佛教结社问题》,载《龙谷大学论集》。有高岩:《中国地方自治的由来》,1931。

[157] 《都城纪胜・社会》。《西湖老人繁胜录》。《梦粱录》卷一九《社会》。《武林旧事》卷三《社会》。

[158] 牧田谛亮:《水陆法会小考》,载《中国近世佛教史研究》,京都:文功社,1957。

[159] 《蔡忠惠公文集别纪补遗》卷上《政术》。

[160] 《蔡忠惠公文集别纪补遗》卷上《政术》"政和八年三月四日""七月十二日","宣和元年二月四日"。

[161] 《鸡肋编》卷上。《宋会要辑稿・刑法二・禁约》"宣和二年十一月四日","三年闰五月七日""八月二十五日";"绍兴三年四月十五日","四年五月四日","六年六月八日","七年三月二十四日","九年七月八日","十一年正月九日""十七日","十二年七月十三日","七年十月二十九日";"淳熙八年正月二十一日";"庆元四年九月一日";"嘉定二年七月四日";"嘉泰二年六月十三日"。

[162] 《宋会要辑稿・刑法二・禁约》"大中祥符二年四月二十九日"。

[163] 《宋会要辑稿・刑法二・禁约》"政和八年正月十二日"。

[164] 参考《元典章》卷五七《刑部一九》"诸禁・禁罢集场"。《元典章新集》之《刑部・禁聚众》。《通制条格》卷二八《祈赛等事》。

[165] 拙稿:《宋代福建商人的活动及其社会经济背景》,载《和田博士古稀

纪念东洋史论丛》，东京：讲谈社，1960。本书第六章第一节。

[166] 《光绪南岳志》卷四《形胜·国朝储大文岳市游记》。《大清一统志》卷三六三《衡州府二·岳市》。

[167] 加藤繁：《唐宋时代的市》，载《中国经济史考证》上卷，东京：东洋文库，1952。

[168] 《中国庙市之史的考察》，载《食货半月刊》1，2。

[169] 加藤繁：《唐宋时代的市》，载《中国经济史考证》上卷，东京：东洋文库，1952。

[170] 《岁时广记》卷三六《置药市》。

[171] 《续资治通鉴长编》卷三七“大中祥符三年七月辛巳”。

[172] 《岁华纪丽谱》。

[173] 同上。

[174] 《方舆胜览》卷五一《成都府路》“蚕市药市”。

[175] 《岁华纪丽谱》。《老学庵笔记》卷六。《龙川别志》卷下。《鸡肋编》卷上。《铁围山丛谈》卷六。《景文集》卷六《九日药市作》。

[176] 《方舆胜览》卷五一《成都府路》“蚕市药市”。

[177] 《鸡肋编》卷上。

[178] 《岁时广记》卷三六《吸药气》。

[179] 《西湖老人繁胜录·诸行市》。

[180] 鞠清远：《唐宋时代四川的蚕市》，载《食货半月刊》3，6。

[181] 田况：《成都遨乐诗其三·五日州南门蚕市》。《成都文类》卷九（同前诗）。《全蜀艺文志》卷一七（同前诗）。《岁华纪丽谱》（“五门蚕市”）。

[182] 《宋史》卷三一六《赵抃传》。田况：《成都遨乐诗其五·二十三日圣寿寺前蚕市》。《岁华纪丽谱》。

[183] 《岁时广记》卷一《游蜀江》。

[184] 田况：《成都遨乐诗其八·八日大慈寺前蚕市》。

[185] 《方舆胜览》卷五一《成都府路》“蚕市药市”。《大清一统志》卷三八五《成都府》。苏辙《栾城集》卷一《蚕市》。

[186] 《岁时广记》卷一八《祈蚕福》。

[187] 田况：《成都遨乐诗其十一·三月三日登学射山》。

[188] 田况：《成都遨乐诗其十二·九日大慈寺前蚕市》。

[189] 《岁华纪丽谱》。

[190] 《十国春秋》卷三六《高祖本纪下》所引《五国故事》。

[191] 《岁时广记》卷一《售农用》。

[192] 同上。

[193] 《方舆胜览》卷五三《眉州》"蚕市"。

[194] 《舆地纪胜》卷一五二《石泉军·景物下》"玉虚观"。

[195] 《方舆胜览》卷五四《汉州》"古迹蚕女冢"。

[196] 冯山:《安岳冯公太师文集》卷一一《和吕少蒙蚕市》。

[197] 吕陶:《净德集》卷三一《奉寄单州太守王圣钦》。

[198] 苏轼:《东坡先生诗》卷二三《和子由蚕市》。

[199] 《岁时广记》卷一《售农用》。

[200] 田况:《成都遨乐诗其三·五日州南门蚕市》。

[201] 黄休复:《茅亭客话》卷九《鬻龙骨》。

[202] 《岁华纪丽谱》。

[203] 《方舆胜览》卷五一《成都府路》"蚕市药市"。

[204] 《十国春秋》卷三六《高祖本纪下》所引《五国故事》。

[205] Richthofen, *Chinas Binnenverkehr Mitteilungen des Ferdinand von Richthofen-Tages*, 1911, Berlin, S.6.

[206] J. Kulischer, *Allgemeine Wirtschaftsgeschichte*, 1928, 1929.

第五章　商业组织的发达

宋代，随着全国市场的形成，在各区域市场间的交易上起媒介作用的经纪商业也繁荣了起来。在大大小小各种各样的地区市场的中心（农村市场、市场街、州县城市）和州县城市相互联络的街道上的要地，承担外来和土著商品的集散、转运、保管业务的经纪业，以及兼营仓库、旅馆的经纪批发商得到了发展，并实现了个性化和机能的分化。

各区域市场的分散和孤立性（不同的价格组织、货币和度量衡），使得市场情况复杂、市场关系不透明，因此促进了经纪组织的显著发展。同时，公法上的各种关系，特别是保障贸易、维持公正与和平，虽然得到了官宪直接或间接的保护，但也应考虑到，由于商人承担着缴纳商税、牙税等烦琐的义务，因此对他们来说，有了这样的代理人、经纪人当然是方便的。像揽纳人、邑驵之类的租税承办人的发展，可以视为在缴纳贡租的官民交涉中充分利用了民间经纪组织。

关于牙人、牙侩的沿革及其机能，已有稻叶岩吉《驵侩、牙侩及牙行》[1]、小林高四郎《唐宋牙人考》《唐宋牙人考补正》[2]、仁井田陞

《唐宋法律文书研究》[3]、山内喜代美《中国商业论》[4] 等研究和著述。这里，拟将宋代商品流通组织中经纪业的种类和机能分为经纪业、经纪批发商和租税承办人，加以总括地、具体地研究。

第一节　经纪业的行业种类与机能

一　牙人的职别

宋代公法称经纪业为"牙人""牙保人""牙行人""牙行"。"牙人"及"牙保人"（牙人兼保人）这一称呼，频出于《宋刑统》卷一三《户婚律·典卖指当论竞物业》等政令、法律文书。"牙行人""牙行"之称，则散见于《五代会要》卷二六《市》"后周广顺二年十二月"条、元《通制条格》卷一八《关市·牙行》、《元典章》卷五七《刑部·诸禁·禁私造斛斗秤尺牙人》等。"牙人"与"牙行"似以同义而用，特别是"牙行"，把它解释为经纪行会看来是没有必要的。仁井田陞指出，中国的贸易法"至少从晋代以来，根据买卖目的物的种类区分为需要履行法律上的特别形式（呈报官司接受税契的手续）和不需要履行上述形式的两种。普通动产的买卖属于后者，而像土地房屋、奴隶、牛马骆驼之类主要动产的买卖则属于前者"[5]，公法上，牙人、牙保、牙行的主要业务是，当进行土地、房屋、牛马、人身的交易（买卖、雇佣）时，斡旋于买卖双方之间协商价格，经三者合议后，做成合法买卖（雇佣）契约文书，呈报官府，公示、证明如此交易，并征收牙契税、牙税（交易税），收纳牙钱（手续费）（后述）。因此，在如上述的主要动产的交易中起仲买作用的牙人称为"官牙"，而做普通动产仲买的牙人称为"私牙"，以示区别。《五代会要》卷二六《市》

"后唐天成元年十一月二十日敕"云：

> 在京市肆，凡是丝绢、斛斗、柴炭，一物以上，皆有牙人。
> 百姓将到物货卖，致时物腾贵，百姓困穷。今后宜令河南府一切
> 禁断。如是产业、人口、畜乘，须凭牙保，此外仍不得辄置。

后唐天成年间（926—930），在河南府，需要官府牙保从中介绍的交
易仅限于产业、人口、畜乘。据《元典章》卷五七《刑部·诸禁·禁
私造斛斗秤尺牙人》"皇庆元年七月"条规定，大都的"羊牙"以及
"随路^{应立文契}买卖人口、头匹、庄宅牙行"可依照前例，每交易十两
征收二钱以内的牙钱，此外的"私牙"则不作为订立交易文书和征收
牙钱的第三方。同样，《夷坚乙志》卷五《张九罔人田》也有委嘱"官
侩"做成田宅断骨契的记载。《庆元条法事类》卷七四《刑狱门·老疾
犯罪·户婚敕》云：

> 诸老疾应赎人充庄宅牙人者^{私牙人同}，杖一百。

把庄宅牙人与私牙人区别开来，可推知官牙是主要动产买卖的媒介。
经办土地房屋业务的牙人被称为"庄宅牙人"。李元弼《作邑自箴》卷
三《处事》云：

> 应镇耆庄宅牙人，根括置籍，各给手把历，遇有典卖田产，
> 即时抄上立契月日钱数，逐旬具典卖数申县，乞催印契。其历半
> 月一次赴县过押。

当时规定，凡隶属于镇（市场街）、耆（行政村落）的庄宅牙人，一律

在官府登籍，每当参与田产典卖时，即在手把历上记入立契的日期和钱数，每十天到官府办理一次缴纳税钱的手续，并向官府申请在用官制纸写好的买卖文书上加盖公印，同时每半月手把历须接受一次县官的检查。除了田宅买卖，牙侩也是租赁房屋的中介。在《夷坚支癸》卷七《王司户屋》中便可见到这种实例。

牛马交易有牛马牙人斡旋。《作邑自箴》卷三《处事》载：

> 买卖牛马之类，所在乡仪，过却定钱，便付买主牛畜。口约试水草三两日，方立契券。若有疾病，已过所约日限，卖主不伏，却烦官方与夺。人有已交价钱，未立契券；已立契券，未还价钱。盖不知律有正条条在杂律内。须录全条，晓示牛马牙人并诸乡村知委，免兴词讼。

按当时的惯行，做家畜买卖，家畜交给买主以后需试养两三天，看是否患有旧病，然后才立契约。如果过了试养期，卖主就不容易答应解除契约而成诉讼。有的已付钱而未立契约，也有虽立了契约却未付钱者。为此，唐宋的杂律[6]规定，做奴婢、牛马、驼、骡、驴的买卖时，在钱款授受三日以内应立字据，如在立约后三日以内发现旧病，可解除契约，对此务必使牛马牙人及农民周知。另据《夷坚甲志》卷一三《董白额》记载，饶州乐平县白石村村民董白额以侩牛为业，屠牛无数，可见牛侩同时也是干屠宰业的屠户。苏辙《苏黄门龙川略志》卷四《江东诸县括民马》还记述了徽州绩溪县的"马牙人"和"猪牙"之名。又《宋会要辑稿·刑法二·禁约三》"绍兴二十六年五月十六日"条载，钱塘县卖羊官圈的都牙人杨康，因为企图垄断临安府庙享及御膳所用羊只的贩卖和屠宰之利而受到处罚。

人身的买卖和雇佣也需由牙人为媒介。在宋代，只要契约手续完备，便可以买卖奴婢[7]，但买卖良民是违法的，特别对现任官的此类行为严格禁止。但事实上犯法禁、买卖良民的现象普遍存在。《名公书判清明集·雇赁》久轩先生蔡杭判《时官贩生口碍法》载：

> 见任官买贩生口，尤法禁之所不许。黄友押下供女使三名，责付官牙寻买。据黄友供，呈奉台判：为时官而买贩生口，固为碍法，为本县市民之女，于法可乎？黄友勘杖一百，押出本路界。其女子三名押下县，请知县唤上亲属分付，逐一取领状申。县尉不守条令，雇买部民之女，合行按奏，先具析，限一日申。仍请本县追上潘牙人、程牙婆两名，各从杖八十讫，申。

黄友身为现任官，买市民之女三人为女使，因此受罚杖一百，官牙潘牙人、程牙婆两人也受罚杖八十。《淳熙三山志》卷三九《土俗类·戒谕·戒生口牙》也记述了福建、广南地方禁止牙人从事人身买卖。但另一方面，人身的租赁契约和雇佣契约仍以牙人居中斡旋来订立。袁采《袁氏世范》卷下《治家·求乳母令食失恩》云：

> 逼勒牙家诱赚良人之妻，使舍其夫与子而乳我子。

同书卷下《治家·雇婢仆要牙保分明》亦云：

> 雇婢仆，须要牙保分明。牙保又不可令我家人为之也。

在雇佣乳母、婢仆时，必经牙人、牙保的介绍，但同一家庭的人不可充当牙保。孟元老《东京梦华录》卷三《雇觅人力》云：

凡雇觅人力，干当人、酒食、作匠之类，各有行老供雇。觅女使即有引至牙人。

同样，《梦粱录》卷一九《顾觅人力》亦云：

凡顾倩人力及干当人，如解库掌事、贴窗铺席、主管酒肆食店博士、铛头、行菜、过买、外出醫儿、酒家人师公、大伯等人，又有府第宅舍内诸司都知太尉、直殿御药、御带、内监寺厅分、顾觅大夫、书表司厅子、虞侯、押番、门子、直头、轿番、小厮儿、厨子、火头、直香灯道人、园丁等人，更有六房院府判提点、五房院承旨太尉、诸内司殿管判司幕士、六部朝奉雇倩私身轿番安童等人，或药铺要当铺郎中、前后作、药生作，下及门面铺席要当铺里主管后作，上门下番当直安童，俱各有行老引领。如有逃闪，将带东西，有元地脚保识人前去跟寻。如府宅官员、豪富人家，欲买宠妾、歌童、舞女、厨娘、针线供过、粗细婢妮，亦有官私牙嫂，及引置等人，但指挥便行踏逐下来。或官员士大夫等人，欲出路、还乡、上官、赴任、游学，亦有出陆行老，雇倩脚夫，欲从承揽在途服役，无有失节。

雇佣解库的掌事、贴窗铺席、主管酒肆食店博士、铛头、行菜、过买、外出醫儿、酒家人的师公、大伯，府第宅舍内诸司的都知太尉、直殿御药、御带、内监寺厅分、顾（雇）觅大夫、书表司厅子、虞侯、押番、门子、直头、轿番、小厮儿、厨子、火头、直香灯道人、园丁，六房院府判提点、五房院承旨太尉、诸内司殿管判司幕士、六部朝奉雇倩的私身轿番安童，药铺、要当铺的郎中、前后作、药生作、门面铺席要当铺的主管后作，上门下番当直（值）安童等时，由"行老"

从中斡旋，如有逃跑的则由"脚保"寻找，交还给行老；雇佣宠妾、歌童、舞女、厨娘、针线、婢妮时，由官私"牙嫂""引置（至）牙人"出面办理；外出旅行则由"出陆行老"来介绍脚夫、脚从；雇人妾、婢、侧室、乳婢等时，由女侩、牙媪从中介绍，订立契约。有关这方面的实例，可见于《夷坚丙志》卷二《罗赤脚》、同《丁志》卷一一《王从事妻》、同《丙志》卷八《耿愚侍婢》、同《丙志》卷一一《施三嫂》、同《志补》卷二二《王千一姐》、同《志补》卷八《真珠族姬》、同《甲志》卷一三《妇人三重齿》，王明清《玉照新志》卷三，《居家必用事类全集》所收《为政九要》等记载。

在官府专卖品茶、盐的买卖中也有牙人参与。《宋会要辑稿·食货三二·茶盐杂录》"绍兴元年五月十七日"条所载法令规定，茶客需持文引到城内合同场接受勘验，请买笼篰，然后往山场园户处买茶，再回城赴合同场秤制封印方可贩卖。实际上经常出现不经合同场秤制，而直接去"茶磨户牙人之家"廉价私贩，再持文引到山场园户那里买茶的违法行为。罗大经《鹤林玉露》甲编卷二《盗贼脱身》载，淳熙年间，江湖上的茶商结伙进行私贩，其当时的首领便是荆南的"茶驵"赖文政。徐鹿卿《徐清正公存稿》卷一《上殿奏事第二札》载，盐价昂贵没人买时，官府即将其分给属官，属官再分派牙侩将其分配给市井、乡村的无赖之徒。可见像茶、盐这样的专卖品也是经牙人中介而进行流通的。

另一方面，即使是普通动产的买卖，即不需立契的交易，也要按商品的不同种类由专门的牙人进行斡旋。这些人公法上被称为"私牙"。真德秀《西山先生真文忠公文集》卷七《申御史台并户部照会罢黄池镇行铺状》载，在太平州黄池镇有缣帛、香货、鱼、肉、蔬菜、药材、时令鲜果等牙铺。"牙铺"在《朱文公文集》卷一〇〇《约束榜》中也称"牙铺户"，大概是兼做经纪人的零售商。同样，亦可见《夷坚丁志》卷一五《詹小哥》载，抚州南门黄柏路居民詹六、詹七，以接鬻缣帛为生。《宋会要辑稿·刑法二·禁约》"嘉定八年五月十一日"条载，诸县命牙侩按时价自民间收买绵、绢；同书《食货一八·商税》"乾道四年九月五日"条载，婺州义乌县将乡村的柜户牙人全部登籍，强制收集以织罗为生的山村之民所织罗帛投税。又《夷坚支癸》卷五《陈泰冤梦》[8]载，抚州城内布商陈泰通过各地的驵（牙人）向抚州崇仁、乐安、金溪诸县以及邻近吉州之属县的织户预支本钱（资本），每年亲自到各驵家收集产品。驵中有一个叫曾小六的，用陈泰出资的五百贯"做屋停货"，集布数千匹;《夷坚乙志》卷七《布张家》载，荆州张牙人本来是资本不足数万钱的小本牙人，原以小商布货的仲买为业，某时接受大客五千匹布的委托出售，一下子成了富翁;《夷坚支丁》卷八《王七六僧伽》载，温州丽水布帛商人王七六，行商于衢、婺州间，在衢州市驵赵十三家，所持金三百贯被诈取并遭杀害;《夷坚支甲》卷三《张鲇鱼》载，鄱阳陶器店驵张廿二因欠税款而自杀;《夷坚支乙》卷七《王牙侩》载，牙侩王三受鄱阳乡贫民之托上市贩卖毡笠换金;《夷坚三志壬》卷九《和州僧瓶》载建康骨董牙侩孙廿二之事；等等。此外，还有米牙人[9]、炭牙人[10]、坟地的牙人[11]、贩香牙人[12]等名称的记录。还有像前面提到过的船行、船牙、饭头人等从中联系船的买卖、租赁和客货买卖的船业批发商之类的特殊名称。

二 牙人的机能

如上所述，牙人行业种类的分化，当然是与市场的广阔相对应的，甚至就像上级市场的交易品种一样细。当时物货流通，是以由府城到县城，再由县城经镇市到乡村这样顺逆对流为途径的。正如《景定建康志》卷四一《田赋志二》引李大东《蠲和买榜》云：

据管属句容县市户朱裕等状，本县系山邑，不通舟楫，坊郭之内，多是贫民下户，应于货卖物色，并是入府城打发下县。

又如《永乐大典》卷一三一三六《梦·梦夫令诉冤》所载，均是证明
这种流通组织的资料。因此，商品贸易量大的京师以及位于要衢的集
散市场，流通组织也一定有明确的分工。前面提到过的《五代会要》
卷二六《市》"后唐天成元年十一月二十日敕"云，"在京市肆，凡是
丝绢、斛斗、柴炭，一物以上，皆有牙人"，可知在五代后唐首都洛阳
的市肆上，按商品类别从事经纪业的专业化程度已很高。《梦粱录》卷
一六《米铺》载，在临安府有湖州市米市桥、黑桥之米市和新开门外
草桥下南街之米市，这两个地方的米市发挥了经纪的机能。湖州市的
米市把苏、湖、常、秀、淮、广等外州的客米，按种类推销"接客出
粜"，也就是斡旋贩卖给前来买米的客商。而对城内外的各个铺户（零
售商），在各米铺所属行会的行头（首长）参与下，协商价格，一旦商
谈成功，则由米市的小牙子将商品送到米铺，然后卖给顾客。新开门
外的米市，有三四十家经纪人，除接客打发即向客商介绍买卖以外，
还向铺家（零售商）以及山乡（严、衢、婺、处、徽、信州）的客商
介绍生意。恐怕其他商品的买卖也存在着同样的组织。与此相反，市
场规模越小，兼干其他行业的经纪人就越普遍，尤其显眼的是"牙铺"
兼营零售业和"店主牙人"兼营旅馆业。与城市的牙人"市侩"相比，
在农村其机能还没有分化，文献中常常会遇到像客店的"店主"，以及
邑驵[13]、揽户、"停塌揽纳之家"[14]、牙秤[15]等于买卖行为外的机能尚
未分化的名称。

牙人的组织如此发达，正像前面所说的，恐怕首先是因为在分散
的各共同体的相互交换中起媒介作用的远程商业，在质和量上不断扩
大，而各地区市场作为地区间交易的基础，却是分散、孤立的，而且
一般使用的价格组织、货币、度量衡又各不相同，造成市场情况复杂、

地区差价很大。《夷坚甲志》卷一六《碧澜堂》载：

> 南康建昌民家，事紫姑神甚灵，每告以先事之利，或云下江
> 茶贵可贩，或云某处乏米可载以往，必如其言获厚利。

客商的利润源泉，是敏锐地捉住地区间价格的落差，做市场性高的物资的投机买卖。地区间价格的落差不仅仅是由物资需给的偶然性带来的，也会因为市场上度量衡的不统一而产生。例如，宣和六年（1124年）前后，湖南、广南地区银的度量衡并存着广等（十钱一两）和潭等（十三钱一两）两种，广等是官府的法秤，潭等是湖南民间的私秤[16]。又如，浙西平江府、安吉州，江西隆兴府、吉州，湖南潭州，这五个地方和籴所用的斛均不同。平江府是一百三十合斛，安吉州一百一十合斛，隆兴府一百一十五合斛，吉州一百二十合斛，潭州一百一十八合斛，而官斛也就是文思院制造的法定斛为八十三合[17]。北宋苏洵《苏老泉先生文集》卷五《衡论·申法》记述这种情况云：

> 今也庶民之家，刻木比竹、绳丝缒石以为之（度量权衡）。
> 富商豪贾，内以大，出以小。齐人适楚，不知其孰为斗，孰为
> 斛，持东家之尺而校之西邻，则若十指然。

《夷坚三志壬》卷三《洞霄龙供乳》载，余杭县市户董七操秤权，以十四两为一斤；《夷坚志补》卷七《直塘风雹》载，平江府常熟县直塘市（去城百里）富民张三八翁之子张五三将仕，用大小不同十三等的斗买卖米，设质库、仓廪和大屋；同书卷七《祝家潭》载，衢州江山县峡口市一个名叫祝大郎的富人，利用大小不等的斛斗权衡发了财，经营质库；《夷坚支丁》卷二《朱巨川》还记载了同样用大小不等

的斗秤而致富的余干县团湖朱巨川的事情。此外，各地方货币也不均等[18]，例如舒岳祥《阆风集》卷二的诗赋《退之谓以鸟鸣春往往鸟以夏鸣耳古人麦黄韵鹏庚之句乃真知时山斋静听啁唶群萃有麦熟之鸣戏集鸟名而赋之》云：

> 麦熟即快活，汝不食麦空饶舌。前时斗粟银百星……

其注中说"钱楮不用，民间一切用银，薄如纸，而碎如金"。浙江台州阆风里的农民在交换时用银片作为货币。金融的钱利有"湖湘例"的惯行[19]，金、银、铜钱的通用方面也有地方性的"省陌""短陌"的惯行[20]。

在市场上还有商人内部通用的行话、专门用语，又有商人特有的谎价、减价等讨价还价之事。王君玉《杂纂续》（前三条）和苏轼《杂纂二续》（后三条）对此做了这样的记载：

> 无凭据：牙郎说咒。
>
> 难理会：经纪人市语。
>
> 不识好恶：看斩人说侩子好手。
>
> 未足信：卖物人索价说咒。
>
> 谩不得：谙熟行市买卖。
>
> 省不得：诸行市语。

《三朝北盟会编》卷二八"靖康元年正月七日"引郑望之《靖康城下奉使录》解释"买卖"云：

譬如有人买绢一匹，索价三贯文，买者酬二贯五六百文，又
添一二百文，遂交易，如此谓之买卖。

表明买卖双方讨价还价已为常例。王辟之《渑水燕谈录》卷四《忠孝》
亦对"商较"做了说明：

或曰：市井徒例高其价以邀利，非实直也。

即云讨价还价乃是买卖之常道。正是这种情况带来了市场的孤立性、
不透明性，使生产者与顾客乃至商人彼此间的直接交易变得困难且不
安，因此需要经纪商介入其中。《夷坚支丁》卷九《清风桥妇人》载：

王耕字乐道，宿预桃园人。读书不成，流而为驵侩。谙练世
故，且长于谋画。乡人或有所款，则就而取法，颇著信间里间。

牙人需要由比常人精于书算、通于世故、擅于谋划、在近邻中享有厚
望的人来承担。牙人从中介绍的对方客商的大小，当然是要由牙人本
身资产的多少、交易量的大小来确定的。牙人大部分出身于零细户，
其社会信用也不高。但也有以才智和信誉致富，由经纪批发商上升
为"大驵"的大商人者。赚了钱而成为贸易商的建康巨商杨二郎[21]；
买官而成官僚的平江大侩曹云[22]；主寿州下蔡县榷场，仲买南北行商
之货的大驵吴五郎[23]；成为茶贼之首领的茶驵赖文政[24]；做高额金融生
意的丹阳大驵[25]；因行善而获报酬，由几千贯的零散资金受大布商之
托做五千匹布货的中介买卖，而且被允许向零售商赊售，只对大布商
交契约书而可缓付货款，由于做了这笔优惠的交易一跃致富的邢州张
翁[26]——以上均系牙人靠商业谋略和信誉成为大商人的实例。特别是

最后一个事例，说明牙人通常只做与资产相应的交易，并按交易的大小分工。而牙人为了能做有利可图的大买卖，必须要有能预付接收批发商物货的足够资本和让批发商认可向零售商赊购的信誉。当然，具备这样的资本、通晓市场情况、富有才略的牙人，是很容易支配市场的。《景定建康志》卷四《平止仓》云：

> 以是数十万之生齿，常寄命于泛泛之舟楫，而米价低昂之权，又倒持于牙侩之手。

《朱文公文集别集》卷九《约束米牙不得兜揽搬米入市等事》云：

> 契勘，诸县乡村人户搬米入市出粜，多被牙人兜揽拘截在店，入水拌和，增抬价值，用小升斗出粜，赢落厚利。

需求和供给的不平衡状态，造成了牙人的垄断地位。不过，王炎《双溪文集》卷一一《上赵帅书》云：

> 盖临江军市为牙侩者，例皆贫民。虽有百斛求售，亦无钱本可以收蓄。每日止是乡落细民步担入市，坐于牙侩之门而市之，细民大概持钱分籴升斗而去。故米贱之时，负贩者则有不售之忧，米贵之时，计日而籴者则有绝粒之病。

在地方市场上，有的牙人缺乏资本，因此难以发挥中介买卖的机能。

那么，助长牙人存在的第二个理由，恐怕是官宪虽保证了买卖双方的公正交易，但公法上的各种关系使得当事人不得不与官府进行烦琐的交涉。《作邑自箴》卷二《处事》云：

交易牙人多是脱漏客旅，须召壮保三两名，及递相结保，籍定姓名，各给木牌子，随身别之。年七十已上者不得充。仍出榜晓示客旅知委。

同书卷八《牙人付身牌约束》云：

某县某色牙人某人，付身牌，开坐县司约束如后：

一不得将未经印税物货交易；

一买卖主当面自成交易者，牙人不得阻障；

一不得高抬价例，赊卖物货，拖延留滞客旅。如是自来体例赊作限钱者，须分明立约，多召壮保，不管引惹词讼。

右给付某人，遇有客旅，欲作交易，先将此牌读示。

同书卷七《榜客店户》亦云：

一客旅出卖物色，仰子细说谕，止可令系籍有牌子牙人交易。若或不曾说谕商旅，只令不系有牌子牙人交易，以致脱漏钱物，及拖延稽滞，其店户当行严断。

规定了牙人在公法上的各种义务，即七十岁以上的老人及病人[27]不得经营牙人业务。事前须由二三名壮保以及伙伴组成邻保，然后向县衙申报登记姓名，取得写着"某县某色牙人某人"，下面还记有规定事项和官府署名的木牌（身牌），在交易之前要向客商读示木牌上的条文。如果是需要立契的交易，牙人可请买卖双方加盖官印及交纳牙契税，但不得阻碍买卖双方的直接商谈。并且，禁止故意抬高价格以及迫使客商同意赊账和故意拖延欠款。如要按例确定支付赊账欠款的日期，必须弄清契约并由壮保出面担保。关于对赊账买卖的警告，《五代会要》卷二六"周广顺二年十二月"条云：

> 开封府奏：商贾及诸色人诉称，被牙人店主引领百姓，赊买财货，违限不还。其亦有将物去后，便与牙人设计，公然隐没。

赊账买卖经常出现引诱百姓对外来商人或贩卖委托人赖账不还或欺骗的行为。《宋史》卷三五一《林摅传》亦记载了开封大驵某人对客商赖账的行为。之所以要让牙人全部到官府记籍，携带身牌，并规定"不系有牌子牙人"为非法的，其目的主要在于保证买卖的公正、安全和确保立契对象买卖的牙契税收入。

所谓牙契税，指的是在田宅、家畜、人身等立契物的买卖时，请求在契书上盖官印的同时应交纳的买卖税。在五代后唐时期，每一贯文交契税二十文[28]。在宋代，据俞文豹《吹剑录外集》载，每千文规定交四十文。据程大昌《演繁露续集》卷五《税契》载，从东晋到南朝梁陈间，买卖奴婢、马牛、田宅时，每一万文卖者交三百，买者交一百，计四百文，即宋时向官府交纳的"田宅报券输钱"。建炎时期是券一千税四十，其后每一千交百余，也就是交 10% 以上。牙契钱在当时与商税一样是重要的地方财源[29]。

牙人在经办立契物件的买卖时，除要向官府纳牙契税外，是否还需担负其他什么课税就不清楚了。只是牙人在买卖经办成功后，从买卖当事人那里收取一二成的手续费，此与课税无关，这大概就是所谓的牙钱[30]。王之道《相山集》卷二〇《论和籴利害札子》云：

> 百姓寻常入市粜卖，其铺户于粜籴名下，每斗各收牙钱
> 一二十文。

也就是说，当时的米价假如是每斗二百文，则牙钱为半成至一成，如果每斗是一百文，则是一至二成。《数书九章》卷一二《推知籴数》载："问：和籴三百万贯，求米石数。闻每石牙钱三十，籴场量米折支牙人所得，每石出牵钱八百，牙人量米四石六斗八合，折与牵头，欲知米数、石价、牙钱、牙米、牵钱各几何？答曰：籴到米一十二万石，石价二十五贯文，牙钱三千六百贯文，折米一百四十四石，牵钱一百一十五贯二百文。"假设一石米为二百五十文的话，牙钱每石三十文，那么就是一点二成，此外还有折米一百四十四石的收入。因此可以说，虽然牙钱一般是按惯例来收纳的，但牙人手中的征收权已是被公认的权利了。

从上面的叙述可知，促使牙人的商业组织发展的根本原因，大概就是市场的分散孤立性及其不透明性。官宪保护并监督这一组织，而一般民众、商人和牙人本身也不得不从属于这种半官半民的保证制度。由此可以看出其存在的独立性和政治上的寄生性质。

第二节　经纪批发商——客店、邸店、停塌

前面已经说过，宋代的经纪业不仅被叫作"牙人""牙侩"，而且有很多被称为"店户""客店""停塌"的仓库、旅馆业兼营者。

据加藤繁所述，这种商业仓库在唐以前称为"邸""店"以及"邸阁""邸店"，专沿城市商业区"市"的内墙而设。唐代市制崩溃后，邸、店开始设于"市"墙外的方便之处，而且出现了叫作"塌场""塌

坊"的仓库业。它们虽有官营、私营之别，但其实际经营者都是商人，并征收叫作"堆垛钱""垛地钱""巡廊钱"的仓库保管费。除了独立的仓库业以外，还有"居停"，也就是让人住宿，同时可以寄存货物的旅馆兼仓库业，经营者称为"居停主人"，负责客商寄托货物的贩卖和受托代购物资等，具有批发商的机能[31]。

加藤繁侧重于批发城市（日文：卸壳都市）的研究，而周藤吉之则论证了地方市场上旅馆业的发达。据周藤的研究，从唐代开始，街道上已有店肆，向旅行者以及商人提供驿马或食品。到了宋代，特别是在华北、华中、四川，这种道路上的店肆（道居）尤为发达，有的发展为聚落、草市，甚至上升为镇市、县市，其中华北地区许多地方以某店镇、某店县而发展起来。这说明了由邸店、道店和旅店发展起来的聚落，由于交通商业的繁荣进一步发展成了小城市[32]。下面让我们从商业史的角度详细地探讨一下加藤、周藤两位先生所展望的城市和农村的仓库、旅馆业的发展情况。

一　经纪批发业的普及

首先就大城市来看，被称为"塌坊"的仓库业，是经纪批发业中规模最大而且按机能分化了的行业。耐得翁《都城纪胜·坊院》载：

> 而城中北关水门内，有水数十里，曰白洋湖。其富家于水次起迷〔造〕塌坊十数所，每所为屋千余间，小者亦数百间，以寄藏都城店铺及客旅物货。四维皆水，亦可防避风烛，又免盗贼，甚为都城富室之便。其他州郡无此，虽荆南、沙市、太平州、黄池，皆客商所聚，亦无此等坊院。

《梦粱录》卷一九《塌房》也有同样记载：

且城郭内北关水门里，有水路周回数里，自梅家桥至白洋湖、方家桥直到法物库市舶前，有慈元殿及富豪内侍诸司等人家于水次起造塌房数十所，为屋数千间，专以假赁与市郭间铺席宅舍及客旅，寄藏物货并动具等物。四面皆水，不惟可避风烛，亦可免偷盗，极为利便。盖置塌坊家，月月取索假赁者管巡廊钱会、雇养人力，遇夜巡警，不致疏虞。其他州郡，如荆南、沙市、太平州、黄池，皆客商所聚，虽云浩繁，亦恐无此等稳当房屋矣。

从临安府城内的西南墙经东南角的白洋池，沿东墙而流的运河河岸上建有官私富豪所拥有的塌坊十几所（一所坊屋千余间），用来租给城市内的铺户、富民及外来的客商存放货物和舟车器具等工具，给予警卫和保管，每月向租用者征收叫作"巡廊钱会"的仓库保管费。像这样规模的仓库，在内地的荆南、沙市、太平州、黄池等批发城市也是见不到的。成寻《参天台五台山记》卷一"熙宁五年四月十三日壬戌"条亦云：

未时，着杭州凑口，津屋皆瓦葺，楼门相交，海面方叠石高一丈许，长十余町许。及江口，河左右同前，大桥亘河，如日本宇治桥。

目睹了在杭州凑口以及浙江江口、运河左右，并排于水面上的有瓦葺、楼门，铺着石板的津屋（仓库）长达十多町[33]。又《夷坚丁志》卷六《泉州杨客》载，绍兴十年，泉州贸易商杨客至钱塘江下，将沉香、龙脑、珠琲、布、苏木等货物置于抱剑街主人唐翁家的土库和库外，自己投宿柴垛桥西客馆。《续资治通鉴长编》卷四四九"元祐五年十月戊戌"条载，山东青州知州王安礼，在任期间，买生丝令机户织生花白隔布三百二十匹，命属吏兼牙人张仅，去开封府城内蔡市桥的老友姜殿直处投宿并委托其贩卖，姜则在城内界南头的孙师颜、郑孝孙、赵良佑三人的铺内，以"城北姜殿直出卖"的名义出售。顺便说一下，姜殿直乃出入于王安礼门下的富商，开有四所正店。《宋会要辑稿·食货三〇·茶法杂录上》"崇宁二年十月三日"条的"京城提举茶场司状"载，茶商一到开封，便堆垛于民间邸店，待卖完或得茶引再贩于外地时，向邸店支付保管费"垛户钱"。这些资料加藤繁已经提过了，当时大城市里有称为塌坊、邸店的仓库业，它们有的替客商及店铺保管商品和护卫动具（车、船），有的供客商住宿并向支店推销货物，有的虽不住客商但代为保管和受托贩卖货物，等等。《五代会要》卷二六"周广顺二年十二月"条云：

> 开封府奏：商贾及诸色人诉称，被牙人店主引领百姓，赊买财货，违限不还。

《旧唐书》卷四八《食货上》"元和四年闰三月"条云：

> 自今已后，有因交关用欠陌钱者，宜但令本行头及居停主人、牙人等，检察送官。如有容隐，兼许卖物领钱人纠告，其行头主人牙人重加科罪。

这里的牙人店主、居停主人牙人等称呼，应认为是公法上对上述经纪批发业的总称。

不仅像上面说的大城市的塌坊、邸店，就是地方的大小市场上相当于经纪批发商的仓库、旅馆业也普及发展起来了。在地方性的交换中心，州县城、驿铺、渡口、榷场等地方都有邸店、客店设施。如《夷坚丁志》卷一五《张客奇遇》载，饶州余干县乡民张客行贩至县城投宿于邸店（即旅馆），而同乡人杨客也在饶州市门开了邸店；《夷坚支庚》卷六《处州客店》载，处州民叶青掌管城外的大店，因便于趋市交易，投宿者甚多；《太平广记》卷二四三《何明远》载，唐定州富豪何明远主官府三驿，在驿边建店以供商人停贮，家中有绫机五百张织布，因而致富；《夷坚支丁》卷三《廖氏鱼塘》载，绍熙年间，赣州雩都县曲阳铺东居民廖少大开旅店，兼营鱼塘二处二十亩以获利；《夷坚三志己》卷二《姜七家猪》《姜店女鬼》《颜氏店鹅》载，庆元年间，在有榷场的寿春府府市，邀接商旅做牙侩的姜七出租客房，五客负贩南药至，五客又再起程离开寿春榷场到淮北往颜氏店投宿。旅邸也设于县城与县城之间的道路边上。如《夷坚丁志》卷七《荆山客邸》载，洛州人韩洙流寓于信州弋阳县东二十里的荆山，开设了酒肆和客邸；《夷坚乙志》卷一二《王晌恶谶》载，在广德军南门外巽岭有梅花店；《夷坚甲志》卷八《金刚灵验》载，在寿春府城外三十里有旅邸；《夷坚三志辛》卷六《胡廿四父子》载，饶州乐平县永丰乡乡民胡廿四，在大梅岭开旅店，受信州弋阳县某客子之托承包买麻子制油；《夷坚丙志》卷六《徐侍郎》载，在吉州吉水县城下三十里有客邸；周必大《南归录》载有池州城外的十八里店，饶州城外的四十里店之名；杨万里《诚斋集》卷三三《四更发青阳县西五里柯家店》有池州青阳县西五里的柯家店，同书卷二六《咏十里塘姜店水亭前竹林》有十里塘姜店，同书卷三四《宿三里店溪声聒睡终夕》有三里店等记载；《三朝北盟会编》卷二四四引张棣《金虏图经》载，"邢州至都城店二十五里，都城至内邱县三十里，内邱至范县店十五里，范县至柏乡县二十五里，柏乡至江店十五里，江店至赵州三十里，赵州至栾城县三十里，栾城至灵店铺三十五里"，以十五至三十里为间隔，州县城与店星罗棋布。《元典章》卷五一《刑部一三·诸盗三·设置巡防弓手》云：

> 州县城子相离窎远去处，其间五七十里，所有村店及二十户以上者，设巡防弓手，合用器仗必须备足，令本县长官提控。若不及二十户者，依数差补。若无村店去处，或五七十里创立聚落店舍，亦须要及二十户数，其巡军另设，不在户数之内。关津渡口，必当设置店舍弓手去处，不在五七十里之限。

元代，州县城相距五七十里者，其间如有以店舍为中心的二十户以上的聚落，则配备弓手以保护商人行旅，应该考虑到这是以每隔二十五至三十五里要有一聚落的布局为前提而公布这一法令的。下面再看一看州县城以下的市场街的情形。《作邑自箴》卷六《劝喻民庶榜》云：

> 镇市中并外镇步逐乡村店舍多处，各张一本，更作小字刊板，遇有耆宿到县，给与令广也。

杨万里《诚斋集》卷二五《小憩玉坊镇新店进退格》和卷三四《宿新市徐公店》《题青山市汪家店》分别载有"玉坊镇新店"和"新市徐公店""青山市汪家店"之名。在华北、四川还经常可见"某店镇"的名称。此外，村落的小定期市也有客店。赵蕃《淳熙稿》卷八《上宠市早饭》云：

> 逢虚旅饭菅。

《夷坚支癸》卷四《醴陵店主人》云：

次醴陵界，投宿村墟客店。

释道潜《参寥子诗集》卷一《归宗道中》云：

数辰竞一墟，邸店如云屯。

一般村落中亦有设客店的记载，如《夷坚甲志》卷二〇《木先生》云：

投宿小村邸，唯有一室。

前述《作邑自箴》卷三《处事》云：

取责逐耆长，所管乡分图子阔狭、地里、村分、四至，开说某村有某寺观、庙宇、古迹、亭馆、酒坊、河渡、巡铺屋舍、客店等若干，及耆长、壮丁居止，各要至县的确地里，委无漏落，诣实结罪状连申，置薄抄上。内寺观、庙、亭馆、倒塌、酒坊、客店开闭，仰实时申举，以凭于薄内批凿。寺庙等依旧兴修，店坊复有人开赁，亦仰申报。

亭馆、倒塌、酒坊、客店的开闭需以村为单位向县里申报。《宋会要辑稿·食货一四·免役》"乾道五年二月十五日"条载，在农村的资产评定法"家业物力"中，"停塌""店铺""坊廊"均与"质库""租牛""赁船"并列。这可以说是农村中仓库、经纪业、旅馆业普及的一个很好证明。

这里的"倒塌"，大概与《五代会要》卷一五《户部》"周广顺三年正月敕"中所云"其空闲倒塌店宅及空地，又准此指挥"之倒塌是同义的。现代汉语里的"倒塌"，有"破了产的店铺"之义。有关"停塌"，据加藤繁的考证[34]，以及《三朝北盟会编》卷二九"靖康元年正月八日"条之记载：

> 缘京师四方客旅买卖多，遂号富庶。人家有钱本，多是停塌解质舟船往来兴贩，岂肯闲着钱，买金在家顿放？

指的是设置仓库囤积贮藏货物，或者存放他人货物，做投机买卖的人或行为。例如，前举宋郑獬的高祖郑保雍，五代末行商于湖湘之间，而后携资产巨万在安州定居，成了城市地主，同时为他人保存钱物；《夷坚志补》卷七《直塘风雹》载，平江府常熟县去城百里的直塘市住着一位富民张氏，用机械起家，家中设有质库、仓廪、大屋，与米商、盐商等做交易（参照本书第三章第一节）。廖刚《高峰文集》卷二《乞预备赈济札子》云：

> 若（常平）籴本降迟，谷米先为揭家收聚，虽欲增价取之，民间已无米矣。

记述了"揭家"在乡里收买米的情况。《朱文公文集别集》卷九《禁豪户不许尽行收籴》也记载了地方城市里富豪上户以囤积投机买卖为业的情形：

> 照对，本（南康）军管下今岁旱伤。访闻，目今外郡客人兴贩米谷，到星子、都昌、建昌县管下诸处口岸出籴，多是豪强上户拘占，尽数收籴，以待来年谷价腾踊之时，倚收厚利，更不容细民

收粜。

《水心先生文集》卷二三《竹洲戴君墓志铭》也记录了居住于台州黄严县南塘的戴氏，经营山林、渔业和农业，同时聚族数十累世富裕的事情。

正如以上所述，在地方的州县城、镇市和草市等市场街、村市和虚市等农村市场地，以及村落内，还有州县城之间约二三十里的地方，确实都分布有兼营住宿和仓库的客店、邸店或仓库业、停塌家，虽然塌坊、邸店的规模不及大城市的那么大。以下，笔者将研究它们的机能。

二 经纪批发商的机能

《作邑自箴》卷七《榜客店户》有如下记述：

> 一逐店常切洒扫头房三两处，并新净荐席之类，祗候官员秀才安下。

> 一官员秀才到店安下，不得喧闹无礼。

> 一客旅安泊多日，颇涉疑虑，又非理使钱不着次第，或行止不明之人，仰密来告官，或就近报知捕盗官员。

> 一客旅不安，不得起遣，仰立便告报耆壮，唤就近医人看理，限当日内具病状申县照会，如或耆壮于道路间抬舁病人于店内安泊，亦须如法照顾，不管失所，候较损日，同耆壮将领赴县出头，以凭支给钱物与店户、医人等。

> 一客旅出卖物色，仰子细说谕，止可令系籍有牌子牙人交易，若或不曾说谕商旅，只令不系有牌子牙人交易，以致脱漏钱物，及拖延稽滞，其店户当行严断。

> 一说谕客旅，凡出卖系税行货，仰先赴务印税讫，方得出

卖，以防无图之辈恐吓钱物，况本务饶润所纳税钱。

　　一说谕客旅，不得信凭牙人说作高抬价钱、赊卖物色前去，拖坠不还，不若减价见钱交易，如是久例，赊买者须立壮保，分明邀约。

同书卷七《榜耆壮》亦云：

　　一店舍内有官员秀才商旅宿泊，严切指挥邻保夜间巡喝，不管稍有疏虞。

据此所载，当时的店户、客店对官府承担有这样的义务：住宿者中如有官员、举人，须为其留出清洁的荐席和二三间上室；官员、举人、商人住宿时须令邻保夜间警戒；客商贩卖货物时，须代为介绍经官府登记并持有官府所发木牌的牙人，监视是否漏税，在被课物件买卖之前劝其纳税；要保护客商不遭恶劣牙人之害，以防牙人行骗，为避免因赊卖交易而受损失，应动员进行现金买卖；发现住宿人有可疑行为要申报，如住宿人或行路人生病时也要报告并做好护理[35]。

　　总之，当时的客店不仅是旅馆业，而且兼有推销货物、斡旋买卖的机能。但上面的例子是店户成为斡旋牙人的商人旅店，有的则是店主或其家人兼做牙人。《夷坚三志辛》卷六《胡廿四父子》载饶州乐平县永丰乡的乡民胡廿四在大梅岭开客店，为信州弋阳县的一客商收买麻子并承包制造麻油；《夷坚三志己》卷三《支友璋鬼狂》载涟水县支氏夫妇在沙家堰开客邸，让能说会道、诡计多端的儿子友璋做牙侩，中介商客之买卖；《夷坚三志己》卷二《姜七家猪》载在寿春府，姜七做牙侩，又经营客房。《事林广记·庚集》卷二《旅行杂记》载在旅途中，如需雇佣人夫时，可委托路旁的"店主"代办，如遇水路需雇佣船只，可就"店主牙家处"做契约，也就是说，客店除经营住宿外，还直接或间接地做客货的委托买卖，为舟船、人力的雇佣等做介绍工作。《作邑自箴》（前揭）有劝说客商做现金交易、尽量避免赊卖的记载，说明通过客店进行了长期的信用买卖，这种行为当然是需要兼营仓库业的。廖行之《省斋集》卷五《论军须禁物商贩透漏乞责场务照验税物申明法禁札子》云：

> 近巴陵（岳州）道间逆旅，有夕而火者，室庐一空，行商托宿于其家，负担适遭焚热。郡疑有奸，檄往究实。乃见煨烬之中，鳔胶狼籍，计火所余，尚有数百斤，试询其故，云由鄞浙而来，将趋荆襄。

客商为负担行商将货物寄存在旅店。《夷坚三志己》卷二《姜店女鬼》载寿春府做牙侩的市民姜七，把家对面的空房子出租当作客房并停贮车乘、器仗；临安的塌坊也同样把客商的牛马、车乘、器物等动用收管于仓库中。还有，前述《夷坚支癸》卷五《陈泰冤梦》载抚州布商陈泰，通过各地的驵向抚州崇仁县、乐安县、金溪县以及吉州诸县的织户预支本钱，每年自往各驵家收布，乐安县的驵曾小六用陈泰的五百贯钱建屋作仓库，存布数千匹。这是一则说明以地方特别是以县城为基地的经纪批发商与通过他们集货的州城商客（预贷商人）之间关系的好资料。

第三节　　租税承办人

从一般交易中市场的孤立性、不透明性，以及由官宪来保证和维持买卖的进行，但又不得不与官方进行烦琐交涉的这种情况，可以推测人们希望有代理人、委托人的存在。这就是助长牙人组织发达的原因。而在贡租的缴纳、物资的调配这些官民的交涉中，同样也存在着这一情况，这就产生了承办租税、代行纳租的特殊牙人。

据《夷坚志补》卷七《叶三郎》载，饶州乐平县的邑驵（县市牙人）叶三郎，以市井之辈俗称的"揽户"为业，两代人均出入于南原富室刘氏家中，受委托代办田亩税赋的纳入事务。而同样出入于刘氏之门的胡鎕匠却声称他所熟悉的揽户苏氏产业厚实，紧急时候可以自己的资财代纳，为此刘氏解除了对叶三郎的委托，收回簿籍换上了苏氏，叶氏因被夺了衣食活路而死。袁采《袁氏世范》卷下《治家·税赋宜预办》云：

> 凡有家产，必有税赋，须是先截留输纳之资，却将赢余分给日用。岁入或薄，只得省用，不可侵支输纳之资。临时为官中所迫，则举债认息，或托揽户兑纳，而高价算还，是皆可以耗家。

告诫人们向官府纳贡租时，如不事前留出纳税的一份，就要向他人付利贷款，或让揽户代纳后以高价算还，结果造成破产。程俱《北山小集》卷三七《乞免秀州和买绢奏状》载，苏州、秀州专门种植水稻而无养蚕业，但却向苏州和秀州分别课四万匹和二万匹的和买绸绢，为此，两州农民只好委托"行贩之人"在纳期前到杭州、湖州等织布地区的乡村收买并代纳。行贩人在产地低价"儫揽"劣质绢，而向委托人索取高价。袁甫《蒙斋集》卷二《知徽州奏便民五事状》载，揽户在接受税户委托之际抬高价格，而向机户收买绢时则压低价格，收买"纰疏难售"的等外绢，乘官府漕运之急，纳入劣质品。《宋会要辑稿·食货九·赋税杂录》"绍兴二十四年四月十八日"条载，纳绢帛时，公吏与揽子相勾结，接收等外的劣质品，而对一般税户的直接纳入者，则故意将其定为等外品甚至涂抹上柿油墨煤，即使合格品也要倍纳税钱。《续资治通鉴长编》卷四三二"元祐四年八月是月"条"知杭州苏轼言"，在两浙诸州，豪民和揽纳人唆使民众，故意织造"轻疏糊药绸绢"上纳，以此来表示对和买和交纳夏税的抵抗。《建炎以来系年要录》卷八八"绍兴五年四月庚戌"条载，在湖州每月从民间收买军粮四千四百余石，官府支付的米价每斗不过三百文，而揽户从民间多征收三百文才能缴完 *。《宋会要辑稿·食货一二·户口杂录》"绍兴三十二年五月二十一日"条载，湖州提出了以每四五人为一匹的整数来纳身丁税的办法，但对深山农村的农民来说买卖纳整不便，只得委托揽户而从中受其盘剥，因此这一方案遭到了反对。揽户、揽人、邑驵等租税承办人就是这样在缴纳租税、和籴、和买时于官民双方之间斡旋的。揽户一定"非系公人"，而且州县的吏人、乡书手、专斗在揽纳租税时禁止接受财物。《庆元条法事类》卷四七《赋役门·揽纳税租·户婚敕》中记载：

> 诸揽纳税租和预买绸绢钱物谓非系公之人，本限内不纳，杖六十,二十四匹加一等，罪止徒一年。
> 诸州县系公人揽纳税租者，杖八十。
> 诸州县吏人、乡书手、专斗揽纳税租，而受乞财物者，加受乞监临罪三等，杖罪邻州编管，徒以上配本州。

除"揽户"这一名称外，徐鹿卿《徐清正公存稿》卷一《上殿奏

---

　　* 原文为："前政汪藻将本州军粮每月四千四百余石尽抛在民间籴买，人户无得脱者。官给价钱每斗不过三百文，而揽户又于民间每斗取钱三百文方能输纳。近来两浙米价倒长，街市每斗已七百文，民情皇皇，委是无处籴买，乞于上供米内借留万斛以纾目前之急。"——编者注

事第二札》载有参与官盐贩卖的"牙侩若包卖之家""牙侩领揽之家"的称呼，或略称"牙揽"。又华镇《云溪居士集》卷二六《湖南转运司申明茶事札子》云，有在湖南潭州茶园所有者以外承办缴纳农民的茶的"停塌揽纳之家"；明曹学佺《蜀中广记》卷三一亦有元代从四川江油县买官米起运的店户的记述，并加以说明"领买者为店户，即包揽之别名"。这些大体上都可以认为是同类的租税承办人。

如上所述，在宋代田宅、家畜、人身等主要动产，包括其他普通动产的买卖、租借的交易中，"牙人"所在的经纪业很发达。随之而来出现了兼营仓库、旅馆业的经纪批发商和代理贡租、官物纳入的租税承办人。兹将这种商业组织简单列图如图 5.1 和图 5.2。

图5.1　牙人的类别

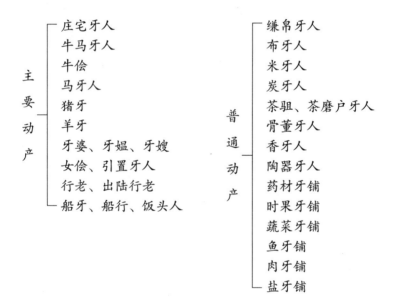

主要动产
- 庄宅牙人
- 牛马牙人
- 牛侩
- 马牙人
- 猪牙
- 羊牙
- 牙婆、牙媪、牙嫂
- 女侩、引置牙人
- 行老、出陆行老
- 船牙、船行、饭头人

普通动产
- 缣帛牙人
- 布牙人
- 米牙人
- 炭牙人
- 茶驵、茶磨户牙人
- 骨董牙人
- 香牙人
- 陶器牙人
- 药材牙铺
- 时果牙铺
- 蔬菜牙铺
- 鱼牙铺
- 肉牙铺
- 盐牙铺

图5.2 宋代的商业组织

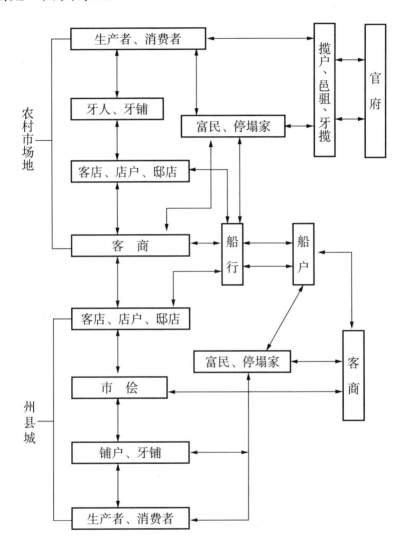

注释

[1] 《东亚经济研究》5，2、3。

[2] 《史学》8，1、3。

[3] 东京：东方文化学院东京研究所，1937。

[4] 东京：严松堂书店，1942。

[5] 仁井田陞：《中国法制史》（增补版），第 306 页，东京：岩波书店，1962。

[6] 《唐律疏议》卷二六《买奴婢牛马立券》。《宋刑统》卷二六《校斗秤不平》。

[7] 仁井田陞：《唐宋法律文书研究》，第 161–192 页，东京：东方文化学院东京研究所，1937。周密：《癸辛杂识前集·郑仙姑》。

[8] 《永乐大典》卷一三一三六《梦·梦夫令诉冤》亦有同样记载。参考周藤吉之：《宋代经济史研究》第 355、356 页中之详细记录，东京：东京大学出版会，1962。

[9] 参考本书第三章第一节。

[10] 《建炎以来系年要录》卷一七三"绍兴二十六年七月"。

[11] 《夷坚续志前集》卷二《警戒门·占人阴地》。

[12] 《朱文公文集》卷一八《按唐仲友第三状》。

[13] 《夷坚志补》卷七《叶三郎》。

[14] 华镇：《云溪居士集》卷二六《湖南转运司申明茶事札子》。

[15] 《宝庆四明志》卷二《秀山砂岸》。

[16] 胡寅：《斐然集》卷一五《缴湖南勘刘式翻异》。

[17] 秦九韶：《数书九章》卷一一《课籴贵贱》。

[18] 参考宫崎市定：《五代宋初的通货问题》，第 83–117 页，京都：星野书店，1943。加藤繁：《南宋时代银的流通以及银和会子的关系》，载《中国经济史考证》下卷（东京：东洋文库，1953）等。

[19] 《清明集·户婚门·背主赖库本钱》。

[20] 加藤繁：《唐宋时代之金银研究》，第 476–478 页，东京：东洋文库，1926。欧阳修：《归田录》卷下。沈括：《梦溪笔谈》卷四《辩证二》。洪迈：《容斋三笔》卷四《省钱百陌》。罗大经：《鹤林玉露》甲编卷一《官省钱》。

[21] 《夷坚志补》卷二一《鬼国母》。

[22] 《建炎以来系年要录》卷一七二"绍兴二十六年四月"。

[23] 《夷坚志补》卷六《张本头》。

[24] 《鹤林玉露》甲编卷二《盗贼脱身》。

[25] 《夷坚志补》卷六《徐辉仲》。

[26] 《夷坚乙志》卷七《布张家》。

[27] 《庆元条法事类》卷七四《刑狱门·老疾犯罪·户婚敕》："诸老疾应赎人充庄宅牙人者私牙人同，杖一百。"

[28] 据《册府元龟》卷四九四《山泽二》"后唐天成四年赵燕奏"载，在京城（洛阳）庄宅的买卖价格，每一贯文抽契税二十文，市牙人每一贯文收牙钱（手续费）一百文。

[29] 《宝庆四明志》卷六《叙赋下·牙契》。

[30] 参考《册府元龟》卷四九四《山泽二》"后唐天成四年赵燕奏"。又《元典章》卷五七《刑部·诸禁·禁私造斛斗秤尺牙人》载："况兼客旅买卖，依例纳税。若更设立诸色牙行，抽分牙钱，刮削市利，侵渔百姓，于民不便。除大都羊牙依上年例收办，及随路应立文契买卖人口、头匹、庄宅牙行，依前存设，验价取要牙钱，每十两不过二钱。其余各色牙人，并行革去。"

[31] 加藤繁：《唐宋时代的仓库》《居停和停塌》，载《中国经济史考证》上卷，东京：东洋文库，1952。

[32] 周藤吉之：《宋代乡村店、市、步的发展》，载《唐宋社会经济史研究》，东京：东京大学出版会，1965。

[33] 町：旧时距离单位，约合一百〇九米。

[34] 加藤繁：《居停和停塌》，载《中国经济史考证》上卷，东京：东洋文库，1952。

[35] 关于店户邸家对病人及行路病者的义务，参考《朱文公文集别集》卷九《禁旅店不许递传单独》，沈括、苏轼《苏沈良方》卷二《通关散》"治诸中风伤寒"。

第六章　商人资本的诸性质

第一节　商人资本的形成——宋代福建商人的活动
及其社会经济背景

　　宋代以来，被称为"闽商""闽贾""闽船"的福建商人们的活动，开始为社会所注目，在商业界显得越来越重要了。他们的活动领域，主要是海陆的贸易商业、运输业、金融业，同时，作为技艺人、僧侣、道士兼营的商业和农民的副业也不可忽视。当时他们主动地投身于这些职业，不外是由于人口过剩和耕地寡少，并受到了新的商业营利机会的激发。并且，当这些出身于福建的发迹者，包括士大夫，向外地扩展势力时，则以牢固的地缘纽带在社会、经济上相互结合起来。于是，为了完全把握福建商人活动的意义，综合究明福建社会分工的特殊倾向，以及决定这种倾向的历史、地理人文、社会经济等诸条件是很有必要的。关于宋代的福建商人，日比野丈夫、森克己、和田久德等出色的研究者已经做过部分的论述[1]，于此试从社会经济的背景再论福建商人的活动。

一　历史的展望——福建的开发

唐以前的福建，是因险恶自然条件的阻隔而孤立于中原的化外之地[2]。唐中期以后，这种状况跃然一变，在仅仅三四百年间，福建便成了华南重要的文化、经济的先进地区[3]。促使这一变化产生的直接原因，可以归结于远程商业的刺激和中原人口迁居南方而带来的文化、经济方面的开发。

海上贸易的影响对于福建商业的发展是很重要的。当然，泉州设置市舶司，官府控制贸易是在元祐二年[4]，而泉州名副其实地作为南海贸易的中枢港而繁荣起来却是在南宋以后[5]。然而，事实上唐末以来福建沿海的贸易就已经很活跃[6]，五代闽国通过对中原王朝朝贡贸易的形式发展了公私贸易[7]。到了宋代，交通技术尤其是海运业更加进步[8]，正如吕颐浩《忠穆集》卷二《论舟楫之利》所云：

> 南方木性，与水相宜，故海船以福建为上，广东西船次之，温明州船又次之。

《三朝北盟会编》卷二三〇"绍兴三十一年七月二十一日壬辰"条亦云：

> 金人所造战船，系是福建人，北人谓之倪蛮子等三人指教打造。

福建的造船技术受到了高度的评价。航海技术也很进步，廖刚《高峰文集》卷五《漳州到任条具民间利病五事奏状》云：

> （海船）则又必趁风信时候，冬南夏北，未尝逆施，是以舟

行平稳，少有疏虞，风色既顺，一日千里，曾不为难。

到高丽需五、七乃至二十日 [9]，至温州、明州所需不过三数日 [10]，缩短了与市场的经济距离，形成了分散但经常沟通的地方诸市场的交易形态。这样一来，以海上商业为主的远程商业便繁荣起来了。熙宁十年福建的商税额约二十四万贯，比旧税额约十三万贯有了显著的增加 [11]。通过远程贸易所蓄积起来的商业财富使沿海城市和顺着内陆商路的城市富裕起来，促进了城市周边产业的发达。以精力、智慧谋求冒险和发财机会的商人、浮浪民都集中到这些城市 [12]。

集中的人口并不仅仅是商人。唐中期以降，中原有地位有教养之人士和一般平民，为追求安定与发展空间而陆续移居到福建，直到南宋，仍持续着这种状况。叶绍翁《四朝闻见录戊集·淮民浆枣》云：

> 绍兴和议既坚，淮民始知生聚之乐，桑麦大稔。福建号为乐区，负戴而之者，谓之反淮南。……自开禧兵变，淮民稍徙，入于浙、于闽。

中原人们的移居，对文化的开发做出了贡献。宋代，福建在进士登第魁天下的同时高官辈出，他们不仅相互举荐，在中央政界形成了福建人的势力 [13]，就是在思想方面，闽学也领导着南宋的思想界。可以说，在宋末，闽之儒风甲东南 [14]，而特别是泉州、福州居于最先列 [15]，学校大量设立 [16]，正如方大琮《铁庵方公文集》卷三三《永福辛卯劝农文》之所云：

> 吾邑（永福县）家尽弦诵，人识律令，非独士为然。农工商各教子读书，虽牧儿饁妇，亦能口诵古人语言。

这种普及到农工商的教育方面的先进性，对福建商人的形成有着极为重要的作用。唐中期以后，在经济上由寺院[17]、豪族率先进行了开发，与此同时政府也从财政方面给予积极的援助，从而使土地、产业、交通道路得到了显著的开拓[18]。然而，开发并不只是带来繁荣，劳动人口的过剩和贫穷，在北宋中期就已经明显地反映出来了。[19]可是，人口的流入依然很盛，无非是由于这个地方具有营利和发展的机会。因此，人口过剩与营利机会的相互作用，促使福建的产业发生了变革，给社会带来了影响，并涌现出了大批的专业、副业商人。

二　产业上的诸变化——营利机会的增大

见于《中书备对》中的耕地面积、户口数[20]，也是很清楚的。耕地比人口数寡少的状况，基本上制约了福建的农业。"七闽地狭人稠，为生艰难，非他处比"[21]这样的情况，宋初以来频繁出现。诚然，在海岸的温暖地带，水稻的二茬制[22]和潮田、湖田[23]的开垦，部分弥补了耕地的不足，但并没有取得太大的效果[24]。而在多半是山区的上四州（建州、南剑州、邵武军、汀州），方勺《泊宅编》卷中云：

> 七闽地狭瘠而水源浅远，其人虽至勤俭，而所以为生之具，比他处终无有甚富者。垦山陇如田，层起如阶级然。

彻底地利用了耕地，而分工更细了[25]。福建的农业之所以与江浙同处领先地位，与其说是依赖土地和高生产率，还不如说是充分地利用耕地、劳动集约的农耕、耕作技术的进步[26]和辛勤劳动的直接成果[27]。不过，集约农耕和勤劳也是有限度的，"闽之俗，土瘠人贫，号为甚富者，视江浙不能百一"[28]，农业经营中自立发展的余地是极其有限的。结果造成了对土地的无限欲求而使田价不断地上升[29]。另一方面，对土地的投资也是有限的，只有通过农产品的商品化和经营其他产业来谋求生计，远程商业和交通的发达促进了这种趋势的发展。举其例子，有如《铁庵方公文集》卷二一《上乡守项寺丞书》云：

> 闽上四州产米最多，犹禁种秫，禁造曲，禁种柑橘、凿池养鱼。盖欲无寸地不可耕，无粒米不可食，以产米有余之邦而防虑至此，况岁无半粮乎。今兴化县田耗于秫糯，岁肩入城者不知其几千担。仙游县田耗于蔗糖，岁运入淮浙者不知其几万坛。蔗之妨田固矣。

韩元吉《南涧甲乙稿》卷一八《建宁府劝农文》云：

> 建宁之境，地狭而民贫……游手末作，颇不务本，往往冒法禁……以种瓜植蔗。

又李弥逊《筠溪集》卷二四《叶公墓志铭》云：

> 福建乃根本地，八州之民，以酒为生者，十室八九。

蔗糖在当时是"福唐、四明、番禺、广汉"[30]并称。养鱼如"江州等处，水滨产鱼苗，地主至于夏，皆取之出售，以此为利。贩子辏集，多至建昌，次至福、建、衢、婺"[31]之所述，从江州买进鱼苗。果树以荔枝最为闻名，蔡襄《荔枝谱》、曾巩《荔枝录》、王十朋《梅溪先生后集》卷一八《荔支七绝》、洪迈《容斋四笔》卷八《莆田荔枝》、《淳熙三山志》卷四一《物产·荔支》所列举的约五十个品种，均产于福州、兴化军，及泉州、漳州沿海地区，并控制了京师、北戎、新罗、日本、大食、琉球等广大的市场[32]，在国内也有很高的声价。广南（闻名于唐）和四川的荔枝在宋代就大不如前了[33]。还有福柑[34]、军庭李[35]也很有名。茶叶如"江淮、荆襄、岭南、两川、二浙，茶之所出，而出于闽中者，尤天下之所嗜"[36]所载，福建茶声价很高，蔡襄[37]、欧阳修[38]、沈括[39]、罗大经[40]都很推崇建茶。木材方面，在建州之温州、处州交界[41]，福州罗源、宁德、连江县[42]及兴化军[43]的植林走向了商品化。

即使是农业、自然物产以外的手工业品，"今越人衣葛出自闽贾"[44]的葛布和麻布，尤其是福州的青布[45]也贩于外地。在泉州除栽培棉花外，还从海南岛买进，织成布后再输出广州[46]。纺织品有建州之纱[47]、江绿锦[48]、建宁锦[49]。铁器产于福州、泉州[50]，《淳熙三山志》卷四一《物产·货·铁》云：

> （福州）宁德、永福等县有之。……商贾通贩于浙间，皆生铁也。庆历三年，发运使杨告乞下福建严行禁法，除民间打造农器、锅釜等外，不许私贩下海。两浙运司奏："当路州军，自来不产铁，并是泉福等州转海兴贩，逐年商税课利不少，及官中抽纳折税收买，打造军器。乞下福建运司晓示，许令有物力客人兴贩。"仍令召保出结［给］长引，只得诣浙路去处贩卖，本州今出给公据。

《至正四明续志》卷五《器用·铁器》亦云："生铁出闽广，船贩常至，冶而器用。"民间除产锅釜外，以生铁贩两浙，并与桐油一起将锅釜、针等由泉州输往真腊和南海[51]。建宁的铁制茶具颇有名气[52]。瓷器中，茶盏[53]、兔毫盏[54]很出名，曜变天目就是在今天也很著名。书籍方面，建州麻沙坊有"图书之府"之称[55]，麻沙版书籍流行于全国[56]。

制纸，所知有竹纸、玉楮纸、薄藤纸[57]，建州的纸被[58]，泉州、汀州的蠲纸[59]，漳州的会纸[60]。此外，泉州的玳瑁梳子[61]、福州的灯笼[62]，和在上四州、淮浙均有销路，并被用作淮浙盐袋的福州闽县的草席[63]，福建通过这些特殊物产的生产和贩卖，以及南海特产品的中介贸易，从而获得了新的丰富的营利机会。在其影响下，小市场墟市开始普及[64]，祭市发达了[65]，正如《铁庵方公文集》卷一四《与李丞相书》所记述的那样：

> 自浙入闽，行役所见……市之贸易，例以镪，自乡村持所产，到市博镪。

农民通过日常的买卖而进入了交换经济。

三 社会的诸变化——商人的产生

交换经济的渗透，既造成了物价的腾贵和消费的膨胀，又扩大了奢侈之风。佛教的普及助长了这种风潮[66]。蔡襄曾劝诫福建农村冠婚葬祭开销太大，负债过高[67]。这样一来，社会阶层也发生了变化。《淳熙三山志》卷四〇《岁时·序拜》云：

> 闽俗诸节，最重元日……自缙绅而下，士人、富民、胥吏、商贾、皂隶，衣服递有等级，不敢略相陵躐。士人冠带或褐笼衫，富民、胥吏皂衫，农贩下户白布襕衫，妇人非命妇，不敢用霞帔，非大姓，不敢戴冠、用背子。自三十年以前，风俗如此，不敢少变。又其称呼：士人，非实读书，不称秀才；豪门大户，"爹"呼父，"娘"呼母，其婢仆及在己下，呼之曰"郎君"、曰

"娘"；农贩下户，"罢"呼父，"妳"呼母，其党类及在己下，呼之曰"叔""伯"、曰"嫂"。锱铢甚严，虽骤富骤贫，不可移易，故其名分素定。岁时揖逊、俯伏，井井可观。三十年来，渐失等威，近岁尤甚。农贩细民，至用道服、背子、紫衫者，其妇女至用背子、霞帔。称呼亦反，是非旧俗也。

奢侈风潮浸透而身份序列混乱，特别值得注意的是连以经商为副业的下层民也卷入这种变化。因此，"凡人情莫不欲富，至于农人、商贾、百工之家，莫不昼夜营度，以求其利"[68]，在农工商之阶层，承认财富、把追求利益视为自然欲望的风气也扩散开来了。

在这种意识、身份上的变化和前述劳动人口过剩、耕地寡少的社会经济条件下，福建社会的阶层分化更加明显了。父母在世时就瓜分继承财产的那种犯禁忌的"生分"现象[69]相当流行，在山区地户溺子、薅子等杀害幼儿触犯法禁的行为也很普遍[70]，同时，对向外地特别是广南方面的农业移民也消极相应[71]。不少农民主动地投身于其他职业，如汪应辰《文定集》卷一三《请免卖寺观趱剩田书》云[72]：

> 闽中地狭民稠，常产有限，生齿既滋，家有三丁，率一人或二人，舍俗入寺观。

或如刘弇《龙云先生文集》卷三二《观禅师碑》云：

> 闽粤右浙左番禺，壤迫而民稠，男子资秀颖，力强自好，则起而为士者常十五六，为佛之徒者又五之一焉。

又如曾丰《缘督集》卷一七《送缪帐干解任诣铨改秩序》云：

居今之人，自农转而为士、为道、为释、为技艺者，在在有之，而惟闽为多。闽地褊，不足以衣食之也，于是散而之四方。故所在学有闽之士，所在浮屠老子宫有闽之道释，所在阛阓有闽之技艺。其散而在四方者，固日加多，其聚而在闽者，率未尝加少也。夫人少，则求进易，人多，则求进难。少而易，循常碌碌，可以自奋。多而难，非有大过人之功，莫获进矣。故凡天下之言士、言道释、言技艺者，惟闽人为巧。何则？多且难使然也。多之中不竞易而竞难，难之中不竞拙而竞巧，不巧求而获者有矣，未有巧求而不获者也。故闽人之凡为技艺者，多擅权门通肆以游；凡为道释者，擅名山大地以居；凡为士者，多擅殊举异科以进。

再《方舆胜览》卷一〇《福州》云：

四民皆溢……虽乐岁无狼戾，能执伎以游四方者，亦各植其身。

农民成为僧侣、道士、士人、戏艺人等奔波于外。当时的道士以贩卖香药为副业[73]，僧侣往往也经营商业，包括技艺人，他们都成了商业人口，更不消说专业商人辈出了。从海商之外的"家有余财，则远赍健往，贾售于他州"[74]的行商，到"市廛阡陌之间，女作登于男"[75]"（妇人）插花作牙侩，城市称雄霸。梳头坐列肆，笑语皆机诈。新奇弄浓妆，会合持物价。愚夫与庸奴，低头受凌跨。吾闽自如此"[76]的妇人商业（牙侩）的出现，由各阶层产生出商人来。当他们到外地经营时，便以"世言闽蜀同风。……今读书应举，为浮屠氏，并多于他所。一路虽不同，相逢则曰乡人，情好倍密"[77]的同乡观念相互联合起来。

四 福建商人的活动

正如苏轼所云，"福建一路，多以海商为业"[78]，也可以说，海商是福建商人的代表。他们首先航渡到高丽、日本、南海等海外诸国，其次到达广南、两浙、山东等内地沿海，以及如建康府等内河城市。现根据森克己的研究[79]，将航渡日本、高丽的宋商中能确认是福建商人者揭示如表6.1。

表6.1 航渡日本、高丽闽商表

日		本	
宋朝纪年	日本纪年	记 载	出 处
真宗咸平五年		建州海贾周世昌，遭风飘至日本，凡七年得还	《宋史》卷191
仁宗天圣四年	后一条天皇万寿三年	是秋，宋福州商客陈文祐归国	《小右记》
神宗熙宁元年	后冷泉天皇治历四年	是岁，宋福州商客潘怀清到	《朝野群载》
神宗熙宁二年	后三条天皇延久元年	是岁，宋福州商客潘怀清归国	《朝野群载》
神宗熙宁三年	后三条天皇延久二年	潘怀清献佛像	《朝野群载》
徽宗崇宁元年	堀河天皇康和四年	是岁，宋泉州商客李充到	《朝野群载》
徽宗崇宁三年	堀河天皇长治元年	是岁，宋泉州商客李充归国	《朝野群载》
徽宗崇宁四年	堀河天皇长治二年八月	李充等至大宰府，进本国公凭，请给贸易许可	《朝野群载》
高		丽	
宋朝纪年	高丽纪年	记 载	出 处
真宗祥符六年	显宗四年正月庚戌	宋闽人戴翼来投	《高丽史》卷4
真宗祥符八年	显宗六年闰六月	宋泉州商人欧阳徵来投	《高丽史》卷4
真宗祥符九年	显宗七年正月丁卯	欧阳徵为左右拾遗	《高丽史》卷4
真宗天禧元年	显宗八年七月辛丑	宋泉州人林仁福等四十人来献土物	《高丽史》卷4
真宗天禧三年	显宗十年七月己巳	宋泉州陈文轨等一百人来献土物	《高丽史》卷4
真宗天禧三年	显宗十年七月壬申	宋福州虞瑄等一百人来献土物	《高丽史》卷4
真宗天禧四年	显宗十一年二月己酉	宋泉州怀贽等来献方物	《高丽史》卷4
真宗乾兴元年	显宗十三年八月甲寅	宋福州人陈象中等来献土物	《高丽史》卷4
仁宗天圣元年	显宗十四年十一月	宋泉州陈亿来投	《高丽史》卷5
仁宗天圣六年	显宗十九年九月丙申	宋泉州人李顗等三十余人来献方物	《高丽史》卷5
仁宗天圣八年	显宗二十一年七月己巳	宋泉州人卢遵等来献方物	《高丽史》卷5
仁宗明道二年	德宗二年八月甲午朔	宋泉州都纲林蔼等五十五人来献土特	《高丽史》卷5

高		丽	
宋朝纪年	高丽纪年	记　载	出　处
仁宗庆历五年	靖宗十一年五月丙寅	宋泉州商林禧等来献土物	《高丽史》卷5
仁宗皇祐元年	文宗三年八月辛巳	宋泉州商人王易从等六十二人来献珍宝	《高丽史》卷7
仁宗嘉祐四年	文宗十三年八月戊辰	宋泉州商人黄文景、萧宗明、医人江朝东等将还，制许留宗明、朝东等三人	《高丽史》卷8
仁宗嘉祐六年	文宗十五年十二月丙午	以宋人萧宗明权知阁门祗候	《高丽史》卷8
哲宗元祐二年	宣宗四年三月甲戌	宋（泉州）商徐戬等二十人来献新注华严经板	《高丽史》卷8
哲宗元祐四年	宣宗六年十月己酉	宋（泉州）商徐成等五十九人来献土物	《高丽史》卷8
哲宗元祐五年	宣宗七年	泉州商人徐戬	《东坡全集》卷58
哲宗元祐六年	宣宗八年	泉州纲首徐成	《东坡全集》卷58
高宗建炎二年~绍兴三十一年	仁宗六年~毅宗十五年	泉州商柳悦、黄师舜	《历代名臣奏议》卷316

　　《宋史》卷四八七《高丽传》载"王城有华人数百，多闽人因贾舶至者。密试其所能，诱以禄仕"便是一个证明。如果根据和田久德的研究[80]，航渡南海方面的福建海商有：建溪人主舶大商（作为机能资本家的船长）毛旭屡往爪哇贸易[81]；泉州海商邵保，庆历中以私财募人赴占城捕海贼[82]；福州商人林振从南番购入香药而归，被揭发珍珠隐税[83]；泉州僧本称之兄为海贾，赴三佛齐[84]；泉州王元懋，僧寺役出身，到南海贸易博巨利[85]。他们当中，有"福建、广南人因商贾至交趾，或闻有留于彼用事者"[86]，也有同样留居于高丽形成华侨社会者，相传宋代越南国王为闽人出身，足见福建商人之活跃。在中国沿海地区，除海南岛[87]和番禺[88]以外，泉州海商杨客贩载布、苏木、香药、珍异到临安贸易[89]，福州长乐县巨商陈公任与众商一起备买麻布赴浙江[90]。又宋元明时代澉浦著姓杨氏的祖先是建宁府浦城出身的海贾，特别是被祀于显应庙的杨发，受到了海商的尊崇[91]。还有，欧阳修《有美堂记》[92]及《西征记》[93]记述了闽船活跃于临安的状况。泉

州晋江人林昭庆与乡里数人相结为海商，往来航海于山东，积蓄了资产[94]。福建海船还溯长江而上，到达"有七闽、二广风帆海船之饶，为南府"[95] 的建康活动。

这些海上企业的经营形态和资本结合的方式是多种多样的。《宋会要辑稿·食货·互市》"绍圣元年闰四月二十五日"条云：

> 三省、枢密院言：商贾于海道兴贩，并具人船、物货名数，所诣处，经州投状往高丽者，财本必及三千万贯，船不许过两只，仍限次年回，召本土有物力户三人委保。

可见从事远洋航海的海商必须具有莫大的资本。当然，像泉州穆斯林佛莲这样拥有八十艘海船的大商是作为船主、货主而经营贸易的[96]。又如从事海贾十年、蓄积二十万贯的泉州杨客则是采取用自己的资本，作为货主兼船长、船主而从事贸易的形式。然而同时，海商也谋求广泛的资本集中，航海之际组成共同团体，并推巨商为纲首。这类事屡屡可见[97]。如前述林昭庆，据《淮海集》卷三三《庆禅师塔铭》载：

> 泉州晋江人也。少跅弛，以气自任，尝与乡里数人相结为贾，自闽粤航海道，直抵山东，往来海中者数十年，资用甚饶。皇祐中，祀明堂，恩度天下僧。师为儿时，父母尝许为僧，名隶漳州开元寺籍。至是辄谢诸贾，以财物属同产，使养其亲，徒手入寺。

可以看出机能资本家集团的共同企业结合关系即"合名公司"之形态。还有《夷坚三志己》卷六《王元懋巨恶》所载的泉州商人王元懋以行钱（机能资本家）吴大为纲首（船长）航海到南海贸易的例子，另有包恢《敝帚稿略》卷一《禁铜钱申省状》记述的有关福建、广东向南海密输铜钱云：

> 海上人户之中下者，虽不能大有所泄，而亦有带泄之患。而人多所不察者，盖因有海商，或是乡人，或是知识，海上之民，无不相与熟。所谓带泄者，乃以钱附搭其船，转相结托，以买番货而归。少或十贯，多或百贯，常获数倍之货。愚民但知贪利，何惮而不为者。

也可见股份资本家对于机能资本家的无机能的出资关系，即"合本"之形态。秦九韶《数书九章》卷一七《均货推本》记录有对于海舶货主所取之份以外的舶货按出资份额进行分配的例子，将入蕃贸易的利润按"官七民三"的比例分配的规定亦见于《元史》卷九四《食货志二·市舶》，这些都如实地反映了资本结合的事实。闽人的共同企业、资本结合就是这样趁着海上贸易的机会而发展了起来。特别是以临海运输为专业的海船户、海上之民，虽然缺乏资本额[98]，但似乎是通过资本的寄托乃至共同企业来谋求营利的。

除海船以外，闽商还向内陆各地发展。定居于南方之恩州、广州、惠州的闽商也很多[99]。其中如"化州以典质为业者，十户而闽人居其九，闽人奋空拳，过岭者往往致富"[100]，金融业亦是福建商人的一个重要职业。此外，汀州商人王捷商贩遍历南康军、和州、信州[101]；福州农民王某居于建康，经营米铺[102]；福州吴客赴蔡州榷场[103]。又衡州有闽客弄虎者（游艺人）[104]；福州卜者章彬宿吉州刘公店[105]；闽士曹仁杰在临安卖卜[106]。还有，邵武军李永成为乡绅家之财产管理人[107]，以及建州崇安被收养而后靠营利攒下财产者[108]等等。他们不问海陆，前往各地从事各种职业。虽然他们在当时特定的福建之社会、经济条件下，形成了士、农、工、商、道、释、技艺等多种多样的职业分化，但他们的身份在社会分工上并不是终生紧缚固定不变的。例如，福州士人林子元舍笔砚而成商贾[109]，泉州大商张佑成了市舶司[110]，建宁海贾杨发任安抚使[111]，蒲寿庚由海商成为市舶使[112]。他们不仅在共通的命运观下以乡党观念紧紧地系结在一起，在社会上、经济上互相扶助，而且还以其身份内相互的流动性来加固社会纽带。

通过以上对当时福建社会变革的全面考察，便可以明确福建商人的活动及其社会背景的意义了。

第二节　商业经营的性质——以干运、经纪为中心

在中国史上，唐宋的史籍中屡屡出现"干运""经纪"及至"干人""经纪人"这些用语。

这些用语原来只有"帮手"的意思，也广义地用于"家计的营运（者）""家产管理（人）"，从而产生了"经纪""经商""行钱"等用语。这无疑是随着社会、文化的发展，能力和欲望及与此相应的生活手段的分化、发达而逐步产生出来的。

不言而喻，中国商业发达的历史是很悠久的，早在战国至秦汉时代，各地就已出现了许多经营特产的大商人，积累了巨大的商业财富。其后，于三国、六朝的分裂时代持续发展的商业在隋唐统一后的唐末至宋元时代，以农业等诸产业的发达、消费市场的扩大为背景，又进入了一个飞速发展的时期。譬如《明清时代商人及商业资本》[113]之著者傅衣凌也就宋元的商业发展与前代相比较而做了这样的叙述：

在宋元时代中国封建经济的发达、地主阶级的奢侈生活，特

别是中国的广大人口所造成的消费市场的相对扩大，以及国外市场的开拓，确曾把中国商业资本带到一个新的阶段，举凡大商业所需要的许多配备和机构差不多都一一完成了。详言之，在商人之中，出现了坐贾、客商、牙侩等，各产业部门都有他们在活动。大规模的联号组织也已出现。跟着商业的发达，于是为便利大商业的进行，像货币金融及其他的辅助机关——塌房、廊房、堆垛场、柜坊、钱铺、金银铺、兑房、寄附铺、交引铺等机构，以及商业经营上所必要的簿记、商用数字、珠算等，亦无不出现于这一时期。

唐宋时代干运、经纪的出现，也必须联系这种社会的分化、商业组织的发达来加以理解。但关于产生这种现象的内在和外在的原因，由于史料的缺乏，现在还很难完全搞清楚。因此，本节拟从笔者所收集的与宋代商业的发展有关的史料中，整理介绍一些特别能够说明干运、经纪性质的具体史料，对商业经营初期发展的情况做一番探讨。

首先确认干运、经纪的一般意义，接着探讨一下管理人，然后再谈谈作为商业经营者的干人、行钱、经商、经纪，并略论其产生的背景。

此外，关于作为庄园管理者的干人、干仆，周藤吉之《宋代庄园的管理》[114]已做过详细介绍，因此有关庄园的管理人请参照上述论文之考证，此不赘述以免重复。

一　干运和经纪的起源

"干运""经纪"之语究竟产生于什么时候，其一般意义又是什么？下面，让我们首先来探讨这个问题。

南宋初期江西抚州崇仁县人吴曾所著的《能改斋漫录》卷二《事

始·经纪语》云：

> 江西人以能干运者，为"作经纪"，唐已有此语。滕王元婴与蒋王皆好聚敛，太宗尝赐诸王帛，敕曰："滕叔、蒋兄，自能经纪，不须赐物。"

宋代江西地区将"能干运者"称为"作经纪"，按宋人的说法，这一用例似乎还可追溯到唐初。而且元陶宗仪《南村辍耕录》卷一九《经纪》大概亦延《能改斋漫录》之所载：

> 今人以善能营生者为经纪。唐滕王元婴与蒋王皆好聚敛。太宗……曰："滕叔、蒋兄自能经纪，不须赐物。"韩昌黎作柳子厚墓志云："舅弟庐遵，又将经纪其家。"则自唐已有此言。

元代称"善能营生者"为"经纪"。这就是说，从唐至宋元时代，将讨生活的能力、生计的能力及以这种能力管理诸事的人，一般都称作"经纪"或"干运"。关于"干"，宋代司马光《类篇》亦云：

> 干，能事也。

"干"是"才能"或"管理事务"的意思。清翟灏《通俗编·艺术·经纪》也有"按经纪乃干运之谓，故世谓商贩曰作经纪"之记载，可见清代将它们解释为干运＝商贩＝经纪。

干运和经纪在家族共同体内本来应当是家长的任务。假如家长不在，有能力的亲属、管家便会代之料理生活。前引史料中的唐柳子厚家的"经纪"事例便是如此。又南宋人洪迈《夷坚三志辛》卷一《祁酥儿》载：

> 祁酥儿者，亳州人。父为秘书省校书郎。酥儿性警慧，孝
> 爱异常，诵诗书，理音乐，皆不缘指教而自能。母久病，步立艰
> 难，方七八岁时，已代管家务，事无巨细，悉干之合宜。

干运乃至经纪原来意味着家庭内的事务管理，但随着生活手段在数量上的增加，家庭事务的管理也逐渐复杂化，随之将家庭事务委托给能人管理的机会也增多了。引人注目的是特殊行业职业化之后，宋代干人、干仆的出现。

二 家产管理人——干人

南宋初，紧邻着首都临安的浙江地方，海上贸易及陆路通商都很发达，是养蚕、养鱼、果树园艺、木材、渔业、造纸、漆器、陶器等产业繁荣的经济先进地区。浙江衢州常山县出身的袁采在任浙江温州乐清县县令时著有《袁氏世范》，此书卷下《治家·淳谨干人可付托》就干人做了如下记载：

> 干人有管库者，须常谨其薄书，审其见存。干人有管谷米
> 者，须严其薄书，谨其管钥，兼择谨畏之人，使之看守。干人有
> 贷财本兴贩者，须择其淳厚，爱惜家累，方可付托。盖中产之
> 家，日费之计，犹难支吾，况受佣于人，其饥寒之计，岂能周
> 足？中人之性，目见可欲，其心必乱，况下愚之人，见酒食声色
> 之美，安得不动其心！向来财不满其意而克其欲，故内则与骨肉
> 同饥寒，外则视所见如不见。今其财物盈溢于目前，若日日严
> 谨，此心姑寝。主者事势稍宽，则亦何惮而不为？其始也，移用

甚微，其心以为可偿，犹未经虑。久而主不知觉，则日增焉，月益焉，积而至于一岁，移用已多，其心虽惴惴，无可奈何，则求以掩覆。至二年三年，侵欺已大，彰露不可掩覆，主人欲峻治之，已近噬脐。故凡委托干人，所宜警此。

这一记事的前半段列举了（1）管理仓库的干人，（2）管理谷仓的干人，（3）从事商业经营的干人；后半段则告诫道，干人大体上都是中产以下的贫穷家庭出身的佣人，因此在委托其经营财产时，主人必须充分注意，要雇佣严谨而笃于信义的人，以防偷盗和贪污于未然。

如上所述，干人，系缺乏资产但具有商业才能和经营才干的人受雇于他人，并受托管理财产和谋利的一种职业，可以说相当于管家、经管人、佣人。其职种除从事商业经营的干人外，未必有明确分工，而且对主人来说干人的身份也各不相同。例如，《夷坚支甲》卷五《石叔献》载：

> 石叔献，南城巨室也，娶濮王宫诸孙女得官。干仆吴荣者，为之掌钱谷出纳。

江西南城县的富豪石叔献的干仆掌管主人家钱谷的出纳。李焘《续资治通鉴长编》卷六一"真宗景德二年十月丙戌"条载：

> 驸马都尉石保吉，不时请对，言仆人张居简，掌私财，有所侵盗……保吉好治生射利，尤吝啬，居常命仆人买针缕脂泽栉沐猥细杂物，置肆第中，家人有所须，则令就市之，冀缗钱不出于外。

驸马都尉石保吉命仆人（干仆）掌管私财，管理日常用品。又《夷坚支乙》卷四《衢州少妇》载：

> 衢州人李五七，居城中，本巨室子弟，后生计沦落，但为人家管当门户。

住在浙江衢州城内的李五七，原来是富家子弟，破落后便以做他人的管理人为业。同样在朱熹《朱文公文集》卷九一《金紫光禄大夫黄公墓志铭》亦载：

> （黄崇）今为邵武军邵武县人……邻家有李永者，尚气节，雅敬慕公，察公养亲之意有余而力不足，请助公以经纪，公亦信之不疑，竭赀付之。

福建邵武县的李永为邻居黄崇家管理经营财产。此外，《夷坚支景》卷四《清塘石佛》载：

> 湖州周司户干仆陶忠，掌收掠僦债之直。

湖州有位叫周某的官人，用干仆为其僦债（僦舍钱）即催收房租。另据《夷坚志补》卷七《叶三郎》记载，饶州乐平县的邑驵叶三郎两代人均为南原富室刘氏家揽户，即承办缴纳租税，充当"干力"。

这种管理一般家产的人称为干人，而乡村和城镇的地主、富豪的家庭也有干人、干仆，来管理粮食的出纳、贩卖及佃户。前引《袁氏世范》卷下所述管理谷仓的干人便属于这种情况。关于这一点，前面说过，周藤对作为庄园管理人的干人已有研究，这里拟根据这一研究做若干介绍。

在宋代，拥有庄园被称为官户、形势户的地主、富豪，除了自己的子弟之外，还雇佣干人（干办人）、干仆来管理庄园。干人负责监督佃户和佃户中的甲头缴纳租米（佃租），并掌管谷仓的出纳和谷物的贩卖。庄园向官厅缴纳赋税，特设有称作揽户而承办代缴官赋的租税承办人，也出现了世代以此依靠地主和富豪家为生者。有的揽户则系居住于城内的牙人。在干人中有的也是拥有田地的人，其手下还有拥有干人的踏床儿，但一般说来他们与主人仍处于主仆关系，其地位是很低的。

此外，据载商人家也有干人，他们在酒坊和面坊负责管理账簿和监督劳务。同样的例子在韩元吉《南涧甲乙稿》卷一七《贾说》中也可见到，其云：

> 越之俗好贾。有大贾，贾且十年，累巨万。因不贾，计曰："吾固贾也，今弃其而忘贾殆不可。虽然，吾老矣，当坐于家，纵不能贾，盍使吾子代贾哉。"已而其子弱不任贾，召仆者一人，诲之贾事，贾视仆出入益信，尽付之。

大概是从奴仆中挑选有才能的人，委托其经营。

由此看来，应该认为在富豪、地主和商人之家，委托家庭外的管理者经营家计的惯行是相当普及的。

三　商业经营者——干人、行钱、经商、经纪

接着探讨作为商业经营者的干人、行钱、经商、经纪。

前引《袁氏世范》卷下云"干人有贷财本兴贩者，须择其淳厚，爱惜家累"，也就是仰赖他人出资而从事商业经营者。《夷坚三志辛》

卷八《申师孟银》有可资证明的具体事例:

> 枣阳申师孟,以善商贩著干声于江湖间。富室裴氏访求得之,相与欢甚,付以本钱十万缗,听其所为。居三年,获息一倍,往输之主家,又益三十万缗。凡数岁,老裴死,归临安吊哭,仍还其赀。裴子以十分之三与之,得银二万两。

湖北枣阳出身的商人申师孟,以善于商贩而著"干"声于江南、湖南北地方。后来被南宋首都临安的富豪裴氏招为干人,短期内便使十万贯本钱增值了数倍。

行钱也同样,廉布《清尊录》[115] 载:

> 大桶张氏者,以财雄长京师。凡富人以钱委人,权其子而取其半,谓之行钱。富人视行钱如部曲也,或过行钱之家,设特位置酒,妇女出劝,主人皆立侍,富人逊谢,强令坐再三,乃敢就位。张氏子年少,父母死,主家事,未娶。因祠州西灌口神,归过其行钱孙助教家。孙置酒数行,其未嫁女出劝,容色绝世。张目之曰:"我欲娶为妇。"孙惶恐不可,且曰:"我公家奴也,奴为郎主丈人,邻里笑怪。"张曰:"不然,汝不过少钱物耳,岂敢相仆隶也。"

开封之民孙助教是向开封大桶张氏这位富豪贷款的行钱,他借得钱物做了买卖。"行钱"这一用语,早在《汉书》卷六六《杨恽传》中就已经出现,其记杨恽成为中郎将时云:

> 其豪富郎,日出游戏,或行钱得善部师古曰:郎官之职,各有主部,

故行钱财而择其善，以招权也。

行钱是支出钱财的意思。但又如前引《清尊录》之记载，则是指以归返利息之一半为条件向富豪贷款，在身份上隶属于富豪的商业经营者。《夷坚三志己》卷六《王元懋巨恶》亦载：

> 泉州人王元懋，少时祇役僧寺，其师教以南番诸国书，尽能晓习。尝随海舶诣占城，国王嘉其兼通番汉书，延为馆客，仍嫁以女，留十年而归。所蓄奁具百万缗，而贪利之心愈炽。遂主舶船贸易，其富不赀。留丞相诸葛侍郎皆与其为姻家。淳熙五年，使行钱吴大作纲首，凡火长之属一图帐者三十八人，同舟泛洋，一去十载，以十五年七月还。

这是福建泉州一个贸易商人冒险与致富的故事。从僧院的杂役成为翻译，后又发迹的王元懋一旦致富，便凭其财产而成为船主，经营起海上贸易来。而且他的贸易船以行钱吴大作为纲首即统率者（船长），与船员们一起出海。这种代船主在船上指挥船员并进行贸易的船主的使用人、统率人之类的，也同样被称作行钱。在元代的元曲中，行钱被用作对使用人、杂役人的蔑称[116]，这恐怕是从借贷所致的隶属关系转化而来的。

此外，还有"经商"这一用语。《夷坚续志前集》卷一《人事门·假母欺骗》讲了这样一个骗子的故事。理宗景定年间，二少年思行骗。他们将路旁的年老女乞丐扮作母亲，整理行装住进了江西新淦的一家旅店。对伪装的孝顺和行装，富豪皮氏深信不疑而上了这两个少年的当，给了他们三百贯贷款。他们购买了货物，将母亲和旅具托付给皮氏，出外做了半年买卖，得利数倍而归，付清了本利。后来，又从皮氏及其他富豪那里得到二千贯贷款便逃之夭夭。当时，"众见其惯于经商，且每日相与之情，具如数借之"，大家都很信任惯于经商的这两位少年，从而贷给其资金上当受骗。这种场合虽然每交易一次所订立的是不稳定的契约关系，但总之可以认为，"经商"是以一种由富裕的债主们合本给予贷款的形式而从事商业之冒险的借主。宋代福建漳州人陈淳《陈北溪先生文集》卷四四《上赵寺丞论秤提会子》亦载：

> 南漳（漳州）僻在一隅，无蕃舶来往，民无大经商。所谓富室上户者，亦无甚区力；中产之家，则仅足以自遣；谓之下户者，大率皆贫窭者而已耳。

这里也将从事海上商业的冒险商人称为"经商"。又《太平广记》卷一三四《报应类三三·童安玕》载：

> 唐大中末，信州贵溪县乳口镇有童安玕者，乡里富人也。初甚贫窭，与同里人郭珙相善，珙尝假钱六七万，即以经贩。安玕后遂丰富，及珙征所借钱，安玕拒讳之。

无论是从事内陆商业还是海上商业，都有人接受他人贷款，以此经营冒险商业，这类借主称为"经商"或"经贩"。

最后再看看"经纪"这一用语。除作为操持家计者之用例外，系指商业经营的，有如《册府元龟》卷四八八《邦计部·赋税二》"元和十五年二月诏"云：

> 自今已后，宜准例，三年一定两税，非论土著客居，但据资产。率皆应属诸军诸使诸司人等在乡村及坊市居铺经纪者，宜与

百姓一例差科。

将城市（坊市）里靠店铺营生的人称为"经纪"。《朱文公文集别集》卷一〇《审实粜济约束》对宋代的赈恤对象加以区分：

> 各乡有营运店业兴盛之家，其元给历头，合行追取；若虽有些小店业，买卖微细，不能赡给，已请历头，不合追回。

后一段更做了分类：

> 一上等有店业，日逐买卖，营运兴盛，及自有税产赡给、不合请给历头人户若干。
> 一中等得过之家并公人等，合赴县仓籴米人若干。
> 一下等贫乏小经纪人，及虽有些小店业，买卖不多，并极贫秀才，合请历头人户若干。

小经纪人大致是指无店铺而从事零星生业的人。周密《武林旧事》卷六《小经纪》还记载了在临安才有而他处所无的一百七十七种职业：

> 班朝录、供朝报、选官图、诸色科名、开先牌、写牌额、裁板尺、诸色指挥、织经带、棋子棋盘、蒲牌骰子宋刻"蒲捭"、交床试篮……

并记云：

> 若夫儿戏之物，名件甚多，尤不可悉数。如相银杏、猜糖、

> 吹叫儿、打娇惜、千千车、轮盘儿，每一事率数十人，各专借以
> 为衣食之地，皆他处之所无也。

如果将只有几个人从事的职业算上，那么这些买卖便数不胜数了。现在很难分别确定它们的内容，但可以肯定这些职业都是以当天的零星资本做的买卖。《夷坚丁志》卷一六《吴民放鳝》亦载，吴中细民以贩卖浑鱼为业，每日经营资本三百文的零星买卖，某日想要改行，便放了浑鱼，当天夜里梦见了几十个人对他说：

> 汝欲图钱作经纪，盍往某路二十里间，当可得。

果然挖开元通宝钱二万文，遂归本业（大概是农业）。就是说取得资金从事生业叫作"作经纪"。《夷坚支丁》卷八《王七六僧伽》也有同样记载，处州丽水县的屠夫姜六一得到来路不正的钱，歇了业，其妻疑之曰：

> 汝无事早归，不作经纪，何缘得有钱？

这里也将为谋生而做买卖称为"经纪"。如上所述，宋代的"经纪"一般是指零星的生业。后来，如清代黄六鸿《福惠全书·杂课·牛驴杂税》载：

> 例有牙行经纪，评价发货。

称牙行、牙人为"经纪"，像这样的用例在宋代不太常见。仅在宋代王君玉《杂纂续》一书中云：

　　　　难理会：经纪人市语。

似乎在市场上有专业商人特别是做经纪业的牙人，但确实情况尚不很清楚。

　　这样看来，在商业经营方面，"干人""行钱""经商""经纪"是作为管理人、经营者而存在的。他们当中虽有以自己的资本、凭自己的经商才能和勤奋来积蓄资本的人，但大部分则是通过贷款而隶属于他人者。可以认为，这种情况下的出资者和经营者之间的关系，反映了当时农业中地主和佃户的身份关系。

四　出资与经营

　　在宋代，正像前面说过的，出现了丧失了土地的农民、贫穷的官吏和零散工商业者以自己的商业才能和经营能力受托从事他人财产的经营和增值，来作为他们新的生业和营利之手段的状况。这是社会的分化，特别是当时全国勃兴的远程商业繁荣的结果。它对商品经济的发达、经济手段的增加产生了直接和间接的影响。《三朝北盟会编》卷二九"靖康元年正月八日"条云：

　　　　缘京师四方客旅买卖多，遂号富庶。人家有钱本，多是停塌解质舟船往来兴贩，岂肯闲着钱，买金在家顿放？

同书卷一八〇"绍兴七年十月"亦云：

　　　　富人必居四通五达之都，使其财布于天下，然后以收天下之功。

随着商品经济的扩大，仓库、旅馆业、运输业等的经纪业和高利贷资本、金融业，逐渐从农业中分离出来，形成了特殊的专门行业，特别是在比较大的农村、城镇和都会均成立了这些行业，最后集中到交通和商业繁荣的大都会。

杨万里《诚斋集》卷六三《与虞彬甫右相书》载：

> 某之里中有富人焉，其田之以顷计者万焉，其货之以舟计者千焉。其所以富者，不以己为之，而以人为之也。他日或说之曰：子知所以居其富矣，未知所以运其富也。子之田万顷，而田之入者岁五千；子之货千舟，而舟之入者岁五百，则子之利不全于主，而分于客也。富人者于是尽取其田与舟而自耕，且自商焉。不三年而贫，何昔之分而富，今之全而贫哉？其入者昔广而今隘，其出者昔省而今费也。

这是一段介绍杨万里故乡吉州吉水县的富人想要独占佃户和运输业者所分到的农业及商业的利益而没落的逸闻。《续资治通鉴长编》卷一二九"康定元年十二月乙巳"条中也引欧阳修记云：

> 夫大商之能蓄其货者，岂其锱铢躬自鬻于市哉？必有贩夫小贾，就而分之。贩夫小贾，无利则不为。故大商不妒贩夫之分其利者，特其货博，虽取利少，货行流速，则积少而为多也。

强调了商业分工的优点。随着农商的分离和商业部门专业化的进展，这些营利机构的投资也活跃起来。《袁氏世范》卷上《睦亲·同居不必私藏金宝》云：

人有兄弟子侄同居，而私财独厚，虑有分析之患者，则买金银之属而深藏之，此为大愚。若以百千金银计之，用以买产，岁收必十千。十余年后，所谓百千者，我已取之，其分与者，皆其息也。况百千又有息焉！用以典质营运，三年而其息一倍，则所谓百千者，我已取之，其分余者，皆其息也。况又三年再倍，不知其多少，何为而藏之箧笥，不假此收息以利众也！余见世人有将私财假于众，使之营家而止取其本者，其家富厚，均及兄弟子侄，绵绵不绝，此善处心之报也。

主张士大夫在家庭经济方面，相比私藏囤积共有财产，营运财产（房屋、田园、船等）收纳利息或委托他人经营以获其利才为上策[117]。这就为干人、行钱、经纪的出现提供了地盘。

例如南宋的裁判判决集《名公书判清明集·户婚门》所载《领库本钱人既贫斟酌监还》云：

罗友诚节次领周子遵钱二百七十贯，开张质库，且有文约可凭，今已越八年矣。因主家诉其欠负，乃称所领之钱元不及数。所谓开库，系是柜坊，与文约所书大相矛盾，意在诬赖，不言可知。但小人得钱到手，既是妄用，官司虽有理索，岂能一一如约。幸而周子遵前后已取去钱二百一十六贯，若通本息计之，则所偿仅及息钱之半，若只以本钱论，则所少仅五十四贯而已。事既至此，得本已为幸甚，何暇更计息哉！委任非人，只得认错。

出资者周子遵贷给罗友诚二百七十贯，让其经营质库，由于罗友诚不履行债务，因此连本金都未能回收[118]。这种质库之经营者被称为"掌事"[119]，对主家来说处于雇佣人的位置。不仅是质库，旅馆兼仓库业的客店之管理人[120]也一样。例如《夷坚支庚》卷六《处州客店》载：

> 处州民叶青，世与大家掌邸店。至青，以贫舍业，而应募括苍尉司为弓手。心胆勇壮，无所怖畏……城外有大店，方建造三年，极新洁，商客投宿甚众。淳熙十六年，民周二十者主之。其子周九，愚不解事……店逐扃锁。至绍熙三年，或言于主人，谓叶青可付。主遵致青，捐一岁僦直为饵。

处州之民叶青家以管理邸店为业，叶青也因其才能得到赏识而被录用。此外，《清明集》之《户婚门·争财·掌主与看库人互争》记载了富豪与其看库人后独立经营小米铺的黎润祖夫妇之间，关于贷给钱物纠纷的判决，从字面上看，看库人似乎是代理的商业经营者或商家的雇佣人（参照本书第三章第一节）。

这种客店的管理人、质库的掌事、富家的看库人，与前述之揽户（租税承办人）、干人、经商、行钱一样，都是凭经商才能来维持生计的新职业。

总体来说，"干运""经纪"之用语出现于唐宋时代，原先是生计能力的意思，后来用于表示管理、经营乃至商业经营。这种含义的转化与社会上商品经济的发达、农业的商业化、生业手段的多样化、家业的复杂化、出资和经营的分离是相关联的。后代则将这种经营者称为"顶生意"或"掌柜的"，把出资者叫作"财东"。

但另一方面，在宋代商品经济的发达阶段，这种业务的专门化仍处于发展过程，似乎在称呼上和机能上都没有像后世那样明确地分化。这反映了当时的农业生产方式，也深刻地反映了主人与经营者之间封建的旧式的隶属关系，可以说进入了商业经营的技术发展的萌芽时代。

总之，这种现象在文献上出现，大致是以唐宋为界限的，我们可以从中看到变革时期商业发展的一个侧面。

第三节　商业财富的性质

一　商业资本的积累

当时的商业，如前所述基本上是媒介价格组织、度量衡组织等各不相同的孤立分散的地方诸市场间交易的经纪商业，以抽取地方间的价差为利润的主要来源。当时交通运输技术上的困难、海难、匪盗的掠夺、官府的不时征收、内地税等种种自然的和社会的障碍是使商业趋于投机的要素。正因为如此，对于具有强烈的致富欲望、旺盛的精力和有智慧、出色的商业才能的人来说，原本丰富的财源往往受到了限制。当时，为了追求这种营利的机会，那些农村的过剩人口、流浪者都集中到商业发达的地区，于是他们当中便出现了新的商人和富豪。下面试举几个实例。

事例一　泉州晋江县人林昭庆，少年跅弛，以气自任。儿时父母因无田产给予，许其为僧，入漳州开元寺籍。后来他曾与乡里数人结成海商团体，以泉州为中心，往来航海于福建、广东、广西沿岸直至山东方面，恒十几年，积下了财产而致富。皇祐中恩度天下僧，于是他拜谢了团体中的商人们，将自己应分得的财产托付给他们，委嘱其供双亲养老，自己则入了佛门成了名僧，人称庆禅师。乡人都惊叹他对财产的恬淡态度[121]。这虽然是一个贫民凭胆量和商业才能立志于海商，结成一种伙伴团体，获取巨额利润的例子，但也暗示了其利润的抽取具有投机性和机会性，含有不合理的要素。

事例二 泉州人王元懋，与前例一样少时祇役僧寺，从师僧学南蕃诸国书（由此可知寺院与贸易有关系），尽能晓习。某时便搭海船（大概是充当通译）往占城，因精通蕃汉两国语言，得到国王的信任和优遇，延为馆客并嫁以女。他留居当地十年后回归泉州时，所积累的财产和陪嫁钱合计起来，已有百万贯。充满营利欲望的他以这些财产为资本，主舶船贸易，攒下了不计其数的财富。留丞相和诸葛侍郎等高官与其结为姻家，身份也提高了。淳熙五年，他以行钱（委托经营者）吴大为纲首（船长），有火长（水手长）等三十八人同舟外出贸易，一去十年，即于淳熙十五年回到了惠州罗浮山南，获息数十倍[122]。这个例子说明了本来空无一物的贫民凭借他在僧寺所学到的外语知识和强烈的营利欲、冒险心，一代便积累了财产，并通过与官僚缔结姻缘而提高了地位。

事例三 开封人许大郎原是靠卖面为生的小商贩，后来积极营利，增磨坊三处，买驴三四十头，又从外县买回麦子，精心经营十来年，遂成富豪[123]。

事例四 枣阳人申师孟善于通过商业营利，作为经营者在江湖间颇有名声（干声）。临安富室斐氏访求之而雇用了他，出资十万贯让其自由营业，结果三年时间便盈利二十万贯，进而又挣了三十万贯。数年后，雇主斐氏去世，他得到了十分之三的报酬[124]。这个例子说的是将积累起来的财富凭信用出资雇他人经营，以获取利润来扩大财产规模。

事例五 住在豫章靖安县宝峰山下的屠夫张生原是村子里的无赖，在建炎末金军入侵之际，率村人防卫，获得金军掠夺的金银财宝，以此为资本致富，资产丰厚，置土库几十所储蓄钱财，并买了官改名张保义[125]。此例所述从屠户这种职业致富的情况是很罕见的。

从以上例子看来，临时的、流动的商业，尤其是海上商业的投机性是很大的，虽然凭精力和冒险心可以获得巨额的资产，但同时也存在着相当大的危险性。另一方面，永久的、固定的商业，尤其是陆上商业的投机性则相对较小，为了在相互竞争中获胜，不仅要有营利欲和精力，而且还需要扩大资本规模以及经营它的商业才能。在文献中经常出现一些掘得埋藏的金银而一举致富的例子，这也从侧面反映了当扩大个别资本的经营时，要得到资本是很不容易的。

二 大商与小商

个别资本的相互竞争，产生了资本大小不同之阶层的分化。在宋代，商人往往都有大商与小商之分。《宋会要辑稿·食货三八·互市》"绍兴十二年八月七日"条[126]将从事宋金榷场贸易的商人分为小客和大客，小客是经营货物一百贯文以下者，大客是经营货物一百贯文以上者，小客每十人结保。周去非《岭外代答》卷五《钦州博易场》记载，在钦州博易场的交易中，蜀富商岁一往返，贩来蜀锦，仅做数千缗的交易，平常则由所隶属的小商"近贩纸笔米布之属"与交趾人做小额买卖，自己则退居乡里独自生活。同样《宋会要辑稿·职官四四·市舶司》"至道元年九月"条中也记载，海商分为小商和大商，小商以"鱼干"为商品，从事沿海贸易，大商则指在苏州、杭州至淮楚之间从事海上贸易的商人，其商品很丰富。另据《宋会要辑稿·食货三一·茶法杂录》"绍熙元年五月十六日"条载，湖南北、江西路的茶商均为巨商，两浙、江东路的茶商大抵都是负贩草茶在乡村零星出售的小客。

三 企业的联合

如前所述，大商、小商、大客、小客的区别，一方面是经营规模和数量的不同，另一方面也包括大商业阶层和小商业阶层的质的差异。

对此，《续资治通鉴长编》卷一二九"康定元年十二月乙巳"条引欧阳修所记，做了这样的叙述：

> 夫大商之能蓄其货者，岂其锱铢躬自鬻于市哉？必有贩夫小贾，就而分之。贩夫小贾，无利则不为。故大商不妒贩夫之分其利者，恃其货博，虽取利少，货行流速，则积少而为多也。

肯定了大商和贩夫小贾的分工，认为最好让贩夫小贾保留作为企业者的独立性的余地，形成一种支店组织，使物资的流通更为活跃，从而间接地获取利益，这便是"大商之法"。杨万里《诚斋集》卷六三《与虞彬甫右相书》也引用了这么一件事情来告诫垄断营利的商人：住在杨万里家乡吉州吉水县的一个富人拥有一千条船、一万亩田，因委托他人经营而致富，但后来受人劝诱而独占了田和船的营利，不出三年便破了产。叶适《水心先生文集》卷一《上宁宗皇帝札子二》亦载：

> 江湖连接，无地不通，一舟出门，万里惟意，靡有碍隔。民计每岁种食之外，余米尽以贸易。大商则聚小家之所有，小舟亦附大舰而同营，展转赈粜，以规厚利。

江西、湖南的米商在大商、小商、大舶、小舰之间进行企业联合，扩大支店网组织，有利于抽取利润。又《三朝北盟会编》卷一八〇"绍兴七年十月"条载：

> 富人必居四通五达之都，使其财布于天下，然后以收天下之功。

可见当时富豪的攒钱手段，是自己定居于城市控制资本，从流通过程中获取利润。前面述及的邸店、店户、停塌家等经纪批发商的发达，也可理解为是随着商业交易的永久化、固定化而作为支店网扩大、循环发展起来的。无疑，这种支店网的扩大，不仅可以扩大抽取利润的地盘，同时还能有效地利用物资的供求差、地区间的价差，从而成为优越于个别资本、在竞争中获胜的基本条件，并且形成资本集中的一个前提[127]。

四　业务的联合

与支店网的扩大和企业联合一样，为了克服个别资本竞争中的不利因素，防范海难、掠夺等高频率的危险，商人们往往结为伙伴，组成团体。元稹《元氏长庆集》卷二三《估客乐》载：

> 估客无住着，有利身则行。出门求火伴，入户辞父兄。父兄相教示，求利莫求名。求名有所避，求利无不营。火伴相勒缚，卖假莫卖诚。交关但交假，本生得失轻。

结为火伴（即伙伴[128]）外出经商由来已久。宋代的远程商人（客商）大多也都结伴同行。例如《夷坚支庚》卷四《奔城湖女子》载，光宗绍熙五年，临安茶商沈八与三十名同伴一起贩茶，来到苏州常熟县蒿塘的富室谈家；《夷坚三志己》卷二《姜七家猪》《姜店女鬼》《颜氏店鹅》载，宁宗庆元三年，五客负贩南药，于寿春府在做牙侩和经营客店的姜七家投宿；《夷坚三志己》卷四《燕仆曹一》载，淳熙十六年，有商客十二人结伙过广东连州；《夷坚三志己》卷三《余观音》载，绍熙元年，泉州商客七人同乘一舟浮海；《夷坚支戊》卷一《陈公任》载，福州长乐县巨商陈公任伙同众商买布，乘海船往浙江贸易；秦观

《淮海集》卷三三《庆禅师塔铭》载，泉州人林昭庆与乡人结成海商伙伴出海贸易；《续资治通鉴长编》卷一七六"仁宗至和元年夏四月己巳"载，茶贾李士宗与司门员外郎刘宗孟一起商贩；叶适《水心先生文集》卷一五《林伯和墓志铭》载，台州黄岩人林鼐之父兴祥早年很是贫穷，以行贾为业，在与同贾分红之后，又重新计算了一遍，发现有多余，便追上同贾归还给他。还有，朱彧《萍洲可谈》卷二也详细记载了海商航海之际临时结成伙伴，并从中选任纲首、副纲首、杂务三职，委其指挥一船人员和商货。

此外，茶盐之走私商人和牛商也分别结成了伙伴。前面已经说过，江西、湖南的居民称冬季为"作冬"，到广南地方收买牛，他们在贩卖时结成伙伴，采取强买手段，以获取暴利[129]。江西虔州是这种商人和走私业者的根据地，赵抃《赵清献公集》卷一〇《知虔州到任谢上表》云：

> 惟兹赣川，控彼南粤，负贩常为群盗，不下一千余人。

卫博《定庵类稿》卷四《与人论民兵书》云：

> 至于徽严衢婺建剑虔吉数州，其地阻险，其民好斗，能死而不能屈，动以千百为群盗。

王十朋《梅溪王先生文集》卷四《论用兵事宜札子》亦云：

> 又东南之民，可用〔兵〕者，如江西、福建及台之仙居、婺之东阳诸处，其人皆健而善斗，往往曹聚于茶商、盐贾间。

可知后代以械斗闻名的江西、福建、浙江山村之民"曹聚"于茶商、盐商之下。南宋发动叛乱的茶驵赖文政就曾以湖北、江西茶商伙伴的结合为基础[130]，在南宋末，由这些结社联合起来的坚强勇敢的茶商伙伴所编成的茶商军，对抗过金军的入侵[131]。

《宋会要辑稿·刑法二·禁约》"高宗绍兴十二年八月三日"条对这些商人伙伴做了如下区分：

> 禁客旅私贩茶货，私渡淮河，与北客私相博易。若纠合火伴，连财合本，或非连财合本而纠集同行之人，数内自相告发者，与免本罪，其物货给告人。若同伴客人，令本家人告发者，亦与免罪，减半给赏。仍比附获私茶盐法，令户部立定赏格。

这是对渡过淮河往金国领地私贩茶货的走私商人的禁令。他们的企业形态区分为：（1）集合伙伴（纠合伙伴）；（2）彼此出资，集中资本（连财合本）；（3）不进行资本集中的同业商人的联合（非连财合本而纠集同行）。是将上述原义解释为（1）业务合作、（2）资本合作、（3）企业联合[132]，还是实际上只做共同企业中合本和非合本两种区分[133]？意见是有分歧的，但笔者考虑姑从前者，即可以认为，单单"纠合火（伙）伴"也是一种业务的联合，各个商人一方面保留企业的独立性，一方面与伙伴进行业务联合，这是实现共同企业结合的联合公司形态和实际的资本集中的前阶段、萌芽阶段。

五　资本的集中——连财合本

个别资本为了在市场竞争中获胜并生存下去，就必须成为大规模资本，这时，个别资本不仅需要不断蓄积自己所获得的部分利润并使其资本化来扩大规模的"积累"，而且还需要相互吸收合并乃至相互结合，一举形成一个大规模的个别资本的"集中"。中国的个别资本的集中以"合股、合伙"的形式典型地表现出来，其萌芽形态业已产生于宋代的"合本""连财合本""斗纽"等惯行中。

关于宋代的合本，宫崎市定《合本组织的发达》[134]、日野开三郎与草野靖《关于唐宋时代的合本》[135]、日野开三郎《宋代长生库的发达》[136]、今堀诚二《十六世纪以后合伙的性格及其推移》[137]，以及本书第六章第一、二节等已做过论述，这里仅提及一些主要事例及新的资料。

事例一 《宋会要辑稿·刑法二·禁约》"绍兴十二年八月三日"条载：

> 禁客旅私贩茶货，私渡淮河，与北客私相质易。若纠合火伴，连财合本，或非连财合本而纠集同行之人，数内自相告发者，与免本罪。

事例二 日野开三郎在《宋代长生库的发达》一文中指出，向长生库寄托资本出于富豪想要脱税的营利寄托，并说明了这种寄托资本大体上是合资制，他征引了《宋会要辑稿·食货七〇·赋税杂录》"嘉泰元年十二月六日"条臣僚上言之记载：

> 鸠集富豪，合力同则，名曰斗纽者，在在皆是。尝以其则例言之：结十人以为局，高下资本自五十万以至十万，大约以十年为期，每岁之穷，轮流出局，通所得之利，不啻倍蓰，而本则仍在。初进纳度牒之实，徒遂因缘射利之谋耳。

日野对此进行了分析：(1) 出资者系纠集起来的富豪；(2) 以一定数量

的出资者（例如十人）为一局，在局之伙伴中制定有规约（见上述）；（3）一局的资本额，如一千贯、五千贯等，高下不等，由局内伙伴分担合资（因此一长生库内的局数及各局的资本额大小不等）；（4）一开始就规定了经营年限（如局内伙伴十人，其年限则为十年）；（5）每年年底轮流出局，通算所得利益，利润率是极高的；（6）这种伙伴合资制叫作"斗纽"，各处的长生库大抵都采用了这种方式；（7）其目的起初在于获取度牒财源，现在已完全成为营利事业了。

事例三　前述秦九韶《数书九章》卷一七《均货推本》记载了主家准备船、货物等，由甲乙丙丁四人组成商人团"合本"出资，一起出海贸易，归来后，按出资额相应地分配贸易商品的例子。其出资、分配的详细数字，今堀制作有图表，请参照其论文。据今堀所云，合本的资金为四十二万四千贯（将金、盐、银、度牒换算成铜钱），贸易所得商品有沉香五千〇八十八两、胡椒一万〇四百三十包、象牙二百一十二合。这些商品便按当初"凑本"时彼此之间资本的借贷关系和原来的出资金额之比例进行分配。今堀指出，这个例子表明合本大体上是作为单一资本，但在其管理方面则根据甲乙丙丁各自的借贷关系来处理，合本仍然保持着四个人独自的人格，却没有独自的利益追求，这正是团体性未成熟的体现。

事例四　前述秦观《淮海集》卷三三《庆禅师塔铭》载，泉州海商林昭庆与伙伴结成商人集团，后将自己的财物托付于同伴。这大概也是一种合本（参照第六章第一、二节）。

事例五　包恢《敝帚稿略》卷一《禁铜钱申省状》述及福建、广东与南海的铜钱秘密贸易时云，"海上人户之中下者，虽不能大有所泄，而亦有带泄之患。而人多所不察者，盖因有海商，或是乡人，或是知识，海上之民，无不相与熟。所谓带泄者，乃以钱附搭其船，转相结托，以买番货而归。少或十贯，多或百贯，常获数倍之货。愚民但知贪利、何惮而不为者”，记录了中小海上商人、渔民以铜钱十贯或百贯出资于海商以买番货，获数倍之利的这种分股出资“带泄”的惯行。

事例六　《夷坚续志前集》卷一《人事门·假母欺骗》记载，理宗景定年间，两个少年将路旁的年老女乞丐扮作母亲，整理行装住进江西新淦县的一家旅店，以其破烂行装和孝顺骗取了别人的信任，将假母亲和行旅托付给富豪皮氏，起初从皮氏处得到三百贯的资本外出做买卖，半年获数倍之利而归，付清了本利。后来又从皮氏及其他富豪处得到二千贯贷款，便逃之夭夭。正如记载中所云“众见其惯于经商，且每日相与之情，具如数借之”，把由多数人合股出资所得的资本向经营者投资。

事例七　酒坊经营的合本。《宋会要辑稿·食货二〇之八》“景祐元年正月二十七日”条记载了允许一户以上、十户以下共同经营小规模酒务买扑的例子；《食货二一·买扑坊场》“建炎二年闰四月十六日”条、“绍兴元年五月十三日”条记载了百姓出产业、豪户出财本进行共同经营的例子；《夷坚支戊》卷五《刘元八郎》中也可见明州人夏主簿和富民林氏共同经营酒坊的例子。

事例八　吕缙叔《淮阴节妇传》有一商人与乡人“共财出贩”的记事[138]。

事例九　《夷坚三志壬》卷一〇《汪三宰牛》载，居住在鄱阳石头镇的汪三做牛的屠杀买卖，多与伙伴陈二“共本”。

事例十　何景福《铁牛翁遗稿·买犊歌》有“三家聚钱买一犊”之句，可以看出在农业经营中也有合资的情况。

事例十一　《数书九章》卷二《分粜推原》有浙西三个富农合作耕田，收七百三十八石，各分得二百四十六石的事例；《宋会要辑稿·食货一·农田杂录》“太平兴国七年闰十二月”条记载，农民们就种子、土田、丁男、牛力的剩余和不足进行通力合作，订立契约相互补充不足，收成后按契约偿还；《宋会要辑稿·食货二·营田杂录》"绍兴三年四月四日"条中也载有官民相互合作合种荒闲田的事例；《袁氏世范》卷下《治家·修治陂塘其利博》载："池塘、陂湖、河埭，有众享其溉田之利者，田多之家当相与率倡，令田主出食，佃人出力。"这些通力合作的例子意味着农业方面资本和劳力的结合，可以认为是合本的原始形态。

六　投资的对象

有如上述，在宋代，随着商业活动的集约化和扩大化，商业也逐渐趋于永久和固定，在进一步激化的资本竞争中，也出现了商人财产的积累和集中的进步形态。但也必须注意到，一般说来拥有资本的各阶层并不太注重商业经营的集中和合理化，而希望进行资产的分散、托营、秘密投资，以及机会性和副业性的营利活动等。下面拟通过探讨集中于他们手中的财产主要用于何种"投资"和怎样转化，来说明这一情况。

首先，投资的主要对象是田产，即向土地、房屋等主要动产方面的投资。当时土地投资的盛行情况，从田价的上涨和田讼的频发也可窥见一斑。就拿田价来说吧，北宋仁宗庆历前后，在河南汜水县李诚庄每亩为五贯[139]；熙宁五年，官田的赤淤地每亩为二贯五百至三贯，花淤地为二贯至二贯五百[140]；熙宁八年前后，苏州每亩为一贯文[141]（典田）；治平末，长安的上等田每亩为二贯弱[142]；同一时候，明州每亩为一贯文[143]。到南宋时候，田价暴涨[144]，明州定海县为二三十贯[145]，鄞县为三十二贯[146]；南宋末，镇江府溧阳县围田每亩为十贯[147]；淳祐前后，广州每亩为十贯[148]。苏州苏辙的别墅卖价为四万四十一贯，后来达数百万（数千贯）[149]。即使土地投资不是造成田价上涨的全部因素，但田价确实异常腾贵，而且当时的土地投资确是很流行的。李复《潏水集》卷一《论虚名实弊》云：

> 以臣今亲见所谓庶民之家者论之，臣居有邻人，承其父业，负郭有美田十余顷，衣食富足，不能力穑笃治，为人所怵。喜多田之豪名，罄索家资，又营远山之瘠田数十顷，欲人称其田之多也。远田无所得，常以负郭资之，岁久因远而困。

有为得"多田之豪名"，尽管在城外已有良田，但还买远山之瘠田者。舒璘《舒文靖集》卷下《再与前人（陈英仲提举）论荒政（又）》云：

> 大率人户置田，必散在诸处。

田产之所以分散于各地，大概是保全资产和转移的结果。袁采《袁氏世范》卷下《治家·富家置产当存仁心》云：

> 贫富无定势，田宅无定主，有钱则买，无钱则卖。买产之家，当知此理，不可苦害卖产之人。盖人之卖产，或以阙食，或以负债，或以疾病、死亡、婚嫁、争讼。

记述了田宅的买卖、转移颇为频繁，往往因临时开支等便轻易出卖的情况。买占土地者主要是形势官户、寺院、乡豪[150]等豪右大姓[151]，但工商业者也将其商业财富转换为土地。例如朱熹《朱文公文集》卷四三《答陈明仲》云：

> 顷在同安（泉州同安县），见官户富家、吏人市户，典买田业，不肯受业。……则村民有宿食废业之患，而市人富家得以持

久困之。

除了官户、富家、吏人之外，有的商人也购买土地，从而成为外地的地主。《续资治通鉴长编》卷一八"太平兴国二年五月庚午"条载：

> 初，曹翰屠江州，民无噍类，其田宅悉为江北贾人所占。

又同书卷一四九"庆历四年五月壬戌朔"载：

> 商贾之徒，各务求属于新城（水洛城）内射地土居住，取便与蕃部交易。

商人抓住机会买占城市内的土地。郑獬之高祖郑保雍五代时行商于湖湘地方，获得巨额财富后定居于安州城内，转化为城市地主，以出租房屋积蓄财产[152]，这也是其中之一例。另据载，善于经商的江东大姓韩氏拥有良田达数万顷[153]。元秦简夫《东堂老劝破家子弟》杂剧亦载有"你负郭有田千顷，城中有油磨坊、解典库"之句。商人所购买占有的土地无疑是城市内及近郊（负郭）的良田，这是非农业资本对农业的支配，同时也成了直接或间接地再营利的源泉。另一方面，手工业者也将财产转换为土地。《夷坚志补》卷一〇《田亩定限》载，温州瑞安县的木匠王俊以其收入使三十亩田产增至六十亩。

其次，仅次于土地的投资对象是建筑物。例如，明州城外五十里小溪村的富家翁建造了门廊厅级均与大官舍相同的巨宅[154]；出身于蜀的丞相崔与之在乡里建造了壮丽的府第，于是一位豪商也仿盖了一座分毫不差的家宅[155]。又据载，大商家的干仆受托代主人之子经营，利用大商的财富积累了私有财产，建造了与主人家同样的家具齐全的房子[156]。

此外，《三朝北盟会编》卷二九"靖康元年正月八日"条载：

> 缘京师四方客旅买卖多，遂号富庶。人家有钱本，多是停塌解质舟船往来兴贩，岂肯闲着钱，买金在家顿放？

同书卷一八〇"绍兴七年十月"亦载：

> 富人必居四通五达之都，使其财布于天下，然后以收天下之功。

可见商人的投资，是自己聚居于商业活动的中心地，通过对仓库、旅馆业、金融业、运输业、客商的投资而进行的，还有买妾、买婢、买僮等买取奢侈奴隶的投资[157]，以及用于古代美术、古董的收藏、金银的储藏和购买果园、山林等。

然而，正如李新《跨鳌集》卷二〇《上王提刑书》云：

> 商于海者，不宝珠玉，则宝犀瑁。商于陆者，不宝盐铁，则宝茶茗。持筹权衡斗筲间，累千金之得，以求田问舍。大妇炬簪珥，小妇曳琴瑟，兹商贾所愿也。

李昭玘《乐静集》卷一一《代四兄求荐举书》亦云：

> 某闻万金之贾，陆驾大车，川浮巨舶，南穷瓯越，北极胡漠。龙皮象齿、文犀紫贝、夜光之珠、照乘之玉，一旦得之，则深居大第，拱手待价。

又《续资治通鉴长编》卷三七四"元祐元年四月癸巳"条引苏轼有关募役法之议论云：

> 若用买田募役，譬如私家变金银为田产，乃是长久万全之策。

对于商人们来说，土地终究是最长久最安全的投资对象。一般民众也不希望将金银等贵重金属作为财产来储蓄，而更希望把它转化为田产。因此，还必须考虑到，这种土地投资本身既是间接通过商业营利的源泉，同时也包含着以多田为自豪的奢侈投资之一面。

注释

[1]　日比野丈夫:《唐宋时代福建的开发》，载《东洋史研究》4，3。森克己:《日宋贸易研究》，东京：国立书院，1948;《来航日本高丽的宋商人》，载《朝鲜学报》9。和田久德:《东南亚的初期华侨社会（960—1279）》，载《东洋学报》4，1。

[2]　市村赞次郎:《论唐以前的福建与台湾》，载《东洋学报》8，1。和田清:《论秦之闽中郡》，载《东洋史研究》1，5。叶国庆:《古闽地考》，载《燕京学报》15。

[3]　桑原隲藏:《从历史上看南北中国》，载《白鸟博士还历纪念东洋史论丛》，池内宏编，东京：岩波书店，1925。北山康夫:《唐宋时代福建省开发之一考察》，载《史林》24，3。日比野丈夫:《唐宋时代福建的开发》，载《东洋史研究》4，3。

[4]　藤田丰八:《宋代之市舶司与市舶条例》，载《东西交涉史研究·南海篇》，东京：获原星文馆，1943。桑原隲藏:《蒲寿庚的事迹》，第24–25页，东京：岩波书店，1935。

[5]　成田节男:《宋元时代泉州的发达与广东的衰微》，载《历史学研究》（旧）6，7。

[6]　参考前述和田久德、日比野丈夫、成田节男论文。

[7]　日野开三郎:《五代闽国对中原的朝贡贸易》，载《史渊》26、27。

[8]　桑原隲藏:《蒲寿庚的事迹》，东京：岩波书店，1935。

[9]　《历代名臣奏议》卷三四八"梦得为两浙西路安抚使乞差人至高丽探报金人事宜状"条。

[10]　王十朋:《梅溪先生后集》卷一二《静晖楼前有荔子一株》。范成大:《石湖居士诗集》卷二一《新荔枝四绝》。《方舆胜览》卷一〇《福州》"南望交广"。

[11]　《宋会要辑稿·食货一七·商税》。

[12]　《元丰九域志》卷九《福建路》载福建路各州的户数，依序为福州、泉州、建州、南剑州、漳州、邵武军、汀州、兴化军。参考青山定雄:《关于隋唐宋三代户数的地域考察》，《历史学研究》（旧）6，4、5。

[13]　桑原隲藏:《从历史上看南北中国》周藤吉之:《宋代官僚制与大土地所有》，见《社会构成史大系》8，东京：日本评论社，1950。青山定雄:《五代、宋代福建的新兴官僚》，载《中央大学文学部纪要·史学科》。

[14]　元吴澄《临川吴文正公集》卷一六《送姜曼卿赴泉州路录事序》:"闽人之贵进士，自泉之人始，由是文物浸盛，波流及宋之季，闽之儒风，甲于东南。"

[15]　陈必复《端隐吟稿序》："七闽山川奇秀……负笈来试于京者，常半天下。家有庠序之教，人被诗书之泽，而仕于朝，为天子侍从亲近之臣，出牧大藩、持节居方面者，亦常半。而今世之言衣冠文物之盛，必称七闽，吾福又七闽之盛也。"

[16]　朱熹《朱文公文集》卷八〇《福州州学经史阁记》："福州之学，在东南为最盛，弟子员常数百人。"刘敞《公是集》卷一三《寄张宜》："福州人教弟子数百人，多成进士者。"

[17]　竺沙雅章：《宋代福建的社会与寺院》，载《东洋史研究》15，2。

[18]　参考前述北山、日比野、竺沙论文。

[19]　蔡襄：《蔡忠惠公文集》卷二二《乞减放漳泉兴化军人户身丁米札子》、同书卷二四《上庞端公书》。

[20]　《文献通考》卷四《田赋考四》、卷一一《户口考二》。

[21]　廖刚：《高峰文集》卷一《投省论和买银札子》。

[22]　卫泾《后乐集》卷一九《福州劝农文》："濒海之稻岁两获。"

[23]　《舆地纪胜》卷一二八《鲍祗咏长乐县诗》载"潮田万顷秋"，同书卷一二八《谢泌长乐集总序》载"潮田种稻重收谷"，同书卷一二八《许淳仁三山阁诗》："负郭潮田插两收。"

[24]　《三山志》卷四一《物产》："潮田不出倚郭三县。"刘爚《云庄刘文简公文集》卷一二《闽县劝农文》："田或两收，号再有秋，其实甚薄，不如一获。"

[25]　《方舆胜览》卷一〇《邵武军》："地狭山多郡志云云，田高下百迭。"同书卷一一《建宁府》："朱行中诗云，水无涓滴不为用，山到崔嵬犹力耕。"陈藻《乐轩集》卷一《剑建途中即事》："田敷百级阶。"明谢肇淛：《五杂俎》。

[26]　加藤繁：《中国占城稻栽培的发展》，载《中国经济史考证》下卷，东京：东洋文库，1953。

[27]　陈傅良：《止斋集》卷四四《桂阳军劝农文》。王炎：《双溪文集》卷一一《上林鄂州书》。

[28]　真德秀：《西山先生真文忠公文集》卷二《癸酉五月二十二日直前奏事》。又参见《铁庵方公文集》卷二一《上乡守项寺丞书》："大家谷食不多，非如江浙家以万以千计者皆米也，今家有二三百石者甚可数。"

[29]　陈宓《复斋先生龙图陈公文集》卷四《安溪劝农诗》："七闽寸土直钱多，况是泉山价倍高。"《铁庵方公文集》卷三三《广州丁未劝农文》："向闻南田膏腴弥望，亩直不多，今或十贯，不为甚低。然比闽浙间，食贵米，耕贵田，费与劳又几倍。"

[30]　王灼：《糖霜谱·原委第一》。

[31]　周密:《癸辛杂识别集》卷上《鱼苗》。

[32]　蔡襄:《荔枝谱》第三。

[33]　范成大:《吴船录》卷下"淳熙丁酉七月辛亥"、《桂海虞衡志·志果》。洪迈:《容斋随笔》。

[34]　《梦粱录》卷一六《分茶酒店》。

[35]　《武林旧事》卷三《都人避暑》。

[36]　黄裳:《演山集》卷四六《茶法》。

[37]　蔡襄:《茶录》。

[38]　欧阳修:《归田录》卷下。

[39]　沈括:《梦溪笔谈》卷二五《杂志二》。

[40]　罗大经:《鹤林玉露》甲编卷三《建茶》。

[41]　《宋会要辑稿·食货一七·商税》"绍兴二十八年五月八日"。

[42]　《淳熙三山志》卷四一《物产·货·木筏》。

[43]　《夷坚支景》卷九《林夫人庙》。

[44]　《嘉泰会稽志》卷一七《布帛》。

[45]　《夷坚支戊》卷一《陈公任》。《淳熙三山志》卷四一《物产·货·蓝淀》。

[46]　《铁庵方公文集》卷三三《劝织吉贝布文》。

[47]　《春渚纪闻》卷六《东坡事实》。

[48]　《方舆胜览》卷一一《建宁府》。

[49]　《岛夷志略·真腊》。

[50]　《淳熙三山志》卷四一《物产·货·铁》。《天下郡国利病书》卷三九《泉州府新志·杂课》。《万历泉州府志》卷七《铁课》。

[51]　《真腊风土记·欲得唐货》。

[52]　《岭外代答》卷六《器用门》。

[53]　蔡襄:《茶录》下篇《论茶器·茶盏》。

[54]　《方舆胜览》卷一一《建宁府》。

[55]　同上。

[56]　《五杂俎》。

[57]　蔡襄:《文房杂评》。

[58]　《方舆胜览》卷一一《建宁府》。

[59]　《太平寰宇记》卷一〇五《泉州》《汀州》。

[60]　《梦粱录》卷九《监当诸局》。——原注。安溪县在宋代属于泉州，而非漳州。——编者注

[61] 《翰墨全书·丙集》卷二。

[62] 《武林旧事》卷二。

[63] 《淳熙三山志》卷四一《物产·货·草席》。

[64] 刘克庄:《后村先生大全集》卷九一《风亭新建妃庙》、同书卷八八《福清县创大参陈公生祠》。《投辖录》。《永乐大典》卷七八九〇《汀州府·坊里虚市》。

[65] 《淳熙三山志》卷三八,卷四〇《岁时·四月八、中元》。

[66] 《宋会要辑稿·刑法·禁约》"大观三年五月十九日"。

[67] 《蔡忠惠公文集》卷三四《福州五戒文》,同书《别纪补遗》卷上《政术》。

[68] 《蔡忠惠公文集》卷三四《福州五戒文》。

[69] 同上。

[70] 史浩:《鄮峰真隐漫录》卷八《福州乞置官庄赡养生子之家札子》。郑兴裔:《郑忠肃公奏议遗集》卷上《请禁民不举子状》。王得臣:《麈史》卷上《惠政》。《宋会要辑稿·刑法·禁约》"大观三年正月十九日""政和二年四月十二日"。

[71] 《舆地纪胜》卷九八《南恩州》"民庶侨居杂处,多瓯闽之人",同书卷一〇二《梅州》:"图经云,郡土旷民惰,而业农者鲜,悉借汀、赣侨寓者耕焉。"《岭外代答》卷三《五民》:"四曰射耕人,本福建人,射地而耕也,子孙尽闽音。"

[72] 又参见黄裳:《演山集》卷三三《中散大夫林公墓志铭》。卫泾《后乐集》卷一九《福州劝农文》。

[73] 《通制条格》卷二九《僧道·商税地税》。还有道士以卖卜、卖药为副业,在二月、三月、五月、七月举办的四川之药市、广南惠州罗浮山冲虚观之药市和衡州南岳之药市上,全国道士汇集做买卖。

[74] 《读史方舆纪要》卷一〇《邵武军》。

[75] 《方舆胜览》卷一〇《福州》。

[76] 陈普:《石堂先生遗集》卷一六《古田女》。

[77] 王得臣:《麈史》卷下《风俗》。

[78] 《东坡全集》卷五六《论高丽进奉状》。

[79] 森克己:《日宋贸易研究》(东京:国立书院,1948)中之《日宋丽交通贸易年表》;《来航日本高丽的宋商人》,《朝鲜学报》9。并以延禧大学刊影印本《高丽史》对此做了若干补充。

[80] 和田久德:《东南亚的初期华侨社会(960—1279)》,载《东洋学报》,4,1。

[81] 《宋史》卷四八九《阇婆传》。

[82] 司马光:《涑水纪闻》卷一二。《续资治通鉴长编》卷一三七"庆历二年七月己巳"。

[83] 《宋会要辑稿·食货三八·互市》"天禧三年十月"。

[84] 《夷坚甲志》卷七《岛上妇人》。

[85] 《夷坚三志己》卷六《王元懋巨恶》。

[86] 《续资治通鉴长编》卷二七三"熙宁九年三月壬申"。

[87] 《建炎以来系年要录》卷一八七"绍兴三十年十二月"。《宋会要辑稿·番夷四·占城》"乾道七年"。

[88] 《夷坚志戊》卷一《浮曦妃祠》。

[89] 《夷坚丁志》卷六《泉州杨客》。

[90] 《夷坚志戊》卷一《陈公任》。

[91] 池田静夫:《中国水利地理史研究》,东京:生活社,1940,第216–222页。

[92] 《欧阳文忠公文集》卷四〇。

[93] 《方舆胜览》卷一《临安府》"过其地者必驻轼"条。

[94] 秦观:《淮海集》卷三三《庆禅师塔铭》。

[95] 《舆地纪胜》卷一七《江宁府》。

[96] 周密:《癸辛杂识续集》卷下《佛莲家赀》。

[97] 朱彧:《萍洲可谈》卷二。并参见前述航渡日本、高丽闽商表。

[98] 《高峰文集》卷五《漳州到任条具民间利病五事奏状》,《蔡忠惠公文集》卷三一《杂说·福唐水居船》。

[99] 《西山先生真文忠公文集》卷一五《申尚书省乞拨降度牒添助宗子请给》。

[100] 《舆地纪胜》卷一一六《化州范氏旧闻拾遗》。

[101] 《续资治通鉴长编》卷七一"大中祥符二年二月"。王辟之:《渑水燕谈录》卷九《杂录》。

[102] 《三朝北盟会编》卷一三八"建炎四年四月二十五日"。

[103] 《夷坚三志己》卷四《沈六寄书》。

[104] 《夷坚三志辛》卷八《傅子渊虎梦》。

[105] 《夷坚三志辛》卷一〇《李天祐》。

[106] 《夷坚志补》卷一八《曹仁杰卜术》。

[107] 《朱文公文集》卷九一《黄公墓志铭》。

[108] 吕南公:《灌园集》卷四《故袁州李君墓志铭》。

[109] 《夷坚支丁》卷四《林子元》。

[110] 《庄简集》卷八《论曾纡等札子》。

[111] 《元史》卷九四《食货志二·市舶》。

[112] 桑原隲藏:《蒲寿庚的事迹》,东京:岩波书店,1935。

[113] 北京:人民出版社,1956。

[114] 载《中国土地制度史研究》,东京:东京大学出版会,1965。

[115] 在王明清《投辖录·玉条脱》中也可见到同样的记事。关于《清尊录》所载的"行钱",参考宫崎市定:《中国近世生业资本的借贷》,载《东洋史研究》11,1;《亚洲史研究》3,京都:东洋史研究会,1963。

[116] 元曲《九世同居》:"行钱:门首看者,看有甚么人来?"杂剧《看钱奴买冤家债主》:"房廊屋舍,着行钱看守着。"杂剧《庞居士误放来生债》:"行钱,将着李孝先那一纸文书,再将着两锭银子,咱探望孝先走一遭去。(行钱云)理会的。"

[117] 《袁氏世范》卷下《治家·假贷取息贵得中》记载,质库的月息标准为二分乃至四分,贷款的月息为三分乃至五分,粮食的消费借贷一熟为三分至五分。由此可知当时的利息,也可知道当时士大夫的家计不仅靠农业,也靠金融利润来维持。

[118] 同样的例子在《清明集》之《库本钱·质库利息与私债不同、背主赖库本钱》等判决文中也有记载,可见富豪对质库出资的惯行是很盛的。

[119] 质库的经管人被称为"掌事"的例子,参考《东京梦华录》卷五《民俗》,《梦粱录》卷一八《民俗》、卷一九《顾觅人力》。

[120] 客店、邸店的管理人甚其主人,还兼做经纪业和牙人。参考《作邑自箴》卷七《榜客店户》,《夷坚三志辛》卷六《胡廿四父子》等。

[121] 秦观:《淮海集》卷三三《庆禅师塔铭》。参见本章第一节。吉川幸次郎:《两个僧侣海商》,载《东方学会创立十五周年纪念东方学论集》,东方学会,1962。

[122] 《夷坚三志己》卷六《王元懋巨恶》。

[123] 《夷坚支戊》卷七《许大郎》。

[124] 《夷坚三志辛》卷八《申师孟银》。

[125] 《夷坚支乙》卷九《张保义》,《夷坚志补》卷一四《宝峰张屠》。

[126] 参见《建炎以来系年要录》卷一四〇"五月乙巳"。

[127] 参考大塚久雄:《株式会社发生史论》,第27–31页,东京:中央公论社,1948。

[128] 火(huǒ)与伙(huǒ)音通。"火","队"之义大概是原义。

[129] 《宋会要辑稿·食货一八·商税》"宁宗嘉定七年二月二十四日"。又见

本书第三章第一节。

[130]　王明清:《玉照新志》卷三。

[131]　佐伯富:《宋代的茶商军》,载《东洋史研究》4,2。

[132]　宫崎市定:《合本组织的发达》,载《东洋史研究》13,5;《亚洲史研究》3,京都:东洋史研究会,1963。

[133]　今堀诚二:《十六世纪以后合伙的性格及其推移》,《法制史研究》8。

[134]　《东洋史研究》13,5;《亚洲史研究》3,京都:东洋史研究会,1963。

[135]　《东洋史研究》17,10。

[136]　《佐贺龙谷学会纪要》4。

[137]　《法制史研究》8。

[138]　《鸡肋编》卷下。

[139]　魏泰:《东轩笔录》卷八。江少虞:《皇宋事宝类苑》卷二。

[140]　《续资治通鉴长编》卷二三〇"熙宁五年二月辛亥朔"。

[141]　《续资治通鉴长编》卷二六七"熙宁八年八月戊午"。

[142]　《续资治通鉴长编》卷五一六"元符二年闰九月甲戌"。

[143]　王安石:《临川先生文集》卷七六《上运使孙司谏书》。

[144]　《建炎以来系年要录》卷一六一"绍兴二十年九月"。《宋会要辑稿·刑法二·田讼》"绍兴五年闰四月十日"。

[145]　陈造:《江湖长翁文集》卷二四《与诸司乞减清泉两乡苗税书》。

[146]　《宝庆四明志》卷一二《鄞县志·水》。

[147]　俞文豹:《吹剑录外集》。

[148]　《铁庵方公文集》卷三三《广州丁未(淳祐七年)劝农文》。

[149]　洪迈《容斋三笔》卷九《钴鉧沧浪》。

[150]　《夷坚三志辛》卷六《操执中》记述了建康城外二十里的乡村豪民操执中进行田土兼并的情况。

[151]　《宋会要辑稿·职官三九·都督府》"绍兴六年四月十八日"条列举了豪右大姓较多的地方有浙西平江府、湖州、秀州、常州、江阴军,浙东绍兴府、衢州、温州,江东建康府、广德军。

[152]　郑獬:《郧溪集》卷一八《郑氏世录》。王得臣:《麈史》卷下《鉴戒》。

[153]　元吴莱:《渊颖吴先生文集》卷九《韩蒙传》。

[154]　《夷坚丁志》卷一四《明州老翁》。

[155]　《夷坚续志前集》卷一《人事门·效人做屋》

[156]　韩元吉:《南涧甲乙稿》卷一七《贾说》。

[157]　洪巽:《旸谷漫录》。

第七章　社会与商业

第一节　消费的增大

这一节，对与宋代商品经济的发达有因果关系的消费及欲望的多样化，分别从奢侈消费及其大众化和大众消费的多样化两方面来考察。关于中国奢侈消费的发展历史，宫崎市定曾把古代帝王之量的特质与中世纪贵族之质的特质做过比较，指出了宋以后新兴贵族——士大夫的多样、合理的性质[1]。分工的发展与欲望的发达是相互制约的[2]，因此，奢侈性质的时代变迁是个颇有兴味的课题。志田不动麿对奢侈禁止令的历史发展的研究[3]，也可供参考。

一　奢侈消费及其大众化

宋代的奢侈消费，归根结底是社会财富的实际支配者，即宫廷贵人、宰相以及士大夫、富豪们的购买力。北宋第三代天子真宗营造玉清昭应宫，广集天下名木、奇石、颜料、漆等建筑材料，据载每日动用役使工匠三四万人[4]，成了北宋奢侈地建殿造园的先驱。北宋末代天子徽宗列"常膳百品"，即日常食膳百种珍味[5]；并在苏州置应奉局，以"花石纲"运送江南的花木、奇石、禽兽、什器，于开封营建保和殿、延福宫、艮岳；而且自己的瘦金体书法和山水、花鸟画技法很出色，把时间花在书法、名画、古铜器等工艺美术品的搜集和鉴赏上[6]。南宋初年，高宗行幸张俊私邸时招待之豪华是世代相传的著名事实[7]。又成都知府文彦博命工匠用金丝刺绣，织出有莲花的华丽异色锦，奉献给仁宗贵妃张氏之说也是很有名的[8]。皇后和宫女的服饰尤其是冠、梳奢侈品的流行，是一个显著的变化[9]。即便是宰相、朝官，从连庖厨中厨娘工作都分工化的蔡京[10]、黄雀鲊充满三座仓库的王黼、贮藏数千斤药材的童贯、果子库囤积砂糖数百瓮和胡椒八百斛的贾似道[11]等逸事，也可见当时达官贵人奢侈之一斑。

以达官贵人为顶点的新兴官僚阶层，与把地位、财产作为出生身份而世袭的六朝以来的传统贵族不同，他们是以佃户的生产率高的集约劳动所带来的农业财富为生活基础，并通过科举考试步入官界的新的统治阶层。他们必须靠自己的能力来确立作为官僚的地位身份，而且其地位身份所拥有的特权大致只限于一代。在城市化、商品经济化的社会，要充实、维持其家计，可以说并不是那么容易的事。然而，官僚身份所保留下来的各种特权，以及如向商业投资特别是金融投资这样的官僚隐秘的投资，实质上通过宽松的法制给他们以致富的机会。在身份和经济地位上升的同时，利用城市化的契机而迁居城市，把资产投资于土地及金融等，并由于奢侈的消费，从而形成了独特的士大夫文化。南宋人阳枋把这种士大夫的消费倾向与前代做了比较，留下了这样颇具兴味的记述：

　　俗言：三世仕宦，方会着衣吃饭。余谓：三世仕宦，子孙必是奢侈享用之极。衣不肯着布缕绸绢、衲絮缊敝、浣濯补绽之服，

必要绮罗绫縠、绞绡靡丽、新鲜华粲、絺绤绘画、时样奇巧、珍
奇殊异，务以夸俗而胜人。食不肯疏食菜羹、粗粝豆麦黍稷、菲薄
清淡，必欲精凿稻粱、三蒸九折、鲜白软媚，肉必要珍羞嘉旨、脍
炙蒸炮、爽口快意、水陆之品，人为之巧，镂簋雕盘，方丈罗列，
此所谓会着衣吃饭也。[12]

这就是说，宋时三代仕宦之家的子孙极为奢侈，衣料不穿布缕绸绢、
衲絮缊敝和浣濯补绽之服，要用绮、罗、绫、縠、绞、绡等高级织品，
美丽时新的葛布、绢等，还必须具有出人意料的绘画、时样，要奇巧、
珍贵、殊异；吃的不要粗糙和没油的东西，而追求精白米、精肉和经
过加工的山珍海味。《夷坚丁志》卷六《奢侈报》有类似的记述：

> 又有郭信者，京师人。父为内诸司官，独此一子，爱之甚
> 笃，遣从临安蔡元忠先生学。信自僦一斋，好洁其衣服，左顾右
> 眄，小不整，即呼匠治之，以练罗吴绫为鞋袜，微污便弃去，浣
> 濯者不复着。

士大夫之奢侈起于身边之衣食，如金银[13]、珠玉宝石[14]等装饰，帽
子[15]、建筑、庭园，以及名香、珍贵木材[16]、酒茶具[17]、祭器、书画骨
董[18]、文房（笔、纸、砚、墨）[19]、蓄妾婢僮仆[20]等。

这种奢侈风潮，从宫廷、士大夫阶层向庶民，从中央向地方渐渐
渗透。后页之表（见表 7.1），就以年代顺次收录宋代主要年代记、政
令、文集、杂著中的奢侈禁止令。

所列以舆服令（车舆与服饰的身份规定）为主，但也反映了一般
的倾向。从中不难看出，首先是包括金银珍珠在内的特定的贵金属、
宝石类服饰的使用和制造，尽管屡申禁令，却仍很盛行；其次是特定

表 7.1　宋代的奢侈禁止令

皇帝	纪年	奢侈禁止令	出典
太宗	淳化元年八月乙巳	禁止公子、庶人、商贾、伎艺人紫服	《宋会要辑稿·舆服 4·臣庶服》
太宗	端拱二年十一月九日	令左藏库段金银器皿（俭约令）	《续资治通鉴长编》卷 31
太宗	至道元年六月二十四日	许庶人服用紫服	《宋会要辑稿·舆服 4·臣庶服》
太宗	至道元年六月二十四日	命妇以外禁止销金、泥金及珍珠装饰	《宋会要辑稿·舆服 4·臣庶服》
真宗	咸平二年五月丁亥	禁臣庶泥金、铺金装饰	《续资治通鉴长编》卷 44,《宋会要辑稿·舆服 4》
真宗	咸平四年二月	禁民间制造银数（银瓦）、金线	《续资治通鉴长编》卷 48
真宗	咸平五年十一月壬寅	申严禁销金（衣服）	《续资治通鉴长编》卷 53
真宗	祥符元年二月乙巳	申明销金之旧制，禁止金银销线、贴金、销金、泥金、鏒金线装贴什件木玩之物，命士庶以外禁止金制首饰	《续资治通鉴长编》卷 68,《三朝宝训》。《华阳集》卷 23《进故事》，《包孝肃公奏议》卷 5,《燕翼诒谋录》
真宗	祥符二年正月乙丑	申明禁镕金饰器	《燕翼诒谋录》卷 71
真宗	祥符四年六月	禁止宫院苑使用黄色，禁止皇亲士庶亲用春幡胜。禁止用罗服	《宋会要辑稿·舆服 4》,《续资治通鉴长编》卷 2
真宗	祥符七年五月壬辰	禁止民间服用皂缬（销金及铰遮那缬）	《燕翼诒谋录》卷 2
真宗	祥符八年五月癸巳	自京至臣庶禁一切服玩金饰	《续资治通鉴长编》卷 82,《宋会要辑稿·舆服 4》
真宗	祥符八年五月壬午	内廷禁中宫以下，禁使用销金、贴金、镀金、明金、泥金、榜金、销金、解金、剔金、盘金、阘金、圈金、影金、阑金、织捻金线等衣服（外廷臣庶之家同）	《续资治通鉴长编》卷 82,《东都事略》
真宗	天禧二年二月丁卯	禁镕金衣服	《宋大诏令集》卷 199,《东坡集》卷 10,《燕翼诒谋录》
仁宗	天圣二年	禁在京土庶黑褐地白花衣服，及蓝黄紫地撮晕花样	《续资治通鉴长编》卷 91
仁宗	天圣七年七月乙戌	禁朱漆床榻	《宋会要辑稿·舆服 4》
仁宗	景祐元年五月丙寅	禁止销青、绣背、遍地密花、透背缎子	《续资治通鉴长编》卷 108
仁宗	景祐二年闰六月廿一日	禁遍地密花销背透背缎子、织成遍地密花透背衣饰	《宋大诏令集》卷 199,《宋会要辑稿·食货·匹帛》《宋会要辑稿·舆服 4》
仁宗	景祐二年五月七日	禁市肆造作楼台销金妇人首饰	《宋大诏令集》卷 199,《宋会要辑稿·舆服 4》

皇帝	纪 年	奢侈禁止令	出 典
仁宗	景祐三年二月十三日	为禁士庶奢侈，审查政令。禁非品官阙人起门屋。宫室寺观以外，禁彩绘栋宇，柱菌朱墉黑漆，雕镂柱础，器用表里朱漆，金漆。三品以上，镀金鞍勒。禁室戚里以外禁止使用纯金食器。禁用银棱食器。禁用银饰首饰，珍珠装缀。命妇以外禁金制首饰，珍珠装缀	《宋会要辑稿》之《刑法2·禁约》《舆服4》，《宋会要辑稿·舆服4》，《续资治通鉴长编》卷199
仁宗	景祐三年八月三日		
仁宗	康定元年八月戊戌	禁天下寺观用金箔饰佛像 乘舆法物、内廷禁用销金、贴金、镀金、间金、榜金、泥金、阑金、明金、织捻金、织捻线等衣服，外廷臣庶同	《续资治通鉴长编》卷128 《宋大诏令集》卷199
仁宗	庆历二年五月戊黄		
仁宗	皇祐元年十月十九日	限制妇人冠梳奢侈	《续资治通鉴长编》卷199
仁宗	嘉祐七年十月己丑	禁天下服用墨紫	《燕翼诒谋录》卷4，《续资治通鉴长编》卷197，《宋会要辑稿·舆服4》
仁宗	嘉祐中	定品官、民庶装饰珍珠之法	《续资治通鉴长编》卷197，《宋会要辑稿·舆服4》
神宗	熙宁中	编敕删去上敕	《续资治通鉴长编》卷483 "元祐八年四月戊午"
哲宗	元祐元年九月丁卯	禁止私造金箔	《续资治通鉴长编》卷405
哲宗	元祐八年四月戊午	许命妇品官大姓良家从旧制，服用珍珠，杂户不许可	《续资治通鉴长编》卷405
哲宗	元符杂敕	禁销金、贴金、销金，禁销龙、销金、遍地密花、透背、销背、绣背、纯销、遍绣之帐幕	《续资治通鉴长编》卷483
徽宗	政和二年	禁开封府，民间买销金	《宋会要辑稿·舆服4》"政和元年二月七日"
钦宗	靖康元年	禁止销金	《宋会要辑稿·舆服4》
钦宗	靖康元年五月十日	禁止土庶之家销金	《鸡肋编》卷中
高宗	绍兴五年十一月廿四日	禁销金翠羽，妇人金首饰服饰用销金者定罪	《宋会要辑稿·刑法2·禁约》 《宋会要辑稿·刑法2·禁约》 《建炎以来系年要录》卷117
高宗	绍兴五年十二月七日		

皇帝	纪　年	奢侈禁止令	出　典
高宗	绍兴七年	禁禁中用销金。禁服用涂金铺翠造作，妇人金首饰	《东塘集》卷 10,《宋会要辑稿·刑法·舆服 4》
高宗	绍兴九年五月十七日	申严禁销金铺翠	《宋会要辑稿·刑法·禁约》
高宗	绍兴十年五月四日	申严禁销金铺翠	《宋会要辑稿·舆服 4》
高宗	绍兴二十六年二月九日	申严禁紫衫	《宋会要辑稿·舆服 4》
高宗	绍兴二十八年九月二日	禁销金	《宋会要辑稿·刑法·禁约》，《建炎以来系年要录》卷 174
高宗	绍兴二十七年三月廿一日	禁宫中首饰，衣服销金铺翠	《宋会要辑稿·刑法·禁约》，《建炎以来系年要录》卷 176
高宗	绍兴二十七年三月廿二日	禁以销金作首饰，衣服。禁一切贴金、镂金、同金、剔金、陷金、解金、明金、泥金、楞金、背金、影金、盘金、织金、线金、铺翠金、描金、捻金、线真金纸等。禁以金箔为饰	《宋会要辑稿·刑法·禁约》
高宗	绍兴二十七年十二月八日	禁民间以销金为服饰	《宋会要辑稿·刑法·禁约》
高宗	绍兴二十九年二月戊戌	禁止龟筒、鹿胎、玳瑁装饰	《建炎以来系年要录》卷 181
高宗	绍兴三十年九月丁亥	申严禁销金、铜器	《建炎以来系年要录》卷 186
孝宗	隆兴元年	禁止服用销金箔	《宋会要辑稿·刑法·禁约》
孝宗	隆兴元年四月七日	申严绍兴二十七年之铺翠销金手诏	《宋会要辑稿·刑法·禁约》
孝宗	淳熙八年五月一日	禁临安市中铺金铺翠	《宋会要辑稿·刑法·禁约》
孝宗	淳熙十一年	禁服用销金	《东塘集》卷 10
宁宗	庆元中	定私造金箔，买卖，制造销金服饰者之刑讼	《庆元条法事类》卷 29
宁宗	嘉泰元年四月十三日	禁销金铺翠	《宋会要辑稿·刑法·禁约》
宁宗	嘉泰元年十二月十一日	禁外方州县销金铺翠	《宋会要辑稿·刑法·禁约》
宁宗	嘉泰三年五月十八日	申严禁销金铺翠	《宋会要辑稿·刑法·禁约》
宁宗	嘉定六年十二月六日	申严禁销金铺翠	《宋会要辑稿·刑法·禁约》
宁宗	嘉定八年正月二十八日	禁打造金箔，服用销金铺翠	《宋会要辑稿·刑法·禁约》

的高级纺织品的着用、织造，对原本只限于宫廷的纹样的僭用，寺观佛像、建筑金箔的使用，民间建筑物上朱黑漆、彩绘、雕塑等的采用也很流行。

苏洵在记述普遍使用金箔和珍珠后云：

> 今也，工商之家，曳纨锦，服珠玉，一人之身循其首以至足，而犯法者十九。[21]

指出了以锦服珠玉饰身的风气之盛延及工商之家的情形[22]。南宋王迈亦云：

> 今天下之风俗侈矣。宫室高华，僭侈无度，昔尝禁矣。今僭拟之习，连甍而相望也。销金翠羽蠹耗不赀，昔又尝戢之矣。今销毁之家，列肆而争利也。士夫一饮之费，至糜十金之产，不惟素官为之，而初仕亦效其尤矣。妇女饰簪之微，至当十万之直，不惟巨室为之，而中产亦强仿之矣。后宫朝有服饰，夕行之于民间矣。上方昨有制造，明布之于京师矣。[23]

袁说友也记述了临安的奢侈，尤其是使用销金（金箔）的风气：

> 销金衣饰，顷岁有司屡行禁止，往往法令稍宽，随即纵弛，累岁以来，其侈日盛。豪贵之家固习于此。而下至齐民稍稍有力者，无不竞以销金为饰，盖不止于倡优被服之僭也。今都人以销金为业者，不下数十家，货卖充塞，相望于道。[24]

服饰之奢侈普及到了中产乃至庶民阶层，法禁名存实亡了。关于金银器的使用，加藤繁《唐宋时代金银之研究》业已述及，这里就其普及的情况做若干补充。在唐代，从元稹《估客乐》[25] 和杜牧《上李太尉论江贼书》[26] 之记载中已能见到农家子女买金钗银钏为装饰品之例。到了宋代，在开封和临安的酒楼、茶馆、饮食店已盛行使用金银器[27]，并且有以此出租为业者[28]。真宗时期，银之所以缺乏，正是由于城市的消费及对南海的贸易[29]。北宋灭亡以后，侵入开封的金军搜刮宫廷、质库、金银铺、富室，带走了大量的金银器具，这也是有名的史实[30]。还有，金军攻陷江西洪州时，索取金银宝物、百工技艺[31]。又如在复州[32]、抚州宜黄县[33]、乐平县桐林市[34] 等州县城的市街上有金银铺、金银匠，夔州墟市村民买银钗[35]，乐平县东关外之民典当金钗[36] 等等记载，说明一般市民、村民并非与金银服饰无缘。《宋会要辑稿·刑法二·禁约》"乾道元年八月三日"条及"嘉泰元年十二月十一日"条，分别严禁远方州县和外方州县销金，也说明风尚奢侈之事实。

其次，有关衣着方面，地方农村如福建福州之农村，衣服秩序也很混乱，《淳熙三山志》卷四〇《岁时·序拜》云：

> 三十年来，渐失等威，近岁尤甚。农贩细民，至用道服、背子、紫衫者，其妇女至用背子、霞帔。称呼亦反，是非旧俗也。

农妇和细民在岁节盛装，穿上了原来只许士大夫和命妇穿的衣服，着道士才着之服。在城市里也一样，衣服等级之别已遭破坏，竞相华美[37]。关于食物，前面述及的宫廷、士大夫之奢侈，以及开封、临安大都会的饮食生活之豪华、多样、铺张浪费的情况，有那波利贞、曾我部静雄的论文[38]，全汉昇《北宋汴梁的输出入贸易》[39]《南宋杭州的消费与外地商品之输入》[40]，以及最近发表的篠田统《论饮膳正要》[41]

等，可供参考。

关于奢侈普及的状况，这里应论及周边诸民族上流社会的奢侈欲望，通过与宋的贸易和朝贡的回赐、岁币而得到满足的情况。譬如辽，从五代、宋输入香药、犀角、象牙、金银珠玉、茶、缯帛、漆器、陶瓷器、杭糯等[42]；日本自宋输入香料、名贵木材、绢、陶瓷器、陶砂、琉璃壶、水牛如意、玛瑙带、药品、颜料、典籍、文房具、唐画、什器、鸟兽、砂糖、茶、木棉、玩具[43]；南海诸国则以输入丝绸、陶瓷器、铜器等为主[44]。安南人求买捻金线锻即用金丝缝的绢服[45]。朝贡的回赐及岁币，大多给予金银、漆、珠玉工艺品、高级绢制品，这些物资当然是供周边各国贵族之奢侈消费的。

二 大众消费的多样化

前面论述了庶民消费中金银服饰品等奢侈品的普及，接着来探讨一下宋代庶民日常消费的发达情况。

当时，庶民日常生活不可欠缺的物资，被称为"七般事"或"七件事"。《梦粱录》卷一六《鲞铺》记云：

> 杭州城内外，户口浩繁，州府广阔，遇坊巷桥门及隐僻去
> 处，俱有铺席买卖。盖人家每日不可阙者，柴米油盐酱醋茶。或
> 稍丰厚者，下饭羹汤，尤不可无。虽贫下之人，亦不可免。

无论是怎样贫困的人也不能缺少的必需品是柴、米、油、盐、酱、醋、茶七种。稍为富裕的人家，下饭的羹、汤则不可无之。《夷坚续志前集》卷一《人事门·俗谑试题》也有同样的记载：

> 宋太学生，每闲坐，时以谑破为戏。有采俗语作要，试题云：

湖女艳，莫娇他，平日为人吃说拏，乌龟犹自可，虔婆似那咤！早辰起来七般事，油盐酱豉姜椒茶，冬要绫罗夏要纱。君不见湖州张八仔，卖了良田千万顷，而今却去钓虾蟆，两斤骨臀不奈遮！破云：有色者其累重，既知食美而服亦美；好色者其费重，当知业穷而身亦穷。

文中的俗语"七般事"举出的是油、盐、酱、豉、姜、椒、茶七种，也罗列了稍为奢侈的日常品。明田艺蘅《留青日札摘抄》卷二《七件事》记云：

谚云：开门七件事，柴米油盐酱醋茶。盖人家之所必用，缺一不可也。元人小词有云：倚蓬窗无语嗟呀，七件儿全无，做甚么人家？柴似灵芝，油如甘露，米若丹砂，酱瓮儿恰才梦撒，盐瓶儿又告消乏。茶也无多，醋也无多。七件事尚且艰难……

纵观宋元明之记载，一般庶民的日常品七件事是柴米油盐酱醋茶。同样的例子，在临安以外也有，如建康府：

米麦薪炭齑茗之属，民间日用所须者，悉资客贩。[46]

列举了市民的日常必需品是米麦薪炭齑茗。在浙西山区的严州农村，农家的必需品是：

大家有田仅百亩，三二十亩十八九。父母夫妻子妇孙，一奴一婢成九口。一口日啖米二升，茗齑醯酱菜与薪。共来日费二三斗……[47]

也就是米、茶、醯、醢、酱油、菜、薪七品被认为是不可欠缺的。如上所说，七件事的内容有所变化，但无论城市还是农村，都把米、盐、茶、油、酱、醋、豉、菜、薪炭视为生活之必需品。此外，往往也列入酒、姜、胡椒、羹、汤和砂糖等嗜好品。尤其是米、茶、胡椒，恐怕是以后才普及的食品。由此看来，像七般事、七件事这种大众消费的由来（并且内容丰富多彩），无疑是从宋代才开始出现的。

宋代的主谷，一般说来，在江南稻作地带是以米食为主体，灾荒和青黄不接时期则以大麦、杂谷、面等作补充。在华北，开封和部分城市及北方的军队驻留地也吃大米，其他地方则食用粟、面等。随着市场的扩大、流通的集约化，对米的嗜好也盛行起来了。早米、晚米、新破砻、冬春、上色白米、中色白米、红莲子、黄芒、上杆、粳米、糯米、箭子米、黄籼米、蒸米、红米、黄米、陈米等分别进入了米市场。作为租税和上户食用的粳米，城市贫民和农民食用占米等开始多样地分化（前述）。食用油、灯油有胡麻油、大麻油、荏子油、杏仁油、红花子油、菜花油、蓝花子油、蔓菁子油、苍耳子油、桐油、白油、鱼油等，且城市的消费与农村的消费有各自不同的流通渠道（前述）。茶在唐宋也是庶民日常必需品中的普及物资，与盐一起被指定为专卖品，通过官府贩卖机构和特许商人投放市场。但农民是在定期市场上买入，或向富商预借然后用生产物代偿的[48]。关于曲、酒、醋、豉、酱油的酿造，篠田统《宋元造酒史》《论饮膳正要》[49]有周详的研究。酒帘、酒旗是村落市场的景物之一。肉羹有牛、羊、獐、猪、鸡、鸭、鳅、石首鱼、鲥、鳖、鲐、鳗、蟹、鲫，以及鲞（干品）、鲊等在城市、农村交易。水果有荔枝、柑橘、石榴、梨、木瓜、胡桃、榛子、杨梅、菱、瓜等。除作为远程商品流通外，在定期市场和道旁店铺也出售梅、杏、青李、木瓜等四季水果（前述）。还有，宋代以降，前代此类的饴饧、蜜饯（蜜煎）加上砂糖之甘味料，成了都会人们的嗜好品而普及开来，城市里肩挑瓦瓶的小商走街串巷贩卖砂糖[50]。在农村，每逢过节便吃一种姜和肉桂一起煮加蔗糖的"口数粥"，还食用冰霜[51]。在四川、福建、浙江、广南等产蔗糖的地方，农村中也食用糖液和精糖（前述）。

关于大众衣料，缺乏合适确切的记载。不过麻布作为农民日常的自给衣料，似乎是很普及的，但在岁节总是脱去短袍而换穿长衫[52]，或着用上等丝织品做的好衣服。在江东纺织业地，丝织品很普及，甚至用作儿童的日常衣料。但粗质的土产麻布和丝织品也在农村小范围内流通。另一方面，丝织品已在城市居民中普及，这在前面已经说过。

大众消费的普及，从流通过程譬如农村市场交易的例子也能够看得出来。当时村落市场的交易品大致有米、麦、粟、菜、豆、水果、鱼鲜、猪、牛、鸡、鸭、麻、楮、农具、酒、盐、茶、薪、鲊等。还有，以农本恤民之旨趣，当时的内地税"商税"的课税对象以外的"民间日用之物"，有纸、扇、芒鞋[53]，竹、木、鱼、果、炭、箔[54]，油、炭、曲、布、絮[55]，牛、米、柴、面[56]，油、布、席、纸[57]，米、面、柴、炭、油[58]。关于商税及其附加税即力胜税的免除规定，有若干法令流传了下来：

天圣附令

诸商贩斛斗及柴炭草木博籴粮食者，并免力胜税钱。

诸卖旧屋材柴草米面之物及木铁为农具者，并免收税。其卖诸色布帛不及匹而将出城，及陂池取鱼而非贩易者，并准此。

元丰令

诸商贩谷及以柴草木博籴粮食者，并免力胜税钱。<small>旧收税处依</small>

旧例。

诸卖旧材植或柴草谷面及木铁为农具者，并免税。布帛不及端匹，并捕鱼非货易者，准此。

元祐敕

诸兴贩斛斗及以柴炭草木博籴粮食者，并免纳力胜税钱。旧收税处依旧例，即灾伤地分，虽有旧例亦免。诸卖旧材植或柴草斛斗并面及木铁为农具者，并免收税。布帛不及端匹，并捕鱼非货易者，准此[59]。

即谷物、面、柴炭、农具、旧屋材、不足匹的布帛、自给用鱼等是免税对象。

如上所述，在宋代，一方面以都城和州县城为居住地的贵人、士大夫、富民的奢侈消费增加，并很快地向庶民中间浸透；另一方面，不论城市还是农村，大众的消费围绕着米、柴、油、盐、茶、醋、酒、鱼、布帛等基本的日常必需品而扩大化和多样化。可以清楚地看到，其流通量的增加，使市场扩大，购买力也提高了。

第二节　农村非农业职业种类的增加

一　职业分化的进展

宋代商品、货币流通的发达，促进了农村、城市的职业分化，使职业种类显得愈加复杂了。据和田清的分析，中国职业的身份构成，自古（至隋唐）有贵贱两种身份之分，而就良民而言，则有四民即士农工商之区别[60]。当然，事实上四民未必可以完全包括，但对于社会阶层的大致区别来说，用四民也就够了。唐以前，工被贱视为"末作"，商则被贱视为"末利""末业"，人口数量和占社会的比重都很小。在唐代，工商阶层不准为士。此种贱视意识即使到了宋代也没有改变，工商仍被禁止科举入试。在制度方面是如此，而身份阶层的实质，在唐宋时代却有了很大的变化，尤其是商人身份的地位，可以说是迅速地提高了。以下，对这一点做些探讨。

神宗朝时期，浙西之陈舜俞记云：

> 说曰：呜呼！生民之困，无甚于农也。古之农，一夫受田百亩，今之农，十夫无百亩之田。古之耕皆为己，今之耕皆为人。古者时使薄敛以安之，力田以尊之，今者力役厚租以困之，上下为科以励之。古之民四，而农居其一，今之民士农工商老佛兵游手，合为八，而农居其一。古者士则不稼，大夫不为园夫红女之利，今者公卿大夫，兼并连阡陌。古者工商与农相生养，皆有度，今者工商之取于农，诈欺无厌[61]。

文中把宋代社会的新现象与以前做比较，指出了（1）自给自足农业的破坏，（2）农业经营规模零细化，（3）佃耕佣工普及，（4）公卿士大夫的副业营利、土地兼并增加，（5）工商业对农业的蚕食，同时也说明了（6）四民阶层制的崩溃，加入佛、老、兵、游手这样的半失业阶层而成了"八民"，农民所占的比重相对减少。这样的记载不只见于陈舜俞，阳枋也在劝说广安军官民自觉对待旱害的榜文中列有士大夫、吏胥、为士者、为农者、百工、行商之贾、道释者、军禁之士、游手之徒[62]。史浩亦举出士、农、工、商、释、老的六民及兵[63]。又胡铨记云：

> 古者民为四，士农工贾，管子之说详矣。今之民者六，士农
> 工贾佛老，韩子（愈）之说详矣。

指出六民（即士农工商佛老）之说系据韩愈所云[64]。这一新阶层中，兵与唐中期以后的府兵制崩溃、采用募兵制有关，实质上是由脱离农业的贫穷农民应募而构成的。他们以卖禄米、赐米来换取现金，又用俸禄的一部分去经营金融那种行业从而获利[65]。道士、僧侣是由于在唐宋时代佛道两教广泛传播而增大的阶层。然而，其实质是他们当中的一部分人系没有耕地或丧失土地的农民，他们由于穷困潦倒而求得此种职业。这在前述福建商人的产生条件时已明确论及。当时，道士中穿着道服遍历全国从事占卜、炼金、医翳，以贩卖药材、香纸、墨、笔、油烛、扇等行商为副业者很多。作为药材商人的道士来自全国，云集于四川、湖南、广东等药市（前述），在那里采买药材、香烛、斋具，然后再到全国四处叫卖。僧侣也有兼营店铺、质库者，或借卖彩票的机会而营利的[66]。在尼姑院也有以刺绣为专业的[67]。又有如"尼姑、道婆、媒婆、牙婆及妇人以买卖、针灸为名者"[68]所称的牙侩和小买卖也是尼姑、道婆的副业行为。游手也应以农村之过剩人口来解释，一般用以称私茶、私盐、私铸这样的私卖业者及其手下、赌博（柜坊、锁局）和惯于欺诈（骗局）者之类，但往往也将如贩夫贩妇那样从事零星贩卖的农民和短工、屠夫、胥吏等包含在内[69]。司马光论及非生产性人口大量存在时云：

> 以今天下之民度之，农者不过二三，而浮食者常七八矣。[70]

欧阳修亦云：

> 京西素贫之地，非有山泽之饶，民惟力农是仰。而今三夫
> 之家一人、五夫之家二人为游手，凡十八九州，以少言之，尚可
> 四五万人不耕而食，是自相糜耗而重困也。

指出了京西地方非农业人口的比例很高。像这样非生产人口的增加及
他们的机会性营利行为，当然让当时的有识之士看了会觉得农民的相
对比重降低了。

二　村落非农业职业种类的增加

白居易在徐州古丰县见到的像朱陈村那样的自给闭锁的村落，即
使在唐代大概也减少了，可特别记述其稀少、其价值。白居易又于
《白氏文集》卷四六《息游堕》中云：

> 今之人，舍本业趋末作者，非恶本而爱末，盖去无利而就有
> 利也。

注意到了农业的无利可图而转向工商业。北宋夏竦《文庄集》卷一三
《贱商贾》也指出了立国初为振兴产业采取优待商业的措施，因此舍农
经商者很多，其云：

> 臣窃恐，不数十年间，贾区伙于白社，力田鲜于驵侩。

对农业遭到破坏提出警告。戴栩则稍为具体地记述了明州定海县附近
的有关情况：

且田既不种矣，虽有数亩之产，安所得食？乡里既皆贫乏矣，虽为工、为匠、为刀镊、为负贩，谁其用之？且既有数亩之田，则不得不谓之田产。既为工、为匠、为刀镊、为负贩，则不得不谓之艺业[71]。

耕地细分化的结果，即从经营规模划分适当的小农民之间，涌现出了半工半农的工匠阶层或零散的小商人。范浚《香溪集》卷五《铁工问》[72]的乡村农锻冶（铁匠），廖刚《高峰文集》卷一《乞禁焚纸札子》的以凿纸（剪纸）为业的纸工，本书第三章第一节、第四章第二节和第六章第一节所述的负担、步担、农贩下户，第二章第一节的船梢、水手等，大概都是这种农村出身的工匠、小商人和外出做工者。《夷坚丁志》卷一五《张客奇遇》、《夷坚三志辛》卷六《胡廿四父子》等所记述的便是村民或成为客商或成为牙人或经营客店的事例。

沈括《梦溪笔谈》卷九《人事一》，记载了基本独立经营的农民家庭，出于结婚等原因，耕地不足，便分开寄居于邻近乡村，从事以佣耕为主的非农职业来补充家计的一则故事。其介绍说，颍昌府阳翟县村民杜五郎一家，与其兄家共同耕种五十亩土地，后兄之子结婚，为避免分田使耕地零散，他把田给了兄家，自己分得一些动产，举家移居同县三十里外某地，在那里租借了二间房屋，儿子夫妇住一间，村人好意给的三十亩土地让儿子耕种，自己则靠卖药、占卜和佣耕谋生。后来有了余裕，便把卖药、占卜之利让给了同村的人。像这样的三十亩耕地（在华北），是一个单婚家庭（一夫一妻制的家庭）生计赖以自给的最低限，其余的家人就必须靠占卜、卖药、佣耕机会的营利来养活自己。

据周藤吉之的研究[73]，宋代农村的雇佣人，被称为"客作儿""佣耕""佣作"，多为丧失土地的农民、饥民和流民，在福建、江浙，贫民特别是客户被雇佣相当流行。他们当中有短期的换工、季节性劳动的短工和长工。日佣、常佣在耕作以外，也被雇于一些村落内外及城市所需要的铁匠铺、水磨房、脱谷房、饼铺、油店、茶园、果林园、养鱼池、蔗糖生产、蔬菜栽培、建筑、交通运输、装卸等，从事手工活和力气活[74]。在都会有解库掌事、铛头、婢妮、安童、脚夫、身边人、本事人、供过人、针线人、堂前人、杂剧人、拆洗人、琴童、棋童乃至厨娘等种种活儿，有各种同业公会，由头人斡旋。在城市附近，有如《夷坚续志前集》卷二《艺术门·幻术为盗》所载：

> 邛州村民，日趋成都府小东郭桥上卖工，凡有钱者，皆可雇其充使，令担负也。

周边农民往往到城里固定的场所向雇主出卖劳力。这些人作为自由的小商品生产者、雇佣劳动者的性质无疑是很弱的，大致是一些因穷困而不得不这样做的人们。尽管村落的购买力亦如前述那么低，但他们也希望得到一点副业收入来补助家计。因此，这种新的职业便从农村分离出来了。姚合《姚少监诗集》卷六《庄居野行》诗云：

> 客行野田间，比屋皆闭户。借问屋中人，尽去作商贾。官家不税商，税农服作苦。

写下了苛酷的农业税致使农业无利可得，农民转作商人的情形。刘挚论免役法之弊害时说：

> 恐斯人无悦而愿为农者。天下户口，日当耗失。小则去为商贾、为客户、为游惰，或父母兄弟不相保，抵冒法禁，析而入下

户；大则聚为贼 [75]。

指出统一施行免役法所强制的货币经济，使农民没落而挤向流通经济。又《建炎以来系年要录》卷一八一"绍兴二十九年正月庚辰"条记，浙江、福建流落于山区、海道之民有四种，分别是（1）海商、（2）私商、（3）游手、（4）篙工水手。王十朋《梅溪王先生文集》卷四《论用兵事宜札子》记江西、福建、台州仙居县、婺州东阳县之民富有气力和争斗心，聚集于盐商、茶商之下相结为伙伴。卫博《定庵类稿》卷四《与人论民兵书》也记载了徽州、衢州、婺州、建州、南剑州、虔州、吉州之民往往集结在一起贩卖茶盐。

　　另一方面，在租种他人耕地的佃户、客户，或迁居荒芜地方，或过着流寓不定生活的零散农民中也不乏参与商业者。《夷坚支景》卷五《郑四客》载，台州仙居县郑四以当佃户蓄积的资本经商，联合仆人做纱帛、海产品生意。元杨瑀《山居新话》卷二记载了"有佃户来诉，作商为人所负"这种佃户兼营商业之事。《夷坚支癸》卷五《神游西湖》载乐平县新进乡农民陈五为翟氏之田仆，闲暇时受他人雇佣当挑夫。在福建、浙江一带，客户打短工、当长工的很多 [76]。但如吕南公所云：

　　　　客户之智，非能营求也，能输气力为主户耕凿而已 [77]。

同时，也存在否定客户之营利能力的看法。吕南公又云：

　　　　今之居民，客户多而主户少。所谓主户者，又有差等之辨。税额所占至百十千数千者主户也，而百钱十钱之所占者亦为主户……夫所忧者，非力厚之家也，正在百钱十钱之家耳。百钱十钱之家，名为主户，而其实则不及客户。何者？所占之地，非能给其衣食，而所养常倚于营求也[78]。

述及了农业中最濒于没落的是零散的自耕农阶层。他们通过找机会谋求营利，来补助家计、维持自立。

农村中的机会性营利，并不只限于穷苦的下层农民。范浚《香溪集》卷一一《更化》载：

> 盖有囊金珠，束缣素，时其低昂，取赢赀以自肥者。盖有困藏廪积，乘农人之憔悴，贱收贵出，坐待谷直之翔踊者。盖有拥高赀、行子贷息，取倍称以朘剥贫民者。是等皆饮酝啖肥，朝歌夜弦，笑视编氓之困，顾有得色。是以温丁高户，剗屋产，市犁犊，相与捐陇亩而舍本业，规脱科敛。

农村有产阶层则采取（1）从客商那里买进金珠缣素这种市场性高的商品蓄藏起来，然后应市场情况投机贩卖，（2）囤积米谷，待谷价上涨时投放市场，（3）做高利贷以图暴利等手段进行营利活动。《夷坚志补》卷七《直塘风雹》亦载：

> 平江常熟县之东南，地名直塘，去城百里余。富民张三八翁，用机械起家。其长子以乾道元年先亡。有盐商从鄂州来……后八年，翁死，次子曰五三将仕，不以父兄为戒，尤稔恶黩货，见利辄取。淳熙元年，有一客立约籴米五百斛，价已定，又欲斗增二十钱，客不可，遂没其定议之值。客仰郁不得伸，但举手加额告天而已。时五月十三日，天清无云，午后大风忽从西北起……张氏仓廪帑库，所贮钱米万计，扫荡无一存。所居大屋揭

去数里外，合抱之木尽拔，典质金帛在匮，随风宛转于半空，不知所届。常所用斗，大小各不同，凡十有三等，悉列门外，若明以告人者。将仕君惊怖之际，一木堕于旁，折其臂。相近项氏，亦失台衣千缗。是日黄昏，县中风雷继作，王氏失钱八千缗，杜氏失千缗。

居住于平江常熟县东南百里[79]的富翁，蓄积米谷、金帛，设有仓廪、质库，与客商做交易不讲道德，还有同市项氏、同县内王氏及杜氏一样也是缺德的富民，这大概可认为是个典型的事例。当时，把以城市地主家屋店铺出租赁贷为基准的课税称为家业钱，把以开店铺营业的工商业者的资本利润等为基准的课税称为营运钱。如真德秀《西山先生真文忠公文集》卷六《奏乞为江宁县城南厢居民代输和买状》云：

淳熙五年，知江宁县章翔，偶因推排平白，将一厢三都，分立和买两色，增科绵绢于民。房地僦赁，则起所谓家业钱。……其店肆卖买，比之房地，尤无定准……大抵主家以房地起家业钱，而赁户又以店肆起营运钱。一处生业，两项输送，安得而不重困哉？

这种家业钱、营运钱大概是不限于城市的，对农村中直接或间接的商业营利也照样课税。王庭珪《卢溪先生文集》卷三一《与王元勃舍人》也记云：

今有田亩者，即有家业。有家业者，则营运在其中。

以此为前提，在南宋，则产生了"家业实力"这样的两税的课税资产评价标准。其内容是"质库""坊郭""停塌""店铺""租牛""赁船"六种[80]。可以推测农村（包括市镇）中的富豪及商人借以营利的大部分大概都包含在这六种里面了。

由产生于这样的村落中的非农业职业种类所新构成的农村阶层，可见于朱熹《朱文公文集别集》卷一〇《审实枭济约束》有关南康军都昌、建昌县管下农村的记述，其中对赈恤对象做了区分：

> 各乡有营运店业兴盛之家，其元给历头，合行追取；若虽有些小店业，买卖微细，不能赡给，已请历头，不合追回。

文中后段做了分类：

> 一上等有店业，日逐买卖，营运兴盛，及自有税产赡给、不合请给历头人户若干。
> 一中等得过之家并公人等，合赴县仓籴米人若干。
> 一下等贫乏小经纪人，及虽有些小店业，买卖不多，并极贫秀才，合请历头人户若干。

又同书卷九《取会管下都分富家及阙食之家》同样就都昌、建昌县管下农村记云：

> 一下户合要籴米者几家。作田几家，各开户名……别经营甚业次。不作田几家，各开户名……经营甚业次。作他人田几家，各开户名，系作某人家田……兼经营甚业次。

也就是说，这个地方存在着有店业做买卖、营业兴盛者及有自给税产而有余者等上等阶层，可能自给的农家及公人等中等阶层，贫困的小经纪（小商人）和有小店业做小买卖及极穷的秀才（应举者）等下等阶层。下户（下层纳税户）又大抵区别为（1）自作、（2）不自作而专门营利、（3）佃耕者。其二自不待言，其一之自作和其三之佃农有的同时又兼营商业，这是很清楚的。

如上所述，宋代农村在阶层上也激烈而多样地分化了。而且，从事副业或谋求商业营利者比单纯以农业自给自立者更为广泛地存在着。前面引述的陈舜俞所指出的社会诸变化，即（1）自给自足农业的破坏，（2）农业经营规模的零细化，（3）佃耕佣工的普及，（4）公卿士大夫的副业营利和土地兼并增加，（5）工商业对农业的蚕食，（6）四民阶层制崩溃，加上佛老兵游手成为八民等情况，不能不承认是事实。当然，导致这种变化的原因是多方面的。譬如，开国初施行的优遇商业的政策，苛酷地征收农业税使中产自营农趋于没落，以及国家通过税法来强制货币经济等，大概可说是其原因之大半。

笔者进一步认为，致使这种变化的是当时社会结构的诸变化，特别是作为社会分工进展之一环的城市化。也就是说，当时农村已经脱离自给自足的状态，全国产生了无数的农村市场，这种与商业组织发达的市镇、州县城、府城的上级市场（圈）相联系，使山区、渔村有机地包括于全国性市场之下的原型，在宋代业已出现。对此，国家依然把县城作为统治据点，重视对乡村乃至土地的控制。在商业方面，采取辅设镇、市、道店加以统制，或主要采取通过商税（内地税）、牙税（贸易税）来掌握的方针，因此，要说完全控制了新的社会结构，尤其是农村商品货币流通的机构，这大概是很难的。官宪利用市场的尚未成熟，允许其存在而作为划定市场圈的调停者（本书第四章第二节），或公开承认经纪人、代纳人等私人保证制度而使其作为市场治安的维持者（同上），通过援护商业的存在间接地加强了对农业的支配。

总之，当庞大的军队、官僚、大都会的非生产人口赖以存在的货币经济，在这种情况下可与农业等置时，那么，无利可图而又苦于重税的农业被放弃，非农业的职业种类增多，这应该说是理所当然的了。

第三节　营利意识

无止境的利益追求和营利欲求，可以说与人们经济生活的历史一样悠久。在传统的贱商观念发达、以农业为基础的中国社会，公然追求营利，自古便是禁忌。但在商人蓄积财富盛极一时的宋代，这种禁忌当然也松弛了，并出现了认可营利的思想。唐白居易业已说过"万人非不好富"[81]。入宋以来，正如蔡襄"凡人情莫不欲富，至于农人商贾百工之家，莫不昼夜营度，以求其利"[82]，司马光"无问市井田野之人，田中及外，自朝至暮，惟钱惟求"[83]，李元弼"大率愚民，以经营财利为先"[84]之所云，追求财富的想法是普遍存在的。固然，有像冯山说的"天地有常产，货殖非善谋"[85]那样从正面反对的传统思想。有如李之彦《东谷所见·谋利》所云：

> 利者，害之对。才谋利即有害，然谋利营生，世所不免。为富不仁，人所当戒，有能于其间，寡愿少取，殆庶几焉。最是不仁之甚者，籴粜一节，聚钱运本。乘米粒狼戾之时，贱价以籴。

对营利必恶之、运用道义抑制的思想。又有如罗大经划分本富、末富、奸富，即作部分肯定者[86]。也有如袁采肯定现实的贫富之分[87]，虽享有终生富贵的人只是千万人中之一的"大福人"，但承认与"今人往往机心巧谋，皆欲不受辛苦，即享富贵终身"[88]相反的作为勤劳成果的富贵，并说：

> 余见世人有将私财假于众，使之营家而止取其本者，其家富
> 厚，均及兄弟子侄，绵绵不绝，此善处心之报也。[89]

虽制止过当的利润，但暗中却劝其营利者。有如苏轼所云"贫富之不
齐，自古已然，虽天公不能齐也"[90]，把贫富不均解释为一种上天的安
排，作为放置观照的对象而作消极的肯定者。还有如真德秀把贫富视
为"贫富相资"[91] 相互依存者等等。凡此种种观点，见于肯定的看法
为多。

另一方面，关于利润，徐铉《稽神录》卷三《僧珉楚》云"凡市
人卖贩，利息皆有常数，过数得之，为掠剩"，恰如其分地在道义上予
以抑制;《作邑自箴》卷六《劝谕民庶榜》云"放债人户，切须饶润取
债之人，轻立利息，宽约日限"，"凡作营运，务要久长取利，岂可便
要成立家资"，作利润上的抑制;又如"卖人饶买人"[92] 的谚言，劝说
遵守向买方让步的惯行等。但这种道义观和惯行究竟有多少效果，不
能不表示怀疑。

《袁氏世范》卷中《处己·子弟当习儒业》云：

> 士大夫之子弟，苟无世禄可守，无常产可依，而欲为仰事俯
> 育之计仰以事父母，俯以育妻子，莫如为儒。其才质之美，能习进士业
> 者，上可以取科第致富贵，次可以开门教授，以受束修之奉。其
> 不能习进士业者，上可以事笔札，代笺简之役，次可以习点读，
> 为童蒙之师。如不能为儒，则巫医、僧道、农圃、商贾、伎术，
> 凡可以养生而不至于辱先者，皆可为也。子弟之流荡，至于为乞
> 丐、盗窃，以最辱先之甚。

士大夫子弟可就之业，第一为习儒业、登进士而致富贵，其次为私塾教师、代书人、巫医、僧道、农业、商业、技术等，是不辱祖先之业，而为乞丐、盗窃等勒索诈骗者和私贩等是最辱祖先之生计。可见当时士大夫子弟的生业多种多样，要维持家产是颇不容易的。

注释

[1]　宫崎市定:《中国奢侈的变迁》,载《亚洲史研究》1,京都:东洋史研究会,1957。

[2]　《经济学小辞典》(大阪市立大学经济学研究所编,东京:岩波书店,1981,1956)之《商品流通》条。

[3]　志田不动麿:《中国商人身份的诸规定与奢侈禁止令》,载《社会经济史学》2,11、12。

[4]　洪迈《容斋三笔》卷一一《宫室土木》。

[5]　庄绰:《鸡肋编》卷下。

[6]　志田不动麿:《花石纲的开始》,载《东洋史研究》14;《〈水浒传〉与花石纲》,载《东洋史研究》6。

[7]　周密:《武林旧事》卷九《高宗幸张府节次略》。

[8]　梅尧臣:《碧云䯲》。

[9]　王得臣《麈史》卷上《礼仪》载:"妇人冠服涂饰,增损用舍,盖不可名纪,今略记其首冠之制。始用以黄涂白金,或鹿胎之革,或玳瑁,或缀彩罗,为攒云、五岳之类。既禁用鹿胎、玳瑁,乃为白角者,又点角为假玳瑁之形者,然犹出四角而长矣。后至长二三尺许,而登车檐皆侧首而入。俄又编竹而为团者,涂之以绿,浸变而以角为之,谓之团冠。复以长者屈四角,而不至于肩,谓之䍀肩。又以团冠少裁其两边,而高其前后,谓之山口。又以䍀肩直其角而短,谓之短冠。今则一用太妃冠矣。始者角冠棱托以金,或以金涂银饰之,今则皆以珠玑缀之,其方尚长冠也。所传两脚脇,亦长七八寸。习尚之盛,在于皇祐、至和之间。聱隅子黄晞曰:此无他,盖大官粗疏耳。"

[10]　罗大经:《鹤林玉露》丙编卷六《缕葱丝》。

[11]　周密:《齐东野语》卷一六《多藏之戒》。

[12]　《字溪集》卷九《辨惑》。

[13]　加藤繁:《唐宋时代之金银研究》,东京:东洋文库,1926。

[14]　参考《居家必用事类全集·戊集》卷一〇所引《宝货辨伪》(宝石鉴定书)。

[15]　吴曾:《能改斋漫录》卷一八《伍生遇五通神》。

[16]　周密《癸辛杂识续集》卷下《黑漆船》:"赵梅石孟蓺性侈靡而深崄。其家有沉香连三暖阁,窗户皆镂花,其下替板亦镂花者。下用柚替,打篆香于内,香露芬郁,终日不绝。前后皆施绵帘,他物称之。后闻献之福邸云。后为都大坑冶,又造黑漆大坐船,船中舱板皆用香楠镂花,其下焚沈脑,如前阁子之制。"

[17] 周辉《清波杂志》卷四："长沙匠者造茶器，极精致，工直之厚，等所用白金之数。士夫家多有之，置几案间。"蔡襄：《蔡忠惠公文集》卷三《杂著·茶录》下篇《论茶器》。

[18] 陈槱：《负暄野录》。赵希鹄：《洞天清禄集》。《东京梦华录》卷三《相国寺内万姓交易》。

[19] 苏易简：《文房四谱》。蔡襄：《蔡忠惠公文集》卷三一《文房杂评》。

[20] 《说郛》卷七三引洪巽《旸谷漫录》。

[21] 《嘉祐集》卷五《衡论·申法》。

[22] 《东京梦华录》卷五《民俗》载，士农工商诸行百户之衣装皆本色（制服）而整然。《梦粱录》卷一八《民俗》亦载："自淳祐年来，衣冠更易，有一等晚年后生，不体旧规，裹奇巾异服，三五为群，斗美夸丽，殊令人厌见，非复旧时淳朴矣。"可见在南宋末，有关衣服的规定已崩坏而尚华美。

[23] 《曜轩集》卷一《丁丑廷对策》。

[24] 《东塘集》卷一〇《禁戢销金札子》。

[25] 《元氏长庆集》卷二三。

[26] 《樊川文集》卷一一《上李太尉论江贼书》。

[27] 《东京梦华录》卷四《会仙酒楼》。《梦粱录》卷一六《茶肆》《酒肆》。

[28] 《东京梦华录》卷五《民俗》。《梦粱录》卷一九《四司六局筵会假赁》。

[29] 《续资治通鉴长编》卷八五"大中祥符八年十一月己巳"。

[30] 《三朝北盟会编》卷八三、卷九七各处。

[31] 《建炎以来系年要录》卷三〇"建炎三年十二月乙未"。

[32] 《夷坚志补》卷一三《复州王道人》。

[33] 《夷坚支景》卷二《孔雀逐疬鬼》。

[34] 《夷坚乙志》卷二〇《童银匠》。

[35] 范成大：《石湖居士诗集》卷一六《夔州竹枝歌九首》。

[36] 《夷坚志补》卷三《雪香失钗》。

[37] 《东京梦华录》卷五《民俗》。《梦粱录》卷一八《民俗》。

[38] 那波利贞：《宋都汴京的繁华》，载《历史与地理》10，5。曾我部静雄：《开封与杭州》，东京：富山房，1940。

[39] 《历史语言研究所集刊》8。

[40] 《历史语言研究所集刊》7。

[41] 薮内清主编：《宋元时代科学技术史》，京都：京都大学人文科学研究所，1967。

[42] 日野开三郎：《五代时代契丹与中国的海上贸易》（上、中、下），载

《史学杂志》52，7、8、9。田村实造：《辽宋的交通与辽国内经济的发达》，载《满蒙史论丛》2。

[43]　森克己：《日宋贸易研究》，东京：国立书院，1948。

[44]　周去非：《岭外代答》。赵汝适：《诸蕃志》。汪大渊：《岛夷志略》。周达观：《真腊风土记·欲得唐货》。

[45]　《建炎以来系年要录》卷一七四"绍兴二十六年九月辛丑"。《宋会要辑稿·刑法二·禁约》"绍兴二十六年九月二日"。

[46]　袁燮：《絜斋集》卷一三《龙图阁学士通奉大夫尚书黄公行状》。

[47]　方逢辰：《蛟峰集》卷六《田父吟》。

[48]　参考本书第三章第一节。

[49]　薮内清主编：《宋元时代科学技术史》，京都：京都大学人文科学研究所，1967。

[50]　王辟之：《渑水燕谈录》卷一〇《谈谑》。

[51]　范成大：《石湖居士诗集》卷三〇《腊月村田乐府十首》。

[52]　同上。

[53]　《宋会要辑稿·食货一六·商税》"至道元年九月"。

[54]　《续资治通鉴长编》卷二九一"元丰元年八月己巳"。

[55]　《宋会要辑稿·食货一七·商税》"宣和七年正月二日"。

[56]　《宋会要辑稿·食货一七·商税》"绍兴十五年八月十三日"。

[57]　《宋会要辑稿·食货一七·商税》"绍兴二十一年六月二十五日"。

[58]　《宋会要辑稿·食货一七·商税》"淳熙元年十一月十一日"。

[59]　苏轼：《东坡全集》卷六三《乞免五谷力胜税钱札子》。

[60]　和田清：《从历史上看中国商人的地位》，载《史学》29，2。

[61]　《都官集》卷七《说农》。

[62]　阳枋：《字溪集》卷九《广安旱代赵守榜文》。

[63]　史浩：《鄮峰真隐漫录》卷五〇《稻粱八篇》。

[64]　韩愈：《昌黎先生文集》卷一一《原道》。

[65]　陈世崇：《随隐漫录》。

[66]　《通制条格》卷二九《僧道拈龟射利》。参考本书第四章第二节。

[67]　《萍洲可谈》卷二。《东京梦华录》卷三《相国寺内万姓交易》。《嘉泰会稽志》卷一七《布帛》。

[68]　《居家必用事类全集》所引《为政九要》。

[69]　阳枋：《字溪集》卷九《广安旱代赵守榜文》。

[70]　《续资治通鉴长编》卷一九六"仁宗嘉祐七年五月丁未朔"。

[71] 《浣川集》卷四《论抄札人字地字格式札子》。

[72] 参考周藤吉之:《南宋的农锻冶与农具的贩卖》,载《宋代经济史研究》,第209、210页,东京:东京大学出版会,1962。

[73] 周藤吉之:《宋代的佃户、佃仆与佣人制》,载《中国土地制度史研究》,东京:东京大学出版会,1965。

[74] 《梦粱录》卷一九《顾觅人力》。

[75] 《续资治通鉴长编》卷二二四"熙宁四年六月庚申"。

[76] 周藤吉之:《宋代的佃户、佃仆与佣人制》,载《中国土地制度史研究》,东京:东京大学出版会,1965。

[77] 《灌园集》卷一四《与张户曹论处置保甲书》。

[78] 同上。

[79] 《淳祐琴川志》作"直塘市东南九十里"。

[80] 《宋会要辑稿·食货一四·免役》"乾道五年二月十五日"。

[81] 《白氏文集》卷四六《议盐铁与榷酿》。——原注。原文为:"圣人非不好利也,利在于利万人;非不好富也,富在于富天下。"与作者的断句、用法有出入。——编者注

[82] 《蔡忠惠公文集》卷二九《福州五戒文》。

[83] 《续资治通鉴长编》卷二五二"熙宁七年四月乙酉"。

[84] 《作邑自箴》卷八《劝谕榜》。

[85] 《安岳冯公太师文集》卷三《幽怀》。

[86] 《鹤林玉露》甲编卷二《奸富》。

[87] 《袁氏世范》卷中《处己·贫富定分任自然》。

[88] 《袁氏世范》卷上《睦亲·人生劳逸常相若》。

[89] 《袁氏世范》卷上《睦亲·同居不必私藏金宝》。

[90] 《东坡志林》卷二《唐村老人言》。

[91] 《西山先生真文忠公文集》卷四〇《劝农文》。

[92] 《清明集·户婚门·争财·掌主与看库人互争》。

第八章　宋代的力胜税
——国家与商业之一关系

宋代的商税即对商人的课税中，有一种被称为"力胜税"的内地关税。关于这种力胜税，加藤繁在《宋代商税考》第一章《商税制度一班》论述商税（过税、住税）中业已简单言及[1]。梅原郁的《宋代商税制度补说》一文也做了有关说明[2]。但此后，对这一问题展开特别深入探讨的专门论文，似乎还不见发表。

笔者在搜集有关宋代商业史的资料时，注意到了力胜税以交通运输手段的发达和日常消费、流通的展开这样的社会条件为媒介，且是在宋代新出现的一种税目，因此笔者搜集了有关资料。下面的论述，便是在整理这部分资料的基础上，对力胜税的性质及其与国家的关系所做的历史的具体分析。

第一节　何谓力胜

先从"力胜"一名的意义来考察。所谓"力胜"本来的语义一定是"力胜某某"，譬如《文子·自然篇》云：

> 力胜其任，即举者不重也。（《倭名类聚抄》卷三《舟车部》："艛即胜字，胜任也。船之所任载曰胜……"）

一般不过是指那种胜任事物或承担事物的能力。可是，这一般的用法，在宋代则变成一种惯用语，被特殊地用来表现运输手段的装载能力。即如《续资治通鉴长编》卷一九"太宗太平兴国三年春正月庚子"条[3]载：

> 诏：罢陈州城北蔡河所置锁。先是藩镇率于津渡，私补吏置锁，以算民船。船胜百石者，税取百钱，有所载，则倍其征，商旅甚苦其事。

这是"船胜百石者"的用例。《宋会要辑稿·食货四六·水运》"仁宗天圣三年十二月十二日"条亦载：

> 诏：自今装载扬、楚、通、泰、真、滁、海、濠州、高邮、涟水军等处税仓和籴斛斗，并依装转般仓斛斗空重力胜例，并以船力胜五十石为准，实装细色斛斗四十石，与破牵驾兵士一名，其空船亦依差装转般仓例。

这里明确指出船舶的规格，有"船力胜"一语，更进一步解释了重船力胜即船舶满载时的装载能力与空船的区别。又《通制条格》卷一八《关市·市舶》载：

一船商请给公据，照旧例召保船牙人，保明某人招集人伴几名，下舶船收买物货，往某处经纪。公验开具本船财主某人，直库某人，梢工某人，杂事等某人，部领等某人，碇手某人，作伴某人，船只力胜若干，樯高若干，船面阔若干，船身长若干……

在公验（贸易许可证）上标明贸易船规模之明细时，船舶用语中使用了"船只力胜若干"的用语。这种"船力胜""船只力胜"，具体地说，就是用来表示船身长（总船长"丈"）、船面阔（桅部位的船宽"丈"）和船的规模的规格，一般是最常用的用语。

船力胜通常以"料"或"石"来表示。"料"和"石"的关系，如《宋会要辑稿·食货四七·水运》"高宗建炎四年七月三十日"条所云：

户部言：准都省批下发运副使宋辉札子。契勘，本司旧行转般，支拨纲运，装粮上京。自真州至京，每纲船十只，且以五百料船为率，依条八分装发，留二分揽载私物。如愿将二分力胜加料装粮，听。八分正装，计四百硕，每四十硕破一夫钱米，二分加料，计一百硕。

船型五百料的船舶，八分即八成搭载是四百石，二分即二成加料就是一百石。由此可见，表示船型的"料"是与重量单位"石"作为同单位来使用的。同样，《宋会要辑稿·食货四五·纲运设官》"徽宗政和三年九月十三日"条云：

两浙转运司奏：本路岁发上供额斛，万数浩瀚，奉旨直达都城。唯借纲运，趁限装发，了办岁计。缘本路所管纲船，并是三百料，与他路大料纲船不同，除许附载私物外，装发米数不多。近朝旨许加一分力升（胜），通旧二分附载私物。今乞依政和令，许二分附载私物。情愿将逐船所剩力升（胜），如无私物揽载，即加装斛斗，每二十石添破一夫，所得雇夫钱米，不唯优恤兵梢，实于官物不致侵盗，兼亦使爱惜舟船，委得利便。今来所乞二分附载私物，每船一只，装米二百四十石外，有六十石力外（升？），若愿加装米斛，每二十石添破一夫，每船增三夫。

政府雇佣的船型为三百料的纲船（米粮运输船），允许限力胜之二成私载私物（运输业者、商人的货物、商品）时，装米是二百四十石，此外还剩下二成即六十石的力胜，若不混载私物而加装官米六十石，政府则按每二十石增给水夫一名的工钱。

综上所述，力胜是表示船的规模（船型）的用语，重量单位以"石"或"料"来表示。这就说明力胜既不是总吨数（gross tonnage，船体及其甲板以上的建筑物的总容量），也不是净吨数（net tonnage，装载货物或旅客的船内容量），更不是排水吨数，而应是表示船舶可装载货物之重量的"重量吨数"（deadweight tonnage），即装载能力。

按当时的惯例，除表示总重量吨数以外，还分得更细，把重船力胜和装载程度用十分比来表现，如空船、一分力胜、二分力胜、三分力胜等等。大概当时的惯行，便是像这样来计算搭载量的。另据南宋的法令集《庆元条法事类》卷三六《库务门一》"商税·赏格"云：

> 诸色人，告获纲船于应破力胜外，应私载匿税物者，以所告匿税物，给三分之一。

从在法定的搭载许可量外混载私物被处分来看，船舶力胜的表示，恐怕是由政府登记而受严格统制的。至少规定官船要把力胜刻印在桅杆上。

力胜并不专限用于船舶，同样也用于车辆。《宋会要辑稿·食货一七·商税》"高宗建炎二年四月二十七日"条，诏：

> 应客贩粮斛、柴草入京船车，经由官司，抑令纳力胜、商税钱者，从杖一百科罪。

总之，所谓宋代的力胜，是表示车船规模的用语，其实质不外是重量吨数罢了。

第二节　内地关税和船舶税——力胜税

所谓力胜税，如《宋会要辑稿·食货一八·商税》"孝宗淳熙十四年八月十三日"条云：

> 力胜者，计所载之多寡，以税其舟。

也就是作为对船（车）所有者的运输业者或受雇于他的商人按其运输货物总量而作的课税。关于这一点，加藤繁亦做了说明：力胜税是"计搭载货物之量而课其船主者"[4]。

这种力胜税，在理解为以往来车船为征税对象，及"力胜"即重量吨数成问题的情况下，首先从表面上看，可以把它理解为在港湾停泊之际作为使用费、手续费而向船主征收的吨税（tonnage duties）即船舶税，也就是广义的交通税。例如《宋会要辑稿·食货一七》"高宗建炎二年九月二十二日"条：

东京留守兼开封尹杜充言：京城物斛涌贵，客贩盐米多被沿河口岸邀难，大纳力胜税钱。乞令客人于装发州县官司，具数自陈，出给公据收执，并与免沿河口岸力胜税钱。

《庆元条法事类》卷三六《商税》亦云：

诸空船及纲运并揽载官物，而收草堡力胜钱者，杖一百，许人告。

又朱熹《朱文公文集》卷一八《按唐仲友第三状》云：

一仲友造置浮桥，破费支万余贯官钱，搔扰五县百姓，数月方就。初以济人往来为名，及桥成了，却专置一司，以收力胜为名，拦截过往舟舡，满三日一次放过。

这样说来，对通过沿河口岸或草堡、浮桥等港湾和使用停泊设备的船舶，都附带收纳力胜税。鉴于上述情况，可以类推是港湾税或船舶税。

《十国春秋》卷一〇《列传·汪台符》载：

南唐升元中……又货鬻有征税，舟行有力胜，皆用台符之言。

而且，前引《续资治通鉴长编》卷一九"太平兴国三年正月庚子"条亦载：

诏：罢陈州城北蔡河所置锁。先是藩镇率于津渡，私补吏置

锁，以算民船。船胜百石者，税收百钱，有所载，则倍其征，商
旅甚苦其事。

作为五代节度使的私征税权之遗制，对通过港湾、渡场的船舶，装载
力百石者按空船百文、有载货时二百文进行征收的惯例，在宋初仍
沿袭施行。这种"船胜百石者，税收百钱"，正如前述，恐怕成了类
推作为船舶税的力胜税何以产生的线索。同样，《宋会要辑稿·食货
一七·商税》"太宗淳化二年二月二十日"条也记云：

> 诏：峡路州军于江置撞岸司，贾人舟船至者，每一舟纳百钱
> 已上至一千二百，自今除之。

宋初，在长江上游的峡路，依然对通过港湾的商船，征收每船百文至
一千二百文的通过税。这种税与前面的例子一样，也是五代割据时代
以来惯行的船舶税，唯负担捐税的等差大概是随船型之大小不同而已。
在海南岛，有以船长为基准进行课税而被称为"格纳"的船舶税和港
湾税，这种惯行一直延续至神宗元丰三年以后。据载，像这样单纯的
税法，由于载货种类的不同而产生了明显的负担捐税的不均等，后来
被改为"据物货收税"即从量税、从价税系统的关税[5]。

上述之船舶税，归根到底是与港湾和码头的使用有关系而征收的
一种交通税。它是五代割据时代地方势力私征税权的残余。这种惯行
仍各自保留有若干地方性的差别。

宋朝将这些具有地方色彩的船舶税与商税制度一起从五代沿袭了
下来。这种特殊的船舶税虽然像前面记述的那样逐渐被改革和废除，
但绝不是完全消失了，而是构成了宋代新的力胜税这样的独立税目。
那么，宋朝的船舶税即力胜税具有怎样的性质呢？

首先，对通过税关的空船，原则上予以免除力胜税。例如前引《庆元条法事类》卷三六《商税·厩库敕》载：

> 诸空船及纲运并揽载官物，而收草堡力胜钱者，杖一百，许人告。

又如《宋会要辑稿·食货一七·商税》"仁宗天圣三年七月二日"条载：

> 方仲荀、张纶等言：荆湖路州军揽载官中粮斛客船，乞放免沿江州军上水空船力胜税钱。从之。

由荆湖诸州、军雇佣运输官米的商船，限溯航漕运的空船，予以免除力胜税。《庆元条法事类》卷三六《商税·厩库敕·随敕申明》"孝宗淳熙五年四月二十六日"条指出了关税吏的违反行为：

> 过往空船，明无税物，并过数喝税，谓之力胜。

即禁止对没载税物的空船不合理地征收力胜税。这种漕运中的空船在通过税关时，原则上是免除力胜税的。前节已经述及，"力胜"一语的意思是装载货物的能力即重量吨数，这从载货的多少以一分力胜、二分力胜表示，以及"一分力胜的免税""二分力胜的免税"这样的用例（前述）来看，似乎是很容易理解的。宋代的力胜税产生于船舶税，后来则变成对船舶货物装载量所征收的关税。

其次，对车船的货物装载量并非无差别地课以力胜税，力胜税的征收是车船每通过税关时，按照国家制定的关税表即"物名则例""件名则例"[6] 来进行的。从关税表中删除的免税品，当然原则上不课税（从中可以反映国家重农恤民的意图），但现实中，税吏却违反法禁以种种名目向免税品课税，特别是以谷物为主的日常用品更蒙其害（后述）。

如以上所述，力胜税应被看作是通过关税之一种，一般地说，是宋代的代表性通过税。那么，它与加藤指出的表现为"构成商税之根干"[7] 的过税和住税，尤其是过税有什么关系？

识别两者之差异的线索是很少的，但能够抓住的基本不同点之一是课税技术的差别。也就是说，过税是对通过税关的货物中之被课税品，征收价格的20‰—30‰，即2%—3%的通过税，明显地带有从价税（ad valorem duties）的性质。而力胜税则是对通过税关的车船中揽载的见于关税表中所分类的商品，依次计其运载量进行课税。实际上，这无疑是规定的从量税（specific duties）。

众所周知，因为从价税是以货物的价格为标准来课税的，但要正确地了解所有货物的价格毕竟困难，所以要保证公平地承担捐税，应有对价格变动的适应能力。然而，在实际营运中，要确切地知道所有货物的价格，事实上往往是很难的，未免会有施行上的不便[8]。对此，从量税只要发现有关税表中所分类的商品便进行课税，因此课起税来很方便，在技术上比从价税容易得多。

作为从价税的过税可以说是商税之根本，但其税率在宋朝被当作祖宗之法始终置于从价2%的低额，并且附带种种的免税特权（对漕船和特权商人即盐茶商、官僚、寺院之船），且并没有凡通过税关者要全部纳过税的规定[9]。对此，并征作为从量税的力胜税，不仅在技术上能弥补过税收入，而且要变更力胜税这种新税的税率当然是很容易的。事实上，在神宗熙宁年间，税率增加到了30%[10]。当作通过税时，力胜税是对过税起补充作用的。并且，如果要强化有关关税的征收，便可很容易地转嫁于力胜税。

从产生的关系来讲，虽说力胜税和过税全都包含于关税之内，然而，过税是纯粹的通过税，而力胜税若按原来广义的解释则为交通税，在发展过程中，被赋予了通过税的性质。力胜税对于过税来说是附加税，加藤繁对此已做了说明[11]。这一意思不仅说力胜税是从过税衍生出来的，而且把它作为从属而一并征收，这样理解也是适当的。《庆元条法事类》卷三六《商税》云：

> 诸商舶兴贩，已经抽解，与免两州商税外，其余合收税，场务不即检税。若收纳力胜钱过数，各杖一百，留滞三日，加一等罪，止徒二年。

《宋会要辑稿·刑法二·禁约》"宁宗嘉定十四年六月十六日"条亦云：

> 蕲、黄州并管下县镇民户，昨缘避地，流移渡江，今欲复业之人，应随行衣物牛具驴马之类，并不得邀阻收税，舟船免力胜。

严格地说，原则上商税（过、住税）与力胜税是有不同系统之区别的。这种情况下的力胜税，始终是对从量税系统的船舶征收的关税。

以上主要是对作为内地通过税的力胜税之性质的解释。最后谈谈某些免除力胜税的特权和特例。

前引《庆元条法事类》卷三六《商税》记载：

> 诸空船及纲运并揽载官物，而收草堡力胜钱者，杖一百，许人告。

有如上述，不消说漕运中的空船，就是政府的佣船及政府雇佣的船团（多为米粮船），也有免除力胜税的特权。这是维持诸交通线，首先为集权体制的发展服务的必然措施。此外，对政府雇佣的商船，有使其"力胜"即装载能力的一至二成混载私货合法化，并享有免除相当的过税及力胜税的特权。征佣商船之普遍化，从北宋神宗时候便已经开始了[12]，上述措施正是把官船所拥有的特权分与商船，借以增加商人的收益，谋求保全货物和促进官物运输。其初是对卓有成绩的纲官即船团指挥者、梢工即船头，给予特别的许可，允许相当于一成数量的私货混载并免其税。如《宋会要辑稿·食货四七·水运》"徽宗政和二年十月八日"条云：

> 逐路纲官、梢工连并两次该赏者，仍许纲船内并留一分力胜，许载私物，沿路不得以搜检及诸般事件为名，故为留滞。

这一政令，在翌年即政和三年，依"政和令"发展为混载二成私货并免税，这正如前引《宋会要辑稿·食货四五·纲运设官》"政和三年九月十三日"条所记载。此后，南宋对政府雇佣的商船，同样也给予一至二成的混载私货并免其税的特权。《建炎以来系年要录》卷一八〇"高宗绍兴二十八年七月庚申"条记述江西转运副使李邦献关于新制定的江西路上供米纲赏格之上请云：

> 乞募土豪及子本客人装载，许将一分力胜搭带私物，所过捐其税。

便是一例。

另外，出于政治上优先都城消费之目的，又出于抚恤受灾地之目的，进入都城及灾区贩卖谷物和日常用品的船、车，往往作为特例而被免除商税及力胜税（后述）。

对于货物中的谷物特别是米的流通，当初原则上要课税，但渐渐地也成了被免除的特例。譬如彭龟年《止堂集》卷五《奏疏·论淮浙旱潦乞通米商仍免总领司籴买奏》"绍熙五年闰十月"记载：

> 如商旅米船，特免力胜税钱，至岁终而止，不得妄以他货阻滞客旅。如果有他货，令所至州军，勒客人，别用舟装载，依法收税。

当发生灾害时，运往受灾地的米船，作为特例免除关税。后来，南宋对五谷的免税逐渐法制化，但它造成了重要财源的丧失，给地方财政带来了影响。关于这一点，详见后述。

总而言之，宋朝在继承五代的商税制度之同时，也承袭了作为旧惯行的力胜税即船舶税，借其与商税并行来控制地方的流通，为官僚统治服务。当然，宋朝的力胜税不限于船舶税，而且发展为对运载税物的通过税。然而，国家只限于依靠这样的关税制度并将其作为财政来源，结果为地方税吏的掠夺开了方便之门，造成了流通的阻滞、人为灾害的频发、商人及小农的没落，最后酿成了集权体制的危机。那么，国家对于这种倾向是怎样采取相应措施的呢？以下，就来探讨这个问题。

第三节　关税滥征与力胜税

以上的力胜税原是带有船舶税之性质的一种内地通过关税。这种关税创始于五代、宋代，作为其产生的背景，正说明这一时期交通运输手段的普遍发达和以此为基础的商品（前近代的）流动的活跃展开。然而，重要的是，若要透视法制的背后，只指出那一般的流通现象，事实上是不够充分的。对于以关税为媒介的全国范围兴起的流通如何为统治阶级和国家权力所掌握并为其服务，以及独立发展的流通在关税下受到怎样的制约等所涉及的对政治、社会的相应关系的理解，也是很有必要的。

那么，包括作为关税的力胜税在内的商税的征收，在宋朝的税制上具有何等的财政意义呢？

宋朝的商税之征收，是在如州、县之都会和镇、市、店、步、关、寨、渡之商业交通聚落，设税关即税务、税场，派遣官吏加以征收的。若是小规模的税关，则允许土豪和当地商人承办买扑，指挥少数胥吏进行征税。每个税务、税场都按实际情况，固定其征税责任额，并做了赏罚规定，因此可以说是一种承包行为。当然这当中是留有额外收入和榨取余地的。税务、税场的设立及其数量，是有定额的。至于增设权则交给转运使，但最终的权限是由中央的户部或尚书省所掌握的 [13]，中央的监督权主要在于经常警戒由于地方官的滥设税关而造成流通阻滞。

商税的征收（关税征收权），从机构的表面上看来，是在中央集权体制的统制下设置的，但在现实利益及营运方面，毋宁说地方政厅有更直接的关心。这有如前面第三章第一节引述的范成大《骖鸾录》之所载。又朱熹《朱文公文集》卷二〇《乞减移用钱额札子》云：

照对，州县财计，取办于税务；税务课额，仰给于客旅。然
则客旅虽非农民之比，亦官司财用取资，不宜重困……独往来商
旅，州郡场务，以课额浩大，不容优恤。

《宋会要辑稿·食货一七·商税》"高宗绍兴二十三年十二月"条亦云：

前知英州陈孝则言：州郡财计，除民租之外，全赖商税。
其间有课额所入，不足以给监官请俸之处，是虚立税务，以阻
行旅。

还有，《宋会要辑稿·刑法二·禁约》"宁宗嘉定五年八月一日"条云：

臣僚言：州郡商税，经费所繇出也。

据史料一致所言，商税收入构成了地方经费的重要财源，连税吏之俸
给也得从各税关的收入中支付。在宋代，地方行政费用是保留于地方
政厅的租税即两税收入，估计留州为总收入的二成左右，余下的八成
上缴中央。可以说，作为地方税的商税收入，与地方官厅有着密切的
利害关系[14]。

因而，即使天下的商税总收入在北宋前半期有二千二百万贯[15]，
在财政的地方转嫁形式上，也只能说地方税收收入与中央政厅的利害
关系是间接的。可是，对于宋朝来说，商业的存在本身，只要其存在
的基础不崩溃，那么作为集权官僚制的物质基础尚且是有用的。正因
为此，宋朝对商业采取了缓和的政策，有着一面寄生于此、一面用于
统治的姿态。在关税方面，虽然也继承五代的制度，但苛酷的遗制及
过度的征收、分权倾向，每每为中央权力所觉察而加以抑制，以确保

流通和小农、一般民众的利益。不过，有记载说用一百贯在福建建阳买小纱二百端，运送到开封时，由于过重的关税征收，以至不存其半[16]。这种内地关税征收的频度之大，致使商业无可博利，阻碍了它的发展，所以虽称抑制也只是在某种程度上而已。尽管如此，在宋初保护流通之政策下，通过税方面并没有发生什么特别的问题，于体制比较稳定的时期一直持续着。

然而，到了北宋中半期，即仁宗、神宗治世时代，这种体制发生了变化。论其现象，是地方政厅增设税场、税务，收税额减少，以及中央对此而采取的抑制关税增设增征政策的强化。

关于税关数，很难举出确切的数字。不过《宋会要辑稿·食货一五·商税》《食货一六·商税》揭示了神宗熙宁十年的全国（四川除外）税务、税场的商税额统计数和熙宁以前的旧统计数。据此记载，旧统计全国场务总数是一千八百三十七处，而熙宁十年为一千九百九十三处，比之前者增加了一百五十六处[17]。对此，商税收入有如龚鼎臣《东原录》云：

> 士熙道管三司商税案言：天下诸商税钱，每岁二千二百万贯，自嘉祐三年后来，只收得七百万贯，每岁亏一千五百万贯。

仁宗嘉祐三年始出现了明显的减收。虽然减收的原因不甚明了，但是增加税场税务的动机之一，于此却可见一斑。从北宋末至南宋，税关渐增的倾向愈加显著。如《宋会要辑稿·食货一七·商税》"高宗绍兴七年九月二十二日"条载：

> 明堂赦：昨降指挥，令四川、江东西、湖南北漕司，将管下州军县镇，不系旧来收税，一面增置税场，立便住罢；仍将合收

税处，不得过收税钱。

在四川、江东西、湖南北一带滥设税场、税务。又据同卷《商税》"绍兴二十六年正月十日"条记载，对那些滥设并因而征税过当的全国税务税场，合并者计一百三十四处，废止九处。尽管这样，增设、滥设之倾向仍持续至南宋末。滥设税关也就等于提高征税频度，正如《宋会要辑稿·食货一八·商税》"孝宗乾道元年十二月十日"条所云：

> 今也有一务而分之至十数处，谓之分额；一物而征之至十数次者，谓之回税。

故意实行"分额"及"回税"这样的手段，来增加征税次数。比起本来的商税即税率低的过税，成为其征收对象的，更主要的是作为船舶通过税的力胜税。《庆元条法事类》卷三六《商税·厩库敕》云：

> 诸商舶兴贩，已经抽解，与免两州商税外，其余合收税，场务不即检税。若收纳力胜钱过数，各杖一百。

朱熹《朱文公文集》卷一八《按唐仲友第三状》亦云：

> 一仲友造置浮桥，破费支万余贯官钱，搔扰五县百姓，数月方就。初以济人往来为名，及桥成了，却专置一司，以收力胜为名，拦截过往舟舡，满三日一次放过，百端阻节搜检，生出公事，不可胜计。此项若不早与奏闻，行下废罢，却是本州添一税场。

为了在法规之范围内加征通行税，则利用了力胜税的名目。与此同时，关于力胜税的纠纷即对空船及政府船团的课税[18]，对免税品、特别是米谷的课税不断发生[19]。例如《宋会要辑稿·食货一八·商税》"绍兴三十二年八月二十三日"条载：

> 中书门下言：场务收税，皆有格目。访闻，沿流等处，舟船经过，必留旬月，多喝税钱，甚者指食米为酒米，指衣服为布帛，空船则多收力胜，行装则以为兴贩。

那么，征税如此放肆的原因何在？首先可以指出的是中央财政的地方转嫁。正如前面已经说过，商税收入本来就带有很浓的地方税之性质，但从北宋后半期至南宋，中央财政的不断转嫁[20]，致使地方行政费用慢性贫乏，随着征税的强化实行，派生出地方税吏，增加了土豪收夺的机会，可以说助长了分权化的倾向。结果，地方商业的发展便由地方税吏和土豪所掌握了[21]。

对此，中央权力当然是试图加以抑制的。宋初以来，对大致无差别课税的通过税采取有系统的免税措施始自仁宗时期，而从临时的措施转化为永久性的法制则在南宋初期至中期。免税的核心是以谷物为主的日常品，这反映了国家对支撑宋朝体制的小农及一般民众不得不直接加以保护的情况。下面就这一点试加分析。

第四节　日常品的流通与力胜税

如前所述，宋朝尽管依照唐、五代的商税制，但也排除过多的税关和苛酷的遗制，从而把商业纳入了集权体制的物质基础。于是，五代割据以来的税关被淘汰了，在太宗淳化年间，开始实行固定天下税关的责任征税额的措施，并制定了课税品目大纲。

同时，乾德四年，免除了剑南道从五代以来对米面的关税[22]。自始于此，又于淳化二年分别免去了峡路商船输送米麦之税[23]、鄂州的盐米买卖税[24]；大中祥符四年免河北面税[25]；天禧三年免河东脂麻税和谷物税[26]；乾德三年免四川五代以来的鱼油税[27]；太平兴国七年免江、淮、湖、浙民间芦苇税[28]；淳化元年免淮南、荆湖、广南、福建鱼税[29]；淳化四年免岳州鱼油税[30]；至道元年免两浙纸扇、芒鞋税[31]；至道二年免民间自家用的缣帛税[32]；大中祥符六年免农具税[33]。以上对米麦面、脂麻、鱼油、鱼、芦席、芒鞋、农具等日常流通的课税，大概是五代的惯行而为宋朝所沿袭的。免除这些日常品的课税，显示了宋朝为维护国家的集权体制，控制流通和保护小农的目的和意图。然而，这毕竟是对局部地区零星项目的免税，实际上也承认了大部分地区的按旧惯例征税。可是，大致在仁宗以后，上述的免税措施便被法制化了。这就是：

天圣附令

诸商贩斛斗及柴炭草木博籴粮食者，并免力胜税钱。

诸卖旧屋材柴草米面之物及木铁为农具者，并免收税。其卖诸色布帛不及匹而将出城，及陂池取鱼而非贩易者，并准此。

元丰令

诸商贩谷及以柴草木博籴粮食者，并免力胜税钱。旧收税处依旧例。

诸卖旧材植或柴草谷面及木铁为农具者，并免税。布帛不及端匹，并捕鱼非货易者，准此。

元祐敕

诸兴贩斛斗及以柴炭草木博籴粮食者，并免纳力胜税钱。旧
收税处依旧例，即灾伤地分，虽有旧例亦免。诸卖旧材植或柴草斛斗并面
及木铁为农具者，并免收税。布帛不及端匹，并捕鱼非货易者，
准此。[34]

据以上所载，对买卖谷物或用来交换粮食而流通的柴炭运输船，免除
力胜税及商税；对建筑用的旧材及柴炭、谷物、面、农具的流通免除
商税（过、住税）。这一系列的政令，反映了宋朝对以谷物为主的日常
品通过税的征收，原则上持加以抑制的态度。不过，如果从《元丰令》
《元祐敕》的条文附注来看，此两条文不适用以过去的旧惯行收税的税
关，仅仅限于在受灾地区特别施行。

此外，《宋会要辑稿·食货一七·商税》"哲宗元祐八年十月
二十三日"条云：

> 诏：外路客人兴贩斛斗，愿入京籴货者，应合收力胜税
> 钱，并权免纳。以尚书省言"在京谷贵，欲使商贩流行，以平市
> 价"也。

元祐八年，为了稳定京师消费，对进京师贩卖衣物的商船，特别实行
免除作为地方关税的力胜税的征收。此后，这种特例在宣和年间得到
恢复[35]，南宋初年也曾一度施行[36]。但《宋会要辑稿·食货一七·商税》
"高宗建炎元年十月六日"条云：

> 淮南转运副使李傅正言：登极赦文，商贾般贩物货上京，特

与免沿路税钱、力胜。泗州青阳一镇，未两月，免放过三千贯有奇[37]，一路所放，不可胜计。欲望截至某月日住免。诏：自今年十月十五日依旧收税，诸路依此。

过税、力胜税是各税关之主要财源，其减收即使是一时的，也危及地方财政，因此遭到了强烈的反对而都以夭折告终。

像这样从中央政府方面对收税加以抑制，虽自北宋以来不时进行，但几乎都不彻底，只止于做原则上的表示。在此期间，从南宋初期至中期，却对以谷物为主的日常品强行免税，这可说是例外。据李心传《建炎以来系年要录》卷一五"绍兴十四年六月乙未"条载：

秘书省正字吴蒂转对言：江浙之地，军兴以来，人苦贵籴，望申命有司，凡米之税，悉从蠲免，庶几民被实惠。诏户部看详。

同书卷一五六"绍兴十五年正月己丑"条亦载：

诏：近免税米，而所过尚收力胜钱，其除之，其余税则并与裁减。上因言：薪面亦宜免税，商旅既通，更平物价，则小民不致失所矣。

又《宋会要辑稿·食货一七·商税》"绍兴二十六年五月十一日"条载：

臣僚言：商税近年以来，朝廷节次行下，放免米麦、菽豆、柴薪、耕牛力胜等税钱。

自绍兴十四年、十五年至二十六年，基本上是遵照仁宗《天圣附令》的原则而实现了谷物及日常品的免税。此后，据同书"宁宗庆元元年正月十九日"条云：

> 绍熙五年七月指挥，令沿流州县关津税务，如遇客船贩到米斛，与依条免税，仍免纳力胜钱，即不得别作名色，妄有邀阻。

可见虽多少有所断断续续，但还是继续实行。庆元时代编纂的《庆元条法事类》卷三六《商税》也记载了这条法令：

> 诸蚕织农具，若布不成端匹，或以谷面柴草卖买，若旧材置植，及捕鱼而非货易，并灾伤流民随行物归乡者同，其税勿收。
>
> 诸客贩谷米面麦及柴者，其税并船力胜钱并免，即以炭及草木博籴粮食者，准此，仍不得于牙人名下收钱。

在北宋朝没有彻底实行的对谷物和日常品之过税、力胜税的免除，于南宋则得以强行实现的理由是什么呢？南宋高宗、孝宗英明果断地效仿了仁宗。然而，给这种果断决策创造条件的主要原因又是什么呢？如绍兴的免税，事实上谷物及日常品的免税所带来的减收并没有其他财源可填补。例如《绍熙云间志》卷上《场务》载：

> 税务租额六万一千七百一十三贯七百四十四文，自绍兴以来，捐柴薪麦面等税外，岁合趁办四万八千四百六十三贯七百七十四文。

本来江苏华亭县地方的关税额为六万一千七百一十三贯

七百四十四文，由于绍兴间对谷物及日常品免税，减收了二成多即一万三千二百四十九贯九百七十文，余额四万八千四百六十三贯七百七十四文便成了新征税额。可是新旧税额之差额，只好再用其他手段转嫁于商人和民众。上述与免税并行的滥征关税现象在南宋末又有所反复，归根结底就是课税转嫁的反映。

虽然在北宋中期确立了免税的原则，又有像苏轼、陈舜俞等人那样的普遍论争[38]，但是，对谷物等日常品流通的通过税的免除仍难实现，其原因，一定是大部分新兴的地方商业产生后，在控制这种地方商业之上筑起官僚制的宋朝，其地方行政费与其关税收入向来有着密切的利害关系。可是，在地方财政慢性恶化的南宋，关税过度且肆意地征收，结果引起对地方流通控制的强化，导致流通的间断和迟滞，进而造成了人为灾害的频发和民众的穷困。这样一来，就不得不行使中央权力了。因此，绍兴免税的意义所在，不仅是一种重农政策，而且符合以地方财政的某种程度的牺牲来恢复流通、谋取集权体制安定化的切实要求。

然而，以上的论证，主要是以政令和法制为史料，类推力胜税制度的背景。这一论证，是以先抓住包括谷物及日常品在内的地方流通勃兴的现象为前提的，但这并不是上述政令和法制所直接记载的。最后，想就这一点做若干补充。

众所周知，在宋代，农业生产技术显著发达，耕地面积和收获量也迅速增大。这首先形成了主谷即米的主产地，出现如"苏湖熟，天下足"这样的俚谚[39]。生产的地域差为商业所把握，则促进了地域间的分工，形成了各种产业的特产地。在沿着商路的地方，流通的浸透也使农村与城市的分工开始进行。于是，宋代正是全国市场形成的时期。当时的商业，虽说有海外市场那样依存于新贵族阶层（士大夫）的购买力、进行香料和丝织品等市场性高的奢侈品贸易的部分，但另一方面，国内的特产品如米、盐、茶等大众所需求的物资，则构成了流通过程的重要部分。宋代的商税，尤其是关税，控制着这种流通，把它纳入体制的基础，因此，宋代成了税法史上的重要时期。然而，当让流通为其服务的统治阶层（中央、地方行政、土豪）内部矛盾激化时，也就不能不露出制度本身的破绽了。

加藤繁指出，在关市之税收中，关梁通过税作为末世之风，直到唐中叶才被竭力避免。过税、住税、力胜税等商税，起于古代的关梁税之系统，而在唐中叶以后的新形势即包括市制崩溃在内的商业活动的繁荣的哺育下发达了起来[40]。青山定雄也明确指出，在唐末、五代至宋的集权化过程中，商税被纳入两税法体系，因而增添了财政上的意义[41]。包括力胜税的通过税如此发达，若从税法发展方面看的话，流通的发达提高了其担税力，这一意义应得到积极的评价。

然而，纳入国家财政机构的商业，当然并不仅仅表现为单方面的繁荣，其消极的一面最终也会表现出来。这在上面已大抵做了明确的论证。

那么，五代、宋以来流通的发达，在这种国家机构、社会机构的制约之下，它是如何试图应对的？

比如，当时的船舶所有者们为了逃避屡次征发，以组合单位、共同出资提供征佣船，用这种被称为"义船法"的办法求得负担的减轻[42]。为了对抗过分的关税，富商们或在陆上转化为当地的船主，或贿赂税吏而通过关税钱，或向皇族、官僚、寺观等特殊的获得免税权的船舶委托货物，或接受政府的雇佣，以分享某些特权，去寻找维护资产、保存自己的途径[43]。对此，隶属于富商和船主的一般商人和民船业者，显然是直接的受害者。但对他们来说，只要市场存在，他们就会经由偏僻小道进行秘密运输，而在法外找到自己的活路。关于这些问题，笔者将从别的角度试加探讨。

注释

[1] 载《中国经济史考证》下卷，东京：东洋文库，1953。

[2] 《东洋史研究》18，4。

[3] 参见《宋史》卷一八六《食货十八·商税》"太平兴国三年"。《文献通考》卷一四《征商》。

[4] 加藤繁：《宋代商税考》，载《中国经济史考证》下卷，第188、189页，东京：东洋文库，1953。

[5] 《宋会要辑稿·食货一七·商税》"神宗元丰三年十二月二日"。《宋史》卷一八六《食货十八·商税》。

[6] 参考《庆元条法事类》卷三六《库务门一·商税·场务令》："诸税务，以收税法并所收物名税钱则例，大书版榜，揭务门外。仍委转运司，每半年一次，再行体度市价，增损适中，行下应创立者审定，申尚书户部，仍并多给文榜于要闹处，晓示客旅通知。"《宋会要辑稿·食货一七·商税》"高宗绍兴二十五年十二月一日"："凡应税之物，令申所载，以所收物名则例，大书版榜，揭务门外晓示。"同书卷《商税》"宁宗嘉定五年十一月二十日"："遇有客人贩到物货投税，各有立定名件则例。"

[7] 加藤繁：《宋代商税考》，载《中国经济史考证》下卷，第188页，东京：东洋文库，1953。

[8] 中山伊知郎编：《经济学大辞典》卷一第688、689页，东京：东洋经济新报社，1955。大阪市立大学经济研究所编：《经济学小辞典》，东京：岩波书店，第113、114页，1951，1956。

[9] 加藤繁：《宋代商税考》。青山定雄：《唐五代的关津与商税》，载《唐宋时代的交通与地志地图研究》，东京：吉川弘文馆，1963。幸彻：《宋代的过税》，载《史渊》45。《宋会要辑稿·食货五〇之一二》"绍兴二年二月一日"；《一八之二五》"嘉定五年八月一日"。

[10] 参考《宋史》卷一八六《食货十八·商税》："熙宁六年，苏湖岁稔，谷价比淮南十五，而商船以力胜税不至，尝命权蠲。惠止一方，未为定法。及汴泗埭场法行，谷船毋得增置，而力胜之税益三之一。"

[11] 加藤繁：《宋代商税考》。

[12] 参考青山定雄：《宋史食货志译注·漕运》第826、827、828页；《北宋的漕运法》，载《市村博士古稀纪念东洋史论丛》，东京：富山房，1933。大崎富士夫：《宋代漕运营运形态的变革》，载《史学研究》10。

[13] 参考加藤繁：《宋代商税考》。周藤吉之：《宋代乡村中小都市的发展——

特别以店、市、步为中心》，载《史学杂志》59，9、10。

[14] 参考《宝庆四明志》卷五《叙赋上》。梅原郁：《宋代商税制度补说》，载《东洋史研究》18，4。

[15] 龚鼎臣：《东原录》。

[16] 何薳《春渚纪闻》卷六《东坡事实·赝换真书》："乡人集钱为赴省之赆，以百千就置建阳小纱，得二百端，因计道路所经场务，尽行抽税，则至都下不存其半。"

[17] 据加藤繁《宋代商税考》之统计。

[18] 《宋会要辑稿·食货一七·商税》"高宗绍兴二十二年二月五日"："如四川、二广、湖南北、江东西，上供纲运经由，不问有无合税之物，每以收力胜为名，喝税动以千计。"

[19] 这种不正行为不胜枚举，参见《庆元条法事类》卷三六《商税》"淳熙五年四月二十六日"之"随敕申明"的详细记载。

[20] 中央财政膨胀，以月桩钱、板帐钱、经制钱、总制钱、公使钱等名目转嫁于地方官厅。参考曾我部静雄：《宋代财政史》，东京：生活社，1941。

[21] 基层地方的小规模税场即土产税场，允许土豪买扑即承办，可以说是放任自治。因此，随着滥设税关的倾向，这种私设税场也增加了。《宋会要辑稿·食货一八·商税》"孝宗乾道九年五月十六日"所载"诏：应私置税铺，并行住罢。始已经住罢，不得复置。凡有违戾，重置典宪。臣僚言：温州平阳县有私置渔野税铺，为豪右买扑，乘时于海岸琶曹、小镇等十余所置铺，濒海细民兼受其害"便是其一例证。有关在当时出现的小规模村落的交换点，税关的建设出于豪族和地方官之手的情况，参考拙稿《宋代江南的村市和庙市》（《东洋学报》44，1、2）及本书第四章第二节。

[22] 《续资治通鉴长编》卷六 "太祖乾德四年七月庚辰"。《宋会要辑稿·食货一七·商税》。

[23] 《宋会要辑稿·食货一七·商税》"太宗淳化二年闰二月"。

[24] 《宋会要辑稿·食货一七·商税》"淳化二年十月"。

[25] 《宋会要辑稿·食货一七·商税》"真宗大中祥符四年二月"。

[26] 《宋会要辑稿·食货一七·商税》"真宗天禧三年九月"。

[27] 《宋会要辑稿·食货一七·商税》"太祖乾德三年十月"。

[28] 《宋会要辑稿·食货一七·商税》"太宗太平兴国七年六月"。

[29] 《宋会要辑稿·食货一七·商税》"太宗淳化元年二月一日"，"八月"，"十月十三日""二十一日"。

[30] 《宋会要辑稿·食货一七·商税》"太宗淳化四年七月"。

[31]　《宋会要辑稿·食货一七·商税》"太宗至道元年九月"。

[32]　《宋会要辑稿·食货一七·商税》"太宗至道二年十二月"。

[33]　《宋会要辑稿·食货一七·商税》"真宗大中祥符六年七月"。

[34]　苏轼:《东坡全集》卷六三《乞免五谷力胜税钱札子》。

[35]　《宋会要辑稿·食货一七·商税》"徽宗宣和三年四月二十五日"。

[36]　参考《宋会要辑稿·食货一七·商税》"高宗建炎元年五月一日""七月九日""十月六日","二年四月二十七日""六月二十一日""九月二十二日","三年四月一日""九月一日"各条。

[37]　所记三千贯,似乎可认为太多了些。

[38]　《东坡全集》卷六三《乞免五谷力胜税钱札子》:"谷太贱则伤农,太贵则伤末,是以法不税五谷。……而近岁法令,始有五谷力胜税钱,使商贾不行,农末皆病。废百王不刊之令典,而行自古所无之弊法,使百世之下,书之青史,曰收五谷力胜税钱,自皇宋某年始也。"陈舜俞:《都官集》卷二《厚生策五》。

[39]　关于宋代的米谷流通,参考拙稿:《南宋米市场的分析》,载《东洋学报》39,3。又本书第三章第一节。

[40]　加藤繁:《宋代商税考》。

[41]　青山定雄:《唐五代的关津与商税》,载《横滨市大论丛》2,3。

[42]　曾我部静雄:《南宋的水军》,载《羽田博士颂寿纪念东洋史论丛》,京都:东洋史研究会,1950。

[43]　参考本书第二章第二节。

译后记

　　本书著者斯波义信，1930 年出生于日本东京市，1953 年于东京大学文学部毕业，1962 年获东京大学文学博士学位，曾任大阪大学文学部东洋史讲座教授，现为东京大学东洋文化研究所东亚细亚第一部门（政治、经济）教授。斯波教授长期致力于中国社会经济史的研究，对宋代商业史的研究造诣尤深，成绩斐然，先后发表有学术论文四十余篇，自撰或合撰学术著作二十来部，被誉为"当今日本在经济史特别是商业史领域首屈一指的研究家"，在国际学术界也赢得了很大的声誉。

　　《宋代商业史研究》系斯波教授的重要代表作，1968 年由日本风间书房出版，1979 年又由风间书房再版发行，是一部史料翔实、内容丰富、颇具参考价值的经济史巨著。美国哈佛大学哈佛燕京学社名誉教授杨联陞博士、日本东京大学人文科学研究所教授梅原郁博士、中国台湾大学历史系梁庚尧教授等不少著名史学家，均分别撰文给予很高的评价。而且，该书曾由英国牛津大学东方研究所伊懋可博士（Mark Elvin）抄译，编入美国密歇根大学的《密歇根抄译丛书》

（No.2），于 1970 年出版，作为其主讲《中国历史与社会经济》的教材，并为美国等西方不少大学所采用，被推举为"对中国经济史进行系统考察，采用新的经济理论展开研究的最引人注目的代表性成果"。今天，译者有机会将这部名著介绍到国内来，相信她一定会受到广大读者的欢迎，亦"足供我国史学界学习与借镜"。

本书第一、二、五、六、七、八章系庄景辉翻译，刘晓民和魏洪文先生参加了第三和第四章的翻译工作，全书由庄景辉统校定稿。

在本书翻译过程中，承蒙斯波教授热情帮助，对原书做了勘误，还为中译本写了序；傅衣凌教授在身体欠安之际，仍应译者之请，为本书撰写了序言；特别应提及的是，译校工作自始至终，得到了恩师庄为玑教授的关心和鼓励，谨此致以衷心的感谢。

庄景辉

1986 年 8 月

于厦门大学

出版附记

《宋代商业史研究》是应一家出版社之约请而翻译的，完成于1986年。多年来，她的出版是我一直的希望。然而，这部尘封了十年的译著，能于今天在中国台湾地区出版，则是我所没想到的。从翻译到出版，个中的曲直姑不多言。这里，我要特别衷心地感谢台湾"中研院"社会学研究所章英华教授之热心推荐和为出版事宜所做的努力，衷心地感谢历史语言研究所的黄宽重教授之拨冗审阅译稿，而对稻乡出版社之大力支持和给予的诸多关照，谨此一并致以诚挚的谢意！

庄景辉

1996 年元月

再版附记

2017 年 7 月,浙江大学出版社启真馆的编辑联系上我,表示要再版《宋代商业史研究》(中译版),我欣然同意,当即去信告知斯波义信教授,并请示修订意见。先生很快复函:"台北稻禾出版社中译版,译文非常准确精当,我没有不同意见,目前也没有加以修订的必要。此次拙著中译本将重新经由浙江大学出版社出版,甚感欣快之至。"

斯波义信教授作为国际著名的汉学家,当代最有影响的研究中国宋史、经济史和城市史的学者之一,他的经典性著作《宋代商业史研究》于 1997 年推出中译本,而《宋代江南经济史研究》《中国都市史》也分别于 2012 年和 2013 年相继出版中译本,在国内产生了极大的反响,受到学界的高度评价。进入新世纪以来,斯波义信教授当选为日本学士院院士(2003 年),并荣获日本最高荣誉的"文化勋章"(2017 年)和第三届"唐奖汉学奖"(2018 年),他在汉学领域研究的成就及其贡献备受瞩目。

《宋代商业史研究》(中译版)的再版,将在学界出现新的阅读高潮,我十分感谢浙江大学出版社,出了一本有价值的书,做了一件有意义的事!

庄景辉

2021 年 3 月

图书在版编目（CIP）数据

宋代商业史研究 /（日）斯波义信著；庄景辉译 . —杭州：浙江大学出版社，2021.5

（社会经济史译丛）

ISBN 978-7-308-19856-1

I.①宋… Ⅱ.①斯… ②庄… Ⅲ.①商业史—研究—中国—宋代 Ⅳ.① F729.44

中国版本图书馆 CIP 数据核字（2020）第 001592 号

宋代商业史研究

［日］斯波义信 著　庄景辉 译

责任编辑	王志毅
文字编辑	孙华硕
责任校对	黄梦瑶
装帧设计	王小阳
出版发行	浙江大学出版社
	（杭州天目山路 148 号 邮政编码 310007）
	（网址：http:// www.zjupress.com）
排　　版	北京大有艺彩图文设计有限公司
印　　刷	河北华商印刷有限公司
开　　本	635mm×965mm　1/16
印　　张	36
字　　数	449 千
版 印 次	2021 年 5 月第 1 版　2021 年 5 月第 1 次印刷
书　　号	ISBN 978-7-308-19856-1
定　　价	108.00 元

《社会经济史译丛》书目